완자

기출 PICK

중학 역사

1·1

688제

구성 structure

PICK 1 실전 개념

- 기출 문제를 분석하여 실전 개념 구성
- 빈출 유형의 주요 자료를 🖇 기출 PICK 으로 선정

PICK 2 난이도별 필수 기출

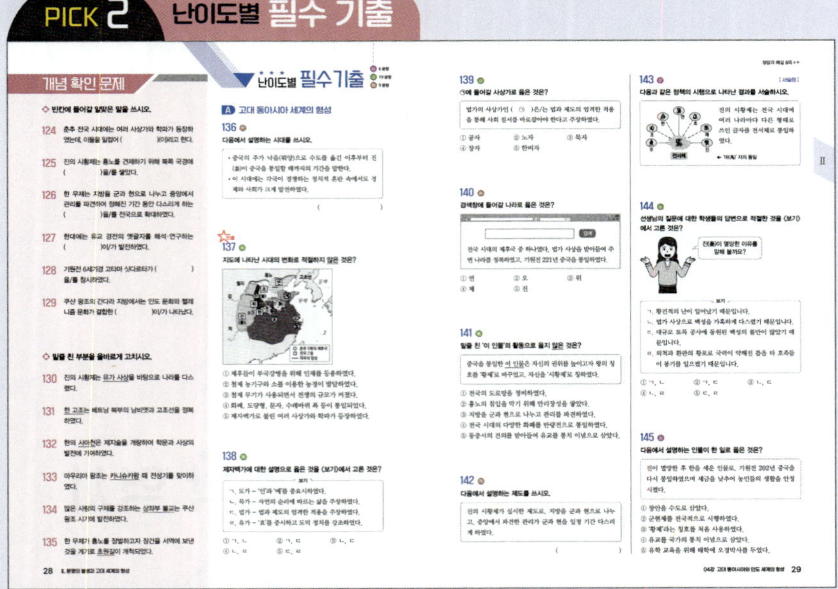

- 기초를 탄탄하게 다지는 기본 문제로 개념 확인
- 학교 기출 문제를 선별하여 주제별, 난이도(상 , 중 , 하)별로 구성

PICK 3 최고 수준 도전 기출

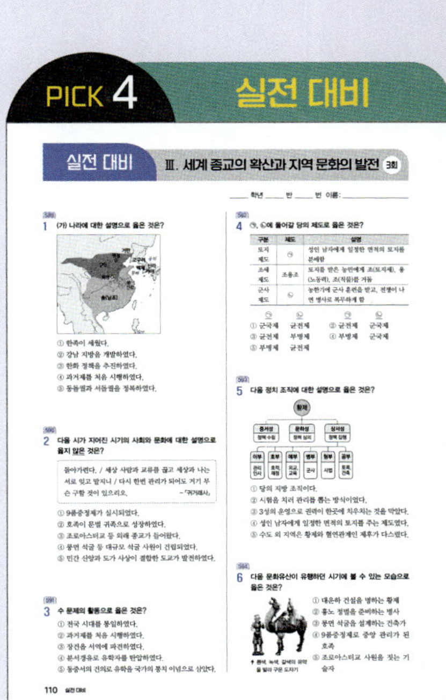

- 한 단계 높은 최고 수준 문제에 도전!

PICK 4 실전 대비

- 시험 직전에 대비할 수 있도록 단원별 3회차 실전 대비 문제로 구성

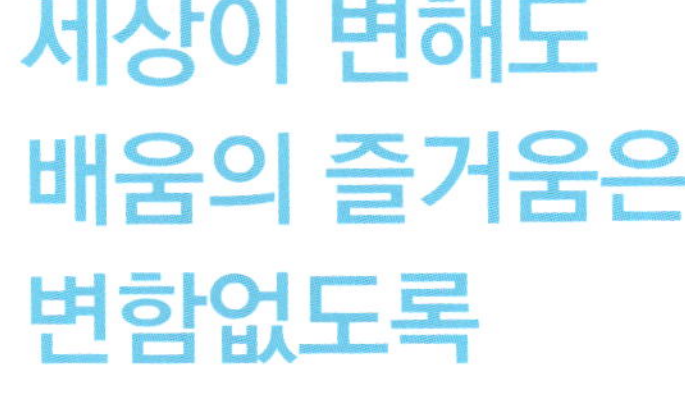

세상이 변해도
배움의 즐거움은
변함없도록

시대는 빠르게 변해도
배움의 즐거움은
변함없어야 하기에

어제의 비상은
남다른 교재부터
결이 다른 콘텐츠
전에 없던 교육 플랫폼까지

변함없는 혁신으로
교육 문화 환경의 새로운 전형을
실현해왔습니다.

비상은 오늘, 다시 한번
새로운 교육 문화 환경을 실현하기 위한
또 하나의 혁신을 시작합니다.

오늘의 내가 어제의 나를 초월하고
오늘의 교육이 어제의 교육을 초월하여
배움의 즐거움을 지속하는 혁신,

바로, 메타인지 기반 완전 학습을.

상상을 실현하는 교육 문화 기업 비상

메타인지 기반 완전 학습
초월을 뜻하는 meta와 생각을 뜻하는 인지가 결합한 메타인지는
자신이 알고 모르는 것을 스스로 구분하고 학습계획을 세우도록 하는
궁극의 학습 능력입니다. 비상의 메타인지 기반 완전 학습 시스템은
잠들어 있는 메타인지를 깨워 공부를 100% 내 것으로 만들도록 합니다.

비상교재 강의
온리원 중등에 다 있다!

교재 속 핵심 개념, 오답 문제 확실히 알고 넘어가자!

교재 구매자 혜택 쿠폰

비상교재 강의 7일
무제한 수강

오투, 개념플러스유형 등 교재 강의 듣기

QR찍고 무료체험 신청!

학교 시험 특강
0원 무료

우리 학교 교과서 맞춤 강의 듣기

QR찍고 시험 특강 듣기!

수행평가 자료 30회
이용권

과목·유형별 특강 듣고 만점 자료 다운 받기

무료체험 신청하고 다운!

콕 강의 30회
무료 쿠폰

※박스 안을 연필 또는 샤프 펜슬로 칠하면 번호가 보입니다.

콕 쿠폰 등록하고 바로 수강!

유의 사항
1. 강의 수강 및 수행평가 자료를 받기 위해 먼저 온리원 중등 무료체험을 신청해 주시기 바랍니다.
   (휴대폰 번호 당 1회 참여 가능)
2. 온리원 중등 무료체험 신청 후 체험 안내 해피콜이 진행됩니다.(체험기기 배송비&반납비 무료)
3. 콕 강의 쿠폰은 QR코드를 통해 등록 가능하며 ID 당 1회만 가능합니다.
4. 온리원 중등 무료체험 이벤트는 체험 신청 후 인증 시(로그인 시) 혜택 제공되며 경품은 매월 변경됩니다.
5. 콕 강의 쿠폰 등록 시 혜택이 제공되며 경품은 두 달마다 변경됩니다.
6. 이벤트는 사전 예고 없이 변경 또는 중단될 수 있습니다.

문의 1588-6563 | www.only1.co.kr

900만*의 압도적 선택
온리원 1등* 스타강사 라인업

메타인지 시스템
공부 빈틈을 찾아 채우고
장기기억화 하는 학습

리얼타임 메타코칭
학습의 시작부터 끝까지
개인 맞춤 피드백 제시

1위	10명 중 8명	2년 만에 167%	1년 만에 2배
중등 강사 제작 교재*	내신 최상위권*	특목고 합격생 달성*	성적 장학생 증가*

*(2019.01.01~2023.09.30 기준) 중등 유료 온라인 교육 1위 강사 자체 제작 교재(노트) 보유 수 총 합계 1위 * 2023년 2학기 기말고사 기준 전체 성적장학생 중 모범, 으뜸, 우수상 수상자(평균 93점 이상) 비율 81.23%
* 온리원 정회원 대상 특목고 합격생 수 22학년도 대비 24학년도 167.4% * 온리원 정회원 대상 22-1학기: 21년도 1학기 중간~22년도 1학기 중간 누적수, 23-1학기: 21년도 1학기 중간~23년도 1학기 중간 누적수 비교

Bonus! 온리원 중등 100% 당첨 이벤트

강좌 체험 시 상품권, 간식 등 100% 선물 받는다!
지금 바로 '온리원 중등' 체험하고 혜택 받자!

※ 이벤트 경품은 당사 사정으로 사전 예고 없이 변경 또는 중단될 수 있습니다.

문의 1588-6563 | www.only1.co.kr

차례 contents

완자 기출 PICK 중학 역사 ①-2 구성

01 역사 학습의 목적과 역사 탐구의 방법

A 역사의 의미

1 *역사의 특징: 일상생활에서 쉽게 역사를 만날 수 있음(오래된 일기장, 옛날 사진, 역사책, 역사적 사건이나 인물 등을 소재로 한 드라마·영화·뮤지컬 등)

2 역사의 의미와 역사를 바라보는 관점

(1) ❶ [　　] : 인류가 어떻게 살아왔는가에 대한 이야기, 과거에 실제로 일어났던 일, 인류가 남긴 물질문명과 정신적 유산을 포함한 모든 발자취

(2) **역사의 두 가지 의미**

사실로서의 역사	• 실제 있었던 일, 과거에 일어난 사실 그 자체 • 과거에 대한 ❷ [　　　] 기록
❸ [　] (으)로 서의 역사	• 기록한 사람의 관점과 해석이 담김 • 수많은 사실 중 기록할 사실을 선택함 • 역사를 바라보는 관점에 따라 같은 인물에 대한 평가가 달라질 수 있음

(3) **역사를 바라보는 관점(❹ [　　])**: 역사 기록자는 과거의 사건 중 의미 있다고 판단한 사실을 선택하여 기록함 ➡ 동일한 역사적 사건이나 인물도 기록자의 *사관에 따라 다르게 평가될 수 있음('알렉산드로스'라는 동일 인물에 대해 플루타르코스는 '뛰어난 지도력을 갖춘 사람'으로, 네루는 '난폭한 침략자'로 평가함)

3 연대를 나타내는 방법

기원전과 기원후(서기)	예수가 태어난 해를 기준으로 탄생 이전을 기원전(B.C.), 탄생 이후를 기원후(A.D.)로 나눔
❺ [　　]	• 보통 국왕이 즉위한 해에 붙이던 연대 이름 • 연호를 통해 사건이 일어난 연도를 알 수 있음
세기	100년을 단위로 하는 기간

탐구　기원전·기원후와 세기

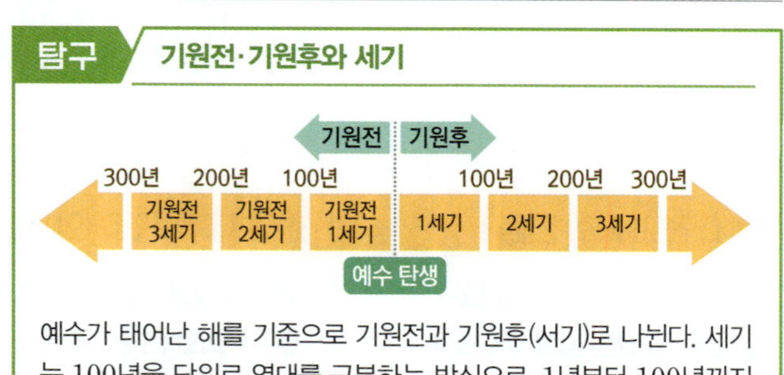

예수가 태어난 해를 기준으로 기원전과 기원후(서기)로 나뉜다. 세기는 100년을 단위로 연대를 구분하는 방식으로, 1년부터 100년까지는 1세기, 101년부터 200년까지는 2세기이다. 기원전 1세기는 기원전 1년부터 기원전 100년까지의 기간을 말한다.

B 역사 학습의 목적

역사적 사고력· 비판력·판단력 향상	과거 사람이 남긴 흔적을 논리적·체계적으로 탐구함으로써 역사적 사고력과 비판력, 판단력을 기를 수 있음
삶의 지혜와 교훈 습득	역사에는 사람들의 다양한 경험이 담겨 있음, 과거의 사례에서 현재에 필요한 지식을 얻을 수 있음
현재의 우리에 대한 올바른 이해	인류가 형성·발전시킨 유산과 전통을 다음 세대가 계승하면서 자신의 정체성을 확인할 수 있음
문화의 ❻ [　　] 을/를 이해하는 태도 함양	오늘날 세계는 지구촌이라고 불리며 서로 많은 영향을 주고받으므로 세계사를 학습함으로써 상대의 문화를 존중하는 마음가짐을 기를 수 있음

C 역사 자료의 활용법

1 역사 자료(*사료)와 역사 연구 ┌ 문자 기록이 없던 선사 시대를 연구할 때에는 주로 유물과 유적을 활용한다.

(1) ❼ [　　] : 옛사람들이 남긴 흔적
① 유물: 옛사람이 사용한 물건으로, 쉽게 옮길 수 있는 물건
② 유적: 인류가 남긴 자취로, 건축물이나 집터와 같이 쉽게 옮길 수 없는 공간
③ 문헌: 글자로 기록한 문서나 기록물

탐구　유물과 유적

↑ 중국의 청동 솥(유물)　↑ 이탈리아의 포로 로마노(유적)

유물은 인류가 만들고 사용한 물건으로, 도자기·그림 등 옮길 수 있는 것을 말한다. 유적은 인류가 남긴 자취로, 궁궐·집터·고분 등 쉽게 옮길 수 없는 공간을 의미한다.

(2) **역사 연구의 과정**

❽ [　　]	역사가가 사료에 나오는 내용을 철저하게 검증하는 과정 ·사료에는 과장, 오류, 누락, 조작이 있을 수 있어 검증이 필요하다.
역사 서술	역사가는 사료 비판을 거친 자료를 연구하면서 과거 상황을 분석 및 해석하여 역사를 서술함

2 역사 학습에 도움을 주는 자료

역사 지도	• 지도에 영토나 영역, 이동 경로, 수도 및 주요 도시 등의 역사 정보를 시각적으로 나타낸 자료 • 범례는 지도에 표시된 색, 선, 기호 등이 무엇을 의미하는지 알려 줌 ➡ 범례를 보고 지도에 나타난 정보를 확인할 수 있음
❾ ⬜⬜	• 역사적 사건을 일어난 순서대로 나타낸 자료 • 사건의 상호 관계를 파악하고 같은 시기에 다른 지역에서 일어난 사건을 비교하는 데 편리함
도표	통계 등 숫자로 된 정보를 정리한 자료
그림·사진	• 역사를 시각적으로 보여 주는 자료 • 역사를 생생하게 이해하는 데 도움을 줌

D 역사 탐구의 절차와 방법

1 탐구 주제의 선정: 탐구하고 싶은 주제를 선정함, 평소에 관심 있는 대상부터 호기심을 가지고 살펴보면 과거의 흔적을 찾아볼 수 있음

➡ 좋아하는 음식, 자주 다니던 장소 등 우리 생활과 관련된 모든 소재가 역사 탐구의 대상이 될 수 있다.

2 탐구 자료의 수집

박물관, 도서관 방문	기록물이나 사진, 지도 등의 각종 역사 자료를 찾을 수 있음
인터넷 검색	• 각종 역사 자료를 손쉽게 찾을 수 있음 • 박물관 등에서 운영하는 디지털 ★아카이브에서 그림, 유물 사진, 영상 등의 자료를 찾아볼 수 있음
인터뷰	• 지역의 역사를 탐구할 때 마을 어른들을 인터뷰하여 구술 자료를 수집할 수 있음 • 문헌 자료로 남아 있지 않은 과거 사람들의 생활 모습을 알 수 있음
❿ ⬜⬜	• 유적이나 역사 현장 등에 직접 방문하여 조사하는 방법 • 비교적 정확하고 자세한 정보를 알 수 있음

3 탐구 자료의 분석과 해석: 수집한 자료 검증(수집한 자료의 출처 확인, 서로 모순되는 내용이 없는지 자료 점검 ➡ 내용 오류 여부 확인), 문제 해결에 도움이 되는 증거 분류, 인과 관계와 중요성 해석

4 탐구 결과의 정리 및 발표

(1) **탐구 결과 정리:** 그림·연표·도표·지도 등을 활용하여 보고서·신문·카드 뉴스·동영상 등 이해하기 쉬운 형태로 정리함

(2) **탐구 결과 발표:** 탐구 결과를 발표 ➡ 질의응답 시간을 통해 발표 결과와 다른 해석이나 주장에 대한 논쟁을 할 수 있음 ➡ 평가를 진행하여 부족한 부분을 점검함

기출 PICK

기출 PICK A-2

역사의 두 가지 의미

> • 역사가는 자신을 숨기고 과거가 본래 어떠하였는가를 밝혀야 한다. — 랑케
> • 역사는 과거와 현재의 끊임없는 대화이다. — 카

독일의 역사가 랑케는 과거에 일어났던 사실 그 자체인 '사실로서의 역사'를 강조하였다. 반면, 영국의 역사가 카는 과거에 일어났던 사실에 대한 기록자의 관점이 반영된 '기록으로서의 역사'를 강조하였다.

기출 PICK C-1

문자 자료와 비문자 자료

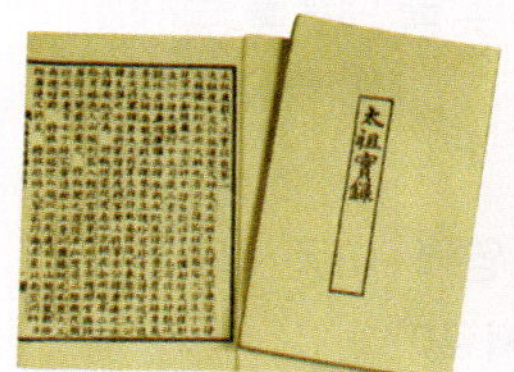 

↑ 종이에 남긴 기록물인 『조선왕조실록』　　↑ 신라의 유물인 얼굴 무늬 수막새

문자 자료	금석문, 비문 등 돌이나 금속에 문자를 새긴 자료나 책, 문서 등 종이에 문자를 쓴 자료
비문자 자료	그림, 조각, 사진, 음성과 같이 문자가 아닌 다양한 방식으로 표현된 자료

기출 PICK D

역사 탐구의 절차와 방법

탐구 주제의 선정 ➡ 자료의 수집(박물관이나 도서관 방문, 인터넷 검색, 인터뷰, 답사 등) ➡ 자료의 분석과 해석(사료 검증, 증거 분류, 인과 관계 파악 등) ➡ 탐구 결과의 정리 및 발표

용어

★ **역사:** '역(歷)'은 '세월이나 세대, 왕조가 흘러간 것'을 의미하고, '사(史)'는 '기록하는 일' 또는 '기록하는 사람'을 의미함

★ **사관:** 역사가들이 역사를 바라보는 입장이나 역사를 해석하고 설명하는 시각을 말함

★ **사료:** 역사를 탐구하거나 역사책을 쓰는 데 이용하는 자료

★ **아카이브:** 보존 가치가 있는 자료를 기록하는 것, 또는 이러한 기록이나 문서를 보관하는 장소

답　❶ 역사　❷ 객관적　❸ 기록　❹ 사관　❺ 연호
　　❻ 다양성　❼ 사료　❽ 사료 비판　❾ 연표　❿ 답사

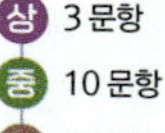

난이도별 필수기출

상 3 문항 / 중 10 문항 / 하 4 문항

◆ **빈칸에 들어갈 알맞은 말을 쓰시오.**

001 인류가 어떻게 살아왔는가에 대한 이야기이며, 과거에 실제로 일어났던 일을 (　　　　)(이)라고 한다.

002 역사 연구자들이 역사를 바라보는 입장이나 역사를 해석하고 설명하는 시각을 (　　　　)(이)라고 한다.

003 (　　　　)은/는 100년을 단위로 하는 기간을 말한다.

004 역사가가 역사 자료(사료)에 나오는 내용을 철저하게 검증하는 과정을 (　　　　)(이)라고 한다.

005 (　　　　)은/는 지도에 영역, 이동 경로, 수도 등의 역사 정보를 나타낸 자료이다.

006 (　　　　)은/는 유적이나 현장을 직접 방문하여 조사하는 자료 수집 방법이다.

◆ **밑줄 친 부분을 올바르게 고치시오.**

007 '사실로서의 역사'는 <u>주관적인</u> 역사를 의미한다.

008 종이에 쓴 것과 돌이나 금속 등에 글자를 새긴 것을 <u>비문자 자료</u>라고 한다.

009 <u>세기</u>는 보통 국왕이 즉위한 해에 붙이던 연대 이름으로, 왕마다 바꾸어 불렀다.

010 사료 중에서 인류가 만들고 사용한 물건으로, 옮길 수 있는 것을 <u>유적</u>이라고 한다.

011 <u>연표</u>는 통계 등 숫자로 된 정보를 정리한 자료를 일컫는다.

012 자료의 분석과 해석의 절차를 마친 후 <u>탐구 주제를 선정한다.</u>

A 역사의 의미

013 중
'**역사**'에 대한 설명으로 옳지 <u>않은</u> 것은?

① '사실로서의 역사'는 실제 있었던 일을 말한다.
② '기록으로서의 역사'는 객관적인 성격을 지닌다.
③ 역사 기록에 역사가의 개인적인 관점이 반영되기도 한다.
④ 동일한 역사적 인물도 기록자에 따라 다르게 평가될 수 있다.
⑤ 역사는 인류가 남긴 물질문명과 정신적 유산을 포함한 모든 발자취이다.

014 중
'**기록으로서의 역사**'에 해당하는 서술로 옳은 것을 〈보기〉에서 고른 것은?

> < 보기 >
> ㄱ. 신라는 삼국을 통일하였다.
> ㄴ. 신석기 시대에는 농경과 목축이 시작되었다.
> ㄷ. 고려청자는 우리 문화의 우수성을 보여 준다.
> ㄹ. 훈민정음은 독창적이고 과학적으로 창제되었다.

① ㄱ, ㄴ　　② ㄱ, ㄷ　　③ ㄴ, ㄷ
④ ㄴ, ㄹ　　⑤ ㄷ, ㄹ

015 중
다음 입장이 반영된 역사 서술로 가장 적절한 것은?

> 역사가는 자신을 숨기고 과거가 본래 어떠하였는가를 밝혀야 한다.

① 로마는 실용적인 문화를 꽃피웠다.
② 구석기 시대 사람들은 이동 생활을 하였다.
③ 알렉산드로스는 뛰어난 지도력을 갖춘 지도자였다.
④ 신라의 삼국 통일은 외세를 끌어들였다는 한계가 있다.
⑤ 팔만대장경을 통해 고려 목판 인쇄술의 우수성을 알 수 있다.

016 ①

(가), (나)에 대한 설명으로 옳은 것은?

> (가) 역사는 과거와 현재의 끊임없는 대화이다.
> (나) 역사가는 자신을 숨기고 과거가 본래 어떠하였는가를 밝혀야 한다.

① (가) - 역사가 랑케가 주장하였다.
② (가) - 객관적인 역사 서술을 주장하였다.
③ (가) - '기록으로서의 역사'를 강조하였다.
④ (나) - 역사가 카가 주장하였다.
⑤ (나) - 사관에 따른 역사 서술을 강조하였다.

017 ⑩

다음 자료를 통해 알 수 있는 내용으로 가장 적절한 것은?

> - 나라가 부강해지면 자신이 성공할 기회를 빼앗긴다고 보았던 알렉산드로스는 …… 정복과 야망을 이룰 수 있는 나라를 물려받고 싶었다. — 플루타르코스
> - 알렉산드로스는 한때 정복할 땅이 더 이상 남아 있지 않다고 한탄하였다. 그러나 인도는 서북부의 작은 지역을 빼고는 그에게 정복되지 않았다. — 네루

① 역사는 인류가 남긴 모든 발자취이다.
② 문자 기록은 역사 시대 연구에 활용된다.
③ 문자 기록 여부로 선사 시대와 역사 시대를 구분한다.
④ 역사가는 나를 숨기고 과거 본래의 사실을 밝혀야 한다.
⑤ 역사 서술은 역사를 기록하는 사람의 관점에 따라 달라질 수 있다.

018 ⑩

(가)는 몇 세기인지 쓰시오.

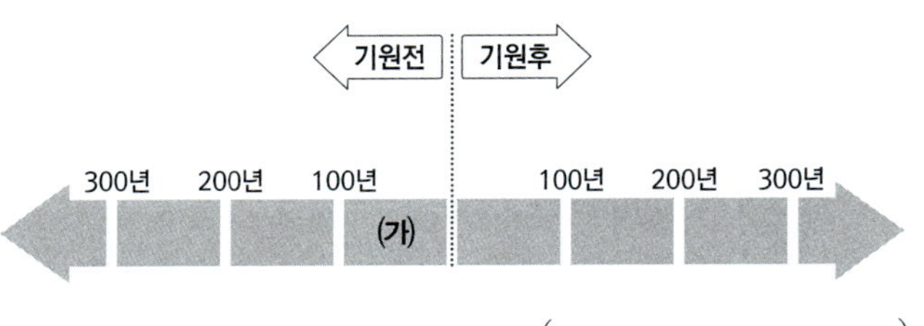

(   )

B 역사 학습의 목적

019 ⑩

역사를 공부하는 목적에 대해 **잘못** 말한 학생은?

① 역사적 판단력을 기를 수 있습니다.
② 우리의 정체성을 파악할 수 있습니다.
③ 삶의 지혜와 교훈을 얻을 수 있습니다.
④ 미래를 내다보는 안목을 키울 수 있습니다.
⑤ 우리 역사의 우월성을 과시할 수 있습니다.

020 ⑪

㉠에 들어갈 특성으로 옳은 것은?

> 오늘날 세계는 지구촌이라고 불릴 만큼 서로 많은 영향을 주고받고 있다. 따라서 우리는 역사 학습을 통해 문화의 (㉠)을/를 이해하는 태도를 기를 필요가 있다.

① 다양성　　② 전체성　　③ 통일성
④ 폐쇄성　　⑤ 획일성

C 역사 자료의 활용법

021 ⑪

선생님이 설명하는 역사 자료로 옳은 것은?

① 그림　　② 도표　　③ 문헌
④ 연표　　⑤ 역사 지도

022 ⑩

| 서술형 |

유물과 유적의 차이점을 서술하시오.

023 하

㉠에 들어갈 용어를 쓰시오.

(㉠)은/는 옛사람들이 남긴 흔적으로, 역사를 탐구하거나 역사책을 쓰는 데 이용되는 역사 자료를 말한다.

(   )

024 상
| 서술형 |

사료 비판의 의미와 필요성을 각각 서술하시오.

025 중

역사 자료 중 유적으로 옳은 것을 〈보기〉에서 고른 것은?

─ 보기 ─

ㄱ. 한국의 수막새

ㄴ. 중국의 청동 솥

ㄷ. 페루의 마추픽추

ㄹ. 이탈리아의 포로 로마노

① ㄱ, ㄴ　　　② ㄱ, ㄷ　　　③ ㄴ, ㄷ
④ ㄴ, ㄹ　　　⑤ ㄷ, ㄹ

026 하

㉠, ㉡에 들어갈 역사 자료의 종류를 각각 쓰시오.

수행 평가 보고서

• **탐구 주제**: 역사 학습에 도움을 주는 자료
• **탐구 내용**
　－ (㉠): 통계 등 숫자 정보를 정리한 자료
　－ 역사 지도: 역사 정보를 지도에 표현한 자료
　－ 사진·그림: 역사를 시각적으로 보여 주는 자료
　－ (㉡): 역사 사건을 일어난 순서대로 나타낸 자료

(   )

027 상

다음 유물에 대한 설명으로 옳은 것을 〈보기〉에서 고른 것은?

(가)　　　　　　(나)

↑ 한국의 『조선왕조실록』　　　↑ 이집트의 로제타석

─ 보기 ─

ㄱ. (가)는 문자 자료이다.
ㄴ. (나)는 비문자 자료이다.
ㄷ. (나)는 돌에 글자를 새긴 것이다.
ㄹ. (가), (나)는 모두 사료의 범주에 포함되지 않는다.

① ㄱ, ㄴ　　　② ㄱ, ㄷ　　　③ ㄴ, ㄷ
④ ㄴ, ㄹ　　　⑤ ㄷ, ㄹ

D 역사 탐구의 절차와 방법

028 중

역사 탐구의 절차를 순서대로 나열하시오.

(가) 탐구 자료의 수집
(나) 탐구 주제의 선정
(다) 탐구 결과의 정리와 발표
(라) 탐구 자료의 분석과 해석

(   )

★빈출 029 중

학생들의 대화 내용에 해당하는 역사 탐구의 절차로 가장 적절한 것은?

• 인터넷 검색으로 자료를 찾는 단계야.
• 도서관에 직접 가서 자료를 찾아볼 수도 있어.
• 현장에 가서 조사를 하는 답사도 이 과정에 포함돼.

① 탐구 주제를 정한다.
② 역사 자료를 분석한다.
③ 역사 자료의 출처를 확인한다.
④ 탐구 주제와 관련된 자료를 수집한다.
⑤ 탐구 결과를 이해하기 쉬운 형태로 정리한다.

★★★ 최고 수준 도전 기출 | 01강 |

030

다음은 한 학생의 역사 형성 평가지이다. 이 학생이 얻게 될 점수로 옳은 것은?

역사 형성 평가지

• 다음을 읽고 맞으면 ○표, 틀리면 ×표 하시오.

문제	학생 답안	배점
1. '사실로서의 역사'는 주관적인 역사이다.	×	1점
2. 동일한 사건에 대한 역사가의 서술은 모두 동일하다.	×	1점
3. '기록으로서의 역사'는 역사적 사실 그 자체를 말한다.	○	1점
4. '알렉산드로스는 마케도니아의 왕이었다.'라는 문장은 '기록으로서의 역사'에 해당하는 역사 서술이다.	○	1점
5. 역사에서 '역'은 '세월이나 세대, 왕조가 흘러간 것'을 의미하고, '사'는 '기록하는 일이나 사람'을 의미한다.	○	1점

① 1점　　② 2점　　③ 3점　　④ 4점　　⑤ 5점

031

다음은 사료의 종류를 구분하는 과정이다. 이에 대한 설명으로 옳은 것을 〈보기〉에서 고른 것은?

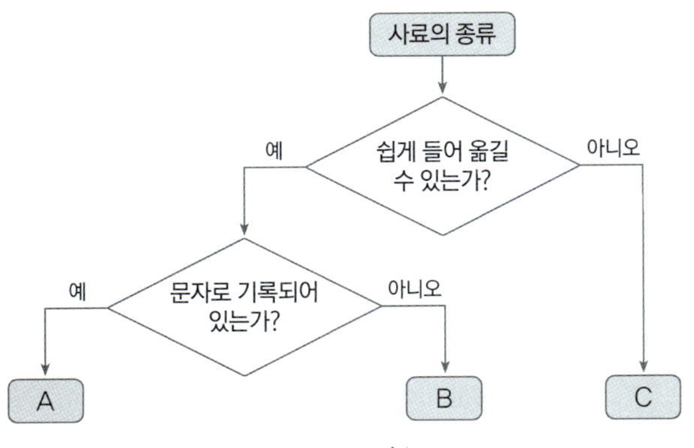

〈 보기 〉

ㄱ. A, B는 유적, C는 유물이다.
ㄴ. A에는 책, 문서 등이 포함된다.
ㄷ. C에는 궁궐·집터·고분 등이 속한다.
ㄹ. B는 주로 선사 시대의 연구에 활용된다.
ㅁ. 이탈리아의 포로 로마노는 B에 해당한다.

① ㄱ, ㄷ　　② ㄴ, ㄷ　　③ ㄹ, ㅁ
④ ㄴ, ㄷ, ㄹ　　⑤ ㄷ, ㄹ, ㅁ

032

(가), (나)를 통해 알 수 있는 내용으로 옳은 것을 〈보기〉에서 고른 것은?

(가) 영락 1년은 광개토 대왕이 즉위한 391년이다.

(나) (영락) 9년에 백제가 맹세를 어기고 왜와 화통하였다. 왕이 평양으로 내려갔다. 신라 왕이 사신을 보내어 아뢰기를 "왜인이 국경에 가득 차 성을 부수고 ……."

– 광개토 대왕릉비 비문

〈 보기 〉

ㄱ. (가)로 보아 (나)의 '영락 9년'은 399년이다.
ㄴ. 연호는 보통 100년을 한 단위로 연대를 구분한다.
ㄷ. (가), (나)로 보아 '영락'은 광개토 대왕 재위 시기를 나타낸다.
ㄹ. (가), (나)로 보아 연호로 사건이 일어난 시기를 정확하게 파악하기는 어렵다.
ㅁ. (가), (나)로 보아 백제가 맹세를 어기고 왜와 화통한 일은 3세기 말에 일어났다.

① ㄱ, ㄷ　　② ㄴ, ㄷ　　③ ㄹ, ㅁ
④ ㄴ, ㄷ, ㄹ　　⑤ ㄷ, ㄹ, ㅁ

033

(가)에 해당하는 역사 탐구 절차의 사례로 가장 적절한 것은?

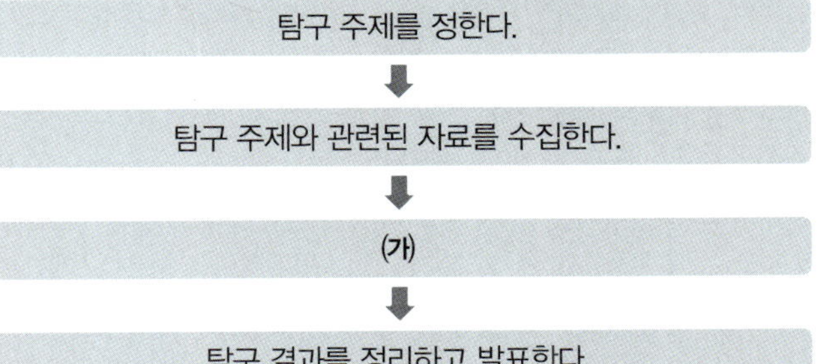

① 정리한 결과물을 카드 뉴스로 제작한다.
② 문제 해결에 도움이 되는 자료를 수집한다.
③ 도표, 연표 등을 활용하여 보고서를 작성한다.
④ 자료들을 비교·분석하여 내용의 오류를 찾아낸다.
⑤ 박물관의 디지털 아카이브에 들어가서 자료를 검색한다.

선사 문화와 문명의 특징

A 인류의 출현과 진화

1 인류의 출현: 약 390만 년 전 최초의 인류인 오스트랄로피테쿠스 아파렌시스가 ❶☐☐☐☐에서 등장

2 인류의 진화: 직립 보행, 도구·불·언어 사용, 아프리카에서 여러 지역으로 이동, 다양한 자연환경에 적응하며 살아감

인류	출현 시기	특징
오스트랄로피테쿠스 아파렌시스	약 390만 년 전	아프리카에서 출현, 직립 보행, 간단한 도구 사용
호모 에렉투스	약 180만 년 전	불과 간단한 언어 사용
호모 네안데르탈렌시스	약 40만 년 전	시체 매장 풍습을 지님
❷☐☐☐☐☐	약 20만 년 전	현생 인류, 동굴에 벽화를 그림, 크로마뇽인이 대표적

B 선사 문화의 발달

1 구석기 시대와 신석기 시대

신석기 시대에 농경과 목축 생활이 시작되면서 나타난 인류 생활의 큰 변화를 의미한다.

구분	구석기 시대	신석기 시대
시기	인류의 출현 시기부터 시작	약 1만 년 전 시작
도구	나무나 뼈로 만든 도구 사용, 돌을 떼어 내서 만든 ❸☐☐☐(주먹도끼, 찍개 등) 사용	간석기 사용(갈돌과 갈판 등), ❹☐☐ 제작(곡식 저장·음식 조리), 가락바퀴와 뼈바늘 사용(옷 제작)
생활 모습	채집 생활과 수렵 생활, 무리 지어 이동 생활, 동굴·바위 그늘·강가의 막집 등에서 거주, 평등 사회	농경 생활과 목축 생활 시작(신석기 혁명), 정착 생활, 강가 등에 ❺☐☐을/를 지어 마을 형성, 평등 사회
신앙·예술	조각상 제작(빌렌도르프의 비너스), 동굴 벽화 제작(라스코 동굴 벽화)	동물이나 식물을 수호신으로 숭배, 동굴 벽화 제작(타실리나제르 벽화)

2 만주와 한반도 지역의 구석기·신석기 문화

(1) 구석기 시대: 약 70만 년 전 시작

① 유물: 주먹도끼나 슴베찌르개 등의 뗀석기

② 유적: 경기 연천 전곡리, 충남 공주 석장리 등

(2) 신석기 시대: 약 1만 년 전 시작

① 유물: 빗살무늬 토기, 간석기(갈돌과 갈판 등), 뼈 도구 등

② 유적: 서울 암사동, 강원 양양 오산리 등

C 고대 문명의 발생

1 *문명의 발생

(1) 공통점: 문명 발상지는 큰 강 유역이며, 대체로 기후가 온화함, *관개 농업의 발달, 계급의 발생, 청동기·문자 사용, 부족 간 통합이 이루어지며 도시 국가가 출현함

(2) 발상지: 티그리스강과 유프라테스강 사이의 메소포타미아 지방, 이집트의 나일강 유역, 인도의 인더스강 유역, 중국의 황허강 유역

2 4대 문명

→ 세계 최초의 문명으로 알려져 있다.

(1) 메소포타미아 문명: 기원전 3500년경 성립

정치	• 수메르인이 우르 등 여러 도시 국가 건국, 도시 중앙에 지구라트(신전) 건설, *신권 정치 • 바빌로니아 왕국: ❻☐☐☐☐☐ 때 전성기(함무라비 법전 제작) → 돌기둥에 새겨져 있다.
세계관	사후 세계보다는 현재의 안정된 삶 중시(「길가메시 서사시」에 드러남)
문화	달·별 등의 움직임을 연구하여 점성술·태음력 발전, 60진법 발달, ❼☐☐ 문자를 이용하여 통치와 교역 내용·생활 모습 등을 점토판에 기록함

탐구 | **함무라비 법전**

> 196조 귀족이 귀족의 눈을 멀게 하면 그의 눈도 멀게 한다.
> 198조 귀족이 평민의 눈을 멀게 하거나 뼈를 부러뜨리면 은 1미나를 지불해야 한다.
> 199조 귀족이 다른 사람 노예의 눈을 멀게 하거나 뼈를 부러뜨리면 그 노예 가격의 반을 지불해야 한다.

바빌로니아 왕국의 법전인 함무라비 법전은 282개의 조항으로 이루어져 있다. 같은 범죄라도 신분에 따라서 처벌 내용이 달랐는데, 이는 바빌로니아 왕국에서 신분의 구분이 엄격하였음을 보여 준다.

(2) **이집트 문명**: 기원전 3000년경 통일 왕국 성립

정치	신권 정치(왕인 파라오가 살아 있는 신 또는 태양신의 아들로 여겨짐)
세계관	영혼 불멸과 사후 세계를 믿음 ➡ 미라·피라미드·스핑크스 제작, 죽은 사람이 사후 세계에서 어떻게 행동해야 할지 알려 주는 안내서인 「사자의 서」를 무덤에 넣음
문화	태양력과 10진법 발달, ❽[ ][ ] 문자 사용(파피루스에 기록함)

↑ 스핑크스와 피라미드

↑ 「사자의 서」

(3) **인도 문명**

① 성립: 기원전 2500년경 하라파, 모헨조다로 등에서 도시 문명 발생 ➡ 주택·도로·목욕장 등을 갖춘 계획도시였음, 청동기와 그림 문자를 사용함

② 아리아인의 이동과 인도 문명의 변화

아리아인의 이동	❾[ ][ ][ ][ ]이/가 기원전 1500년경 중앙아시아에서 인더스강 유역으로 이동 ➡ 기원전 1000년경에는 갠지스강 유역까지 진출, 철기 사용
인도 문명의 변화	❿[ ][ ][ ]의 성립(아리아인이 만든 신분제), 브라만교 성립(경전인 『베다』 완성)

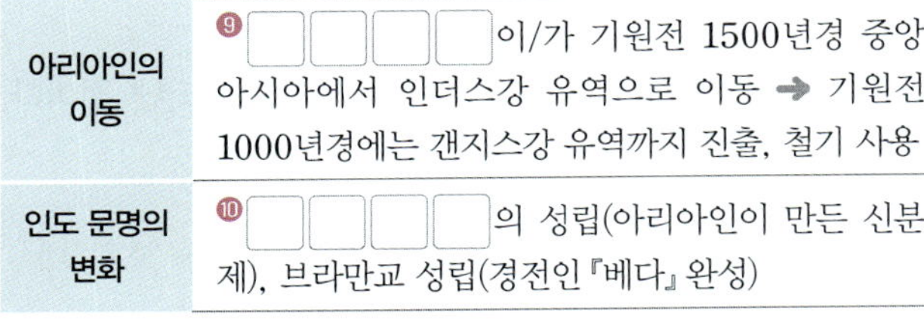

카스트제는 아리아인이 만든 신분제로 브라만, 크샤트리아, 바이샤, 수드라의 네 신분으로 구성되었다. 아리아인은 주로 상위 계급인 브라만과 크샤트리아를 차지하였고 정복당한 원주민은 주로 수드라에 속하였다.

(4) **중국 문명**: 기원전 2500년경 황허강 유역에서 발전

⓫[ ]	• 기원전 1600년경 황허강 중·하류 지역에서 성립 • 왕이 정치와 제사를 주관(신권 정치), 전쟁·제사 등 나라의 중요한 일을 점을 쳐서 정함(갑골문으로 기록) *상의 갑골문은 한자의 기원이 되었다.*
주	• 기원전 11세기경 창장강 유역까지 영토 확장 ➡ 영토를 효율적으로 통치하고자 ⓬[ ][ ]을/를 실시 • 천명사상으로 건국을 정당화 *대체로 혈연관계를 바탕으로 성립하였다.* • 쇠퇴: 주 왕실의 권력 약화, 유목 민족의 침입 ➡ 수도를 호경에서 낙읍(뤄양)으로 옮김

기출 PICK A-2

인류의 출현 순서

오스트랄로피테쿠스 아파렌시스 ➡ 호모 에렉투스 ➡ 호모 네안데르탈렌시스 ➡ 호모 사피엔스

기출 PICK B-1, 2

구석기 시대와 신석기 시대의 주요 도구

구석기 시대 사람들은 뗀석기를 사용하였는데, 대표적으로 사냥과 채집 등에 쓴 주먹도끼와 찍개가 있다. 신석기 시대 사람들은 돌을 갈거나 다듬어서 만든 간석기를 사용하였는데, 곡식의 껍질을 벗기거나 곡식을 가루로 만드는 데 사용한 갈돌과 갈판이 대표적이다.

기출 PICK C-1

고대 문명의 발상지

↑ 문명 발상지의 위치

고대 문명은 주로 농경에 유리한 큰 강 유역에서 발생하였다. 또한 계급 발생, 청동기 사용, 문자 사용, 도시 국가 출현 등의 공통점이 있다.

★ **문명**: 인류 역사에서 고도로 발달한 사회와 문화

★ **관개 농업**: 농사를 짓기 위해 논, 밭과 같은 농경지에 필요한 물을 끌어와 하는 농업

★ **신권 정치**: 통치자가 신 또는 신의 대리자로서 간주되어 절대적인 권력으로 백성을 다스리는 정치 형태

답
❶ 아프리카 ❷ 호모 사피엔스 ❸ 뗀석기 ❹ 토기
❺ 움집 ❻ 함무라비왕 ❼ 쐐기 ❽ 상형
❾ 아리아인 ❿ 카스트제 ⓫ 상 ⓬ 봉건제

◆ **빈칸에 들어갈 알맞은 말을 쓰시오.**

034 (　　　　　)은/는 아프리카 지역에서 나타난 최초의 인류이다.

035 구석기 시대에는 돌을 깨뜨리거나 떼어 내서 만든 (　　　　　)을/를 사용하였다.

036 신석기 시대 사람들은 강가 등에 (　　　　　)을/를 짓고 정착 생활을 하였다.

037 농업 생산력이 늘어나면서 잉여 생산물이 생겼고, 빈부의 차이가 커지자 (　　　　　)이/가 발생하였다.

038 문명 발상지에서는 통치와 교역에 관한 일을 기록하고자 (　　　　　)을/를 만들어 사용하였다.

039 고대 인도에서는 (　　　　　)이/가 원주민을 지배하고자 카스트제라는 신분제를 만들었다.

◆ **밑줄 친 부분을 올바르게 고치시오.**

040 약 20만 년 전에는 현생 인류인 <u>호모 에렉투스</u>가 아프리카에서 등장하였다.

041 <u>구석기 시대</u> 사람들은 토기를 만들어 사용하였다.

042 <u>수메르인들은 나일강</u>의 범람 시기를 알고자 태양력을 제작하여 사용하였다.

043 이집트인들은 사물의 모양을 본뜬 <u>쐐기 문자</u>를 사용하였다.

044 중국 상에서는 혈연관계에 기초한 <u>봉건제</u>를 실시하였다.

045 <u>중국 문명</u>에서는 파라오가 신권 정치를 하였다.

난이도별 필수기출

상 6문항　중 17문항　하 10문항

A 인류의 출현과 진화

046 중

오스트랄로피테쿠스 아파렌시스에 대한 설명으로 옳은 것을 〈보기〉에서 고른 것은?

> ─── 보기 ───
> ㄱ. 현생 인류이다.
> ㄴ. 두 발로 서서 걸었다.
> ㄷ. 손으로 도구를 사용하였다.
> ㄹ. 불과 간단한 언어를 사용하였다.

① ㄱ, ㄴ　　② ㄱ, ㄷ　　③ ㄴ, ㄷ
④ ㄴ, ㄹ　　⑤ ㄷ, ㄹ

047 상

다음은 인류의 진화 과정을 출현한 순서대로 나타낸 것이다. ㉠에 들어갈 인류에 대한 설명으로 옳은 것은?

> 오스트랄로피테쿠스 아파렌시스 → (　㉠　) → 호모 네안데르탈렌시스 → 호모 사피엔스

① 동굴 벽화를 남겼다.
② 현생 인류라고 불린다.
③ 최초의 인류라고 불린다.
④ 불과 간단한 언어를 사용하였다.
⑤ 시체를 매장하는 풍습이 있었다.

048 중

인류의 진화 과정에서 나타난 인류와 동물의 차이점으로 적절하지 <u>않은</u> 것은?

① 무리 지어 사냥한다.
② 두 발로 서서 걷는다.
③ 불과 언어를 사용한다.
④ 도구를 만들어 사용한다.
⑤ 사후 세계에 관심을 갖는다.

B 선사 문화의 발달

049 하

구석기 시대의 생활 모습을 잘못 설명한 학생은?

① 먹을 것을 찾아 자주 이동하였습니다.
② 주먹도끼, 찍개 등으로 사냥을 하였습니다.
③ 돌을 깨뜨려 만든 뗀석기를 사용하였습니다.
④ 사냥의 성공을 기원하며 동굴 벽화를 남겼습니다.
⑤ 토기를 만들어 곡식을 저장하는 데 이용하였습니다.

050 중

다음 유물을 통해 알 수 있는 구석기 시대의 모습으로 가장 적절한 것은?

① 철기를 사용하였다.
② 거푸집을 제작하였다.
③ 농경과 목축을 시작하였다.
④ 다산과 풍요를 기원하였다.
⑤ 청동 거울을 만들어 사용하였다.

← 빌렌도르프의 비너스

051 중　　　　　　| 서술형 |

구석기 시대 사람들의 생활 모습을 두 가지 서술하시오.

052 중

구석기 시대와 신석기 시대를 비교한 내용으로 옳지 않은 것은?

구분	구석기 시대	신석기 시대
㉠ 주거	정착 생활	이동 생활
㉡ 사회	평등 사회	평등 사회
㉢ 경제	사냥과 채집	농경과 목축
㉣ 도구	주먹도끼 등	갈돌과 갈판 등
㉤ 주요 유적	충남 공주 석장리	서울 암사동

① ㉠　　② ㉡　　③ ㉢　　④ ㉣　　⑤ ㉤

[053~054] 다음은 구석기 시대를 배경으로 한 가상 일기이다. 다음을 읽고 물음에 답하시오.

> **○○의 일기**
>
> 오늘은 아침에 일어나서 ㉠ 사람들과 사냥을 하러 나갔다. ㉡ 우리가 사는 막집 근처에는 들소 같은 짐승들이 많았는데 요즘은 잘 보이지 않는다. ㉢ 이제 다른 곳으로 이동할 때가 온 것 같다. 이동할 때 ㉣ '어제 채집한 열매를 어떻게 가지고 가지?' 이런 생각을 하며 집에 왔는데, ㉤ 어머니께서 가락바퀴로 실을 뽑고 계셨다. 힘들게 일하시는 어머니를 도와드려야겠다.

053 중

위 가상 일기의 밑줄 친 ㉠~㉤ 중 적절하지 않은 것은?

① ㉠　　② ㉡　　③ ㉢　　④ ㉣　　⑤ ㉤

054 중

위 가상 일기가 작성된 시기에 사용된 유물로 적절한 것은?

① 

③ 

② 

④ 

⑤ 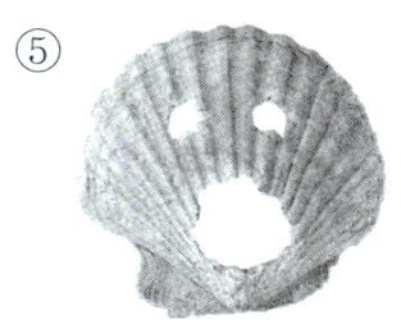

055 하

다음에서 설명하는 용어를 쓰시오.

> 신석기 시대에 농경과 목축을 시작하면서 나타난 인류 생활의 큰 변화를 일컫는다.

(　　　　　　　　)

056 중

다음 자료를 통해 알 수 있는 신석기 시대의 생활 모습을 서술하시오.

타실리나제르 벽화에는 곡식 낟알을 줍거나 소 등의 가축을 기르는 모습이 그려져 있다.

← 타실리나제르 벽화

057 중

㉠에 들어갈 시대에 대한 탐구 활동으로 가장 적절한 것은?

(㉠) 사람들은 돌을 갈거나 다듬은 간석기를 사용하였다. 또한 토기를 만들어 음식을 저장하거나 조리하였다.

① 뼈바늘의 용도를 정리한다.
② 찍개의 사용 용도를 살펴본다.
③ 계급이 발생한 이유를 알아본다.
④ 청동 무기의 제작 방법을 찾아본다.
⑤ 라스코 동굴 벽화를 그린 배경을 조사한다.

★ 빈출
058 상

(가), (나) 시대의 사회 모습으로 옳지 <u>않은</u> 것은?

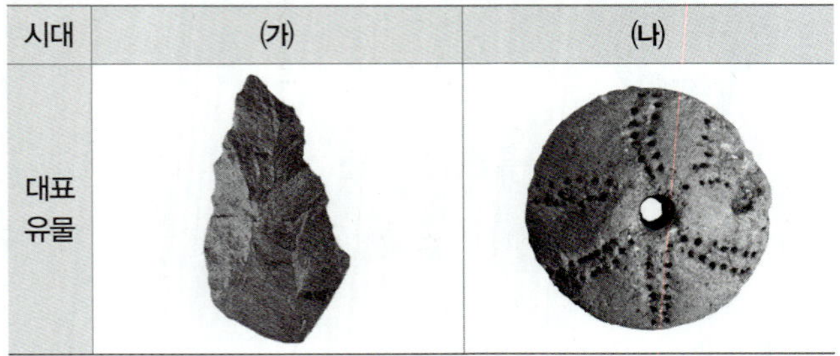

시대	(가)	(나)
대표 유물		

① (가) – 열매 등을 채집하였다.
② (가) – 다산과 풍요를 기원하는 조각상을 만들었다.
③ (나) – 짐승을 기르는 목축을 시작하였다.
④ (나) – 빗살무늬 토기를 만들어 곡식을 저장하였다.
⑤ (가), (나) – 모두 지배 계급과 피지배 계급이 나뉜 계급 사회였다.

C 고대 문명의 발생

059 하

㉠에 들어갈 용어를 쓰시오.

농업 생산력이 늘어나면서 잉여 생산물이 생겼다. 잉여 생산물을 더 가진 사람과 그렇지 않은 사람의 차이, 즉 빈부 격차가 커지자 (㉠)이/가 발생하였다.

(   )

060 하

문명이 발생한 지역에서 나타난 변화를 <u>잘못</u> 설명한 학생은?

① 도시가 생겨났습니다.
② 계급이 출현하였습니다.
③ 관개 시설이 발달하였습니다.
④ 철로 만든 무기가 사용되었습니다.
⑤ 생산물이 남아돌면서 빈부 격차가 커졌습니다.

061 중

지도에 표시된 지역들의 공통점으로 옳지 <u>않은</u> 것은?

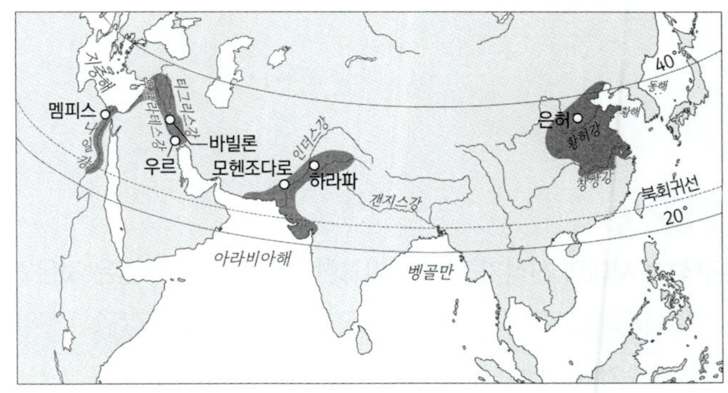

① 문자로 기록을 남겼다.
② 인구가 모여들어 도시가 형성되었다.
③ 대체로 기후가 온화하고 토지가 비옥하였다.
④ 큰 강 유역에서 일찍부터 농업이 발달하였다.
⑤ 신석기 문화를 기반으로 한 도시 국가가 성장하였다.

062 중

다음 유적을 남긴 문명에 대한 설명으로 옳은 것은?

① 영혼 불멸을 믿었다.
② 태양력을 사용하였다.
③ 쐐기 문자를 사용하였다.
④ 「사자의 서」를 제작하였다.
⑤ 왕인 파라오를 신으로 여겼다.

[063~064] 다음을 읽고 물음에 답하시오.

> 196조 귀족이 귀족의 눈을 멀게 하면 그의 눈도 멀게 한다.
> 198조 귀족이 평민의 눈을 멀게 하거나 뼈를 부러뜨리면 은 1미나를 지불해야 한다.
> 199조 귀족이 다른 사람 노예의 눈을 멀게 하거나 뼈를 부러뜨리면 그 노예 가격의 반을 지불해야 한다.

063 하

위 내용이 담긴 법전을 쓰시오.

(   )

빈출
064 중

위 법전을 통해 알 수 있는 사실로 옳은 것을 〈보기〉에서 고른 것은?

─〈 보기 〉─
ㄱ. 은을 화폐로 사용하였다.
ㄴ. 복수는 법적으로 허용되지 않았다.
ㄷ. 귀족, 평민 등으로 계급이 나뉘어 있었다.
ㄹ. 신분에 관계없이 동일한 기준으로 처벌하였다.

① ㄱ, ㄴ   ② ㄱ, ㄷ   ③ ㄴ, ㄷ
④ ㄴ, ㄹ   ⑤ ㄷ, ㄹ

065 상 | 서술형 |

고대 문명의 공통점을 세 가지 서술하시오.

066 하

㉠에 들어갈 문명으로 옳은 것은?

피라미드는 (㉠)의 대표적인 유적으로, 왕인 파라오의 무덤으로 여겨진다. 또한 스핑크스는 피라미드를 지키는 수호신으로 알려져 있다.

① 에게 문명   ② 인도 문명
③ 중국 문명   ④ 이집트 문명
⑤ 메소포타미아 문명

빈출
067 상

밑줄 친 '이 문명'에 대한 설명으로 옳은 것을 〈보기〉에서 고른 것은?

↑ 사후 세계에서의 활동을 안내한 「사자의 서」

이번 특별전에서는 이 문명에서 사후 세계를 어떻게 받아들였는지 알 수 있는 유물들을 전시하고 관련 체험 활동 부스도 운영합니다. 많은 관심과 참여 부탁드립니다.

─〈 보기 〉─
ㄱ. 이집트인이 발전시켰다.
ㄴ. 왕인 파라오가 신권 정치를 하였다.
ㄷ. 고대 문명 중 가장 먼저 발생하였다.
ㄹ. 점을 친 내용을 갑골문으로 기록하였다.

① ㄱ, ㄴ   ② ㄱ, ㄷ   ③ ㄴ, ㄷ
④ ㄴ, ㄹ   ⑤ ㄷ, ㄹ

다음과 같이 이동한 민족을 쓰시오.

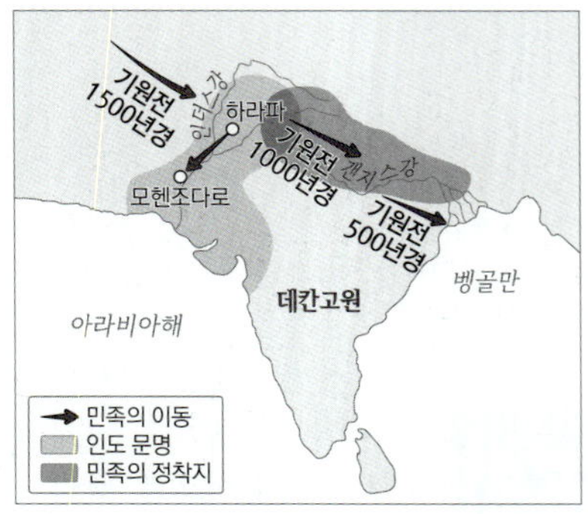

( )

069 하

인도 문명에 대한 설명으로 옳은 것을 〈보기〉에서 고른 것은?

〈 보기 〉

ㄱ. 그림 문자를 사용하였다.
ㄴ. 주택, 하수 시설, 목욕장을 갖춘 계획도시가 나타났다.
ㄷ. 나라의 중대사를 결정할 때 점을 쳐 그 내용을 갑골에 새겼다.
ㄹ. 유프라테스강과 티그리스강 사이의 메소포타미아 지방에서 발전하였다.

① ㄱ, ㄴ   ② ㄱ, ㄷ   ③ ㄴ, ㄷ
④ ㄴ, ㄹ   ⑤ ㄷ, ㄹ

070 중

다음 유적을 활용한 탐구 주제로 가장 적절한 것은?

↑ 모헨조다로 유적

① 인류의 출현과 진화
② 파라오의 통치 방식
③ 이슬람교의 성립과 확산
④ 인도 문명의 성립과 발전
⑤ 만주와 한반도 지역의 선사 문화

071 하

다음에서 설명하는 종교를 쓰시오.

인도 문명 지역으로 이주한 아리아인들이 물, 불 등 자연 현상을 다스리는 여러 신들에게 제사 지내고 신을 찬양하는 경전인 『베다』를 완성하는 과정에서 형성된 종교이다.

( )

072 중

다음 신분제에 대한 설명으로 옳지 <u>않은</u> 것은?

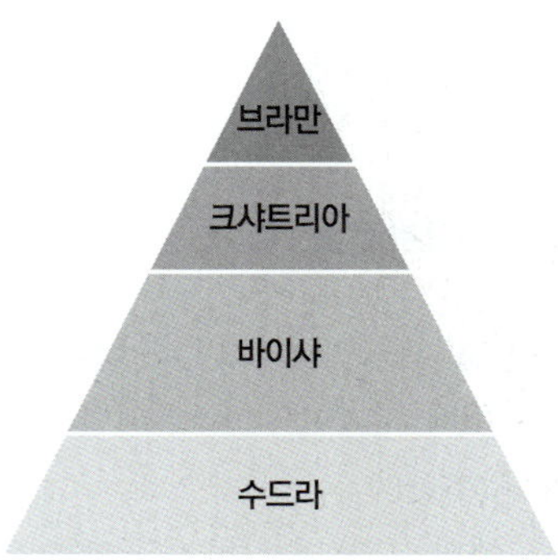

① 아리아인이 만든 신분제이다.
② 피정복민은 수드라에 속하였다.
③ 브라만은 제사 의식을 담당하였다.
④ 바이샤는 주로 왕족이나 귀족이었다.
⑤ 아리아인은 주로 브라만이나 크샤트리아에 속하였다.

073 상

메소포타미아 문명과 이집트 문명을 비교한 내용으로 옳지 않은 것은?

구분	메소포타미아 문명	이집트 문명
㉠ 문자	쐐기 문자	상형 문자
㉡ 역법	태음력	태양력
㉢ 진법	60진법	10진법
㉣ 세계관	사후 세계 중시	현실 세계 중시
㉤ 문화유산	지구라트	피라미드

① ㉠   ② ㉡   ③ ㉢   ④ ㉣   ⑤ ㉤

074 중

㉠, ㉡에 들어갈 내용으로 옳은 것은?

수행 평가 보고서

- **탐구 주제**: 중국 문명의 문자
- **탐구 내용**

중국에서는 (㉠)의 왕이 정치적·종교적 권력을 지녀 전쟁이나 제사 등 나라에 중요한 일이 있을 때 점을 쳐서 결정하였다. 점친 내용을 거북의 배딱지나 동물의 뼈에 새겼는데, 이를 (㉡)(이)라고 한다. 이 문자는 이후 한자의 기원이 되었다.

	㉠	㉡		㉠	㉡
①	상	갑골문	②	상	상형 문자
③	주	갑골문	④	주	쐐기 문자
⑤	우르	쐐기 문자			

★빈출
075 상

다음 설명을 통해 알 수 있는 사실로 가장 적절한 것은?

① 60진법을 사용하였다.
② 지배자와 피지배자가 나뉘어 있었다.
③ 서북쪽 유목 민족의 침입으로 수도를 옮겼다.
④ 도시 중앙에 지구라트라는 신전을 건설하였다.
⑤ 왕족이나 공신은 제후가 되어 자신의 토지에서 왕과 같은 권력을 누렸다.

076 중

밑줄 친 '국가'로 옳은 것은?

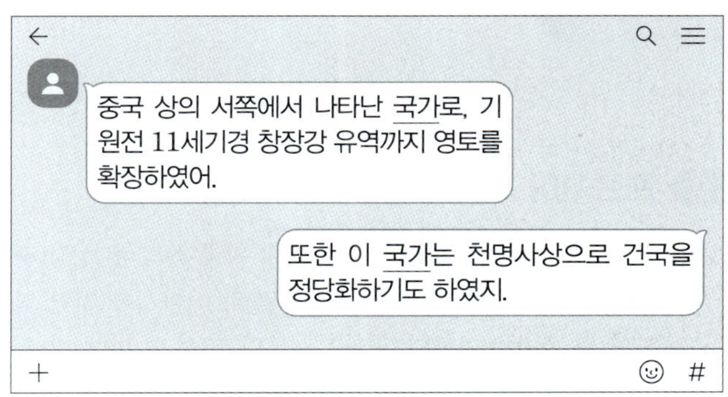

① 주
② 진
③ 우르
④ 이집트
⑤ 바빌로니아 왕국

[077~078] 다음을 보고 물음에 답하시오.

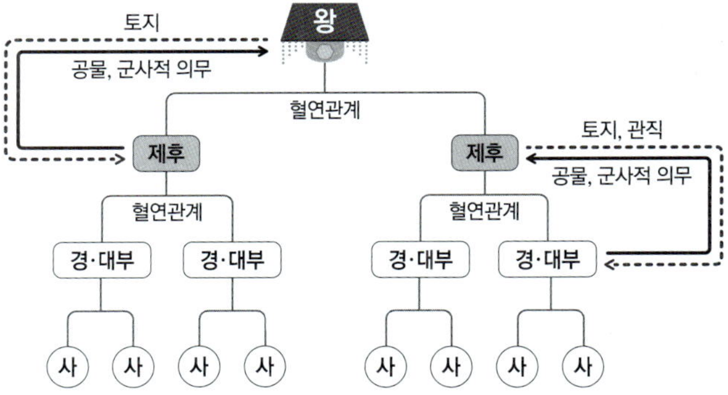

077 하

위와 같이 운영된 정치 제도를 쓰시오.

(   )

078 중

위 제도를 실시한 목적으로 가장 적절한 것은?

① 건국을 정당화하기 위해
② 다산과 풍요를 기원하기 위해
③ 왕실의 권력을 약화하기 위해
④ 통치와 교역의 내용을 기록하기 위해
⑤ 넓어진 영토를 효율적으로 다스리기 위해

03 고대 서아시아와 지중해 세계의 형성

A 페르시아 제국의 성장

1 ❶[＿＿＿＿＿]의 성립: 바빌로니아 왕국 쇠퇴 후 성장 ➡ 기원전 7세기경 철제 무기와 기마 전술로 서아시아 지역 최초 통일 ➡ 피지배 민족의 반란으로 통일 60여 년 만에 멸망

2 아케메네스 왕조 페르시아의 발전

(1) 발전

① 키루스 2세
> 페르시아의 왕들이 조로아스터교를 적극적으로 보호하였는데, 이는 조로아스터교가 서아시아 지역에 널리 전파될 수 있었던 배경이 되었다.

영토 확장	기원전 6세기 무렵 서아시아 지역 재통일
관용 정책	피정복민에게 세금을 거두는 대신 그들의 전통과 종교를 존중함(키루스 2세의 원통 내용)

② ❷[＿＿＿＿＿＿]: 전성기, 중앙 집권 체제 강화

영토 확장	지중해 연안에서 인더스강에 이르는 대제국 건설
중앙 집권 정책	전국을 20여 개의 주로 나누고 각 주에 총독 파견, '왕의 눈'·'왕의 귀'라고 불리는 감찰관을 보내 총독 감시, '왕의 길'이라는 도로 건설, 역 정비, 화폐와 도량형 통일

(2) **멸망:** 그리스·페르시아 전쟁에서 패배 ➡ 총독들의 반란으로 약화 ➡ 마케도니아의 알렉산드로스에게 멸망(기원전 330)

3 아케메네스 왕조 페르시아의 문화와 종교

(1) **문화:** 관용 정책, 교역 활발 ➡ 국제적인 문화 발전
(2) **종교:** ❸[＿＿＿＿＿＿＿](세상을 선과 악의 대결 장소로 인식, 선과 빛의 신인 아후라 마즈다를 최고신으로 섬김, 불을 신성하게 여김, 크리스트교와 이슬람교 등에 영향을 줌)

> **탐구** — **아케메네스 왕조 페르시아의 문화**

↑ 페르세폴리스 궁전 입구인 만국의 문　↑ 날개 달린 사자 장식 뿔잔

아케메네스 왕조 페르시아에서는 국제적인 문화가 발전하였다. 수도 페르세폴리스의 궁전에는 아시리아, 그리스, 이집트 등 여러 나라의 건축 양식이 적용되었다. 한편, 페르시아인은 유리 세공품이나 동물 모양의 황금 공예품을 많이 제작하였다.

B 고대 지중해 세계의 형성

1 ❹[＿＿＿＿＿]의 형성: 그리스에서 작은 도시 국가 성립

(1) **특징:** 폴리스들은 정치적으로 독립, 같은 언어 사용, 동일한 신을 믿음
> 그리스는 산이 많고 평야가 적은 해안에 위치한 지형적 특성 때문에 통일 국가를 이루기 어려웠고, 작은 도시 국가들로 구성되었다.

(2) **구조:** 아크로폴리스(성채·신전), 아고라(광장) 등

2 스파르타의 발전: 소수의 시민이 다수의 피정복민을 지배, 강력한 군사 통치, 왕·귀족이 정치 담당, ❺[＿＿＿]에서 나라의 중대사 결정, 시민은 어려서부터 엄격한 군사 훈련을 받음

3 아테네의 발전

(1) **배경:** 처음에는 왕정, 귀족정 체제 ➡ 평민들의 전쟁 참여 ➡ 평민의 지위 향상, 평민의 정치 참여 요구 증대
(2) **민주 정치의 발전**

❻[＿＿]	재산 정도에 따라 참정권 차등 분배
클레이스테네스	정치 참여 자격에서 재산 기준을 폐지함, 도편 추방제 실시
페리클레스	민주 정치의 전성기 이룩, 민회가 입법권 행사, 관직·배심원은 대부분 추첨으로 선출, 수당 지급

(3) **한계:** 성인 남성만 정치 참여, 여성·노예·외국인은 참여 불가

> **탐구** — **도편 추방제**

↑ 도편

도편 추방제는 도자기 파편에 독재자가 될 가능성이 높은 사람의 이름을 써 가장 많은 표를 얻은 사람을 약 10년간 나라 밖으로 추방하는 제도였다.

4 그리스 세계의 변화: 그리스·페르시아 전쟁에서 그리스 승리, 델로스 동맹 체결 ➡ 아테네의 무역 독점 ➡ 펠로폰네소스 전쟁 발발 ➡ ❼[＿＿＿＿]의 승리 ➡ 그리스 세계 쇠퇴, 마케도니아에 멸망

5 그리스의 문화: 인간 중심적·합리적인 문화

학문	• 철학: 소피스트(진리의 상대성 강조), 소크라테스(진리의 절대성 주장, 플라톤과 아리스토텔레스에게 영향을 줌) • 그 외: 문학(호메로스), 역사(헤로도토스, 투키디데스), 수학(피타고라스), 의학(히포크라테스)
예술	건축(파르테논 신전), 조각(「원반 던지는 사람」) ➡ 조화와 균형미 강조

1 알렉산드로스 제국의 발전: 마케도니아의 왕 알렉산드로스가 동방 원정에 나서 제국 형성 ➡ 동서 융합 정책 실시(알렉산드리아 건설, 그리스인과 페르시아인 간 결혼 장려 등)

2 ⑧⬚⬚⬚⬚ 문화: 그리스 문화와 동방 문화의 융합

특징	개인의 행복을 추구하는 개인주의, 세계 시민주의 발달
내용	물리학(아르키메데스), 기하학(에우클레이데스), 미술(「라오콘 군상」, 「밀로의 비너스」) 등

• 부력의 원리를 발견하였다.

• 에우클레이데스(유클리드)는 점, 선, 면 등 기하학의 원리를 만들었다.

---

1 로마 *공화정의 발전과 위기

발전	귀족들이 공화정 수립, 원로원과 집정관 독점 ➡ 평민의 정치 참여 요구 ➡ *호민관 선출, 평민회 구성
위기	로마–카르타고 전쟁 이후 귀족들의 ⑨⬚⬚⬚(라티푼디움) 경영 ➡ 그라쿠스 형제의 개혁(실패), 공화정 붕괴

탐구 > 그라쿠스 형제의 개혁

> 조국을 위해 싸우고 죽어 가는 사람들은 공기와 햇빛만 누릴 뿐, 집도 잃고 처자식과 함께 떠돌아다닙니다. …… 로마의 병사들은 세계의 지배자가 되었지만 자기 소유라 할 단 한 조각의 땅도 없습니다. – 티베리우스 그라쿠스의 연설문

호민관으로 뽑힌 그라쿠스 형제는 귀족들의 대토지 소유를 제한하고, 빈민에게 싼 가격으로 곡물을 분배하는 등 자영 농민을 보호하기 위한 개혁을 추진하였으나 귀족들의 반대로 실패하였다.

2 로마 제국의 발전과 쇠퇴

• '프린켑스(제1 시민)'라고 불렸으며 자신을 공화정의 수호자라고 하였으나, 사실상 황제와 다름없었다.

(1) **발전:** ⑩⬚⬚⬚⬚⬚⬚ 때 제정 시작('아우구스투스' 칭호를 받음) ➡ '로마의 평화' 시기를 누림

(2) **쇠퇴:** 게르만족 등 이민족의 침입으로 쇠퇴 ➡ 디오클레티아누스(4분할 통치) ➡ 콘스탄티누스 대제가 콘스탄티노폴리스로 천도, 중흥 노력 ➡ 제국이 동서로 분열

(3) **로마의 문화:** ⑪⬚⬚⬚인 문화 발달

법률	관습법 ➡ 12표법 ➡ 시민법 ➡ 만민법 ➡ 동로마 제국 시기의 『유스티니아누스 법전』
건축	콘크리트를 이용, 아치와 돔의 원리 활용 ➡ 콜로세움, 수도교, 아피우스 가도, 판테온 등 건축

3 크리스트교의 등장과 확산: 크리스트교의 황제 숭배 거부 ➡ 로마의 박해 ➡ 콘스탄티누스 대제가 ⑫⬚⬚⬚⬚(으)로 공인 ➡ 테오도시우스 1세의 국교 인정(4세기 말)

기출 PICK A-2

아케메네스 왕조 페르시아의 관용 정책

> 나는 키루스, 세계의 왕, 위대한 왕, 정정당당한 왕, 사방의 왕이며 …… 바빌론 거주민에 대하여는 …… 넘겨받았던 도시들을 돌려주었다. …… 이전의 원주민(유대인)을 모아서 그들의 원래 땅으로 돌려보냈다. …… 아후라 마즈다의 뜻에 따라 말하니 살아 있는 한 너희의 전통과 종교를 존중하노라. – 키루스 2세의 원통 내용

키루스 2세는 바빌로니아를 정복한 후 피정복민의 전통과 종교를 존중한다는 선언을 원통형 인장에 쐐기 문자로 새겼다.

기출 PICK C-1

알렉산드로스 제국의 영역

알렉산드로스는 유럽, 아시아, 아프리카에 걸친 대제국을 건설하였다.

기출 PICK D-2

로마의 실용적 문화

↑ 콜로세움

↑ 수도교

콜로세움은 약 5만 명의 관중을 수용할 수 있는 원형 경기장이었으며, 수도교는 아치형 다리로, 도시에 물을 공급하는 시설이었다.

용어

★ **공화정:** 왕이 없고 개인이나 집단이 다스리는 정치 형태

★ **호민관:** 로마에서 평민의 권리를 지키기 위해 뽑은 관리

답			
❶ 아시리아	❷ 다리우스 1세	❸ 조로아스터교	❹ 폴리스
❺ 민회	❻ 솔론	❼ 스파르타	❽ 헬레니즘
❾ 대농장	❿ 옥타비아누스	⓫ 실용적	⓬ 밀라노 칙령

◆ 빈칸에 들어갈 알맞은 말을 쓰시오.

079 (   )은/는 기원전 7세기경 서아시아 지역을 최초로 통일하였다.

080 아케메네스 왕조 페르시아에서는 선과 빛의 신 아후라 마즈다를 최고신으로 섬기는 (   )을/를 널리 믿었다.

081 기원전 8세기 무렵 그리스를 포함한 지중해 여러 지역에 작은 도시 국가들인 (   )이/가 성립하였다.

082 기원전 6세기에 아테네의 (   )은/는 재산을 가진 일부 평민의 정치 참여를 허용하였다.

083 (   )의 동방 원정으로 그리스 문화와 동방 문화가 융합한 헬레니즘 문화가 발달하였다.

084 (   )의 집권 시기부터 사실상 로마의 제정이 시작되었다.

◆ 밑줄 친 부분을 올바르게 고치시오.

085 아케메네스 왕조 페르시아는 <u>키루스 2세</u> 때 전성기를 맞이하였다.

086 정복 국가로 출발한 그리스의 <u>아테네</u>는 강력한 군사 통치를 실시하였고, 시민들은 어려서부터 엄격한 군사 훈련을 받았다.

087 <u>페리클레스</u>는 도편 추방제를 처음으로 시행하여 민주 정치의 기틀을 마련하였다.

088 <u>소피스트</u>는 인간의 삶에 객관적이고 절대적인 진리가 있다고 하였다.

089 콘스탄티누스 대제는 로마의 수도를 <u>카르타고로</u> 옮겼다.

090 <u>디오클레티아누스</u>는 밀라노 칙령을 내려 크리스트교를 공인하였다.

A 페르시아 제국의 성장

091 하

다음에서 설명하는 나라로 옳은 것은?

> 서아시아 지역에서 바빌로니아 왕국이 쇠퇴한 이후 성장한 나라로, 기원전 7세기 무렵에는 우수한 철제 무기와 전술로 서아시아를 최초로 통일하였다.

① 로마　　　　　　② 아테네
③ 스파르타　　　　④ 아시리아
⑤ 아케메네스 왕조 페르시아

092 중

다음 문화유산을 남긴 왕으로 옳은 것은?

> 나는 …… 바빌론 거주민에 대하여는 …… 넘겨받았던 도시들을 돌려주었다. …… 이전의 원주민(유대인)을 모아서 그들의 원래 땅으로 돌려보냈다. …… 아후라 마즈다의 뜻에 따라 말하니 살아 있는 한 너희의 전통과 종교를 존중하노라.

① 키루스 2세　　② 페리클레스　　③ 다리우스 1세
④ 알렉산드로스　　⑤ 옥타비아누스

093 중

아케메네스 왕조 페르시아의 다리우스 1세에 대한 설명으로 옳은 것을 〈보기〉에서 고른 것은?

> ── 보기 ──
> ㄱ. 정복지에 알렉산드리아를 세웠다.
> ㄴ. '왕의 길'이라는 도로를 건설하였다.
> ㄷ. 기원전 6세기경 서아시아 지역을 재통일하였다.
> ㄹ. 전국을 20여 개의 주로 나누고 각 주에 총독을 파견하였다.

① ㄱ, ㄴ　　　② ㄱ, ㄷ　　　③ ㄴ, ㄷ
④ ㄴ, ㄹ　　　⑤ ㄷ, ㄹ

094 중

다음에서 설명하는 나라를 쓰시오.

> • 기원전 5세기 그리스와 전쟁을 치렀다.
> • 다리우스 1세 시기에 전성기를 맞았다.
> • 선과 빛의 신 아후라 마즈다를 최고신으로 여기는 종교를 널리 믿었다.

(   )

095 중

다리우스 1세의 통치 방식으로 옳지 <u>않은</u> 것은?

① 화폐와 도량형을 통일하였다.
② '왕의 길'이라는 도로를 만들었다.
③ '왕의 눈', '왕의 귀'라는 감찰관을 파견하였다.
④ 전국을 20여 개의 주로 나누고 각 주에 총독을 파견하였다.
⑤ 수도는 왕이 다스리고 지방은 제후가 다스리는 봉건제를 실시하였다.

096 상

지도의 최대 영역을 차지한 나라의 문화적 특징으로 적절하지 <u>않은</u> 것은?

① 불상 제작 등 불교문화의 발달
② 동물 모양의 뿔잔 등 금속 공예의 발달
③ 동아시아 지역까지 전파된 유리 공예품 제작
④ 정복 지역의 문화를 포용하는 국제적인 문화 발달
⑤ 다양한 나라의 건축 양식을 혼합하여 만든 궁전 건축

097 하

다음과 같은 특징을 지닌 종교로 옳은 것은?

> • 불을 숭배하였다.
> • 아케메네스 왕조 페르시아에서 널리 믿었다.
> • 세상을 선과 악의 대결이 벌어지는 곳으로 인식하였다.

① 도교   ② 불교   ③ 유교
④ 이슬람교   ⑤ 조로아스터교

098 중

밑줄 친 '종교'에 대해 잘못 설명한 학생은?

> 페르시아인이 믿었던 대표적인 종교로, 선과 빛의 신 아후라 마즈다를 최고신으로 섬겼다.

① 불을 신성하게 여겼습니다.
② 경전으로 『베다』가 있었습니다.
③ 조로아스터가 만들었다고 알려져 있습니다.
④ 크리스트교, 이슬람교 등에 영향을 주었습니다.
⑤ 세상을 선악이 대결하는 곳으로 인식하였습니다.

099 중

선생님의 질문에 대한 학생들의 답변으로 가장 적절한 것은?

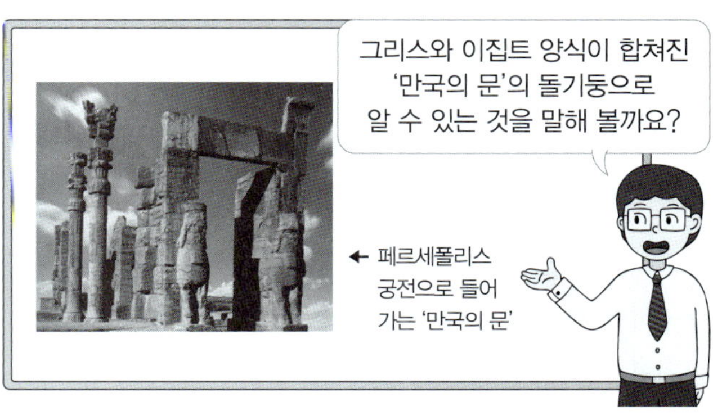

① 이슬람 문화가 발달하였습니다.
② 실용적인 문화가 발전하였습니다.
③ 현세적인 종교관이 발달하였습니다.
④ 국제적인 성격의 문화가 발전하였습니다.
⑤ 키루스 2세가 피정복민에게 관용 정책을 펼쳤습니다.

100 중

고대 그리스 세계에 대한 설명으로 옳지 <u>않은</u> 것은?

① 폴리스들은 정치적으로 독립되어 있었다.
② 폴리스마다 서로 다른 언어를 사용하였다.
③ 아테네와 스파르타가 대표적인 폴리스였다.
④ 펠로폰네소스 전쟁 이후 폴리스들이 쇠퇴하였다.
⑤ 폴리스들은 올림피아 제전을 열어 유대감을 강화하였다.

101 상

고대 그리스의 발전 과정을 일어난 순서대로 나열한 것은?

> (가) 펠로폰네소스 전쟁에서 스파르타가 승리하였다.
> (나) 그리스·페르시아 전쟁에서 그리스가 페르시아의 공격을 물리쳤다.
> (다) 아테네가 지중해 무역을 독차지하고 주변의 여러 폴리스들을 압박하였다.

① (가) – (나) – (다)
② (가) – (다) – (나)
③ (나) – (가) – (다)
④ (나) – (다) – (가)
⑤ (다) – (가) – (나)

102 중

다음에서 설명하는 인물이 집권하던 시기에 있었던 정치 변화로 옳은 것은?

> 아테네 민주 정치의 전성기를 이끈 인물로, 이 인물이 집권하던 시기에는 관직과 배심원을 대부분 추첨으로 선출하였고, 이들에게 수당을 지급하였다.

① 민회가 입법권을 행사하였다.
② 여성도 정치에 참여할 수 있었다.
③ 도편 추방제가 처음으로 도입되었다.
④ 소수의 귀족만이 정치를 담당하였다.
⑤ 재산 정도에 따라 참정권을 부여받았다.

103 하

다음에서 설명하는 제도를 쓰시오.

이 제도는 도자기 파편에 독재자가 될 가능성이 높은 사람의 이름을 써 가장 많은 표를 얻은 사람을 약 10년간 나라 밖으로 추방하는 아테네의 정치 제도였다.

(   )

104 상 | 서술형 |

아테네 민주정의 한계를 정치 참여의 범주와 관련지어 서술하시오.

105 중

(가)에 들어갈 답변으로 적절하지 <u>않은</u> 것은?

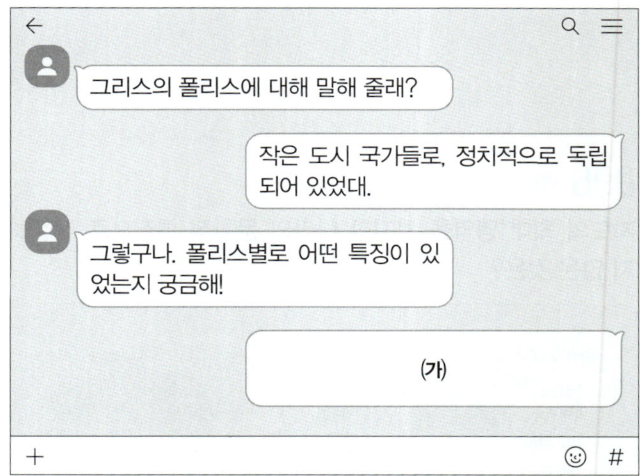

① 스파르타는 정복 국가로 출발하였어.
② 아테네에는 '아크로폴리스'와 '아고라'라고 하는 곳이 있었어.
③ 스파르타에서는 다수의 시민이 소수의 피지배층을 통치하였어.
④ 아테네와 스파르타에서는 시민들이 민회를 통해 나라의 중요한 일을 결정하였어.
⑤ 아테네에서는 무역과 상공업으로 부유해진 평민들이 전쟁에 참여하면서 평민의 지위가 높아졌어.

106 ⓒ

빈칸에 들어갈 내용으로 옳지 <u>않은</u> 것은?

> **수행 평가 보고서**
>
> • **탐구 주제:** 고대 그리스의 문화 발전 사례
> • **탐구 내용**
>   - 헤로도토스와 투키디데스가 전쟁사를 다룬 역사책을 저술하였다.
>   - 파르테논 신전은 대표적인 그리스의 건축물로, 균형미가 돋보인다.
>   - ____________________

① 히포크라테스가 의학을 발전시켰다.
② 수학에서는 피타고라스가 활약하였다.
③ 문학에서는 호메로스가 『일리아드』 등을 남겼다.
④ 철학에서는 소피스트가 진리의 절대성을 강조하였다.
⑤ 「안티고네」와 같은 인간관계나 사회 문제를 주제로 한 연극이 유행하였다.

107 ⓢ

다음에서 설명하는 나라의 문화유산으로 옳은 것을 〈보기〉에서 고른 것은?

> • 마라톤 전투 등에서 페르시아에 승리하였다.
> • 오랜 전쟁으로 쇠퇴하다가 기원전 4세기 마케도니아에 정복되었다.

─ 보기 ─

ㄱ. 콜로세움　　　　ㄴ. 「라오콘 군상」

ㄷ. 파르테논 신전　　ㄹ. 「원반 던지는 사람」

① ㄱ, ㄴ　　　② ㄱ, ㄷ　　　③ ㄴ, ㄷ
④ ㄴ, ㄹ　　　⑤ ㄷ, ㄹ

C 알렉산드로스 제국과 헬레니즘 문화

[108~109] 다음을 읽고 물음에 답하시오.

> 그리스 북쪽에 위치한 마케도니아는 펠로폰네소스 전쟁으로 약해진 그리스를 정복하였다. 이후 마케도니아의 왕이었던 ㉠ 그는 ㉡ 동방 원정에 나서 제국을 이룩하였다.

108 ⓗ

윗글의 밑줄 친 ㉠이 가리키는 인물을 쓰시오.

(　　　　　　　　　　)

109 ⓒ

윗글의 밑줄 친 ㉡의 과정에서 나타난 변화로 옳은 것은?

① 크리스트교가 국교로 인정받았다.
② 정치 참여 자격에 재산 기준이 폐지되었다.
③ 감찰관으로 '왕의 눈'과 '왕의 귀'가 파견되었다.
④ 평민의 정치 참여가 늘면서 민주정이 확대되었다.
⑤ 정복지 곳곳에 알렉산드리아라는 도시가 세워졌다.

★ 빈출
110 ⓒ

지도의 최대 영역을 차지한 나라에 대한 탐구 활동으로 적절한 것은?

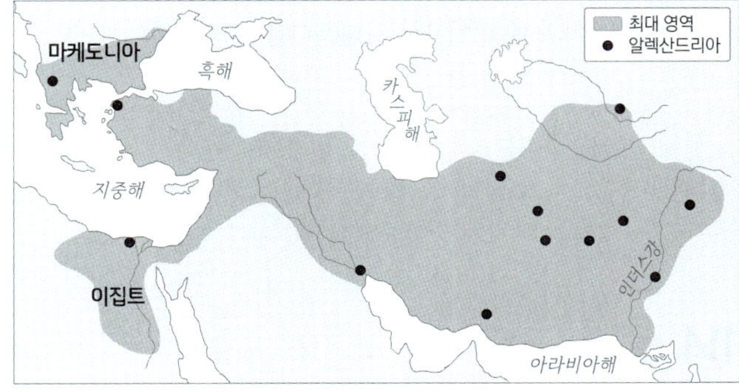

① 키루스 2세의 관용 정책을 파악한다.
② 그리스 문화의 확산 배경을 알아본다.
③ 도편 추방제를 실시한 효과를 분석한다.
④ 그리스·페르시아 전쟁의 결과를 살펴본다.
⑤ 페리클레스 시기 민주정의 한계를 정리한다.

헬레니즘 문화의 특징을 **두 가지** 서술하시오.

D 로마 제국의 성장

112 중

다음 글의 ㉠~㉢에 들어갈 내용으로 옳은 것은?

> 로마 공화정 초기에는 귀족들이 최고 의결 기관이자 사실상
> 최고 권력 기관인 (㉠)을/를 구성하고 정치와 군사를
> 도맡은 행정 관직인 (㉡) 등의 주요 관직을 독차지하였
> 다. 이후 역할이 커진 평민들이 평민 대표인 (㉢)을/를
> 뽑고 평민회를 세웠다.

	㉠	㉡	㉢
①	원로원	집정관	호민관
②	원로원	호민관	집정관
③	집정관	원로원	호민관
④	집정관	호민관	원로원
⑤	호민관	원로원	집정관

113 중

로마-카르타고 전쟁이 로마 사회에 미친 영향으로 적절한
것을 〈보기〉에서 고른 것은?

> ── 〈 보기 〉 ──
> ㄱ. 제정이 확립되었다.
> ㄴ. 자영 농민층이 몰락하였다.
> ㄷ. 약 200년 동안 '로마의 평화'라는 번영을 누렸다.
> ㄹ. 귀족들이 노예를 이용한 라티푼디움 운영을 확대하였다.

① ㄱ, ㄴ   ② ㄱ, ㄷ   ③ ㄴ, ㄷ
④ ㄴ, ㄹ   ⑤ ㄷ, ㄹ

114 하

다음에서 설명하는 인물을 쓰시오.

> 실질적인 로마의 제정을 시작한 인물로, 원로원으로부터
> '아우구스투스'라는 칭호를 받았다.

(   )

115 중

㉠에 들어갈 인물의 활동으로 옳은 것은?

> **역사 신문**
>
> ### 로마 시민들에게 호소하다
>
> 최근 그라쿠스 형제 중 한 명인 (㉠)은/는 "조국을 위
> 해 싸우고 죽어 가는 로마의 시민에게 남은 것은 햇볕과
> 공기밖에 없습니다. 이들은 집도 없고 땅도 없이 아내와
> 자식을 데리고 떠돌고 있습니다."라며 로마 시민들에게 개
> 혁의 필요성을 호소하였다. 그러나 귀족들은 이같은 개혁
> 에 대해 반감을 드러내고 있는 상황이다.

① 도편 추방제를 도입하였다.
② 자영 농민을 위한 개혁을 추진하였다.
③ 재산을 가진 평민의 정치 참여를 허용하였다.
④ 감찰관으로 '왕의 눈'과 '왕의 귀'를 파견하였다.
⑤ 피정복민의 풍습을 존중한다는 선언을 원통에 새겼다.

★빈출
116 상

지도의 최대 영역을 차지한 나라에 대한 설명으로 옳은 것을
〈보기〉에서 고른 것은?

> ── 〈 보기 〉 ──
> ㄱ. 델로스 동맹을 이끌었다.
> ㄴ. 4세기 말 동서로 분리되었다.
> ㄷ. 펠로폰네소스 전쟁에서 승리하였다.
> ㄹ. '로마의 평화'라고 불리는 번영을 누렸다.

① ㄱ, ㄴ   ② ㄱ, ㄷ   ③ ㄴ, ㄷ
④ ㄴ, ㄹ   ⑤ ㄷ, ㄹ

117 상

다음은 로마의 발전과 쇠퇴 과정이다. 이 중에서 세 번째 일어난 일로 옳은 것은?

> (가) 로마가 카르타고와의 전쟁에서 승리하였다.
> (나) 군인들이 황제가 되기 위해 다투면서 정치가 혼란해졌다.
> (다) 옥타비아누스가 집권한 이후로 '로마의 평화'가 지속되었다.
> (라) 그라쿠스 형제가 개혁을 시도하였으나 귀족들의 반대로 실패하였다.
> (마) 콘스탄티누스 대제가 수도를 콘스탄티노폴리스로 옮기는 등 제국을 다시 일으켜 세우고자 하였다.

① (가)　　② (나)　　③ (다)　　④ (라)　　⑤ (마)

118 중

로마의 콘스탄티누스 대제에 대한 설명으로 옳은 것을 〈보기〉에서 고른 것은?

> ── 보기 ──
> ㄱ. 크리스트교를 공인하였다.
> ㄴ. '아우구스투스'라는 칭호를 받았다.
> ㄷ. 콘스탄티노폴리스로 수도를 옮기고 중흥을 꾀하였다.
> ㄹ. 개혁을 추진하다가 반대하는 귀족들에게 암살당하였다.

① ㄱ, ㄴ　　　② ㄱ, ㄷ　　　③ ㄴ, ㄷ
④ ㄴ, ㄹ　　　⑤ ㄷ, ㄹ

119 하

다음 로마법의 발달 과정을 순서대로 나열한 것은?

> (가) 관습법　　　(나) 만민법　　　(다) 시민법

① (가) − (나) − (다)　　② (가) − (다) − (나)
③ (나) − (가) − (다)　　④ (나) − (다) − (가)
⑤ (다) − (가) − (나)

120 중

다음에서 설명하는 명령을 쓰시오.

> 로마에서 크리스트교의 확산이 지속되자 콘스탄티누스 대제가 크리스트교를 공인하겠다고 내린 명령이다.

(　　　　　　　　　　　)

121 중

서아시아의 팔레스타인 지역에서 성립된 크리스트교에 대해 잘못 설명한 학생은?

① 콘스탄티누스 대제 때 공인되었습니다.
② 4세기 말 로마 제국의 국교가 되었습니다.
③ 황제 숭배 금지와 유일신 숭배로 박해를 받았습니다.
④ 선과 빛의 신 아후라 마즈다를 최고신으로 숭배하였습니다.
⑤ 사랑과 믿음만 있으면 누구나 구원을 받을 수 있다는 예수의 가르침을 따랐습니다.

122 중　　　　　　　　| 서술형 |

로마 제국에서 크리스트교가 박해를 받은 이유를 서술하시오.

123 하

다음 문화유산을 남긴 나라의 문화에 대한 설명으로 가장 적절한 것은?

① 개인주의적인 특성이 있다.
② 「라오콘 군상」이 대표적인 작품이다.
③ 아르키메데스가 물리학을 발전시켰다.
④ 알렉산드로스의 동방 원정으로 형성되었다.
⑤ 건축, 법률 등의 실용적인 문화가 발달하였다.

04 고대 동아시아와 인도 세계의 형성

A 고대 동아시아 세계의 형성

1 춘추 전국 시대의 사회 변화

(1) **성립:** 주 왕실의 약화 ➡ 제후국의 세력 다툼 심화 ➡ 춘추 전국 시대의 전개

(2) **경제·사회의 변화:** 철제 농기구와 우경의 발달로 농업 생산력 증가, 철제 무기의 사용으로 전쟁 규모 확대

(3) **제자백가의 출현**

① 배경: 제후들의 부국강병 추진 ➡ 현실 문제 해결을 위해 인재 등용 필요 ➡ 여러 사상가와 학파(❶□□□□) 등장

② 대표적인 학파와 사상가

학파	사상가	주장
유가	공자, 맹자	'인'과 '예'로 정치 회복 주장, 도덕 정치 강조
묵가	묵자	차별 없는 사랑(겸애)과 평화 강조
법가	한비자	법과 제도의 엄격한 적용 주장
도가	노자, 장자	자연의 순리에 따르는 삶(무위자연) 주장

2 진의 중국 통일과 발전

(1) **통일:** 전국 7웅 중 하나였던 진(秦)이 ❷□□ 사상을 받아들여 부국강병 추진 ➡ 최초로 중국 통일(기원전 221)

(2) **시황제의 정책**

중앙 집권 정책	왕의 칭호를 '황제'로 바꿈, 자신을 '시황제(첫 번째 황제)'로 칭함, 군현제 실시, 도량형·화폐·문자·수레바퀴 폭 등 통일, 도로망 정비, 법가 사상 채택, 자신의 정책에 반대하는 사상 및 학자 탄압(*분서갱유)
대외 정책	• 유목 민족인 ❸□□을/를 견제하고자 만리장성 축조 • 베트남 북부 인근 지역까지 영토 확장

(3) **멸망:** 대규모 토목 공사, 가혹한 통치 ➡ 전국에서 농민 봉기 발발(진승·오광의 난 등) ➡ 진 멸망(기원전 206)

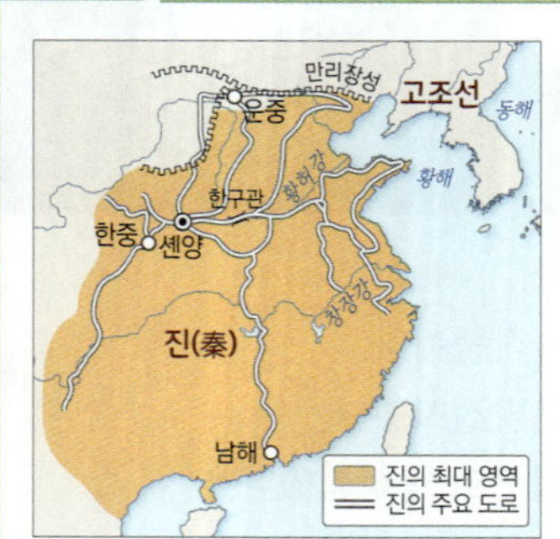

탐구 진의 영역과 만리장성의 축조

진의 시황제는 넓은 영토를 효율적으로 다스리고자 전국을 군과 현으로 나누고 중앙에서 관리를 파견하여 정해진 기간 동안 해당 군현을 다스리게 하는 군현제를 실시하였다. 또한 흉노의 침입을 막고자 전국 시대의 성벽을 연결하여 만리장성을 쌓았다.

3 한의 성립과 발전

(1) **성립:** 유방(고조)이 한을 세우고 중국 통일(기원전 202)

(2) **발전**

> 군현에는 관리를 파견하여 직접 다스리고, 일부 지역은 제후에게 통치를 맡긴 제도이다.

한 고조	군현제와 봉건제를 결합한 군국제 시행, 농민의 생활 안정을 위하여 세금 감면, 장안을 수도로 삼음
한 무제	군현제 전국 확대, 흉노 정벌을 위해 ❹□□ 파견, 베트남 북부의 남비엣(남월)·고조선 정복, 소금·철·술 등의 *전매 제도 시행

(3) **변천과 멸망:** 왕망이 신 건국 ➡ 유수(광무제)가 왕망의 신을 무너뜨리고 후한 건국 ➡ 외척 세력·환관의 횡포, 황건적의 난 등 농민 반란 발발 ➡ 호족의 봉기로 후한 멸망(220)

탐구 한의 영역과 장건의 서역 파견

한 무제는 북쪽의 흉노를 정벌하기 위해 대월지와 동맹을 맺고자 하였다. 이에 장건을 서역에 보냈으나 대월지와 동맹을 맺는 데에는 실패하였다. 그러나 이 과정에서 서역에 가는 길을 개척하게 되었다.

4 한의 문화:
한 무제가 동중서의 건의로 유교를 나라의 통치 이념으로 삼음(수도에 태학 설립, 오경박사를 두어 유학을 교육함), 유교 경전의 옛글자를 해석·연구하는 ❺□□ 발달, 사마천의 『사기』 편찬, 채륜의 제지술 개량 등

B 고대 인도 세계의 형성

1 불교의 성립과 확산

> 크샤트리아는 정치와 군사를, 바이샤는 생산을 담당하였다.

(1) **배경:** 크샤트리아와 바이샤 세력의 성장 ➡ 브라만 중심의 카스트 사회에 대한 불만 고조

(2) **성립:** 기원전 6세기경 고타마 싯다르타(❻□□□□)가 불교 창시 ➡ 신분 차별 반대, 평등과 자비 강조

(3) **확산:** 불교는 카스트 사회에 불만을 품고 있던 크샤트리아와 바이샤 세력의 지원을 받아 확산됨

2 마우리아 왕조와 쿠샨 왕조의 발전 → 중국, 인도, 서아시아를 연결하는 중계 무역으로 번영을 누렸다.

마우리아 왕조	찬드라굽타 마우리아가 왕조 수립, 북인도 통일 → 기원전 3세기경 **❼**□□□□□ 때 전성기(남부 일부 제외한 인도 통일, 돌기둥 건립), 엄격한 수행을 통한 개인의 해탈을 강조하는 상좌부 불교 발달
쿠샨 왕조	중앙아시아에서 온 쿠샨족이 1세기경 왕조 수립, 인도 서북부를 통치함, 2세기경 카니슈카왕 때 전성기, **❽**□□ 불교 발달, 간다라 양식 발달

↑ 마우리아 왕조의 최대 영역

↑ 쿠샨 왕조의 최대 영역

3 간다라 양식의 발달: 알렉산드로스의 동방 원정 이후 간다라 지방에서 인도 문화와 **❾**□□□□□ 문화가 결합한 간다라 양식 발달 → 대승 불교와 함께 동아시아에 전파됨

C 고대 유라시아의 동서 교류

1 초원길의 개척과 유목 민족의 성장

(1) **초원길의 개척:** 기원전 7세기~기원전 2세기경 중앙아시아 지역의 유목 민족인 스키타이가 개척

(2) **유목 민족의 성장:** 기원전 4세기경 유목 민족인 흉노 등장 → 스키타이의 청동기 문화를 더욱 발전시킴

2 비단길 개척과 *유라시아 상호 교류

(1) **❿**□□□**의 개척:** 한 무제의 장건 파견을 계기로 개척됨 → 중국의 낙양과 장안, 로마, 이집트 연결

(2) **유라시아 상호 교류:** 비단·보석·향신료·불교 등이 전해짐

↑ 서역으로 떠나기 전 한 무제에게 인사하는 장건의 모습

3 바닷길을 통한 교류: 기원전 10세기부터 이집트 상인들이 인도양을 오가며 해상 교역, 로마 상인들도 교역 → 초원길과 비단길 쇠퇴 이후 바닷길은 동서 교류의 중요한 통로가 됨

기출 PICK A-2

시황제의 통일 정책

↑ 반량전   ↑ 무게를 재는 추   ↑ '마(馬)' 자의 통일

- 화폐 통일(반량전)과 도량형 통일: 지역 간 경제 교류가 활성화됨
- 문자 통일(전서체): 국가 법령의 효율적인 전달이 가능해짐

기출 PICK B-2

아소카왕의 통치 정책

> 칼링가 왕국을 정복하면서 나(아소카왕)는 돌이킬 수 없는 양심의 가책을 느꼈다. 그들의 땅이 시체로 뒤덮인 처참한 광경을 바라보면서 나의 가슴은 찢어졌다. …… 앞으로 나는 오직 진리에 맞는 법만을 실천하고 가르칠 것이다.
>
> – 아소카왕의 돌기둥에 새겨진 글

아소카왕은 칼링가 왕국을 정복하는 과정에서 전쟁의 처참한 모습을 본 이후 전쟁을 멈추고 불교의 가르침에 따라 나라를 통치하였다.

기출 PICK B-3

간다라 양식의 특징

↑ 그리스 신상   ↑ 간다라 불상

- 간다라 양식의 형성: 알렉산드로스의 동방 원정 이후 인도 문화와 헬레니즘 문화의 결합으로 형성 → 부처를 인간의 모습으로 표현한 불상을 만들기 시작, 그리스 신상과 간다라 불상이 유사(곱슬머리, 오똑한 코, 옷 주름 등)
- 간다라 양식의 영향: 간다라 양식의 불상이 동아시아에 전파

용어

★ **분서갱유:** 실용 서적 이외의 책을 불태운 사건(분서)과 자신의 정책에 반대하는 학자들을 땅에 묻어 죽인 사건(갱유)을 아울러 말함

★ **전매:** 국가가 행정상의 목적으로 특정 물품의 생산·판매를 독점함

★ **유라시아:** 유럽과 아시아를 함께 이르는 말

답 ❶ 제자백가 ❷ 법가 ❸ 흉노 ❹ 장건 ❺ 훈고학 ❻ 석가모니 ❼ 아소카왕 ❽ 대승 ❾ 헬레니즘 ❿ 비단길

개념 확인 문제

◆ **빈칸에 들어갈 알맞은 말을 쓰시오.**

124 춘추 전국 시대에는 여러 사상가와 학파가 등장하였는데, 이들을 일컬어 (　　　　)(이)라고 한다.

125 진의 시황제는 흉노를 견제하기 위해 북쪽 국경에 (　　　　)을/를 쌓았다.

126 한 무제는 지방을 군과 현으로 나누고 중앙에서 관리를 파견하여 정해진 기간 동안 다스리게 하는 (　　　　)을/를 전국으로 확대하였다.

127 한대에는 유교 경전의 옛글자를 해석·연구하는 (　　　　)이/가 발전하였다.

128 기원전 6세기경 고타마 싯다르타가 (　　　　)을/를 창시하였다.

129 쿠샨 왕조의 간다라 지방에서는 인도 문화와 헬레니즘 문화가 결합한 (　　　　)이/가 나타났다.

◆ **밑줄 친 부분을 올바르게 고치시오.**

130 진의 시황제는 <u>유가 사상</u>을 바탕으로 나라를 다스렸다.

131 <u>한 고조</u>는 베트남 북부의 남비엣과 고조선을 정복하였다.

132 한의 <u>사마천</u>은 제지술을 개량하여 학문과 사상의 발전에 기여하였다.

133 마우리아 왕조는 <u>카니슈카왕</u> 때 전성기를 맞이하였다.

134 많은 사람의 구제를 강조하는 <u>상좌부 불교</u>는 쿠샨 왕조 시기에 발전하였다.

135 한 무제가 흉노를 정벌하고자 장건을 서역에 보낸 것을 계기로 <u>초원길</u>이 개척되었다.

A 고대 동아시아 세계의 형성

136 하
다음에서 설명하는 시대를 쓰시오.

> • 중국의 주가 낙읍(뤄양)으로 수도를 옮긴 이후부터 진(秦)이 중국을 통일할 때까지의 기간을 말한다.
> • 이 시대에는 각국이 경쟁하는 정치적 혼란 속에서도 경제와 사회가 크게 발전하였다.

(　　　　　　　　　)

빈출
137 중
지도에 나타난 시대의 변화로 적절하지 <u>않은</u> 것은?

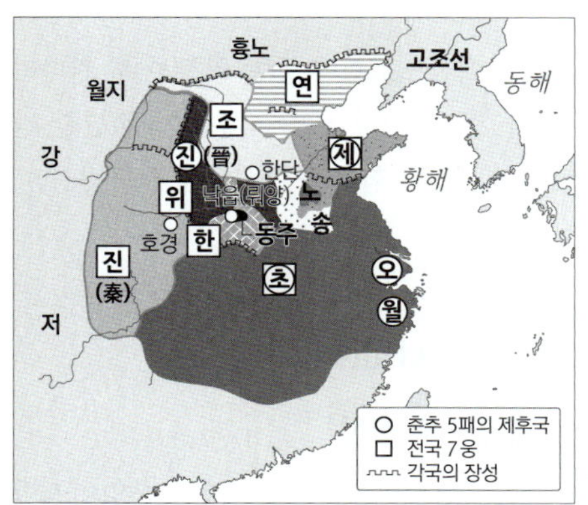

① 제후들이 부국강병을 위해 인재를 등용하였다.
② 철제 농기구와 소를 이용한 농경이 발달하였다.
③ 철제 무기가 사용되면서 전쟁의 규모가 커졌다.
④ 화폐, 도량형, 문자, 수레바퀴 폭 등이 통일되었다.
⑤ 제자백가로 불린 여러 사상가와 학파가 등장하였다.

138 중
제자백가에 대한 설명으로 옳은 것을 〈보기〉에서 고른 것은?

> ──── 〈 보기 〉 ────
> ㄱ. 도가 – '인'과 '예'를 중요시하였다.
> ㄴ. 묵가 – 자연의 순리에 따르는 삶을 주장하였다.
> ㄷ. 법가 – 법과 제도의 엄격한 적용을 주장하였다.
> ㄹ. 유가 – '효'를 중시하고 도덕 정치를 강조하였다.

① ㄱ, ㄴ　　　② ㄱ, ㄷ　　　③ ㄴ, ㄷ
④ ㄴ, ㄹ　　　⑤ ㄷ, ㄹ

139 중

㉠에 들어갈 사상가로 옳은 것은?

> 법가의 사상가인 (㉠)은/는 법과 제도의 엄격한 적용을 통해 사회 질서를 바로잡아야 한다고 주장하였다.

① 공자　　　　② 노자　　　　③ 묵자
④ 장자　　　　⑤ 한비자

140 하

검색창에 들어갈 나라로 옳은 것은?

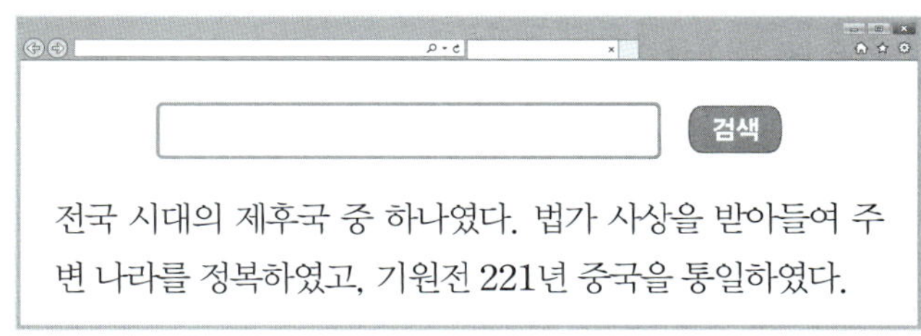

전국 시대의 제후국 중 하나였다. 법가 사상을 받아들여 주변 나라를 정복하였고, 기원전 221년 중국을 통일하였다.

① 연　　　　② 오　　　　③ 위
④ 제　　　　⑤ 진

141 중

밑줄 친 '이 인물'의 활동으로 옳지 <u>않은</u> 것은?

> 중국을 통일한 <u>이 인물</u>은 자신의 권위를 높이고자 왕의 칭호를 '황제'로 바꾸었고, 자신을 '시황제'로 칭하였다.

① 전국의 도로망을 정비하였다.
② 흉노의 침입을 막기 위해 만리장성을 쌓았다.
③ 지방을 군과 현으로 나누고 관리를 파견하였다.
④ 전국 시대의 다양한 화폐를 반량전으로 통일하였다.
⑤ 동중서의 건의를 받아들여 유교를 통치 이념으로 삼았다.

142 하

다음에서 설명하는 제도를 쓰시오.

> 진의 시황제가 실시한 제도로, 지방을 군과 현으로 나누고, 중앙에서 파견한 관리가 군과 현을 일정 기간 다스리게 하였다.

(　　　　　　　　)

143 상

다음과 같은 정책의 시행으로 나타난 결과를 서술하시오.

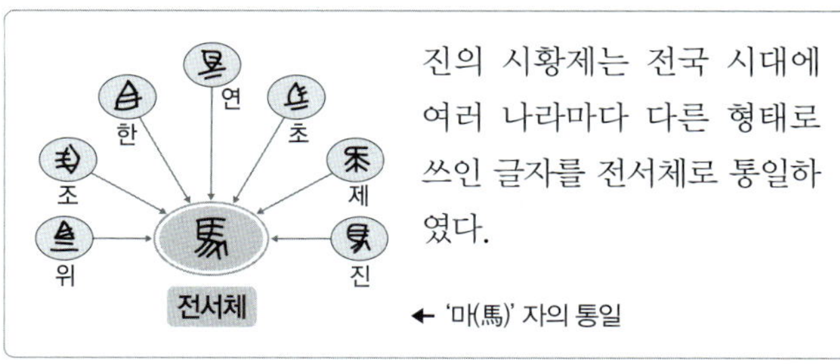

진의 시황제는 전국 시대에 여러 나라마다 다른 형태로 쓰인 글자를 전서체로 통일하였다.

← '마(馬)' 자의 통일

144 중

선생님의 질문에 대한 학생들의 답변으로 적절한 것을 〈보기〉에서 고른 것은?

> ─〈 보기 〉─
> ㄱ. 황건적의 난이 일어났기 때문입니다.
> ㄴ. 법가 사상으로 백성을 가혹하게 다스렸기 때문입니다.
> ㄷ. 대규모 토목 공사에 동원된 백성의 불만이 많았기 때문입니다.
> ㄹ. 외척과 환관의 횡포로 국력이 약해진 틈을 타 호족들이 봉기를 일으켰기 때문입니다.

① ㄱ, ㄴ　　　② ㄱ, ㄷ　　　③ ㄴ, ㄷ
④ ㄴ, ㄹ　　　⑤ ㄷ, ㄹ

145 상

다음에서 설명하는 인물이 한 일로 옳은 것은?

> 진이 멸망한 후 한을 세운 인물로, 기원전 202년 중국을 다시 통일하였으며 세금을 낮추어 농민들의 생활을 안정시켰다.

① 장안을 수도로 삼았다.
② 군현제를 전국적으로 시행하였다.
③ '황제'라는 칭호를 처음 사용하였다.
④ 유교를 국가의 통치 이념으로 삼았다.
⑤ 유학 교육을 위해 태학에 오경박사를 두었다.

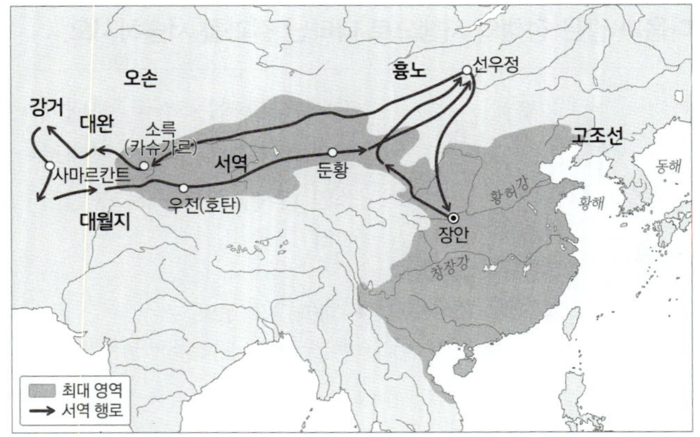

146 하

위 지도의 '서역 행로'를 개척한 인물을 쓰시오.

(   )

147 중

위 지도의 최대 영역을 차지한 나라에 대한 설명으로 옳지 않은 것은?

① 분서갱유를 단행하였다.
② 유교를 통치 이념으로 삼았다.
③ 수도인 장안에 태학을 설치하였다.
④ 소금과 철에 대한 전매 제도를 실시하였다.
⑤ 흉노를 여러 차례 정벌하여 북쪽으로 몰아냈다.

★ 빈출
148 상

다음 정책을 펼친 인물의 활동으로 옳은 것을 〈보기〉에서 고른 것은?

- 정복 활동을 벌여 고조선을 멸망시켰다.
- 동중서의 건의로 유교를 통치 이념으로 삼았다.

〈 보기 〉

ㄱ. 남비엣(남월)을 정복하였다.
ㄴ. 흉노를 정벌하고자 장건을 서역에 파견하였다.
ㄷ. 반대 사상을 통제하고자 분서갱유를 단행하였다.
ㄹ. 수도 근처는 군현제로, 지방은 봉건제로 다스렸다.

① ㄱ, ㄴ   ② ㄱ, ㄷ   ③ ㄴ, ㄷ
④ ㄴ, ㄹ   ⑤ ㄷ, ㄹ

149 중

후한에서 있었던 일로 옳은 것은?

① 진승·오광의 난이 일어났다.
② 전국 7웅이 세력을 다투었다.
③ 군국제가 처음으로 시행되었다.
④ 황건적의 난 등 농민 반란이 일어났다.
⑤ '제자백가'라고 불린 여러 사상가와 학파가 등장하였다.

150 중

㉠에 공통으로 들어갈 제도를 쓰시오.

역사 신문

한 고조, (㉠   )을/를 시행하다

한 고조(유방)는 군현에 관리를 파견하여 일정 기간 관리가 다스리게 하는 군현제와 제후에게 지방을 다스리게 하는 봉건제를 절충한 (㉠   )을/를 시행할 것이라고 밝혔다.

(   )

151 중 | 서술형 |

한 무제가 잦은 정복 전쟁으로 부족해진 재정 문제를 해결하고자 마련한 대책을 서술하시오.

152 중

한의 문화에 대해 잘못 설명한 학생은?

① 해시계과 지진계가 발명되었습니다.
② 간다라 양식이 크게 발전하였습니다.
③ 유교 경전의 옛글자를 해석하는 학문이 발달하였습니다.
④ 사마천이 『사기』를 편찬하는 등 역사학이 발전하였습니다.
⑤ 채륜이 종이 만드는 기술을 개량하면서 학문과 사상이 확산되었습니다.

B 고대 인도 세계의 형성

153 하

밑줄 친 '이 종교'로 옳은 것은?

기원전 6세기 무렵 카스트제와 브라만교가 지배적이던 인도에서 고타마 싯다르타(석가모니)가 이 종교를 창시하였다.

① 도교
② 불교
③ 유교
④ 이슬람교
⑤ 조로아스터교

154 중

(가)에 들어갈 답변으로 가장 적절한 것은?

① 인도 남부까지 영토를 넓히기 위해서야.
② 불교가 신분 차별에 반대하였기 때문이야.
③ 정치 참여 자격에 재산 기준을 없앴기 때문이야.
④ 작은 도시 국가들로 분열된 인도를 통합하기 위해서야.
⑤ 칼링가 전투에서 전쟁의 처참한 광경을 보았기 때문이야.

155 중

다음에서 소개하는 인물로 옳은 것은?

인물로 보는 인도의 역사

• **인물이 속한 나라:** 마우리아 왕조
• **인물의 대표적인 업적:** 남부 일부를 제외한 인도 대부분의 지역을 통일하였다.

① 아소카왕
② 카니슈카왕
③ 키루스 2세
④ 다리우스 1세
⑤ 찬드라굽타 마우리아

[156~157] 다음을 읽고 물음에 답하시오.

칼링가 왕국을 정복하면서 ⊙ 나는 돌이킬 수 없는 양심의 가책을 느꼈다. 그들의 땅이 시체로 뒤덮인 처참한 광경을 바라보면서 ⊙ 나의 가슴은 찢어졌다. …… 앞으로 ⊙ 나는 오직 ⓛ 진리에 맞는 법만을 실천하고 가르칠 것이다.

156 하

윗글의 밑줄 친 ⊙이 가리키는 인물을 쓰시오.

(   )

157 중

윗글의 밑줄 친 ⓛ이 지칭하는 종교에 대한 설명으로 옳은 것은?

① 『베다』를 경전으로 삼았다.
② 개인의 해탈을 강조하였다.
③ 아후라 마즈다를 최고신으로 섬겼다.
④ 황제 숭배를 거부하여 박해를 받았다.
⑤ 세상을 선과 악의 대결이 펼쳐지는 곳으로 보았다.

★빈출
158 상

지도의 최대 영역을 차지한 나라에 대한 탐구 활동으로 가장 적절한 것은?

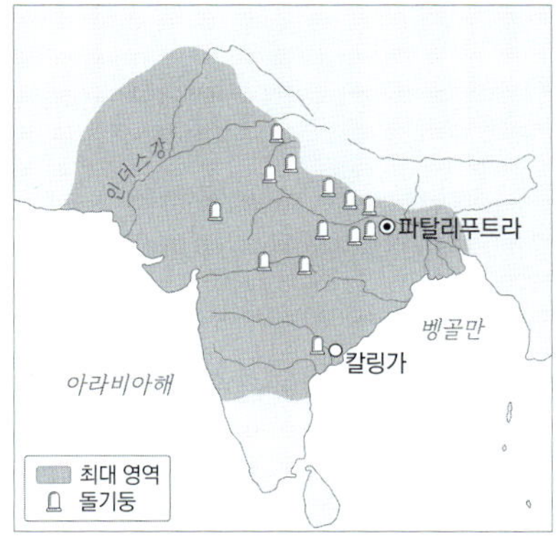

① 비단길 개척의 배경을 알아본다.
② 분서갱유를 실시한 목적을 찾아본다.
③ 키루스 2세가 남긴 원통의 내용을 살펴본다.
④ 상좌부 불교가 발전하게 된 배경을 파악한다.
⑤ 인도 문화와 헬레니즘 문화의 융합 사례를 조사한다.

다음은 한 역사 인물과의 가상 대화이다. (가)에 들어갈 답변으로 가장 적절한 것은?

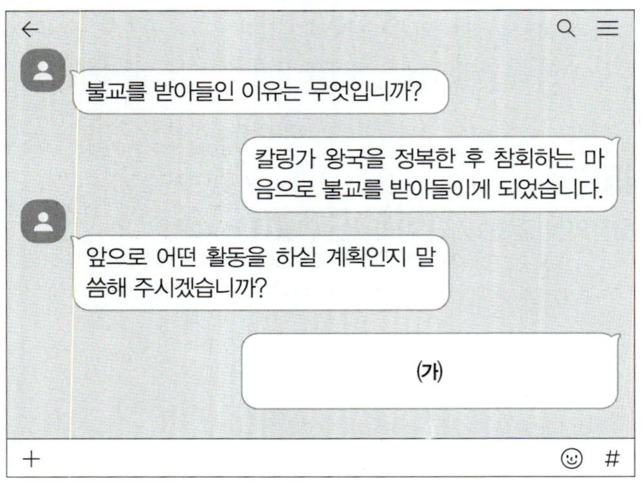

① 장건을 서역에 파견하려고 합니다.
② 감찰관으로 '왕의 눈'과 '왕의 귀'를 파견하려고 합니다.
③ 불교의 가르침을 새긴 돌기둥을 곳곳에 세우려고 합니다.
④ 피정복민의 풍습을 존중하겠다는 선언을 원통에 새기려고 합니다.
⑤ 사원과 탑을 세워 더 많은 사람을 구제하는 교리를 강조하고자 합니다.

160 상

지도의 최대 영역을 차지한 왕에 대한 설명으로 옳은 것은?

① 군현제를 실시하였다.
② 법가 사상을 채택하였다.
③ 유교를 나라의 통치 이념으로 삼았다.
④ 소금과 철 등의 전매 제도를 시행하였다.
⑤ 사원과 탑을 세워 불교를 널리 전파하였다.

161 하

다음에서 설명하는 인도의 왕조를 쓰시오.

> 중앙아시아에서 온 유목 민족이 1세기경에 세운 왕조이다. 이 왕조는 인도 서북부를 다스렸으며, 전성기에는 북인도에서 중앙아시아에 이르는 넓은 영토를 통치하였다. 또한 중국과 인도, 서아시아를 연결하는 중계 무역으로 번영을 누렸다.

(   )

162 중

밑줄 친 ㉠~㉤ 중 옳지 <u>않은</u> 것은?

> 이번 수업에서는 쿠샨 왕조에 대해서 배웠다. 쿠샨 왕조는 ㉠ 중앙아시아에서 온 유목 민족이 1세기경에 세운 나라이다. ㉡ 인도 서북부를 통치하였으며, ㉢ 중국과 인도, 서아시아를 연결하는 중계 무역으로 번영하기도 하였다. ㉣ 2세기경 카니슈카왕 시기에 전성기를 이룩하였으며, 이 시기에는 ㉤ 상좌부 불교가 크게 발전하였다고 한다. 이 시기에 발전한 불교가 동아시아에 어떤 영향을 미쳤는지 더 알아봐야겠다.

① ㉠　　② ㉡　　③ ㉢　　④ ㉣　　⑤ ㉤

★빈출
163 중

㉠, ㉡에 들어갈 종교를 각각 쓰시오.

> 개인의 해탈을 강조하는 (㉠)은/는 마우리아 왕조 시기에 발전하여 동남아시아 지역으로 전파되었다. 개인의 해탈보다는 많은 사람의 구제를 강조하는 (㉡)은/는 쿠샨 왕조 시기에 발전하여 동아시아 여러 지역으로 전파되었다.

(   )

[164~165] 다음을 읽고 물음에 답하시오.

불교문화 특별 기획전

↑ 보리수로 표현된 부처

↑ 간다라 불상

이번 전시는 인도 양식과 헬레니즘 양식이 결합한 (㉠) 을/를 주제로 다룬 불교문화 특별 기획전입니다. 초기 불교도는 부처의 모습을 직접 표현하는 것을 교리에 맞지 않는다고 여겨 부처를 보리수 등 다양한 상징으로 표현하였습니다. 그러나 ____(가)____ 을/를 배경으로 인도인들은 부처를 인간의 모습으로 표현한 불상을 만들기 시작하였습니다. 불상의 변화를 생생하게 살펴볼 수 있는 이번 전시에 많은 관심 부탁드립니다.

164 하

윗글의 ㉠에 들어갈 문화 양식을 쓰시오.

(   )

165 중

윗글의 (가)에 들어갈 내용으로 옳은 것은?

① 장건의 서역 파견
② 로마-카르타고 전쟁
③ 마우리아 왕조의 멸망
④ 그리스·페르시아 전쟁
⑤ 알렉산드로스의 동방 원정

C 고대 유라시아의 동서 교류

166 하

다음에서 설명하는 교역로를 쓰시오.

기원전 7세기에서 기원전 2세기경 중앙아시아 지역의 유목 민족인 스키타이가 개척한 교역로이다.

(   )

167 중

흉노에 대한 설명으로 옳지 <u>않은</u> 것은?

① 초원길을 처음으로 개척하였다.
② 기원전 4세기경 등장한 유목 민족이다.
③ 스키타이의 청동기 문화를 발전시켰다.
④ 한 무제의 공격으로 북쪽으로 밀려났다.
⑤ 여러 차례에 걸쳐 진·한과 세력을 다투었다.

★ 빈출
168 중

빈칸에 들어갈 내용으로 가장 적절한 것은?

한 무제는 흉노를 정벌하는 과정에서 장건을 서역에 파견하여 대월지와의 동맹을 추진하였다. 비록 동맹을 맺는 데에는 실패하였으나 이를 계기로 ____________

① 고조선이 멸망하였다.
② 비단길이 개척되었다.
③ 제지술이 개량되었다.
④ 대승 불교가 전파되었다.
⑤ 왕망이 신을 건국하였다.

169 중

다음 문화유산을 활용한 수행 평가의 주제로 가장 적절한 것은?

↑ 서역으로 떠나기 전 인사하는 장건

① 스키타이의 초원길 개척 결과
② 한 무제 시기 비단길의 개척 배경
③ 마우리아 왕조 시기의 불교 장려 정책
④ 아케메네스 왕조 페르시아의 문화적 특징
⑤ 쿠샨 왕조 시기에 발달한 간다라 양식의 특징

170

다음은 선사 시대에 대한 ○× 문제이다. 문제의 답을 순서대로 나열한 것은?

> ㉠ 구석기 시대에는 토기를 사용하였다.
> ㉡ 구석기 시대에는 동굴이나 막집에서 살았다.
> ㉢ 구석기 시대에는 농경과 목축 생활을 시작하였다.
> ㉣ 신석기 시대에는 가락바퀴와 뼈바늘로 옷을 지었다.
> ㉤ 신석기 시대는 구석기 시대와는 달리 평등한 사회였다.

| ㉠ | ㉡ | ㉢ | ㉣ | ㉤ |

① ○ - ○ - × - ○ - ×
② ○ - ○ - × - × - ×
③ ○ - × - ○ - ○ - ×
④ × - ○ - × - ○ - ×
⑤ × - × - ○ - ○ - ×

171

다음은 고대 중국의 역사를 시간 순서대로 정리한 것이다. (가), (나)에 들어갈 내용으로 옳은 것을 〈보기〉에서 고른 것은?

> 주가 수도를 호경에서 낙읍(뤄양)으로 옮겼다.
> ↓
> **(가)**
> ↓
> 진(秦)이 전국에서 일어난 농민 봉기로 멸망하였다.
> ↓
> **(나)**
> ↓
> 왕망이 한을 멸망시키고 신을 건국하였다.

〈 보기 〉

> ㄱ. (가) - 수도에 태학을 설립하여 유학을 교육하였다.
> ㄴ. (가) - 군현제와 봉건제를 결합한 군국제를 시행하였다.
> ㄷ. (가) - 철제 농기구의 사용으로 농업 생산력이 커졌다.
> ㄹ. (나) - 대월지와 동맹을 맺기 위해 장건을 파견하였다.
> ㅁ. (나) - 동중서의 건의로 유교를 통치 이념으로 삼았다.

① ㄱ, ㄷ   ② ㄴ, ㄷ   ③ ㄹ, ㅁ
④ ㄴ, ㄷ, ㄹ   ⑤ ㄷ, ㄹ, ㅁ

172

다음 글과 관련 있는 문명에 대한 설명으로 옳은 것을 〈보기〉에서 고른 것은?

> 길가메시여, 당신은 생명을 찾지 못할 것입니다. 신들이 인간을 만들 때 인간에게 죽음도 함께 붙여 주었습니다. 생명만 그들이 보살피도록 남겨 두었지요. 좋은 음식으로 배를 채우십시오. 밤낮으로 춤추며 즐기십시오.
>
> – 「길가메시 서사시」

〈 보기 〉

> ㄱ. 태양력과 10진법이 발달하였다.
> ㄴ. 현재의 안정된 삶을 중시하였다.
> ㄷ. 유프라테스강과 티그리스강 유역에서 발생하였다.
> ㄹ. 하라파, 모헨조다로와 같은 계획도시가 건설되었다.
> ㅁ. 파라오가 살아 있는 신 또는 태양신의 아들로 여겨졌다.

① ㄱ, ㄷ   ② ㄴ, ㄷ   ③ ㄹ, ㅁ
④ ㄴ, ㄷ, ㄹ   ⑤ ㄷ, ㄹ, ㅁ

173

다음은 한 학생의 역사 형성 평가지이다. 이 학생이 얻게 될 점수로 옳은 것은?

역사 형성 평가지

• 다음을 읽고 맞으면 ○표, 틀리면 ×표 하시오.

문제	학생 답안	배점
1. 로마에서는 실용적인 문화가 발달하였다.	○	1점
2. 고대 그리스에서는 개인주의적인 문화가 발달하였다.	○	1점
3. 헬레니즘 문화는 그리스 문화와 동방 문화가 융합된 문화이다.	×	1점
4. 「원반 던지는 사람」은 그리스 시대에 만들어진 대표적인 조각이다.	○	1점
5. 「밀로의 비너스」, 「라오콘 군상」은 로마 시대의 대표적인 미술품이다.	○	1점

① 1점   ② 2점   ③ 3점   ④ 4점   ⑤ 5점

174

지도의 최대 영역을 차지한 나라에 대한 설명으로 옳은 것을 〈보기〉에서 고른 것은?

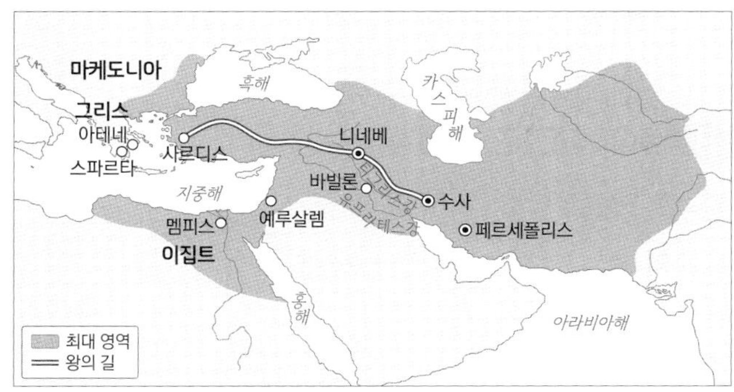

〈 보기 〉
ㄱ. 알렉산드로스에게 멸망하였다.
ㄴ. 예수가 창시한 크리스트교를 널리 믿었다.
ㄷ. '왕의 눈', '왕의 귀'라고 불리는 감찰관이 있었다.
ㄹ. '알렉산드리아'라는 도시가 정복지 곳곳에 세워졌다.
ㅁ. 우수한 철제 무기로 서아시아를 최초로 통일하였다.

① ㄱ, ㄷ ② ㄴ, ㄷ ③ ㄹ, ㅁ
④ ㄴ, ㄷ, ㄹ ⑤ ㄷ, ㄹ, ㅁ

175

(가)와 (나) 사이 시기에 일어난 일로 옳은 것을 〈보기〉에서 고른 것은?

(가) 옥타비아누스가 원로원으로부터 '아우구스투스'라는 칭호를 받았다.
(나) 하나의 제국을 이루던 로마가 동로마(비잔티움 제국)와 서로마로 분리되었다.

〈 보기 〉
ㄱ. 콘스탄티노폴리스가 로마의 수도가 되었다.
ㄴ. 그라쿠스 형제가 자영 농민을 위한 개혁을 시도하였다.
ㄷ. 제국이 4분할되어 네 명의 통치자가 공동으로 다스리게 되었다.
ㄹ. 로마가 지중해 해상권을 놓고 카르타고와 세 차례의 전쟁을 치렀다.
ㅁ. 강력한 군사력을 내세워 정권을 잡은 카이사르가 독재에 반대한 세력에게 암살당하였다.

① ㄱ, ㄷ ② ㄴ, ㄷ ③ ㄹ, ㅁ
④ ㄴ, ㄷ, ㄹ ⑤ ㄷ, ㄹ, ㅁ

176

㉠, ㉡에 들어갈 왕조에 대한 설명으로 옳지 <u>않은</u> 것은?

• 아소카왕은 (㉠)의 전성기를 이끌었으며, 남부 일부를 제외한 인도 대부분 지역을 통일하였다.
• 카니슈카왕은 (㉡)의 전성기를 이끌었고, 북인도에서 중앙아시아까지 영토를 넓혔다.

① ㉠은 찬드라굽타 마우리아가 세웠다.
② ㉠에서는 불교의 가르침과 왕의 통치 방침을 새긴 돌기둥을 곳곳에 세웠다.
③ ㉡에서는 간다라 양식이 발달하였다.
④ ㉡은 중앙아시아에서 온 쿠샨족이 세웠다.
⑤ ㉠, ㉡에서는 많은 사람의 구제보다 개인의 해탈을 강조하는 불교를 장려하였다.

177

다음은 고대 유라시아의 교역로를 구분하는 과정이다. 이에 대한 설명으로 옳은 것을 〈보기〉에서 고른 것은?

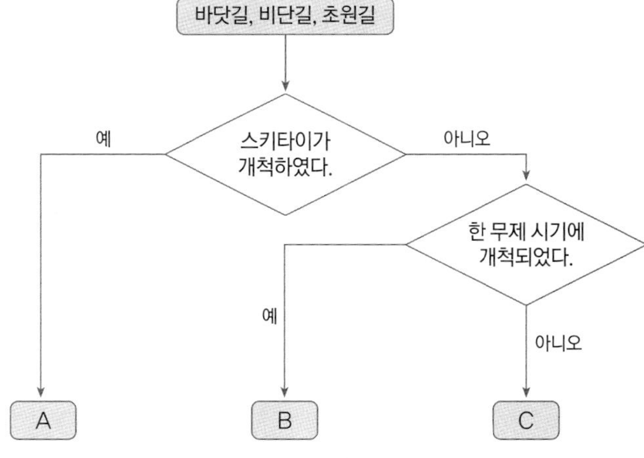

〈 보기 〉
ㄱ. A는 농경 민족이 개척한 비단길이다.
ㄴ. B는 장건의 서역 파견을 계기로 개척되었다.
ㄷ. 기원전 10세기에 이집트인들은 C를 통해 교역하였다.
ㄹ. B는 초원길, C는 바닷길이다.
ㅁ. B는 A와 C가 쇠퇴한 이후 동서 교류의 중요한 통로가 되었다.

① ㄱ, ㄴ ② ㄴ, ㄷ ③ ㄹ, ㅁ
④ ㄴ, ㄷ, ㄹ ⑤ ㄷ, ㄹ, ㅁ

05 동아시아 문화의 형성

A 위진 남북조 시대의 시작

1 위진 남북조 시대의 전개

(1) **삼국 시대**: 후한 멸망 후 위·촉·오로 분열 ➡ 진(晉)의 삼국 통일(280) ┌─ 5호는 선비, 흉노, 갈, 강, 저의 다섯 유목 민족을 뜻하며, 16국은 이들과 한족이 화북 지방에 세운 나라이다.

(2) **5호 16국 시대와 동진**: 화이허강 북쪽(화북)을 차지한 북방 민족과 한족이 여러 나라를 세우고 권력을 다툼 ➡ 북방 민족에게 밀려난 한족은 ❶ [　　　] 남쪽(강남)에 동진을 건국함

(3) **남북조 시대**

북조	• 선비족이 세운 ❷ [　　] 이/가 화북 지방 통일 • 북위 ❸ [　　　] 의 *한화 정책: 선비족의 복장과 언어 금지, 선비족과 한족의 결혼 권장, 한족의 성씨를 사용하도록 권장함 ➡ 유목 민족과 한족의 문화 융합
남조	동진에 이어 들어선 한족 왕조, 한족의 선진 농업 기술(벼농사)을 이용하여 강남 지방을 개발함 ➡ 경제 발전

2 위진 남북조 시대의 사회와 문화

(1) **위진 남북조 시대의 사회**: ❹ [　　　　　] (지방에 파견된 관리가 그 지역의 인물을 9개의 등급으로 나누어 중앙에 추천하는 제도) 실시 ➡ 중앙 정부로 진출한 지방 유력 호족이 대대로 관직을 독차지하면서 문벌 귀족으로 성장

(2) **위진 남북조 시대의 문화**

① 종교와 사상의 발전

❺ [　　]	• 후한 대에 전래 ➡ 왕실과 귀족의 지원으로 발전 • 북조: 국가 주도로 불경 번역, 대규모 석굴 사원 건립(윈강 석굴, 룽먼 석굴 등)
도교	민간의 전통 신앙과 도가 사상 등이 결합하여 발전
청담 사상	정권 다툼 등 혼란스러운 현실 세계에서 벗어나 개인의 자유로운 삶을 추구하는 사상, 남조에서 유행(죽림칠현) ┌─ 현실을 떠나 자연에서 삶을 보낸 7명의 선비를 말한다.

② **귀족 문화의 발달**: 동진과 남조에서 도연명의 시(「귀거래사」), 고개지의 그림(「여사잠도」), 왕희지의 서예가 유행함

↑ 북위에서 만든 윈강 석굴

↑ 고개지의 「여사잠도」

B 수와 당의 중국 통일

1 수의 성립과 발전

(1) **수의 통일**: 양견(문제)이 중국 통일(589)

(2) **발전**

문제	• 문벌 귀족의 관직 독점을 방지하고, 왕권을 강화하고자 시험으로 관리를 뽑는 ❻ [　　　] 을/를 시행함 • 조세·토지·군사 제도 정비 ➡ 국가 재정과 군사력 강화
양제	❼ [　　　] 완성 ➡ 화북 지방과 강남 지방 연결

(3) **쇠퇴와 멸망**: 대운하 건설 등 대규모 토목 공사에 과도한 노동력 동원, ❽ [　　　] 원정 실패로 국력 쇠퇴 ➡ 각지에서 일어난 반란으로 멸망(618)

> **탐구** 　**수의 대운하 건설**
>
> 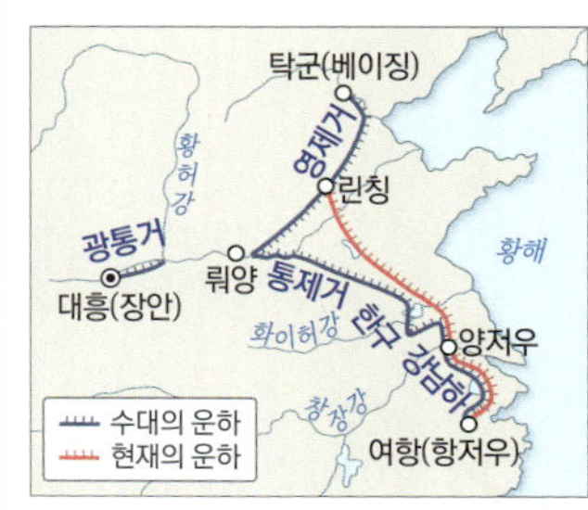
>
> ↑ 수대와 현재의 운하
>
> 수 양제 시기 강남 지방의 물자를 화북 지방으로 옮기고자 여항에서 탁군까지 연결하는 대운하를 건설하였다. 대운하의 건설로 남북 간의 교류가 활발해졌다. 수대 만들어진 대운하는 오늘날에도 중국 영토의 남북을 잇는 중요한 운송로 역할을 하고 있다.

2 당의 성립과 발전

(1) **성립**: 이연(고조)이 장안을 수도로 삼고 ❾ [　] 건국(618)

(2) **발전**

태종	수의 제도를 이어받아 *율령 체제 정비, 동돌궐 정벌
고종	서돌궐 정복, 신라와 연합하여 백제와 고구려를 멸망시킴

(3) **통치 체제 정비** ┌─ 당의 제지술이 이슬람 세계와 유럽에 전파되는 계기가 되었다.

① **목적**: 국가 재정 확보와 군사력 증대, 농민의 생활 안정

② **내용**: 3성 6부제(중앙), 지방에 주현을 두고 관리 파견, 균전제(성인 남자에게 일정한 면적의 토지 분배), 조용조(토지를 받은 농민에게 토지세, 노동력, 직물 수취), ❿ [　　　] (농민이 농한기에 군사 훈련을 받고 일정 기간 변경 지역 등에서 방어 임무 수행, 전쟁 시에 병사로 복무)

(4) **쇠퇴와 멸망**: 8세기 중엽 탈라스 전투에서 이슬람의 아바스 왕조에 패배, ⓫ [　　　　] 이후 절도사 세력이 강화되면서 지방 통제력 약화 ➡ 농민 반란인 황소의 난 발발 ➡ 절도사 세력에게 당 멸망(907)

3 당의 문화

(1) **귀족적인 문화 발달:** 문학(두보, 이백), 서예(구양순), 그림(왕유의 수묵 산수화) 등 발달

> 훈고학을 집대성하여 유교 경전의 해석을 통일하였다.

(2) **종교와 학문의 발달:** 불교(현장 등이 불경을 들여옴), 도교(왕실의 지원을 받아 발전), 유학의 발달(『오경정의』편찬)

(3) **국제적인 문화 발달:** 당삼채 제작, 비단길과 바닷길을 이용하여 서역과 활발하게 교류, 수도 ⑫ □□이/가 국제 도시로 번성, 외래 종교의 전래(경교, 이슬람교, 조로아스터교 등)

> 네스토리우스파 크리스트교라고도 한다.

탐구 │ 귀족적·국제적인 당 문화

당삼채는 당대에 만들어진 도자기로, 대체로 흰색, 갈색, 녹색 3가지 색채의 유약을 발라 구웠다. 당대 국제 교류가 활발하여 비단길과 바닷길을 거쳐 당의 도자기와 비단 등이 세계로 퍼져 나갔다.

← 서역인을 표현한 당삼채

C 만주와 한반도, 일본의 고대 국가 성장

1 만주와 한반도의 고대 국가

고조선	만주와 한반도에 처음 세워진 나라, 한의 공격으로 멸망
삼국 시대	고구려·백제·신라가 율령과 불교, 유교 등을 수용하여 중앙 집권 국가로 발전함
남북국 시대	7세기에 신라가 삼국을 통일하고, 옛 고구려 땅에 발해가 건국되면서 남북국 시대가 전개됨

2 일본의 고대 국가

야요이 문화	기원전 3세기경 성립, 벼농사 시작, 청동기·철기 사용, 여러 소국이 등장함
야마토 정권	• 성립: 4세기경 야마토 정권이 소국들을 통합함 • 아스카 시대: 중국과 한반도로부터 수용한 선진 문물을 바탕으로 아스카 문화 발전 • ⑬ □□□□□: 당의 율령을 본떠 국왕 중심의 중앙 집권 체제를 지향하는 정치 개혁 시행
⑭ □□ 시대	헤이조쿄(나라)로 천도, 당과 신라로부터 불교문화 전래(도다이지 등 대규모 사찰 건립), 『일본서기』편찬
헤이안 시대	헤이안쿄(교토)로 천도, ⑮ □□ 문화 발달(가나 문자 형성, 일본 고유의 관복과 주택이 나타남)

3 동아시아 문화권

> 한자는 신라의 이두, 일본의 가나 문자, 베트남의 쯔놈 문자 형성에 영향을 주었다.

(1) **공통 문화 요소:** 한자, 유교, 율령, 불교 등

(2) **특징:** 동아시아 국가들은 공통된 문화를 공유하면서도 각국의 전통과 특성에 맞게 독자적인 문화를 발전시킴

기출 PICK A-1

위진 남북조 시대의 전개

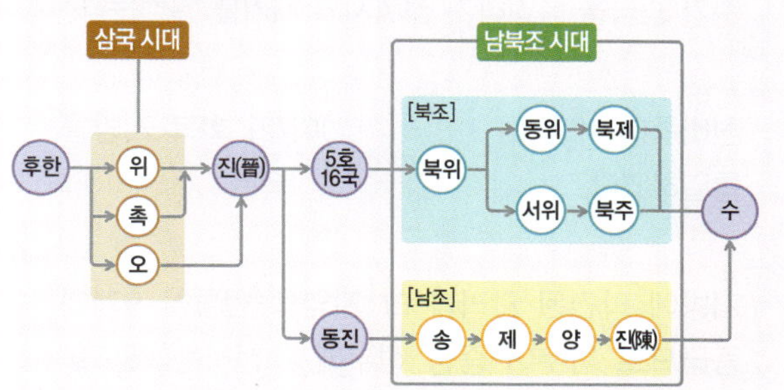

한(후한)이 멸망한 이후부터 수가 중국을 통일하기 전까지의 시기를 통틀어 위진 남북조 시대라고 한다.

기출 PICK B-2

당의 통치 체제 정비

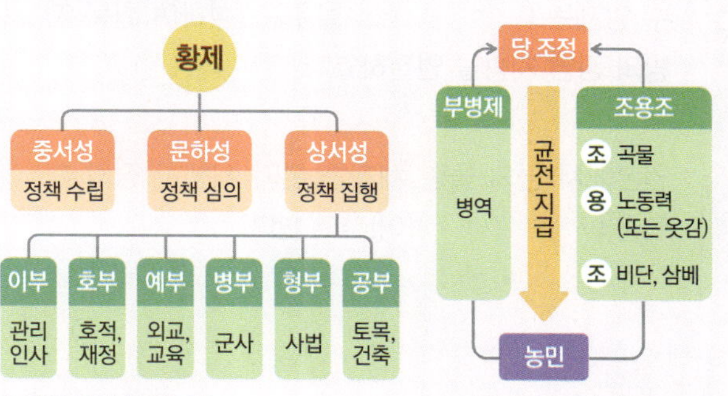

↑ 당의 중앙 행정 조직　　↑ 당의 농민 지배 제도

당은 중앙에 3성 6부를 두고 지방에 주현을 두었다. 또한 국가 재정 확보와 군사력 증대 등을 위해 균전제, 조용조, 부병제를 시행하였다.

기출 PICK C-3

동아시아 문화권의 요소

• **한자:** 동아시아 국가 간 의사소통 수단으로 발전함
• **유교:** 동아시아 국가의 정치·사회 이념이 됨
• **율령:** 동아시아 각국의 통치 체제 성립에 영향을 줌
• **불교:** 각국 왕실의 권위 향상과 민심 통합에 기여함

용어

★ **한화 정책:** 한족의 제도와 문화를 적극적으로 받아들이려는 정책
★ **율령:** 나라를 다스리는 법과 제도

답				
❶ 창장강	❷ 북위	❸ 효문제	❹ 9품중정제	❺ 불교
❻ 과거제	❼ 대운하	❽ 고구려	❾ 당	❿ 부병제
⓫ 안사의 난	⓬ 장안	⓭ 다이카 개신	⓮ 나라	⓯ 국풍

◆ **빈칸에 들어갈 알맞은 말을 쓰시오.**

178 ( )은/는 한(후한)이 멸망한 이후부터 수가 중국을 통일하기 전까지의 시기를 일컫는다.

179 선비족이 세운 ( )이/가 화북 지방을 통일하였다.

180 지방에 파견된 관리가 그 지역의 인물을 9개의 등급으로 나누어 중앙 정부에 추천하는 제도를 ( )(이)라고 한다.

181 ( )은/는 세속에서 벗어나 개인의 자유로운 삶을 추구하는 사상이다.

182 수 양제는 ( )을/를 완성하여 화북 지방과 강남 지방을 연결하였다.

183 일본에서 당의 율령 체제를 본떠 시행한 정치 개혁을 ( )(이)라고 한다.

◆ **밑줄 친 부분을 올바르게 고치시오.**

184 위진 남북조 시대에는 민간의 전통 신앙과 도가 사상 등이 결합한 <u>불교</u>가 발전하였다.

185 수 문제는 관리를 시험으로 뽑는 <u>9품중정제</u>를 처음 실시하였다.

186 당은 <u>봉건제</u>를 실시하여 성인 남자에게 일정한 면적의 토지를 나누어 주었다.

187 당은 8세기 중엽 탈라스 전투에서 이슬람의 <u>우마이야 왕조</u>에 패배하였다.

188 일본 <u>헤이안</u> 시대에 도다이지 등의 대규모 사찰이 많이 건립되었다.

189 한자는 베트남의 <u>가나</u> 문자 형성에 영향을 주었다.

A 위진 남북조 시대의 시작

190 하

다음에서 설명하는 용어를 쓰시오.

> 한족이 창장강의 남쪽(강남)으로 내려가 세운 동진이 멸망한 이후 강남 지방에 들어선 여러 한족 왕조(송, 제, 양, 진)를 일컫는다.

( )

빈출
191 중

(가) 나라에 대한 설명으로 옳은 것은?

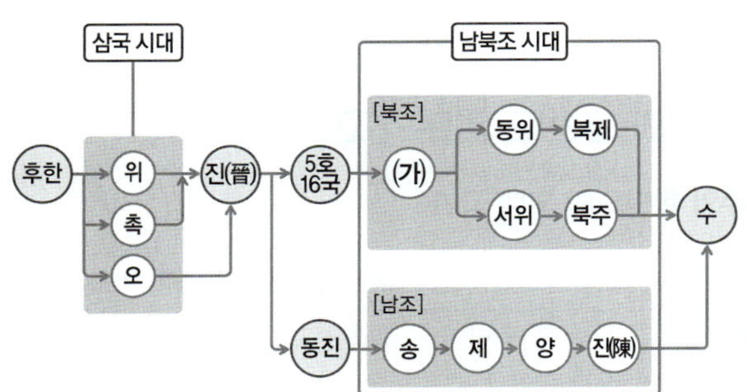

① 대운하를 건설하였다.
② 3성 6부의 통치 체제를 갖추었다.
③ 한족의 제도와 문물을 받아들였다.
④ 안사의 난이 일어나 지방 통제력이 약화되었다.
⑤ 여러 차례 고구려 원정에 나섰으나 실패하였다.

192 중

남북조 시대의 사회에 대한 설명으로 옳은 것을 〈보기〉에서 고른 것은?

> ─── 보기 ───
> ㄱ. 과거제가 실시되었다.
> ㄴ. 제자백가가 출현하였다.
> ㄷ. 9품중정제가 실시되었다.
> ㄹ. 호족이 문벌 귀족으로 성장하였다.

① ㄱ, ㄴ ② ㄱ, ㄷ ③ ㄴ, ㄷ
④ ㄴ, ㄹ ⑤ ㄷ, ㄹ

193 중

다음 문화유산이 만들어진 시대에 있었던 일로 옳지 <u>않은</u>
것은?

① 청담 사상이 유행하였다.
② 사마천이 『사기』를 편찬하였다.
③ 호족이 문벌 귀족으로 성장하였다.
④ 도연명의 시 「귀거래사」가 유행하였다.
⑤ 민간 신앙과 도가 사상이 결합한 도교가 발전하였다.

빈출
194 하

다음에서 설명하는 제도로 옳은 것은?

위진 남북조 시대에 지방에 파견된 관리의 추천으로 중앙
의 관리를 뽑는 제도였다. 이 제도의 실시로 호족 세력이
중앙의 관리로 진출하여 문벌 귀족으로 성장하였다.

① 군국제   ② 군현제   ③ 균전제
④ 카스트제   ⑤ 9품중정제

195 중

다음 시가 지어진 시대에 볼 수 있는 모습으로 가장 적절한
것은?

돌아가련다.
세상 사람과 교류를 끊고 세상과 나는 서로 잊고 말지니
다시 한번 관리가 되어도 거기 무슨 구할 것이 있으리오.
－「귀거래사」

① 당삼채를 만드는 도공
② 대운하를 건설하는 백성
③ 안사의 난에 가담한 병사
④ 청담 사상을 주장하는 선비
⑤ 서역으로 떠나는 장건을 환송하는 황제

196 상

다음은 위진 남북조 시대의 전개 과정이다. 이를 일어난 순서
대로 나열한 것은?

(가) 진(晉)이 삼국을 통일하였다.
(나) 중국이 위·촉·오로 나뉘었다.
(다) 한족이 강남에서 동진을 건국하였다.
(라) 선비족이 세운 북위가 화북 지방을 통일하였다.

① (가) － (다) － (라) － (나)   ② (가) － (라) － (나) － (다)
③ (나) － (가) － (다) － (라)   ④ (나) － (라) － (다) － (가)
⑤ (다) － (라) － (가) － (나)

197 중

(가) 나라에 대한 설명으로 옳은 것을 〈보기〉에서 고른 것은?

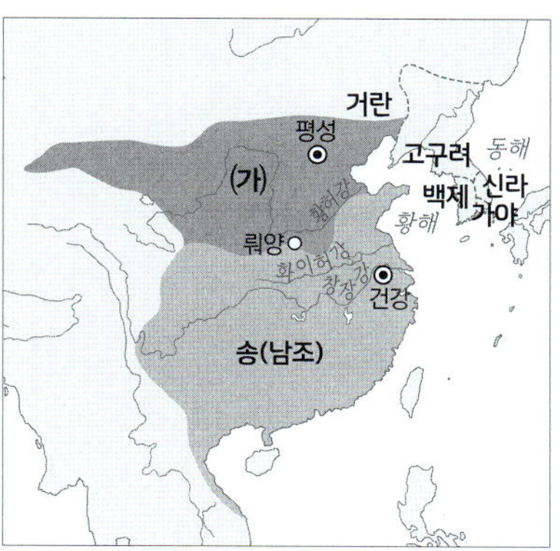

〈 보기 〉

ㄱ. 선비족이 건국하였다.
ㄴ. 국가 주도로 불경을 번역하였다.
ㄷ. 흉노의 침입을 막고자 만리장성을 축조하였다.
ㄹ. 군현제와 봉건제를 결합한 정치 제도를 시행하였다.

① ㄱ, ㄴ   ② ㄱ, ㄷ   ③ ㄴ, ㄷ
④ ㄴ, ㄹ   ⑤ ㄷ, ㄹ

198 상
| 서술형 |

북위의 효문제가 실시한 한화 정책의 내용을 세 가지 서술하
시오.

199 상

밑줄 친 '나라'에서 일어난 일로 옳은 것은?

> 위진 남북조 시대를 거치며 오랫동안 남북으로 분열되어
> 있던 중국을 다시 통일한 <u>나라</u>이다.

① 9품중정제를 실시하였다.
② 황소의 난이 일어나 쇠퇴하였다.
③ 흉노 정벌을 위해 장건을 서역에 보냈다.
④ 운하를 건설해 화북과 강남 지방을 연결하였다.
⑤ 경교, 조로아스터교 등 외래 종교를 받아들였다.

200 중

수 문제의 활동으로 옳은 것은?

① 한화 정책을 실시하였다.
② 흉노와 고조선을 정복하였다.
③ 과거제를 처음으로 실시하였다.
④ 왕의 칭호를 '황제'로 부르기 시작하였다.
⑤ 서적을 불태우고 유학자 등을 탄압하였다.

201 상

(가)에 들어갈 내용으로 가장 적절한 것은?

> **역사 신문**
>
> ### 618년, 수가 멸망하다
>
> 오랜 기간 남북으로 나뉘어 있던 중국을 다시 한번 통일한
> 수는 ____(가)____ 이/가 원인이 되어 쇠퇴하다가 618년
> 멸망하였다. 수는 역사 속으로 사라졌으나 수대에 건설된
> 대운하는 이후 중국의 발전에 큰 영향을 미쳤다.

① 황건적의 난
② 절도사 세력의 반란
③ 탈라스 전투에서의 패배
④ 법가 사상을 바탕으로 한 가혹한 통치
⑤ 여러 차례에 걸친 고구려 원정의 실패

202 중

선생님의 질문에 대한 학생들의 답변으로 적절하지 <u>않은</u> 것은?

① 중국의 남북 간 교류가 활발해졌습니다.
② 각 지방에서 절도사 세력이 강해졌습니다.
③ 대규모 토목 공사로 백성의 불만이 커졌습니다.
④ 오늘날 중국의 주요 운송로 역할을 하고 있습니다.
⑤ 남북의 정치와 문화가 어우러지는 데 도움이 되었습니다.

203 하

다음에서 설명하는 제도를 쓰시오.

> 토지를 받은 농민이 토지세, 노동력, 직물 등을 내는 조세
> 제도를 이르는 말이다.

(   )

204 상

다음 통치 조직에 대한 설명으로 옳은 것을 〈보기〉에서 고른
것은?

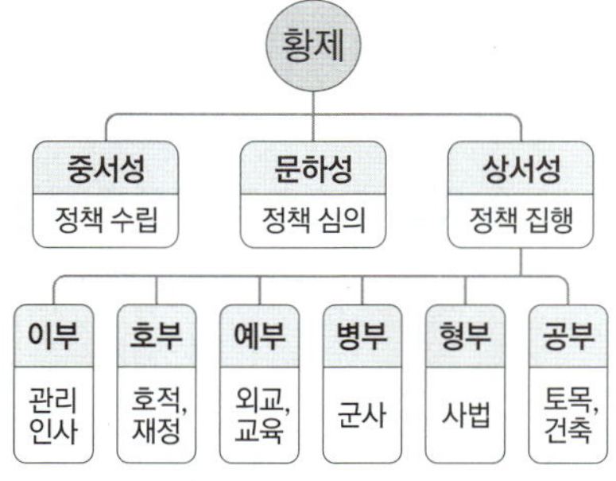

> ─〈 보기 〉─
> ㄱ. 당의 지방 행정 조직이다.
> ㄴ. 수대의 통치 제도를 이어받아 형성되었다.
> ㄷ. 성인 남자에게 토지를 지급하기 위해 만들어졌다.
> ㄹ. 3성의 운영으로 권력이 한곳에 치우치는 것을 막았다.

① ㄱ, ㄴ   ② ㄱ, ㄷ   ③ ㄴ, ㄷ
④ ㄴ, ㄹ   ⑤ ㄷ, ㄹ

205 (하)

다음과 같은 활동을 펼친 인물로 옳은 것은?

> • 서돌궐을 정복하였다.
> • 신라와 연합하여 백제와 고구려를 멸망시켰다.

① 시황제 ② 수 문제 ③ 수 양제
④ 당 고종 ⑤ 당 태종

206 (중)

지도의 최대 영역을 차지한 나라에 대한 설명으로 옳은 것은?

① 율령 체제를 완성하였다.
② 점친 내용을 갑골에 새겼다.
③ 흉노와 고조선을 정벌하였다.
④ 과거제를 처음으로 실시하였다.
⑤ 여러 차례 고구려 원정을 시도하였으나 실패하였다.

207 (하)

밑줄 친 '이 제도'를 쓰시오.

> **이달의 역사 다큐멘터리**
>
> • **제목**: 당대 농민의 삶
> • **소개**: 이달의 역사 다큐멘터리에서는 당대 농민의 삶을 들여다볼 수 있는 이 제도를 집중적으로 알아보는 시간을 갖겠습니다. 이 제도는 농민이 농한기에 군사 훈련을 받고 전쟁이 나면 병사로 복무하게 하는 것이었습니다.

(   )

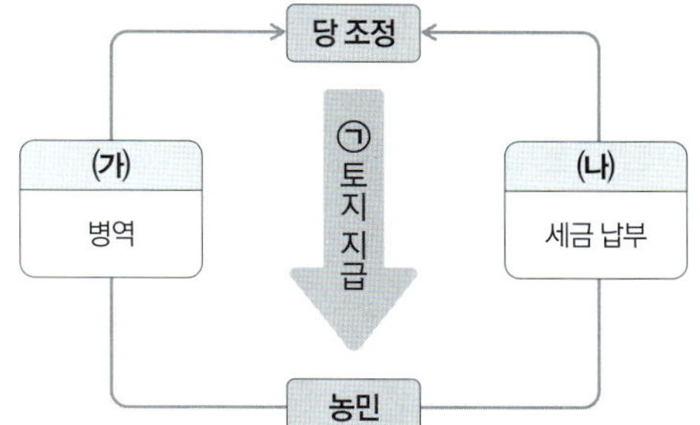

208 (하)

위 도표에서 ㉠이 가리키는 제도를 쓰시오.

(   )

209 (상)

위의 (가), (나) 제도에 대한 설명으로 옳지 <u>않은</u> 것은?

① (가) – 농민은 전쟁 시 병사로 복무하였다.
② (가) – 농민은 농한기에 군사 훈련을 하였다.
③ (나) – 농민은 국가에 직물은 내지 않아도 되었다.
④ (나) – 토지세를 '조', 바쳐야 하는 노동력을 '용'이라고 부른다.
⑤ (가), (나) – 당이 국가의 재정과 군사력을 확보하고자 실시한 제도이다.

210 (상)

다음은 당에서 있었던 일이다. 이 중에서 세 번째로 일어난 일로 옳은 것은?

① 황소의 난이 일어났다.
② 당 태종이 동돌궐을 정복하였다.
③ 당 고조가 장안을 수도로 삼았다.
④ 안녹산과 사사명이 반란을 일으켰다.
⑤ 당 고종이 신라와 연합하여 백제와 고구려를 멸망시켰다.

211 (중)

| 서술형 |

당이 균전제·조용조·부병제를 실시한 목적을 <u>두</u> 가지 서술하시오.

212 하

㉠에 들어갈 용어를 쓰시오.

이번 전시는 귀족적이고 국제적인 당의 문화를 엿볼 수 있는 문화유산 특별전입니다. 특히 당대 만들어진 대표적인 도자기인 (㉠)을/를 살펴볼 수 있는데, 이 도자기는 주로 흰색, 녹색, 갈색의 세 가지 색채의 유약을 발라 구워 만들었습니다.

(   )

213 중

(가)에 들어갈 답변으로 적절한 것을 〈보기〉에서 고른 것은?

─── 보기 ───

ㄱ. 『오경정의』가 편찬되었어.
ㄴ. 왕희지가 서예가로 이름을 떨쳤어.
ㄷ. 이백과 두보의 시가 인기를 끌었어.
ㄹ. 고개지의 「여사잠도」가 인기를 얻었어.

① ㄱ, ㄴ   ② ㄱ, ㄷ   ③ ㄴ, ㄷ
④ ㄴ, ㄹ   ⑤ ㄷ, ㄹ

214 중

다음과 같은 구조로 설계된 도시에서 볼 수 있는 모습으로 가장 적절한 것은?

① 고조선 공격을 준비하는 병사
② 윈강 석굴을 설계하는 건축가
③ 이슬람 사원을 건설하는 기술자
④ 황제의 명으로 만리장성을 쌓는 백성
⑤ 9품중정제를 통해 관직에 진출한 호족

C **만주와 한반도, 일본의 고대 국가 성장**

215 하

㉠, ㉡에 들어갈 나라로 옳은 것은?

한반도에서는 7세기에 (㉠)이/가 당과 연합하여 세력 다툼에서 승리하였다. 이후 (㉠)은/는 당을 몰아내고 삼국을 통일하였다. 한편, 옛 고구려 땅에서 고구려 유민들이 (㉡)을/를 건국하였다.

	㉠	㉡		㉠	㉡
①	백제	발해	②	백제	부여
③	신라	발해	④	신라	백제
⑤	신라	부여			

216 중

만주와 한반도의 고대 국가 발전 과정을 일어난 순서대로 나열한 것은?

(가) 한이 고조선을 공격하였다.
(나) 고구려 유민들이 발해를 건국하였다.
(다) 고구려, 백제, 신라에서 율령이 반포되었다.
(라) 신라가 당과 연합하여 고구려를 무너뜨렸다.

① (가) － (다) － (라) － (나)   ② (가) － (라) － (나) － (다)
③ (나) － (가) － (다) － (라)   ④ (나) － (라) － (다) － (가)
⑤ (다) － (라) － (가) － (나)

217 <하>

다음에서 설명하는 일본의 정권을 쓰시오.

4세기경에 일본에서 주변의 작은 나라들을 통합한 정권이다. 이후 이 정권은 중국과 한반도로부터 불교와 같은 선진 문물을 받아들여 아스카 문화를 발전시켰다.

(   )

★빈출
218 <중>

(가)에 들어갈 답변으로 가장 적절한 것은?

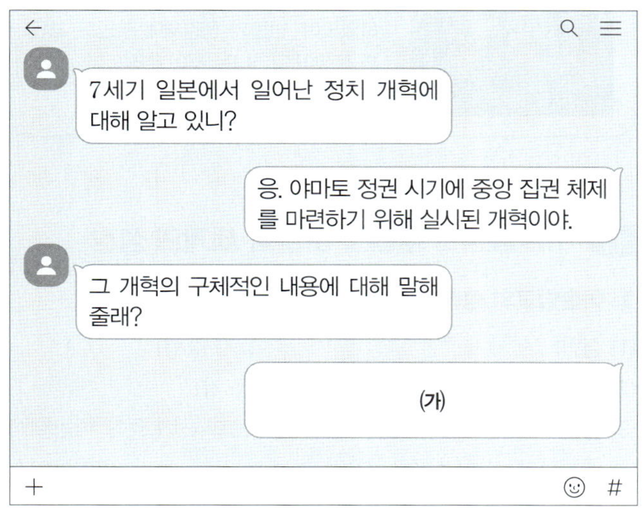

① 도다이지를 세웠어.
② 수도를 헤이안쿄로 옮겼어.
③ 당의 율령 체제를 수용하였어.
④ 혈연 중심의 봉건제를 시행하였어.
⑤ 당의 장안성을 본뜬 도시를 수도로 정하였어.

219 <중>

| 서술형 |

밑줄 친 '국풍 문화'의 사례를 두 가지 서술하시오.

8세기 말 성립한 일본의 헤이안 시대에는 외국의 문물을 일본인의 취향과 특성에 맞게 바꾼 일본 고유의 국풍 문화가 나타났다.

220 <상>

(가) 시기에 있었던 일로 옳은 것은?

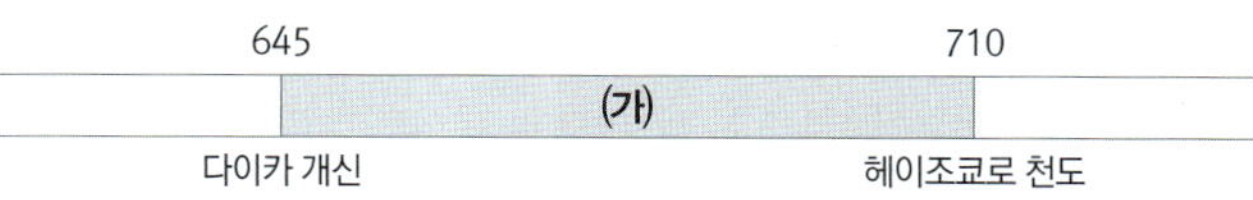

① 국풍 문화가 발달하였다.
②『일본서기』가 편찬되었다.
③ 야요이 문화가 발달하였다.
④ '일본'이라는 국호를 사용하기 시작하였다.
⑤ 당의 장안성을 본뜬 도시로 수도를 옮겼다.

221 <상>

다음 문화유산을 건립한 시대에 대한 설명으로 옳은 것을 〈보기〉에서 고른 것은?

← 도다이지 대불전

〈 보기 〉

ㄱ. 벼농사가 시작되었다.
ㄴ. 헤이조쿄(나라)가 수도였다.
ㄷ. 역사서인『일본서기』가 편찬되었다.
ㄹ. 한자를 변형한 가나 문자가 만들어졌다.

① ㄱ, ㄴ   ② ㄱ, ㄷ   ③ ㄴ, ㄷ
④ ㄴ, ㄹ   ⑤ ㄷ, ㄹ

★빈출
222 <중>

동아시아 문화권에 대한 설명으로 가장 적절한 것은?

① 베트남은 포함되지 않는다.
② 수대 활발한 국제 교류로 형성되었다.
③ 각국은 당의 제도를 있는 그대로 수용하였다.
④ 경교, 불교, 율령, 한자가 공통된 문화 요소이다.
⑤ 사신, 유학생, 승려 등이 교류하는 과정에서 형성되었다.

06 크리스트교와 이슬람교의 확산

A 사산 왕조 페르시아의 발전

1 성립: 3세기 초 ❶ [______] 왕조 페르시아의 부흥을 내세우며 성립

2 발전

정치	지방에 총독 파견 ➡ 중앙 집권적 통치 체제 마련
경제	동서를 잇는 중계 무역으로 번영
사회	조로아스터교를 국교로 삼음, 페르시아어를 공용어로 사용
문화	금속·유리·직물 공예, 염색 기술 발달 ➡ 이슬람 세계와 비잔티움 제국, 동아시아 국가에 영향을 줌

3 멸망: 비잔티움 제국과의 잦은 전쟁, 내부 반란으로 쇠퇴 ➡ 7세기 이슬람 세력에게 멸망

↑ 사산 왕조 페르시아의 영역

B 굽타 왕조의 발전

1 굽타 왕조의 성립

(1) **성립:** 쿠샨 왕조 쇠퇴 후 인도 분열 ➡ 찬드라굽타 1세가 인도 통일 후 굽타 왕조 성립(320)

(2) **찬드라굽타 2세(전성기)**

① 영토 확장: 벵골만에서 아라비아해까지 영토를 넓힘

② 대외 교류: 활발한 해상 무역, 사산 왕조 페르시아·로마 제국·중국 등과 교류

2 ❷ [______]**의 등장과 확산**

(1) **성립:** 브라만교, 불교, 인도의 민간 신앙이 어우러져 형성

(2) **확산:** 브라만교의 복잡한 제사 절차 단순화, 여러 신들을 힌두교의 신으로 흡수, 왕의 권위 상승에 이용

(3) **특징:** ❸ [______]에 따른 신분 차별 인정

(4) **영향:** 『마누 법전』 정비 ➡ 힌두교도의 일상생활에 영향을 줌, 인도 사회에서 카스트제 정착에 기여

3 인도 고전 문화의 발전

문학	산스크리트 문학 발달(『마하바라타』, 『라마야나』 등)
미술	❹ [____] 양식 유행
자연 과학	원주율을 이용하여 지구의 둘레 계산, 자전설 증명, 최초로 '0(영)'이라는 숫자 제작, 10진법 사용

탐구 **굽타 양식의 발달**

굽타 왕조 시기에는 인도 고유의 양식과 간다라 양식이 융합된 굽타 양식이 발달하였다. 굽타 양식은 인체의 윤곽을 강조하였으며, 인물의 생김새에도 인도 고유의 특색이 나타나는 것이 특징이다.

← 아잔타 석굴 사원의 보살 벽화

C 이슬람교의 성립과 이슬람 세계의 성장

1 이슬람교의 성립

(1) **성립:** 7세기 초 ❺ [______]이/가 정립

(2) **특징:** 유일신 알라에게 절대복종, 평등 강조

(3) **발전:** 귀족들의 탄압을 피해 무함마드와 신도들이 메카에서 메디나로 이주(헤지라, 622) ➡ 메카 정복, 주변 지역 통일

┗ '성스러운 옮김'이라는 뜻으로, 이 해는 이슬람력의 시작 연도가 되었다.

2 이슬람 세계의 성장

정통 칼리프 시대	무함마드 사후 선출된 네 명의 *칼리프가 이슬람 공동체를 이끎, 사산 왕조 페르시아 정복, 피정복민이 이슬람교로 개종 시 *지즈야 면제
우마이야 왕조	왕조의 정통성을 놓고 시아파와 수니파가 대립, 이베리아반도까지 영토 확장, 아랍인 우대 정책 실시
아바스 왕조	민족 차별 정책 폐지, ❻ [______] 전투에서 당에 승리하여 동서 교역로 차지, 수도 바그다드 번영

↑ 이슬람 제국의 영역

3 이슬람 문화권의 형성

(1) **이슬람 제국의 국제 교류와 경제 성장**: 상업 활동을 긍정적으로 여김, 국가적 도로망 정비 및 상업 활동 지원 ➡ 상업과 교역 발달 ➡ 동서 교류 촉진, 이슬람교 확산, 금융 산업 발달

(2) **이슬람 사회의 특징**: 경전인 **❼** [   ]이/가 일상생활의 규범이 됨, 이슬람교도의 다섯 가지 의무를 중시

(3) **이슬람 문화권의 형성**: 설화 문학 유행(『아라비안나이트』), 이슬람 사원(**❽** [   ]) 발달, 자연 과학 발달

> └ 돔과 뾰족한 탑을 특징으로 하며 내부를 아라베스크로 장식하였다.

D 유럽 세계의 변화

1 게르만족의 이동과 프랑크 왕국의 성립

(1) **게르만족의 이동**: 4세기 말 *훈족의 압박으로 이동한 게르만족이 서로마 제국 곳곳에 나라를 세움 ➡ 서로마 제국 멸망

탐구 | 훈족의 압박과 게르만족의 이동

유럽 북부에 살던 게르만족이 훈족의 압박을 받아 대규모로 이동하는 과정에서 서로마 제국은 게르만족 출신 용병 대장에게 멸망하였다.

(2) **프랑크 왕국의 성장**

① **배경**: 5세기 말 **❾** [   ] 수용 ➡ 로마의 지지 획득 ➡ 8세기 초 서유럽에 침입한 이슬람 세력 격퇴

② **❿** [   ] 대제(전성기): 영토 확장, 정복지에 크리스트교 전파(➡ 로마 교황으로부터 서로마 황제의 관을 수여받음), 학문과 예술 발전 도모(서유럽 문화의 기틀 마련)

③ **분열**: 카롤루스 대제 사후 내분 발생 ➡ 세 나라로 분열

> └ 베르됭 조약, 메르센 조약에 따라 서프랑크, 중프랑크, 동프랑크로 분열되었다.

2 비잔티움 제국의 발전

(1) **유스티니아누스 황제(전성기)**: 옛 로마 제국 영토의 상당 부분 회복, 『유스티니아누스 법전』 편찬, 성 소피아 대성당 건립

(2) **동서 교회의 분열**: 성상 숭배 문제를 둘러싼 대립 ➡ 로마 가톨릭교회와 **⓫** [   ](으)로 분리

(3) **비잔티움 제국의 문화**

특징	그리스 정교를 바탕으로 고대 그리스·로마 문화와 헬레니즘 문화가 융합, **⓬** [ ] 양식 발달
영향	이탈리아 르네상스 및 슬라브족 문화에 영향을 줌

📎 기출 PICK B-2

『마누 법전』과 카스트제

> 브라만에게는 『베다』를 가르치며 제사 지내는 일을, 크샤트리아에게는 백성을 보호하고 다스릴 것을, 바이샤에게는 농사를 짓고 짐승을 기를 것을 명령하셨다. 마지막으로 수드라에게는 앞선 세 신분의 사람들에게 봉사하는 임무를 명령하셨다.
>
> – 『마누 법전』

『마누 법전』은 각 카스트의 생활 방식을 규정하고 있다. 힌두교는 카스트에 따른 차별을 인정하였으며, 자신의 카스트에 따른 의무를 성실히 수행하면 더 나은 카스트로 태어날 수 있다고 하였다.

📎 기출 PICK C-2

시아파와 수니파의 대립

시아파	알리를 무함마드의 유일한 후계자로 보고, 무함마드의 혈통이어야 칼리프가 될 수 있다고 보는 입장
수니파	능력과 자질을 갖추면 무함마드의 혈통이 아니더라도 누구나 칼리프가 될 수 있다고 보는 입장

이슬람 제국의 왕조 정통성을 놓고 시작된 이 대립은 오늘날까지 이어지고 있다.

📎 기출 PICK D-2

비잔티움 제국의 문화

↑ 성 소피아 대성당(왼쪽)과 내부의 모자이크 벽화(오른쪽)

비잔티움 양식을 대표하는 성 소피아 대성당은 벽 위에 거대한 돔을 올리고 모자이크 벽화로 내부를 장식한 것이 특징이다.

용어

★ **칼리프**: 무함마드의 계승자라는 뜻으로, 이슬람 공동체의 최고 권력자이자 종교 지도자를 일컬음

★ **지즈야**: 이슬람 세력이 정복한 지역의 주민에게 머릿수대로 거둔 세금

★ **훈족**: 중앙아시아의 유목 민족으로, 이들이 동유럽으로 진출하면서 그곳에 살던 게르만족이 남쪽으로 이동함

[답] ❶ 아케메네스 ❷ 힌두교 ❸ 카스트제 ❹ 굽타 ❺ 무함마드 ❻ 탈라스 ❼ 쿠란 ❽ 모스크 ❾ 크리스트교 ❿ 카롤루스 ⓫ 그리스 정교 ⓬ 비잔티움

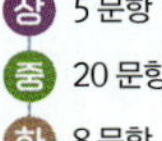

◆ 빈칸에 들어갈 알맞은 말을 쓰시오.

223 사산 왕조 페르시아는 3세기 초 (　　　　)의 부흥을 내세우며 성립하였다.

224 굽타 왕조 시기에 정비된 (　　　　)은/는 카스트에 따른 의무와 규범을 담고 있어 힌두교도의 일상생활에 큰 영향을 주었다.

225 7세기 초 메카의 상인 무함마드는 (　　　　)을/를 정립하였다.

226 (　　　　)은/는 탈라스 전투에서 당에 승리하여 동서 교역로를 차지하였다.

227 (　　　　)은/는 베르됭 조약, 메르센 조약에 따라서 세 나라로 분열되었다.

228 비잔티움 제국을 전성기로 이끈 (　　　　)은/는 옛 로마 제국 영토의 상당 부분을 회복하였으며, 자신의 이름을 딴 법전을 편찬하였다.

◆ 밑줄 친 부분을 올바르게 고치시오.

229 사산 왕조 페르시아는 <u>네스토리우스파 크리스트교</u>를 국교로 삼았다.

230 굽타 왕조는 <u>아소카왕</u> 때 벵골만에서 아라비아해에 이르는 영토를 확보하였다.

231 이슬람교도들은 <u>아바스 왕조</u>의 정통성을 둘러싸고 시아파와 수니파로 나뉘어 대립하였다.

232 유스티니아누스 황제는 로마 교황으로부터 <u>서유럽 황제의 관</u>을 받았다.

233 성 소피아 대성당은 대표적인 <u>헬레니즘 양식</u>의 건축물이다.

234 비잔티움 제국의 문화는 이탈리아 르네상스 및 유럽 동북부의 <u>훈족</u> 문화에 영향을 주었다.

난이도별 필수기출

상 5문항　중 20문항　하 8문항

A 사산 왕조 페르시아의 발전

235 중

(가) 나라에 대한 설명으로 옳은 것은?

① 지방에 총독을 파견하였다.
② 다리우스 1세 때 전성기를 맞았다.
③ 펠로폰네소스 전쟁으로 쇠퇴하였다.
④ 서아시아 세계를 최초로 통일하였다.
⑤ 알렉산드리아라는 도시를 건설하였다.

236 하

다음에서 설명하는 종교로 옳은 것은?

- 사산 왕조 페르시아가 국교로 삼았다.
- 선과 빛의 신 아후라 마즈다를 최고신으로 섬겼다.

① 불교　　　② 힌두교　　　③ 이슬람교
④ 크리스트교　　　⑤ 조로아스터교

237 중

검색창에 들어갈 내용으로 가장 적절한 것은?

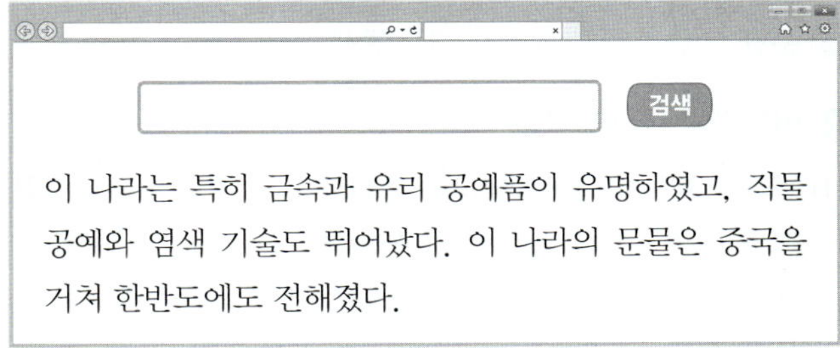

이 나라는 특히 금속과 유리 공예품이 유명하였고, 직물 공예와 염색 기술도 뛰어났다. 이 나라의 문물은 중국을 거쳐 한반도에도 전해졌다.

① 당의 귀족적인 문화
② 헬레니즘 문화의 발달
③ 인도 고전 문화의 발전
④ 동아시아 문화권의 형성
⑤ 사산 왕조 페르시아의 문물 교류

 B 굽타 왕조의 발전

238 하

굽타 왕조에 대한 설명으로 옳지 <u>않은</u> 것은?

① 찬드라굽타 2세가 세웠다.
② 활발한 해상 무역을 전개하였다.
③ 사산 왕조 페르시아와 교류하였다.
④ 쿠샨 왕조의 쇠퇴 이후 인도 지역에 세워졌다.
⑤ 벵골만에서 아라비아해에 이르는 영토를 차지하였다.

빈출
239 상

㉠에 들어갈 종교에 대한 설명으로 옳은 것을 〈보기〉에서 고른 것은?

굽타 왕조 시기에는 오늘날 인도 사회의 특징들이 점차 나타나기 시작하였다. 특히 (㉠)이/가 성립하여 크게 발전하였다.

─〈 보기 〉─

ㄱ. 『쿠란』을 경전으로 사용하였다.
ㄴ. 유일신을 믿으며 우상 숭배를 거부하였다.
ㄷ. 브라만교의 복잡한 제사 절차를 단순화하였다.
ㄹ. 굽타 왕조에서 왕의 권위를 높이는 데 이용되었다.

① ㄱ, ㄴ   ② ㄱ, ㄷ   ③ ㄴ, ㄷ
④ ㄴ, ㄹ   ⑤ ㄷ, ㄹ

240 중

다음 법전에 대한 설명으로 옳은 것은?

브라만에게는 『베다』를 가르치며 제사 지내는 일을, 크샤트리아에게는 백성을 보호하고 다스릴 것을, 바이샤에게는 농사를 짓고 짐승을 기를 것을 명령하셨다. 마지막으로 수드라에게는 앞선 세 신분의 사람들에게 봉사하는 임무를 명령하셨다.   – 『마누 법전』

① 브라만교를 뒷받침하였다.
② 아소카왕 시기에 정비되었다.
③ 로마의 법률을 모아 편찬되었다.
④ 카스트에 따른 신분 차별을 인정하였다.
⑤ 한자의 기원이 되는 갑골문으로 기록되었다.

241 중

(가)에 들어갈 내용으로 가장 적절한 것은?

수행 평가 보고서

- 탐구 주제: (가)
- 탐구 내용

『마하바라타』는 신의 뜻에 따라 의무를 다해야 한다는 내용의 서사시로, 카스트제를 뒷받침하였다.

↑ 『마하바라타』의 한 장면을 나타낸 그림

① 제자백가의 특징
② 로마 문화의 성격
③ 그리스 철학의 발전
④ 산스크리트 문학의 발달
⑤ 헬레니즘 문화의 전파 과정

242 중 | 서술형 |

다음 그림에 나타난 미술 양식의 특징을 서술하시오.

↑ 아잔타 석굴 사원의 보살 벽화

243 중

선생님의 질문에 대한 학생들의 답변으로 적절하지 <u>않은</u> 것은?

① 10진법을 사용하였습니다.
② 최초로 ‘0(영)’이라는 숫자를 만들었습니다.
③ 지구가 둥글고 자전한다는 사실을 밝혀냈습니다.
④ 원주율을 이용하여 지구의 둘레를 계산하였습니다.
⑤ 아라비아 숫자를 받아들여 인도 숫자를 만들었습니다.

244 상

밑줄 친 '이 종교'가 등장하게 된 배경으로 적절한 것을 〈보기〉에서 고른 것은?

> 메카의 상인 무함마드는 사회의 악습과 모순에 대해 고민하였다. 그는 명상을 하던 중 천사 가브리엘의 인도로 계시를 받아 이 종교를 정립하였다.

〈 보기 〉

ㄱ. 카스트 사회에 대한 불만이 확대되었다.
ㄴ. 아라비아반도에서 빈부의 차이가 커졌다.
ㄷ. 교역로를 장악하기 위한 전쟁이 자주 발생하였다.
ㄹ. 개인의 자유로운 삶을 추구하는 사상이 유행하였다.

① ㄱ, ㄴ   ② ㄱ, ㄷ   ③ ㄴ, ㄷ
④ ㄴ, ㄹ   ⑤ ㄷ, ㄹ

245 하

㉠에 들어갈 내용으로 옳은 것은?

> 메카에 있는 카바 신전은 원래 다신교 신전이었는데, 무함마드가 (㉠)만을 모시는 신전으로 바꾸었다.

① 알라   ② 예수   ③ 비슈누
④ 석가모니   ⑤ 아후라 마즈다

246 상

이슬람 제국의 발전 과정을 순서대로 나열한 것은?

> (가) 시리아와 이집트를 점령하였다.
> (나) 메카를 정복한 후 아라비아반도 대부분을 통일하였다.
> (다) 다마스쿠스를 수도로 삼은 우마이야 왕조가 수립되었다.
> (라) 당과의 탈라스 전투에서 승리하여 동서 교역로를 장악하였다.

① (가) – (나) – (다) – (라)
② (나) – (가) – (다) – (라)
③ (나) – (가) – (라) – (다)
④ (다) – (가) – (나) – (라)
⑤ (다) – (나) – (가) – (라)

247 빈출 중

다음 사건이 전개된 시기를 연표에서 고른 것은?

> 무함마드와 신도들이 귀족들의 탄압을 피해 메카에서 메디나로 거처를 옮겼다.

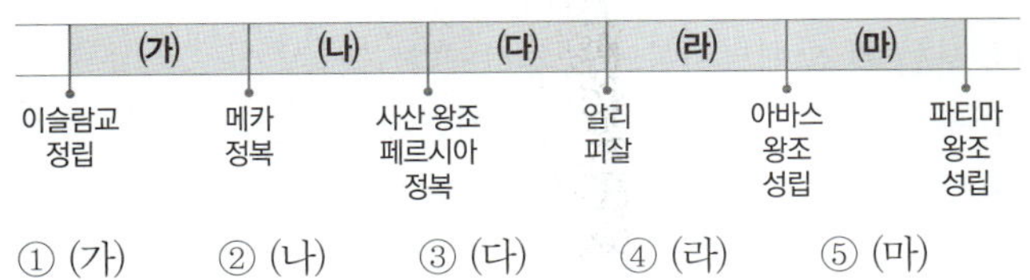

① (가)   ② (나)   ③ (다)   ④ (라)   ⑤ (마)

248 하

다음과 같은 상황이 나타날 수 있었던 배경으로 가장 적절한 것은?

> 정통 칼리프 시대에는 이슬람교가 빠르게 확산되었다.

① 우상 숭배를 허용하였다.
② 칼리프 자리가 세습되었다.
③ 아랍인 우대 정책이 실시되었다.
④ 부유한 귀족들이 이슬람교를 믿었다.
⑤ 피정복민이 이슬람교로 개종하면 세금을 줄여 주었다.

249 중

빈칸에 들어갈 내용으로 가장 적절한 것은?

> 제4대 칼리프가 암살된 이후 우마이야 가문이 칼리프 지위를 세습하였다. 이 시기에는 ______

① 헤지라가 일어났다.
② 아랍인 우대 정책이 실시되었다.
③ 사산 왕조 페르시아가 정복되었다.
④ 당의 제지술이 이슬람 세계에 전해졌다.
⑤ 수도인 바그다드가 인구 100만 명이 넘는 대도시로 성장하였다.

[250~251] 다음을 읽고 물음에 답하시오.

> 무함마드가 죽은 후, 네 명의 (㉠)이/가 이슬람 공동체를 다스렸다. …… 제4대 (㉠)인 알리가 피살되자 ㉡ 우마이야 가문이 권력을 잡으면서 새로운 왕조가 시작되었다.

250 하

윗글의 ㉠에 공통으로 들어갈 용어를 쓰시오.

(   )

★빈출 251 중

윗글의 밑줄 친 ㉡이 계기가 되어 이슬람 세계에 일어난 변화로 가장 적절한 것은?

① 지즈야가 폐지되었다.
② 탈라스 전투가 벌어졌다.
③ 로마 교황의 지지를 얻었다.
④ 민족 차별 정책이 폐지되었다.
⑤ 이슬람교도가 시아파와 수니파로 나뉘어 대립하였다.

252 중

㉠, ㉡에 들어갈 내용으로 옳은 것은?

> (㉠)을/를 계기로 주요 동서 교역로를 장악한 이슬람 제국은 국제 무역을 주도하였다. 상업과 교역이 발달하면서 교역로를 중심으로 도시들이 성장하였다. 특히 아바스 왕조의 수도 (㉡)은/는 국제 도시로 번성하였다.

	㉠	㉡
①	헤지라	메카
②	헤지라	메디나
③	헤지라	바그다드
④	탈라스 전투	메디나
⑤	탈라스 전투	바그다드

253 하

다음 핵심 단어(해시태그)와 관련 있는 왕조로 옳은 것은?

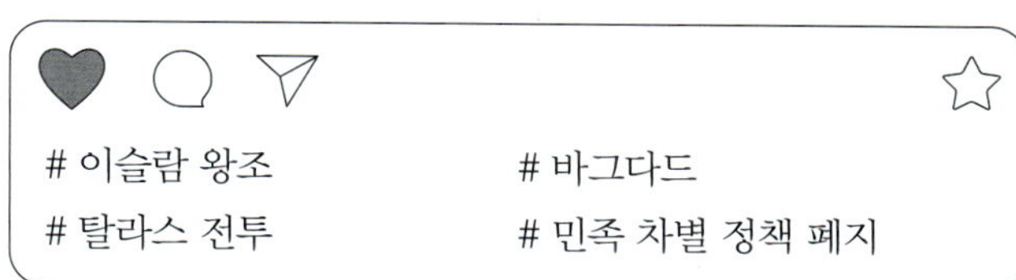

① 쿠샨 왕조
② 아바스 왕조
③ 파티마 왕조
④ 우마이야 왕조
⑤ 후우마이야 왕조

254 중

이슬람 제국의 경제가 성장할 수 있었던 배경으로 적절하지 <u>않은</u> 것은?

① 비단길을 처음 개척하였다.
② 국가가 상업 활동을 지원하였다.
③ 국가적으로 도로망을 정비하였다.
④ 유럽·아프리카·아시아의 가운데 위치하였다.
⑤ 이슬람 사회가 상업 활동을 긍정적으로 여겼다.

255 중

다음은 어느 역사책의 목차이다. 밑줄 친 ㉠~㉤ 중 적절하지 <u>않은</u> 것은?

> **이슬람 세계의 과학**
>
> 1. ㉠ <u>이드리시, 세계 지도를 만들다</u> ·········· 14쪽
> 2. ㉡ <u>이븐시나, 『의학전범』을 펴내다</u> ·········· 16쪽
> 3. ㉢ <u>유클리드, 기하학을 발전시키다</u> ·········· 19쪽
> 4. ㉣ <u>연금술의 유행, 화학을 발달시키다</u> ·········· 22쪽
> 5. ㉤ <u>아스트롤라베의 정교화, 항해술 발전에 기여하다</u>
> ·········· 24쪽

① ㉠   ② ㉡   ③ ㉢   ④ ㉣   ⑤ ㉤

256 (상)

다음 의무를 지키는 종교 문화권에 대한 설명으로 옳지 <u>않은</u> 것은?

> 1. 알라 이외에 신은 없고, 무함마드는 알라의 사도라고 신앙 고백을 한다.
> 2. 하루에 다섯 번 메카를 향해 기도한다.
> 3. 라마단 기간 동안 해가 떠 있을 때 금식한다.
> 4. 일생에 한 번 이상 성지인 메카를 순례한다.
> 5. 자기 재산의 일부를 기부하여 가난한 사람을 돕는다.

① 아랍어가 공용어로 사용되었다.
② 『쿠란』이 일상생활의 기본 규범이 되었다.
③ 인체의 윤곽을 강조하는 미술 양식이 발달하였다.
④ 돔과 아치, 뾰족한 탑이 특징인 사원이 만들어졌다.
⑤ 화학, 천문학, 의학, 수학 등의 자연 과학이 발전하였다.

D 유럽 세계의 변화

257 (하)

지도와 같은 상황이 나타난 원인으로 가장 적절한 것은?

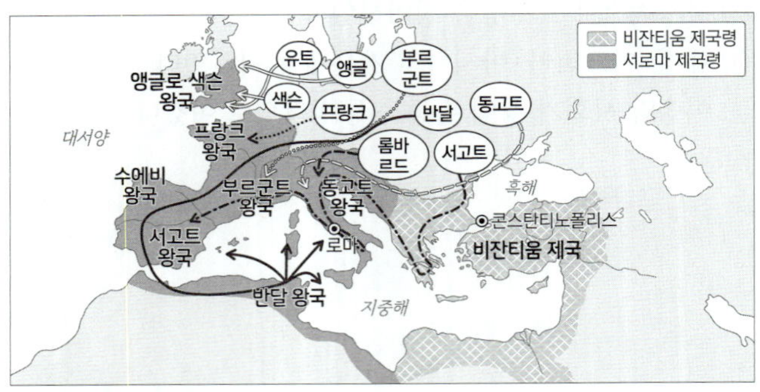

① 흑사병의 유행
② 로마 제국의 분열
③ 봉건 제도의 성립
④ 이슬람 세력의 침입
⑤ 훈족의 이동과 압박

258 (중)

게르만족이 이동한 결과로 옳은 것을 〈보기〉에서 고른 것은?

> **〈 보기 〉**
> ㄱ. 서로마 제국이 멸망하였다.
> ㄴ. 게르만족이 로마 영토에 국가를 건설하였다.
> ㄷ. 콘스탄티노폴리스가 국제 도시로 성장하였다.
> ㄹ. 노르만족이 뒤따라 서로마 제국을 침략하였다.

① ㄱ, ㄴ
② ㄱ, ㄷ
③ ㄴ, ㄷ
④ ㄴ, ㄹ
⑤ ㄷ, ㄹ

[259~260] 다음을 읽고 물음에 답하시오.

> 프랑크 왕국을 전성기로 이끌었던 (㉠)은/는 ㉡ <u>로마 교황 레오 3세로부터 서로마 황제의 관을 받았다.</u> 이는 (㉠)이/가 정복지에 크리스트교를 전파하고자 힘쓴 점을 인정받았기 때문이다.

259 (하)

윗글의 ㉠에 공통으로 들어갈 인물을 쓰시오.

(   )

260 (중) | 서술형 |

윗글의 밑줄 친 ㉡이 의미하는 것을 서술하시오.

261 (중)

지도의 상황이 나타난 배경으로 가장 적절한 것은?

① 동서 교회가 대립하였다.
② 로마가 카르타고와 전쟁을 치렀다.
③ 카롤루스 대제 사후 내부 분열이 일어났다.
④ 델로스 동맹과 펠로폰네소스 동맹이 대립하였다.
⑤ 로마 교황이 프랑크 왕국의 황제에게 서로마 황제의 관을 주었다.

262 중

카롤루스 대제의 활동으로 옳은 것을 〈보기〉에서 고른 것은?

〈보기〉

ㄱ. 궁정과 수도원에 학교를 세웠다.
ㄴ. 서유럽 영토의 대부분을 차지하였다.
ㄷ. 강력한 군사력으로 비잔티움 제국을 멸망시켰다.
ㄹ. 이슬람 문화를 중심으로 로마 문화를 융합하였다.

① ㄱ, ㄴ   ② ㄱ, ㄷ   ③ ㄴ, ㄷ
④ ㄴ, ㄹ   ⑤ ㄷ, ㄹ

263 중

다음 그림을 보고 학생들이 나눈 대화 내용으로 가장 적절한 것은?

① 십자군 전쟁을 일으킨 인물이야.
② 카스트제에 따른 신분이 드러나 있어.
③ 왕관을 쓴 인물은 서로마 제국의 황제야.
④ 교황의 권위가 막강하였음이 표현되어 있어.
⑤ 황제가 정치적·종교적 권한을 모두 가졌음이 나타나 있어.

264 중

다음 건축물에 대한 설명으로 옳은 것을 〈보기〉에서 고른 것은?

〈보기〉

ㄱ. 벽 위에 거대한 돔을 올려 지었다.
ㄴ. 내부를 모자이크 벽화로 장식하였다.
ㄷ. 12표법이 만들어진 시기에 건축되었다.
ㄹ. 이탈리아의 르네상스를 대표하는 문화유산이다.

① ㄱ, ㄴ   ② ㄱ, ㄷ   ③ ㄴ, ㄷ
④ ㄴ, ㄹ   ⑤ ㄷ, ㄹ

265 상

지도의 영역을 차지한 나라에 대한 설명으로 옳은 것은?

① 수도인 예루살렘이 번영하였다.
② 카르타고와 세 차례 전쟁을 벌였다.
③ 아후라 마즈다를 최고신으로 섬겼다.
④ 몽골 제국의 공격을 받아 멸망하였다.
⑤ 슬라브족의 역사와 문화에 많은 영향을 주었다.

266 중

비잔티움 제국의 문화에 대한 설명으로 옳은 것을 〈보기〉에서 고른 것은?

〈보기〉

ㄱ. 그리스어를 공용어로 사용하였다.
ㄴ. 그리스·로마의 고전 연구가 활발하였다.
ㄷ. 대표적인 건축물로 샤르트르 대성당이 있다.
ㄹ. 문학에서는 『아서왕 이야기』, 『롤랑의 노래』 등이 유행하였다.

① ㄱ, ㄴ   ② ㄱ, ㄷ   ③ ㄴ, ㄷ
④ ㄴ, ㄹ   ⑤ ㄷ, ㄹ

267 중

다음과 같은 상황이 배경이 되어 일어난 일로 가장 적절한 것은?

8세기 비잔티움 제국의 황제가 성상 숭배를 금지하였다.

① 서로마 제국이 멸망하였다.
② 이슬람 세력이 서유럽에 쳐들어왔다.
③ 『유스티니아누스 법전』이 편찬되었다.
④ 옥타비아누스가 '아우구스투스'라는 칭호를 얻었다.
⑤ 동·서로마 교회가 로마 가톨릭교회와 그리스 정교로 나뉘었다.

07 서아시아와 유럽의 교류와 갈등

A 서유럽 봉건 사회의 성립

1 *봉건 사회의 성립

(1) **배경:** 프랑크 왕국의 분열, 이민족의 침입 ➡ 힘 있는 사람들이 기사로 무장하여 외적의 침입에 대비

(2) **성립:** 주종 관계와 장원제를 바탕으로 한 봉건 사회 성립

① 주종 관계: 주군과 봉신 간 쌍무적 계약 관계

② ❶◻◻◻◻: 봉신(영주)의 봉토 운영 방식으로 주군의 간섭 없이 독자적으로 장원을 다스림

(3) **영향:** 지방 세력 강화, 상대적으로 왕권 약화 ➡ 지방 분권적인 정치 체제 확립

2 교황과 황제의 대립

카노사의 굴욕	성직자 임명권을 두고 교황과 황제가 대립 ➡ 교황이 황제 *파문 ➡ 황제가 카노사에서 교황에게 용서를 빎
보름스 협약	교황만이 성직자 임명권을 가질 수 있다고 결정함 ➡ 교황이 크리스트교 세계의 최고 지배자가 됨

탐구 ▷ 교황권의 강화

> 신성 로마 제국의 황제인 나, 하인리히 5세는 …… 모든 성직자 임명권을 신에게 그리고 성스러운 로마 가톨릭교회에 바친다. 또한 신성 로마 제국 안에 있는 모든 교회에서 교회법에 따라 자유롭게 성직자를 임명하는 것에 동의한다.
> ─「보름스 협약」

1122년 교황과 황제는 보름스 대성당에서 협약을 맺어 교황만이 성직자 임명권을 가질 수 있다고 결정하였다.

3 크리스트교 중심의 서유럽 문화

학문	신학 중심, 스콜라 철학 발전(『신학 대전』에서 집대성)
교육	12세기 이후 곳곳에 ❷◻◻◻ 설립(학생 또는 교사들이 자치적으로 운영, 중세의 학문 발달에 기여)
건축	• 로마네스크 양식 발달(11세기): 둥근 천장, 반원형 아치 • ❸◻◻ 양식 발달(12세기): 뾰족한 탑, 스테인드글라스(색유리그림)
문학	기사도 문학 유행(『아서왕 이야기』, 『롤랑의 노래』 등)

↑ 피사 대성당(로마네스크 양식)

↑ 샤르트르 대성당(고딕 양식)

B 이슬람 세계와 크리스트교 세계의 충돌과 교류

1 셀주크 튀르크의 성장 → 동서양을 잇는 중계 무역으로 이익을 얻었다.

(1) **성립:** 11세기경 중앙아시아의 유목 민족인 셀주크 튀르크 성장

(2) **발전:** 바그다드 정복, 아바스 왕조의 칼리프로부터 ❹◻◻ 칭호 획득

2 십자군 전쟁

(1) **전개:** 셀주크 튀르크가 성지 ❺◻◻◻◻ 점령 ➡ 교황이 성지 회복 호소(클레르몽 공의회) ➡ 십자군 전쟁 발발

탐구 ▷ 십자군 전쟁의 전개

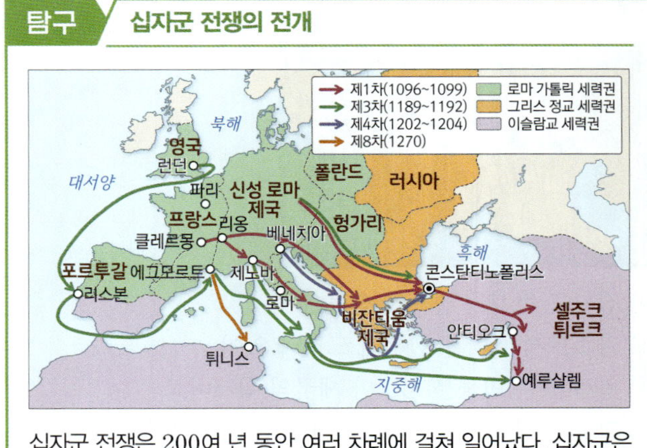

십자군 전쟁은 200여 년 동안 여러 차례에 걸쳐 일어났다. 십자군은 한때 예루살렘을 점령하였지만 결국 성지를 회복하지 못하였다.

(2) **영향:** 교황권 약화, 제후와 기사 세력 약화, 상대적으로 왕권 강화, ❻◻◻◻ 무역권의 성장과 문화 교류 확대

C 중세 서유럽 사회의 위기와 변화

1 도시의 발달

(1) **배경:** 11세기 이후 농업의 발달 ➡ 잉여 생산물 증가 ➡ 상업 발달, 원거리 무역 증가

(2) **도시의 자치권:** 도시의 상인과 수공업자들이 ❼◻◻을/를 만들어 도시 운영 ➡ 부를 쌓은 도시민들이 자치권 획득

2 봉건 사회의 해체: 14세기 흑사병의 유행, 농민 반란, 영주가 돈을 받고 농노 해방 ➡ 장원 해체, 중세 봉건 사회 동요

3 교황권의 쇠퇴: 아비뇽 유수(로마 교황청을 프랑스 아비뇽으로 옮김) ➡ 교황청이 로마로 돌아간 뒤에도 로마와 아비뇽에서 각각 교황 선출(교회의 대분열) ➡ 로마 교황과 아비뇽 교황이 서로 정통성을 내세우며 대립 ➡ 교황의 권위 하락

4 중앙 집권 국가의 등장

(1) **배경**: 영주의 세력 약화, 기사 계급의 몰락, 도시 상공업자의 성장 ➡ 유럽 각국에서 국왕의 권한이 강화됨

(2) **과정**

❽ □□□□	왕위 계승 문제를 두고 영국과 프랑스가 대립 ➡ 프랑스의 승리(➡ 프랑스가 중앙 집권 국가로 성장하는 발판 마련)
장미 전쟁	영국에서 왕위 계승 문제 발생(랭커스터와 요크 가문의 대립) ➡ 영국이 중앙 집권 국가의 모습을 갖추어 감

D 유럽의 르네상스

1 이탈리아의 르네상스 ← 프랑스어로 '재생', '부활'을 뜻한다.

(1) **르네상스의 의미**: 14~16세기 유럽에서 고대 그리스·로마 문화의 부활을 내세우며 일어난 문예 부흥 운동

(2) **발달 배경**: 고대 로마의 문화유산 보존, 비잔티움 제국 멸망 후 이주한 학자들이 고전 연구, 지중해 무역으로 경제적 번영(➡ 부유한 상인들이 예술가 후원)

(3) **특징**: 인간의 개성과 능력을 중시하는 ❾ □□□□ 발달

(4) **내용**

문학	보카치오의 『데카메론』(인간의 욕망을 사실적으로 묘사함)
미술	레오나르도 다빈치, 미켈란젤로, 라파엘로 등이 활동
건축	대칭과 비례를 중시하는 르네상스 양식 발달(성 베드로 대성당 등)

↑ 보티첼리, 「봄」 일부

↑ 성 베드로 대성당

2 알프스 이북의 르네상스

(1) **특징**: 16세기 이후 확산, 현실 사회와 교회의 문제점 비판

(2) **내용**: 에라스뮈스의 『우신예찬』, 토머스 모어의 『유토피아』, 세르반테스의 『돈키호테』 등
← 몰락하는 중세 기사를 풍자하였다.

3 르네상스 시기의 과학과 기술

과학	코페르니쿠스와 갈릴레이가 *지동설 주장(➡ 중세의 우주관에서 벗어남)
기술	❿ □□□□□이/가 활판 인쇄술 발명(➡ 지식과 사상 보급에 기여)

기출 PICK A-1

봉건 사회의 구조

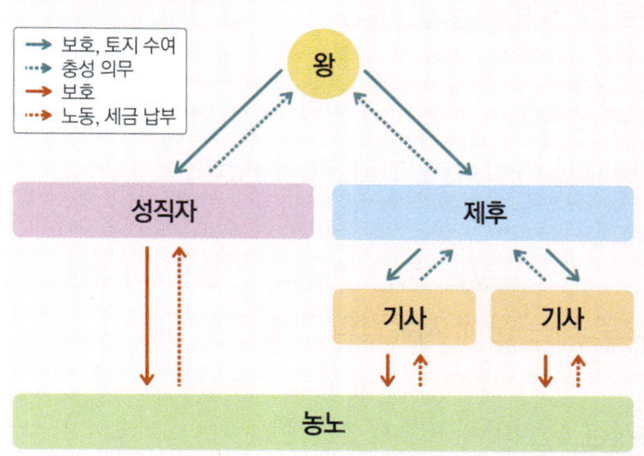

- 기사: 자기보다 강한 기사를 주군으로 섬기고 충성과 봉사를 맹세, 주군은 그 기사를 신하(봉신)로 삼고 토지(봉토) 지급
- 농노: 장원 인구의 대부분을 차지, 성직자와 기사에게 세금 납부 및 노동력 제공, 거주 이전의 자유 없음, 약간의 재산 소유 및 결혼 가능

기출 PICK A-2, C-3

교황권의 변화와 관련된 사건의 흐름

카노사의 굴욕(1077) ➡ 십자군 전쟁 발발(1096) ➡ 보름스 협약(1122) ➡ 아비뇽 유수(1309~1377) ➡ 교회의 대분열(1378~1417)

기출 PICK D-2

알프스 이북의 르네상스

> 요즘 교황은 힘들고 어려운 일은 베드로와 바울에게 떠넘기고 호화로운 의식과 즐거운 일만 찾는다. 교황은 바로 나, 우신(어리석음의 신) 덕분에 편안하게 살아가고 있다. 교황은 화려한 옷을 입고 교회 의식을 주관하고, 축복이나 저주의 말을 하는 감독자 역할만 하면 충분히 그리스도에게 충성하였다고 생각한다.
> – 에라스뮈스, 『우신예찬』

알프스 이북의 르네상스는 현실 사회와 교회의 문제점을 비판하는 경향이 강하였다. 네덜란드의 인문주의자 에라스뮈스는 『우신예찬』에서 교황과 성직자의 부패를 풍자하였다.

용어

★ **봉건**: 토지(봉토)를 통해 주군과 봉신 사이에 형성되는 관계
★ **파문**: 신도로서의 자격을 빼앗고 속한 종교 공동체에서 내쫓는 일
★ **지동설**: 지구가 자전하면서 태양 주위를 돈다는 학설

답	❶ 장원제	❷ 대학	❸ 고딕	❹ 술탄	❺ 예루살렘
	❻ 지중해	❼ 길드	❽ 백년 전쟁	❾ 인문주의	❿ 구텐베르크

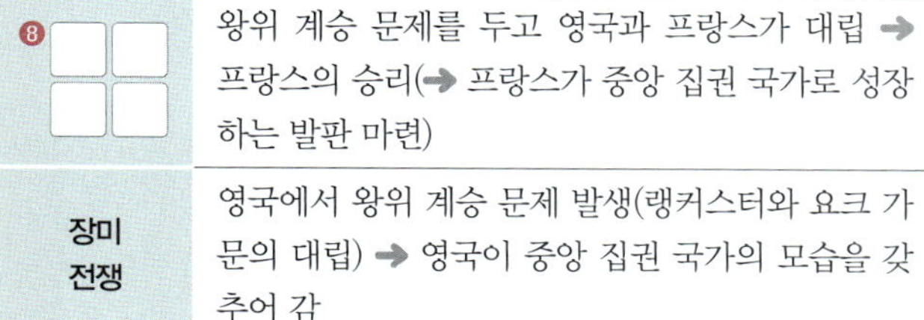
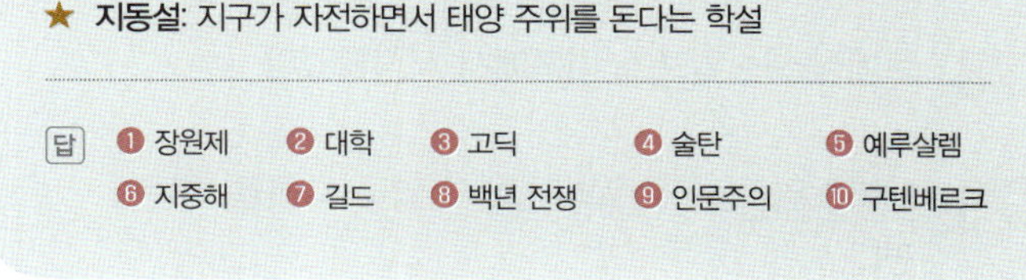

◆ **빈칸에 들어갈 알맞은 말을 쓰시오.**

268 ( )은/는 중세 서유럽에서 봉신(영주)의 봉토 운영 방식을 말한다.

269 1122년 맺은 ( )(으)로 교황만이 성직자 임명권을 가질 수 있다고 결정하였다.

270 ( )은/는 둥근 천장과 반원형 아치를 특징으로 하는 중세 서유럽의 건축 양식이다.

271 11세기경 중앙아시아에서 성장한 ( )은/는 아바스 왕조의 칼리프로부터 술탄의 칭호를 얻었다.

272 중세 유럽에서는 도시의 상인과 수공업자들이 공동의 이익을 위해 동업 조합인 ( )을/를 만들었다.

273 ( )은/는 영국에서 랭커스터 가문과 요크 가문이 왕위 계승 문제를 두고 벌인 전쟁이다.

◆ **밑줄 친 부분을 올바르게 고치시오.**

274 중세 서유럽에서는 주종 관계와 장원제를 바탕으로 한 봉건 사회가 성립하면서 <u>중앙 집권적인</u> 정치 체제가 자리 잡았다.

275 십자군 전쟁의 결과 <u>대서양</u> 무역권이 성장하였다.

276 교황과 프랑스 국왕이 성직자에게 세금을 부과하는 문제로 대립하자 프랑스 국왕이 로마에 있던 교황청을 <u>클레르몽</u>으로 옮겼다.

277 백년 전쟁에서 잔 다르크의 활약으로 <u>에스파냐</u>가 승리하였다.

278 르네상스는 <u>알프스 이북</u>에서 시작되었다.

279 <u>에라스뮈스</u>는 『유토피아』에서 영국 사회를 비판하였다.

A 서유럽 봉건 사회의 성립

280 하

서유럽 봉건 사회의 성립 배경으로 가장 적절한 것은?

① 훈족의 압박
② 교회의 세속화
③ 이민족의 침입
④ 성상 숭배 금지
⑤ 귀족의 대농장 경영

[281~282] 다음을 보고 물음에 답하시오.

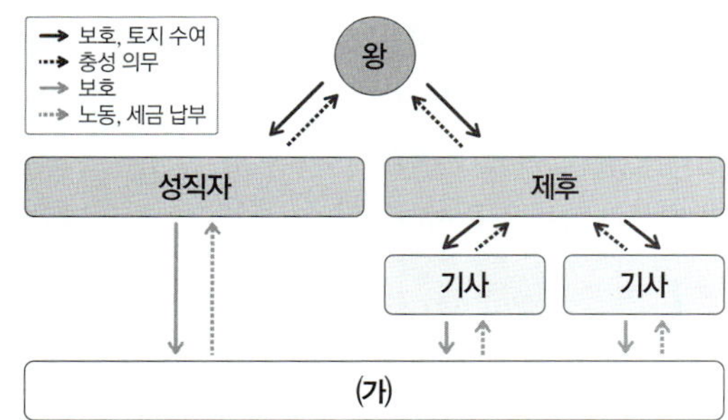

281 하

위 도표의 (가)에 들어갈 신분을 쓰시오.

( )

★ 빈출
282 중

위 도표의 (가)에 대한 설명으로 옳은 것을 〈보기〉에서 고른 것은?

─── 보기 ───
ㄱ. 개인 재산을 소유할 수 없었다.
ㄴ. 결혼하여 가정을 꾸릴 수 있었다.
ㄷ. 재판권과 세금 징수권을 행사하였다.
ㄹ. 영주의 허락 없이 장원을 떠날 수 없었다.

① ㄱ, ㄴ 　② ㄱ, ㄷ 　③ ㄴ, ㄷ
④ ㄴ, ㄹ 　⑤ ㄷ, ㄹ

283 (상)

| 서술형 |

밑줄 친 ㉠, ㉡이 맺은 관계의 특징을 서술하시오.

> 기사들은 자기보다 강한 기사를 ㉠ 주군으로 섬기고 충성과 봉사를 맹세하였으며, 주군은 그 기사를 ㉡ 봉신으로 삼고 봉토를 주어 다스리게 하였다.

284 (하)

밑줄 친 '인물'이 속한 신분에 대한 설명으로 옳은 것은?

이 그림은 중세 서유럽의 대표적인 세 신분을 표현한 것이다. 그림의 가운데 방패를 들고 있는 인물이 왼쪽의 사람과 대화하는 모습으로 묘사된 것이 특징적이다.

← 중세의 세 신분

① 쟁기를 개량하여 농사를 지었다.
② 중세 서유럽 인구의 상당수를 차지하였다.
③ 수도원장, 대주교 등이 이 신분에 속하였다.
④ 삶의 과정을 신과 연결하는 중재자 역할을 하였다.
⑤ 훈련이자 모의 전투로 사냥과 마상 시합을 하였다.

285 (하)

다음 기사에서 다룬 사건으로 옳은 것은?

> **역사 신문**
>
> ### 하인리히 4세, 교황에게 용서를 빌다
>
> 황제 하인리히 4세와 교황 그레고리우스 7세의 대립이 계속되는 가운데, 교황이 황제의 파문을 선포하였다. 황제가 교황을 찾아가 3일간 용서를 빈 끝에 겨우 파문을 면할 수 있었다.

① 보름스 협약　　　　② 십자군 전쟁
③ 아비뇽 유수　　　　④ 교회의 대분열
⑤ 카노사의 굴욕

286 (상)

다음 협약이 맺어진 결과로 가장 적절한 것은?

> 신성 로마 제국의 황제인 나, 하인리히 5세는 …… 모든 성직자 임명권을 신에게 그리고 성스러운 로마 가톨릭교회에 바친다. 또한 신성 로마 제국 안에 있는 모든 교회에서 교회법에 따라 자유롭게 성직자를 임명하는 것에 동의한다.

① 프랑크 왕국이 셋으로 분열되었다.
② 크리스트교가 로마의 국교로 공인되었다.
③ 황제가 정치와 종교를 아울러 다스리게 되었다.
④ 교황이 크리스트교 세계의 최고 지배자가 되었다.
⑤ 클뤼니 수도원을 중심으로 개혁 운동이 일어났다.

287 (중)

다음은 어느 역사책의 목차이다. 밑줄 친 ㉠~㉤ 중 적절하지 <u>않은</u> 것은?

① ㉠　　② ㉡　　③ ㉢　　④ ㉣　　⑤ ㉤

288 (중)

(가), (나)에 대한 설명 중 옳지 <u>않은</u> 것은?

(가)

(나)

① (가)의 내부는 아라베스크로 장식되었다.
② (가)는 둥근 천장과 반원형 아치를 갖추었다.
③ (나)의 건축 양식은 12세기 이후에 유행하였다.
④ (나)의 첨탑은 천국을 향한 중세 사람들의 신앙심을 나타낸다.
⑤ (가)는 로마네스크 양식, (나)는 고딕 양식의 건축물이다.

[289~290] 다음을 읽고 물음에 답하시오.

> 11세기 후반 (㉠)이/가 예루살렘을 점령하고 비잔티움 제국을 위협하는 과정에서 크리스트교 세계와 마찰을 빚었다.

289 하

윗글의 ㉠에 들어갈 세력으로 옳은 것은?

① 게르만족　　　　② 프랑크 왕국
③ 셀주크 튀르크　　④ 우마이야 왕조
⑤ 사산 왕조 페르시아

290 중

윗글의 ㉠에 대한 설명으로 옳은 것을 〈보기〉에서 고른 것은?

> ─── 〈 보기 〉 ───
>
> ㄱ. 바그다드를 정복하였다.
> ㄴ. 우마이야 왕조를 멸망시켰다.
> ㄷ. 아바스 왕조로부터 술탄의 칭호를 얻었다.
> ㄹ. 탈라스 전투에서 당에 승리하여 동서 교역로를 차지하였다.

① ㄱ, ㄴ　　　② ㄱ, ㄷ　　　③ ㄴ, ㄷ
④ ㄴ, ㄹ　　　⑤ ㄷ, ㄹ

291 하

십자군 전쟁 당시 십자군이 외쳤을 법한 구호로 가장 적절한 것은?

① 교황을 폐위시키자!
② 게르만족을 물리치자!
③ 로마 제국을 부흥시키자!
④ 성지 예루살렘을 되찾자!
⑤ 신성 로마 제국을 보호하자!

292 중

다음과 같은 상황이 배경이 되어 일어난 일로 가장 적절한 것은?

> 셀주크 튀르크는 아바스 왕조의 칼리프로부터 술탄의 칭호를 얻었다.

① 이슬람 세계가 여러 왕조로 분열하였다.
② 이슬람교도들이 시아파와 수니파로 나뉘었다.
③ 이슬람 왕조가 아랍인 우대 정책을 폐지하였다.
④ 알리가 무함마드의 유일한 후계자임이 인정되었다.
⑤ 셀주크 튀르크가 이슬람 세계의 실질적인 지배자가 되었다.

293 상

다음 회의에서 결정된 전쟁에 대한 설명으로 옳은 것은?

↑ 클레르몽 공의회

① 비단길을 이용하여 전개되었다.
② 우마이야 왕조를 상대로 추진되었다.
③ 전쟁이 끝난 후 교황의 권위가 높아졌다.
④ 기사 계급이 성장하는 결과를 초래하였다.
⑤ 전쟁에 참여한 세력이 점차 각자의 이해관계를 중시하였다.

★ 빈출
294 중

빈칸에 들어갈 내용으로 적절하지 <u>않은</u> 것은?

> **수행 평가 보고서**
>
> · 탐구 주제: 십자군 전쟁의 영향
> · 탐구 결과:

① 왕권이 상대적으로 강해졌다.
② 셀주크 튀르크가 수도를 옮겼다.
③ 제후와 기사 세력이 성장하였다.
④ 지중해 연안의 도시들이 번성하였다.
⑤ 크리스트교 세계와 이슬람 세계의 교역이 활발해졌다.

295 중 | 서술형 |

지도에 나타난 전쟁이 유럽 사회에 미친 영향을 정치적·경제적 측면에서 서술하시오.

C 중세 서유럽 사회의 위기와 변화

296 하

중세 서유럽에서 장원이 해체된 배경으로 적절하지 <u>않은</u> 것은?

① 프랑크 왕국이 셋으로 분열되었다.
② 영주가 돈을 받고 농노를 해방하였다.
③ 흑사병의 유행으로 인구가 감소하였다.
④ 영주가 농노에게 화폐로 세금을 받았다.
⑤ 영주의 억압에 반발하여 농민 봉기가 일어났다.

297 중

밑줄 친 '이 질병'이 유럽 사회에 끼친 영향으로 가장 적절한 것은?

> 14세기 중엽, 유럽 전역에 이 질병이 퍼지면서 당시 유럽 인구의 약 3분의 1 이상이 줄어들었다.

① 훈족이 유입되었다.
② 농노의 처우가 개선되었다.
③ 서로마 제국이 멸망하였다.
④ 프랑크 왕국이 분열되었다.
⑤ 로마-카르타고 전쟁이 발발하였다.

---

298 중

다음을 읽고 학생들이 나눈 대화 내용으로 적절하지 <u>않은</u> 것은?

> 11세기 이후 서유럽에서는 농업이 크게 발전하여 잉여 생산물이 증가하였다. 또한 상업이 발달하였고, 원거리 무역이 활발하였다. 그 결과 무역의 중심지인 이탈리아 연안의 도시가 크게 성장하였고, 기존의 도시도 더욱 발달하였다.

① 도시에서 점차 영주의 지배력이 약화되었어.
② 도시 상인과 수공업자들은 길드를 결성하였어.
③ 영주가 돈을 받고 특허장을 발급해 주기도 하였어.
④ 도시민은 영주의 통제에서 벗어나 자치권을 얻었어.
⑤ 영주는 화폐 대신 노동력과 생산물로 세금을 거두었어.

299 중

다음과 같은 상황이 미친 영향으로 가장 적절한 것은?

> • 도시의 발달　　• 흑사병의 유행
> • 십자군 전쟁의 실패

① 기사 계급의 권력이 강해졌다.
② 이슬람 문화의 영향력이 강해졌다.
③ 바닷길을 이용한 무역이 어려워졌다.
④ 중세 서유럽의 봉건 사회가 동요하였다.
⑤ 건축에서 고딕 양식과 로마네스크 양식이 유행하였다.

300 상

(가), (나)에 대한 설명으로 적절하지 <u>않은</u> 것은?

> (가) 14세기에 영국과 프랑스 사이에 일어났으며, 잔 다르크의 활약으로 프랑스가 승리한 전쟁이다.
> (나) 15세기에 왕위 계승을 둘러싸고 랭커스터 가문과 요크 가문이 벌인 전쟁이다.

① (가)는 백년 전쟁이다.
② (가)는 왕위 계승 문제를 계기로 일어났다.
③ (나)는 장미 전쟁이다.
④ (나)는 영국에서 일어났다.
⑤ (가), (나)의 영향으로 지방 분권적 정치 체제가 확립되었다.

301 [중]

밑줄 친 ㉠~㉤ 중 옳지 <u>않은</u> 것은?

> 십자군 전쟁 이후 ㉠ <u>지중해 무역이 활발해지면서</u> 지중해 연안의 도시가 발달하였다. 도시의 상인과 수공업자들은 ㉡ <u>동업 조합인 길드를 만들어</u> 자신들의 이익을 추구하였고, 경제력이 커지면서 ㉢ <u>자치권을 얻어 영주로부터 독립하는 도시도 발생하였다.</u> 또한 ㉣ <u>흑사병이 유행하면서 인구가 크게 줄자</u> 영주들이 농노의 처우를 개선하여 ㉤ <u>장원이 굳게 유지되었다.</u>

① ㉠　　② ㉡　　③ ㉢　　④ ㉣　　⑤ ㉤

302 [중]

다음 상황의 결과로 가장 적절한 것은?

> 1309년 이후 약 70년 동안 7대에 걸친 교황들은 아비뇽에서 지냈다. 이후 교황청은 다시 로마로 돌아갔으나, 로마와 아비뇽에서 각각 교황을 선출하였다.

① 교황의 권위가 하락하였다.
② 교황이 황제를 파문하였다.
③ 수도원 운동이 전개되었다.
④ 십자군 전쟁이 시작되었다.
⑤ '교황은 해, 황제는 달'이라는 비유가 생겨났다.

★빈출
303 [상]

중세 크리스트교 세계에서 있었던 일을 일어난 순서대로 나열한 것은?

> (가) 아비뇽 유수가 일어났다.
> (나) 보름스 협약이 체결되었다.
> (다) 로마와 아비뇽에서 각각 교황을 선출하였다.
> (라) 황제가 카노사에서 교황에게 용서를 구하였다.

① (나) － (가) － (다) － (라)
② (나) － (라) － (가) － (다)
③ (다) － (라) － (나) － (가)
④ (라) － (나) － (가) － (다)
⑤ (라) － (나) － (다) － (가)

304 [중]

밑줄 친 '전쟁'에 대한 설명으로 옳은 것은?

> 영국과 프랑스가 플랑드르 지방의 지배권을 놓고 갈등을 빚던 중 프랑스의 왕 샤를 4세가 후계자 없이 죽자 영국과 프랑스 사이에 왕위 계승 문제로 <u>전쟁</u>이 일어났다.

① 잔 다르크가 활약하였다.
② 11세기 후반에 처음 시작되었다.
③ 로마의 교황이 전쟁을 주도하였다.
④ 200여 년 동안 여러 차례에 걸쳐 일어났다.
⑤ 전쟁으로 셀주크 튀르크가 수도를 옮기게 되었다.

D 유럽의 르네상스

305 [하]

다음에서 설명하는 용어를 쓰시오.

> 이 용어는 '재생'이나 '부활'을 뜻하는 프랑스어로, 고대 그리스와 로마 문화를 되살려 인간 중심의 새로운 문화를 만들려고 한 문예 부흥 운동을 의미한다.

(　　　　　　　　　)

306 [중]

르네상스가 이탈리아에서 가장 먼저 일어날 수 있었던 배경으로 적절한 것을 〈보기〉에서 고른 것은?

> ── 보기 ──
> ㄱ. 신학이 학문의 중심이었다.
> ㄴ. 교황권이 강하게 유지되고 있었다.
> ㄷ. 고대 로마 문화가 잘 보존되어 있었다.
> ㄹ. 지중해 무역의 발달로 경제적으로 번영하였다.

① ㄱ, ㄴ　　② ㄱ, ㄷ　　③ ㄴ, ㄷ
④ ㄴ, ㄹ　　⑤ ㄷ, ㄹ

307 중

르네상스 시기의 작품으로 옳은 것을 〈보기〉에서 고른 것은?

〈 보기 〉

ㄱ.

ㄴ.

ㄷ.

ㄹ.

① ㄱ, ㄴ ② ㄱ, ㄷ ③ ㄴ, ㄷ
④ ㄴ, ㄹ ⑤ ㄷ, ㄹ

빈출
308 중

다음을 읽고 학생들이 나눈 대화 내용으로 가장 적절한 것은?

> 요즘 교황은 힘들고 어려운 일은 베드로와 바울에게 떠넘기고 호화로운 의식과 즐거운 일만 찾는다. 교황은 바로 나, 우신(어리석음의 신) 덕분에 편안하게 살아가고 있다.
> – 에라스뮈스, 『우신예찬』

① 보카치오의 『데카메론』에 영향을 주었어.
② 교회의 부패를 풍자하고 현실을 비판하였어.
③ 고대 그리스·로마의 전통을 잘 간직하고 있어.
④ 인간과 자연의 아름다움을 생생하게 표현하였어.
⑤ 르네상스가 가장 먼저 시작된 지역에서 쓰인 작품이야.

309 중

알프스 이북의 르네상스를 대표하는 책으로 옳은 것을 〈보기〉에서 고른 것은?

〈 보기 〉

ㄱ. 보카치오의 『데카메론』
ㄴ. 세르반테스의 『돈키호테』
ㄷ. 토머스 모어의 『유토피아』
ㄹ. 토마스 아퀴나스의 『신학 대전』

① ㄱ, ㄴ ② ㄱ, ㄷ ③ ㄴ, ㄷ
④ ㄴ, ㄹ ⑤ ㄷ, ㄹ

310 중

다음 건축물이 세워진 지역의 르네상스에 대한 설명으로 적절하지 <u>않은</u> 것은?

← 성 베드로 대성당

① 인체를 사실적이고 생동감 있게 표현하였다.
② 지중해 지역의 경제 번영을 기반으로 나타났다.
③ 레오나르도 다빈치, 미켈란젤로 등의 예술가가 있었다.
④ 현실 사회와 교회의 문제점을 비판하는 경향이 강하였다.
⑤ 인간의 욕망을 사실적으로 묘사한 문학 작품이 등장하였다.

311 상

| 서술형 |

이탈리아의 르네상스와 알프스 이북의 르네상스의 특징을 비교하여 서술하시오.

312 중

르네상스 시기에 발달한 과학과 기술에 대한 설명으로 옳은 것을 〈보기〉에서 고른 것은?

〈 보기 〉

ㄱ. 신 중심의 우주관을 입증하였다.
ㄴ. 오늘날 사용하는 아라비아 숫자를 만들었다.
ㄷ. 코페르니쿠스와 갈릴레이가 지동설을 주장하였다.
ㄹ. 구텐베르크의 활판 인쇄술이 새로운 지식과 사상의 보급에 기여하였다.

① ㄱ, ㄴ ② ㄱ, ㄷ ③ ㄴ, ㄷ
④ ㄴ, ㄹ ⑤ ㄷ, ㄹ

313

다음은 중국의 남북조 시대에 대한 ○× 문제이다. 문제의 답을 순서대로 나열한 것은?

> ㉠ 남조에서는 청담 사상이 유행하였다.
> ㉡ 남북조 시대에는 9품중정제로 관리를 선발하였다.
> ㉢ 남조의 송은 고구려 원정의 실패로 국력이 약해졌다.
> ㉣ 북위에서는 효문제가 선비족의 복장과 언어를 금지하였다.
> ㉤ 북조에서는 도연명의 시, 고개지의 그림 등의 귀족 문화가 발달하였다.

　　　㉠　㉡　㉢　㉣　㉤
① ○ － ○ － × － ○ － ×
② ○ － ○ － × － × － ×
③ ○ － × － ○ － ○ － ×
④ × － ○ － × － ○ － ×
⑤ × － × － ○ － ○ － ×

314

다음은 중국 역사의 흐름을 정리한 것이다. (가) 시기에 일어난 일로 옳은 것을 〈보기〉에서 고른 것은?

> 수 문제가 중국을 통일하고 과거제를 실시하였다.
>
> 
>
> (가)
>
> 
>
> 당 태종이 동돌궐을 복속시키고 중앙아시아까지 세력을 넓혔다.

〈 보기 〉
> ㄱ. 균전제가 붕괴되었다.
> ㄴ. 채륜이 제지술을 개량하였다.
> ㄷ. 안사의 난이 일어나 나라가 쇠퇴하였다.
> ㄹ. 이연이 장안을 수도로 삼아 나라를 세웠다.
> ㅁ. 대운하의 완성으로 화북 지방과 강남 지방의 교류가 촉진되었다.

① ㄱ, ㄷ　　　② ㄴ, ㄷ　　　③ ㄹ, ㅁ
④ ㄴ, ㄷ, ㄹ　　　⑤ ㄷ, ㄹ, ㅁ

315

다음은 어느 왕조에 대해 정리한 글이다. 밑줄 친 ㉠~㉤에 대한 설명으로 옳은 것은?

> • **정치**: 찬드라굽타 2세 때 전성기를 누림
> • **종교**: ㉠ 힌두교가 확산됨
> • **일상생활**: ㉡『마누 법전』에 따라 생활함
> • **문학**: ㉢ 산스크리트 문학이 발달함
> • **예술**: ㉣ 굽타 양식이 나타남
> • **자연 과학**: ㉤ 천문학과 수학이 발전함

① ㉠ – 브라만교에 비해 복잡한 제사 의식을 수행하였다.
② ㉡ – 카스트에 따른 의무 수행을 강조하였다.
③ ㉢ –『아라비안나이트』가 대표적이다.
④ ㉣ – 신의 모습을 보리수, 수레바퀴로 표현하였다.
⑤ ㉤ – 이슬람으로부터 숫자 '0(영)'을 받아들여 아라비아 숫자를 창안하였다.

316

㉠, ㉡에 들어갈 왕조에 대한 설명으로 옳은 것을 〈보기〉에서 고른 것은?

> 제4대 칼리프인 알리가 암살된 후 (　㉠　)이/가 시작되었다. 8세기 중엽에는 무함마드 일족이 (　㉠　)을/를 무너뜨리고 (　㉡　)을/를 세웠다. 이 시기에는 세금 납부와 관리의 등용에서 비아랍인에 대한 차별을 폐지하였다.

〈 보기 〉
> ㄱ. ㉠은 몽골의 침입으로 멸망하였다.
> ㄴ. ㉠은 시리아와 이집트를 정복하였다.
> ㄷ. ㉠의 정통성을 두고 이슬람교도들은 수니파와 시아파로 나뉘었다.
> ㄹ. ㉡의 수도인 바그다드는 세계의 학술, 문화, 경제의 중심지로 성장하였다.
> ㅁ. ㉡이 탈라스 전투에서 당에 승리하면서 이를 계기로 중국의 제지술이 이슬람 세계로 전해졌다.

① ㄱ, ㄷ　　　② ㄴ, ㄷ　　　③ ㄹ, ㅁ
④ ㄴ, ㄷ, ㄹ　　　⑤ ㄷ, ㄹ, ㅁ

317

㉠, ㉡이 나타내는 사건이 일어난 시기를 연표에서 고른 것은?

> ㉠ 교황 레오 3세: 카롤루스 대제에게 서로마 황제의 관을 주노라.
> ㉡ 교황 우르바누스 2세: 이슬람 세력의 위협으로부터 비잔티움 제국을 구하고 성지 예루살렘을 회복합시다.

(가)	(나)	(다)	(라)	(마)
밀라노 칙령	베르됭 조약	카노사의 굴욕	십자군 전쟁 발발	보름스 협약	교회의 대분열

	㉠	㉡		㉠	㉡
①	(가)	(나)	②	(가)	(다)
③	(가)	(마)	④	(나)	(다)
⑤	(나)	(라)			

318

다음은 중세 장원의 구성원을 구분하는 과정이다. 이에 대한 설명으로 옳은 것을 〈보기〉에서 고른 것은?

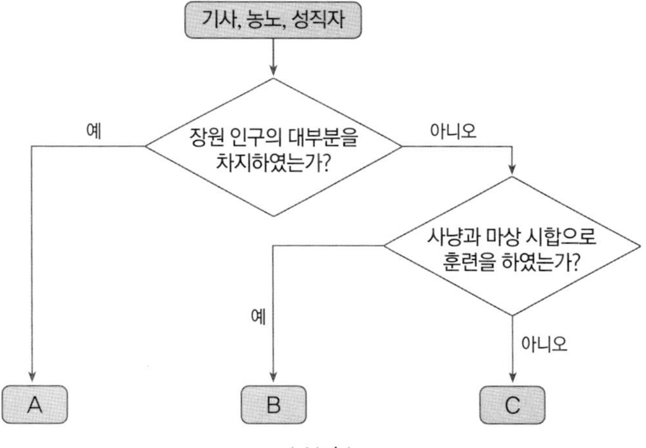

> ─〈 보기 〉─
> ㄱ. A는 재산을 소유할 수 없었다.
> ㄴ. 중세 서유럽에서 B를 소재로 한 문학이 유행하였다.
> ㄷ. C는 농사가 시작될 때 마을의 밭을 돌며 풍년을 기원하였다.
> ㄹ. A와 C는 쌍무적 계약 관계를 맺었다.
> ㅁ. A, B, C 모두 영주가 될 수 있었다.

① ㄱ, ㄷ ② ㄴ, ㄷ ③ ㄹ, ㅁ
④ ㄴ, ㄷ, ㄹ ⑤ ㄷ, ㄹ, ㅁ

319

㉠에 들어갈 나라에 대한 설명으로 옳은 것을 〈보기〉에서 고른 것은?

> ─〈 보기 〉─
> ㄱ. 로마법을 집대성한 법전을 편찬하였다.
> ㄴ. 비아랍인을 차별하는 정책으로 불만을 샀다.
> ㄷ. 황제가 교회의 우두머리 역할도 담당하였다.
> ㄹ. 카롤루스 대제 사후 내부 분열로 쇠퇴하였다.
> ㅁ. 로마 가톨릭교회를 바탕으로 독자적인 문화를 발전시켰다.

① ㄱ, ㄷ ② ㄴ, ㄷ ③ ㄹ, ㅁ
④ ㄴ, ㄷ, ㄹ ⑤ ㄷ, ㄹ, ㅁ

320

다음은 한 학생의 역사 형성 평가지이다. 이 학생이 얻게 될 점수로 옳은 것은?

역사 형성 평가지

• 다음을 읽고 맞으면 ○표, 틀리면 ×표 하시오.

문제	학생 답안	배점
1. 갈릴레이는 천동설을 주장하였다.	×	1점
2. 르네상스 시기에는 인문주의가 발달하였다.	○	1점
3. 르네상스는 알프스 이북을 중심으로 시작되었다.	×	1점
4. 대표적인 르네상스 양식의 건축물로는 샤르트르 대성당이 있다.	○	1점
5. 르네상스 시기 이탈리아에서는 레오나르도 다빈치, 미켈란젤로, 라파엘로 등이 작품을 남겼다.	○	1점

① 1점 ② 2점 ③ 3점 ④ 4점 ⑤ 5점

08 유라시아 교역 및 문화 교류의 확대

A 송의 발전과 북방 민족의 성장

1 송의 건국과 발전

(1) **건국:** 절도사 출신의 조광윤(태조)이 카이펑을 수도로 삼고 송 건국(960)

(2) **태조의 정책**

① 문치주의 실시: 절도사의 권한 약화, 문인 관료(문신) 우대 ➡ ❶□□□ 계층 형성, 군사력 약화

② 황제권 강화: 군대를 황제 직속으로 둠, 과거제 개혁(황제가 직접 주관하는 시험인 ❷□□ 제도 도입)

(3) ❸□□□□의 개혁

배경	북방 민족에게 평화 유지의 대가로 많은 양의 비단과 은 제공 ➡ 송의 재정 악화
내용	민생 안정과 부국 강병을 목표로 개혁 시도
결과	보수파 관료들의 반대로 실패

(4) **남송 수립:** 금의 공격을 받아 남쪽으로 수도 이전(1127)

2 북방 민족의 성장

(1) **배경:** 당 멸망 이후 중국의 분열(5대 10국 시대)

(2) **성장**

거란(요)	야율아보기가 건국(916) ➡ 발해 정복 ➡ 나라 이름을 요로 변경 ➡ 고려 공격, 송과 대립
서하	탕구트가 건국(1038) ➡ 동서 무역로(비단길)를 차지하여 중계 무역으로 번영, 송 압박
금	만주에서 성장한 여진의 아구다가 건국(1115) ➡ 송과 연합하여 요를 멸망시킴 ➡ 송을 공격하여 남쪽으로 몰아냄

탐구 11세기와 12세기 동아시아의 정세

11세기에는 송이 거란(요)과 서하의 압박을 받았다. 12세기에는 송이 금의 공격을 받아 수도를 카이펑에서 임안(항저우)으로 옮겼다. 이 때부터 송이 남송으로 불렸으며, 남송은 여진(금)과 대립하였다.

(3) **특징**

① 정치: 요와 금이 자신의 부족은 고유의 부족제로, 한족은 중국식 통치 방식인 주현제로 통치하는 이원적인 통치 방식 사용

② 문화: 고유 문자를 만들어 자신들의 문화를 지키고자 노력함

3 송의 경제와 사회·문화

(1) **경제**

농업	새로운 품종의 벼와 모내기법 도입 ➡ 농업 생산력 증가
상공업	수공업(도자기·비단 등)과 상업 발달 ➡ 지폐·동전 사용

(2) **사회·문화**

우주의 원리와 인간의 본성을 탐구하는 성리학은 동아시아 각국의 통치 이념이 되었다.

① 도시의 발달: 카이펑, 임안(항저우) 등의 대도시 발달

② 과학 기술의 발전: 화약 무기, 나침반, 활판 인쇄술 발명

③ 서민 문화의 발달: 서민들의 생활 수준 향상 ➡ 도시에 서민들이 즐기는 오락 시설 및 전문 공연장 설치

④ 학문과 사상의 발전: 사회 지배층인 사대부 중심으로 발전, 남송의 ❹□□이/가 성리학 완성

↑ 불화살(복원 모형) ↑ 나침반(복원 모형) ↑ 점토 활자판(복원 모형)

4 동아시아·인도양 교역권의 성장

배경	북방 민족이 강성하여 육로 이용이 어려워 바닷길 이용, 나침반과 조선술·항해술의 발달로 해상 무역 촉진
내용	송·한반도·일본·동남아시아·인도·아라비아 연결, 송은 주요 항구에 *시박사를 두어 교역 관리

B 몽골 제국의 성립과 동서 문화 교류의 확대

1 몽골 제국의 성립과 발전

(1) **성립:** ❺□□□□이/가 몽골 부족 통일 ➡ 칭기즈 칸으로 추대됨, 몽골 제국 수립(1206)

(2) **발전:** 칭기즈 칸이 서하와 금을 공격하고 중앙아시아를 정복 ➡ 후대 칸들의 영토 확장(금 정벌, 아바스 왕조 정복, 동유럽 부근까지 진출) ➡ 유라시아를 아우르는 대제국 건설 ➡ 몽골 제국이 여러 개의 *울루스로 나뉨 ➡ 독자적인 영토를 인정받은 울루스들의 느슨한 연합으로 유지

2 원의 중국 지배

(1) **쿠빌라이 칸**: 대도(베이징)로 수도 이전, 나라 이름을 원으로 변경(1271), 남송을 정복하고 중국 전역 지배

(2) **원의 통치 정책**
① 중국의 전통적인 제도 수용: 관료제·주현제 등 중국의 제도를 받아들여 통치에 활용함
② **⑥[　　　] 문자 제작**: 원이 다스리는 여러 민족의 언어를 표기하고자 공용 문자를 만들어 공식 문서에 사용함
③ 민족 차별 정책 실시: 몽골 제일주의에 따라 몽골인과 *색목인 우대, 한인과 남인 차별

(3) **원의 쇠퇴**: 왕위 다툼, 화폐의 남발로 물가 상승 ➡ 한인의 반란(홍건적의 난) ➡ 원이 북쪽으로 쫓겨남(1368)

3 원의 경제와 사회·문화

(1) **경제**

농업	농업 기술 발달, 목화 생산 증가(➡ 면직물 산업 발달)
상공업	교통로의 발달로 동서의 교류 증가 ➡ 상업 발전, 지폐인 **⑦[　　]이/가 널리 사용됨** ┌• 원이 동전 사용을 제한하면서 지폐가 주요 화폐로 쓰였다.

(2) **사회·문화**: 도시를 중심으로 서민 문화 발달, 구어체로 쓴 소설과 희곡 인기, 음악과 연극이 어우러진 **⑧[　　] 유행**

4 유라시아·인도양 교역권의 발달과 동서 문화 교류

(1) **유라시아·인도양 교역권의 발달**

배경	도로망 정비, 몽골 제국을 오가는 관리나 사신에게 숙식과 말 등을 제공하는 **⑨[　　]** 설치, 대운하 확장
내용	남중국·인도양·아라비아해에 이르는 해상 무역이 활발해짐, 항저우·취안저우 등이 무역 중심지로 번성

(2) **원대 동서 문화 교류**
① 인적 교류: 교황과 유럽의 군주들이 원에 사절단을 보냄, 마르코 폴로와 이븐 바투타 등이 중국 방문
② 외국 문물 유입: 이슬람교·크리스트교·티베트 불교 등 다양한 종교 수용, 이슬람 세계의 자연 과학과 천문학·역법 등 전래(➡ 천문대 제작, 곽수경이 **⑩[　　　] 완성**)
③ 중국 문물 전파: 화약 무기, 나침반, 활판 인쇄술 등이 서양에 전해짐

탐구 | 원대 동서 문화 교류의 사례

> 세상에서 가장 귀하고 진귀한 물건들은 모두 이곳(대도)에서 찾아볼 수 있다. 인도의 상품도 있고, 비단도 매일 1천 수레가 들어온다.
> — 마르코 폴로, 『동방견문록』

이탈리아의 상인 마르코 폴로는 원에서 색목인 관료로 일하며 중국 각지를 여행하고 『동방견문록』을 남겼다.

기출 PICK B-1

몽골이 대제국을 세울 수 있었던 원동력

- 정복한 지역의 주민들로 병력 보충
- 뛰어난 기마술과 우수한 무기(활, 투석기 등) 보유
- 이슬람 상인의 교역로를 보장해 주는 대가로 지리 및 군사 정보 획득

기출 PICK B-2

원의 사회 구조

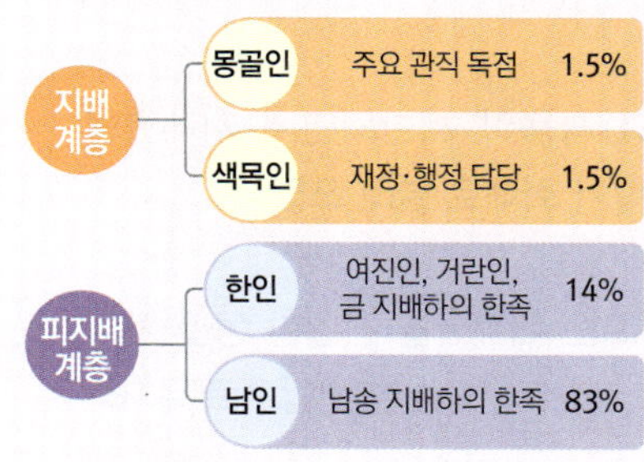

원에서는 몽골인이 주요 관직을 독차지하였고, 색목인도 우대를 받았다. 반면 화북 지방에 살던 한인과 남송 출신의 남인은 사회적으로 차별을 받았다.

기출 PICK B-4

유라시아·인도양 교역권의 형성 배경

↑ 몽골 제국의 주요 교통로

원대에는 교통로 발달과 역참제 실시 등으로 초원길, 비단길, 바닷길을 연결하는 유라시아·인도양 교역권이 형성되었다.

용어

- ★ **시박사**: 당대부터 청대까지 주요 항구에서 세금과 무역을 담당하던 관청으로 송대 이후 크게 발전함
- ★ **울루스**: 몽골어로 '많은 사람'이라는 뜻으로, 점차 부족 또는 국가를 가리키는 말로 쓰임
- ★ **색목인**: 원대에 서아시아, 중앙아시아, 유럽 등지에서 온 외국인을 말함

답 ❶ 사대부　❷ 전시　❸ 왕안석　❹ 주희　❺ 테무친　❻ 파스파　❼ 교초　❽ 잡극　❾ 역참　❿ 수시력

◆ 빈칸에 들어갈 알맞은 말을 쓰시오.

321 절도사 출신의 (　　　　　)은/는 카이펑을 수도로 삼고 송을 세웠다.

322 야율아보기가 건국한 (　　　　　)은/는 발해를 멸망시켰다.

323 송은 주요 항구에 (　　　　　)을/를 설치하여 해상 교역을 관리하였다.

324 원대에는 동전의 사용이 제한되면서 지폐였던 (　　　　　)이/가 화폐로 널리 쓰였다.

325 유라시아를 아우르는 대제국을 건설한 몽골 제국은 여러 (　　　　　)의 느슨한 연합으로 유지되었다.

326 몽골 제국은 관리나 사신에게 숙식과 말을 제공하기 위해 주요 교통로에 (　　　　　)을/를 설치하였다.

◆ 밑줄 친 부분을 올바르게 고치시오.

327 송대에는 문치주의 정책의 실시로 유교적 소양을 갖춘 <u>문벌 귀족</u> 계층이 형성되었다.

328 송의 재정이 어려워지자 <u>곽수경</u>은 민생 안정과 부국강병을 목표로 개혁을 시도하였다.

329 송은 북쪽에서 성장한 <u>거란</u>의 공격을 받아 남쪽으로 수도를 옮겼는데, 이때부터를 남송이라고 한다.

330 <u>칭기즈 칸</u>은 수도를 대도(베이징)로 옮기고 나라 이름을 원으로 바꾸었다.

331 원은 다스리는 여러 민족의 언어를 표기하고자 공식 문서에 <u>한자</u>를 사용하였다.

332 이탈리아의 상인 <u>이븐 바투타</u>는 원을 방문하여 경험한 것을 바탕으로 『동방견문록』을 남겼다.

A 송의 발전과 북방 민족의 성장

333 중

(가) 시기에 중국에서 있었던 일로 옳은 것은?

	(가)	
당 멸망		송 건국

① 안사의 난이 일어났다.
② 9품중정제가 실시되었다.
③ 과거제가 처음으로 실시되었다.
④ 중국이 5대 10국으로 나뉘었다.
⑤ 현장이 인도를 순례하고 불경을 들여왔다.

빈출 334 상

다음 상황의 결과로 적절한 것을 〈보기〉에서 고른 것은?

> 송 태조는 절도사 세력을 약화하고 문인 관료를 우대하는 정책을 실시하였다.

〈 보기 〉
ㄱ. 군사력이 약화되었다.
ㄴ. 재정 상황이 개선되었다.
ㄷ. 사대부 계층이 형성되었다.
ㄹ. 중앙 집권 체제가 약화되었다.

① ㄱ, ㄴ　　② ㄱ, ㄷ　　③ ㄴ, ㄷ
④ ㄴ, ㄹ　　⑤ ㄷ, ㄹ

335 하

전시 제도의 도입이 송에 미친 영향으로 가장 적절한 것은?

① 군현제가 전국으로 확대되었다.
② 문벌 귀족이 관직을 독차지하게 되었다.
③ 황제에 대한 관료의 충성심이 높아졌다.
④ 강남 지방이 개발되어 경제가 발전하였다.
⑤ 황제와 제후의 혈연관계가 굳건하게 유지되었다.

336 하

밑줄 친 '이 인물'로 옳은 것은?

> 평화의 대가로 북방 민족에 지불하는 물자와 국방비가 증가하면서 송의 재정이 악화되었다. 이에 이 인물은 민생 안정과 부국강병을 위한 개혁을 추진하였다.

① 이백   ② 이연   ③ 주희
④ 도연명   ⑤ 왕안석

337 상

송의 성립과 변화 과정을 일어난 순서대로 나열한 것은?

> (가) 왕안석이 개혁을 시도하였다.
> (나) 조광윤이 5대 10국의 분열을 수습하였다.
> (다) 금의 공격을 받아 남쪽으로 수도를 옮겼다.
> (라) 태조가 황제권 강화를 위한 개혁을 실시하였다.

① (가) − (나) − (다) − (라)
② (나) − (가) − (다) − (라)
③ (나) − (라) − (가) − (다)
④ (라) − (나) − (가) − (다)
⑤ (라) − (다) − (가) − (나)

338 중

다음은 11세기 동아시아 정세를 나타낸 지도이다. (가) 나라에 대한 설명으로 옳은 것은?

① 탕구트가 세웠다.
② 발해를 멸망시켰다.
③ 나라 이름을 금으로 바꾸었다.
④ 황소의 난을 계기로 쇠퇴하였다.
⑤ 동서 무역로를 차지하여 송을 압박하였다.

339 중

금에 대한 설명으로 옳은 것을 〈보기〉에서 고른 것은?

> ── 보기 ──
> ㄱ. 발해를 멸망시켰다.
> ㄴ. 송을 공격하여 남쪽으로 몰아냈다.
> ㄷ. 만주 지역에서 성장한 여진이 세웠다.
> ㄹ. 비단길을 차지하여 중계 무역으로 번영하였다.

① ㄱ, ㄴ   ② ㄱ, ㄷ   ③ ㄴ, ㄷ
④ ㄴ, ㄹ   ⑤ ㄷ, ㄹ

340 중

다음에서 설명하는 나라의 통치 방식으로 옳은 것은?

> • 고려를 공격하고, 송과 대립하였다.
> • 야율아보기가 부족을 통합하여 세웠다.
> • 나라 이름을 고치고 정복 왕조로 발전하였다.

① 문치주의를 실시하였다.
② 몽골 제일주의를 내세웠다.
③ 한족과의 결혼을 권장하였다.
④ 이원적인 통치 방식을 택하였다.
⑤ 법가 사상을 바탕으로 나라를 다스렸다.

341 하

빈칸에 들어갈 내용으로 가장 적절한 것은?

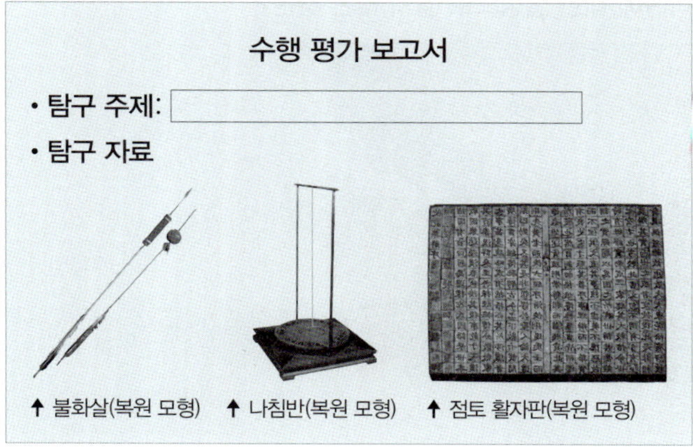

① 왕안석의 개혁
② 북방 민족의 성장
③ 송대 과학 기술의 발전
④ 정복 왕조의 이원적 통치
⑤ 송대 문치주의 정책의 영향

342 중

송의 경제에 대한 설명으로 옳은 것을 〈보기〉에서 고른 것은?

〈 보기 〉

ㄱ. 다양한 화폐를 반량전으로 통일하였다.
ㄴ. 새로운 품종의 벼와 모내기법이 도입되었다.
ㄷ. 도자기·비단 등을 만드는 수공업이 발달하였다.
ㄹ. 동전 사용이 제한되어 지폐인 교초가 널리 사용되었다.

① ㄱ, ㄴ ② ㄱ, ㄷ ③ ㄴ, ㄷ
④ ㄴ, ㄹ ⑤ ㄷ, ㄹ

343 중

㉠에 들어갈 사상에 대한 설명으로 옳은 것은?

남송의 주희는 우주의 원리와 인간의 본성을 탐구하는 (㉠)을/를 완성하였다.

① 신앙과 이성의 조화를 강조하였다.
② 동아시아 각국의 통치 이념이 되었다.
③ 민간의 전통 신앙과 도가 사상을 결합하였다.
④ 세상을 선과 악의 대결이 벌어지는 곳으로 보았다.
⑤ 일본에 전파되어 도다이지가 세워지는 데 영향을 주었다.

344 상

다음은 12세기 동아시아 정세를 나타낸 지도이다. (가), (나) 나라에 대한 설명으로 옳지 않은 것은?

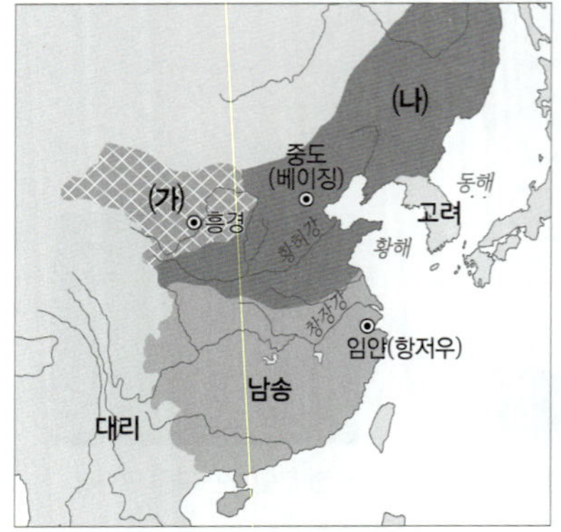

① (가) – 탕구트가 세웠다.
② (가) – 발해를 멸망시켰다.
③ (나) – 여진의 아구다가 건국하였다.
④ (나) – 송과 연합하여 요를 멸망시켰다.
⑤ (가), (나) – 고유한 문자를 만들어 사용하였다.

345 하

송의 대외 교류 활동에 대한 설명으로 옳지 않은 것은?

① 항해에 나침반을 사용하였다.
② 인도, 아라비아 상인들과 교역하였다.
③ 주요 수출품으로 비단, 도자기 등이 있었다.
④ 주로 육로를 이용하여 여러 나라와 교류하였다.
⑤ 항구에 시박사를 두어 대외 무역을 관리하였다.

346 중

| 서술형 |

다음과 같은 상황이 나타날 수 있었던 배경을 서술하시오.

송대에는 송과 한반도, 일본, 동남아시아, 인도, 아라비아를 잇는 동아시아·인도양 교역권이 성장하였다.

347 상

밑줄 친 ㉠~㉣에 대한 설명으로 옳은 것을 〈보기〉에서 고른 것은?

송대에는 ㉠ 새로운 농법의 도입으로 농업 생산력이 높아졌다. 또한 ㉡ 중국의 3대 발명품이 발명되고 실용화되어 이후 세계 여러 지역에 전파되었다. 이 시기에는 만담, 곡예, 인형극 등 ㉢ 서민 문화도 발달하였다. 한편 남송의 주희는 ㉣ 성리학을 완성하였다.

〈 보기 〉

ㄱ. ㉠ – 모내기법이 도입되었다.
ㄴ. ㉡ – 화약, 나침반, 커피에 해당한다.
ㄷ. ㉢ – 경제 발달로 서민의 생활 수준이 높아진 것이 배경이 되었다.
ㄹ. ㉣ – 절도사를 중심으로 발전하였다.

① ㄱ, ㄴ ② ㄱ, ㄷ ③ ㄴ, ㄷ
④ ㄴ, ㄹ ⑤ ㄷ, ㄹ

348 중

밑줄 친 '이 나라'에서 볼 수 있는 모습으로 적절하지 <u>않은</u> 것은?

① 잡극을 구경하는 서민
② 성리학을 공부하는 사대부
③ 화약 무기를 사용하는 군인
④ 모내기법을 활용하여 농사짓는 농민
⑤ 광저우의 시박사에서 세금을 계산하는 관리

B 몽골 제국의 성립과 동서 문화 교류의 확대

349 중

지도의 최대 영역을 차지한 나라에 대한 설명으로 옳은 것은?

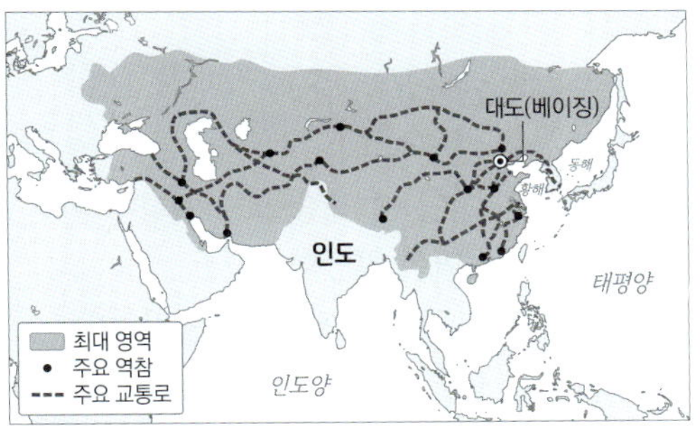

① 안사의 난을 계기로 세력이 약해졌다.
② 탈라스에서 아바스 왕조와 충돌하였다.
③ 흉노를 정벌하고 고조선을 정복하였다.
④ 울루스들의 느슨한 연합으로 유지되었다.
⑤ 이연(고조)이 장안을 수도로 삼아 건국하였다.

350 하

다음에서 설명하는 용어를 쓰시오.

• 몽골어로 '많은 사람'이라는 뜻이다. 점차 부족, 국가를
  가리키는 말로 쓰였다.
• 몽골 제국 시기에 독자적인 영토를 인정받았으며, 이들
  의 느슨한 연합으로 몽골 제국이 유지되었다.

(   )

351 상

다음에서 설명하는 인물의 활동으로 옳은 것을 〈보기〉에서
고른 것은?

13세기 초 몽골 부족을 통일한 후 몽
골 제국을 세운 인물이다. 그는 강력
한 기마병을 바탕으로 활발한 정복
활동을 벌여 중앙아시아의 여러 나라
를 정복하였다.

〈 보기 〉
ㄱ. 서하와 금을 공격하였다.
ㄴ. 나라 이름을 원으로 정하였다.
ㄷ. 정복한 지역을 형제와 자손들에게 나누어 주었다.
ㄹ. 황제가 과거 시험을 주관하는 전시 제도를 도입하였다.

① ㄱ, ㄴ   ② ㄱ, ㄷ   ③ ㄴ, ㄷ
④ ㄴ, ㄹ   ⑤ ㄷ, ㄹ

빈출
352 중

(가)에 들어갈 내용으로 가장 적절한 것은?

몽골 제국은 ______(가)______ 유라시아를
아우르는 대제국을 이룰 수 있었다.

① 조로아스터교를 국교로 삼아
② 관료제와 주현제를 폐지함으로써
③ 강력한 기마병과 우수한 무기를 보유하여
④ 화약 무기, 나침반, 활판 인쇄술을 발명하여
⑤ 유교적 소양을 갖춘 사대부 계층의 성장으로

353 중

몽골 제국의 발전 과정을 일어난 순서대로 나열한 것은?

(가) 테무친이 칭기즈 칸으로 추대되었다.
(나) 쿠빌라이 칸이 국호를 원으로 정하였다.
(다) 몽골 제국이 여러 개의 울루스로 나뉘었다.

① (가) – (나) – (다)   ② (가) – (다) – (나)
③ (나) – (가) – (다)   ④ (나) – (다) – (가)
⑤ (다) – (나) – (가)

354 하

몽골이 대제국을 세울 수 있었던 배경으로 적절하지 <u>않은</u> 것은?

① 우수한 무기를 사용하였다.
② 뛰어난 기마술을 익힌 기마병이 활약하였다.
③ 정복한 지역의 주민들로 병력을 보충하였다.
④ 균전제, 조용조, 부병제 등의 제도를 실시하였다.
⑤ 이슬람 상인의 교역로를 보장해 주는 대가로 지리 정보를 얻었다.

355 중

㉠, ㉡에 들어갈 내용으로 옳은 것은?

> 몽골 제국의 왕위 계승 다툼에서 승리한 쿠빌라이 칸은 수도를 (㉠)(으)로 옮기고 나라 이름을 '원'으로 바꾸었다. 이후 그는 (㉡)을/를 멸망시키고 중국 전역을 지배하였다.

	㉠	㉡
①	카이펑	금
②	대도(베이징)	요
③	대도(베이징)	남송
④	임안(항저우)	금
⑤	임안(항저우)	남송

356 중

빈칸에 들어갈 내용으로 가장 적절한 것은?

> 활발한 정복 활동으로 다양한 민족을 다스리게 된 원은 나라를 원활하게 다스리고자 [   ]

① 파스파 문자를 제작하였다.
② 문치주의 정책을 실시하였다.
③ 선비족의 복장을 금지하였다.
④ 3성 6부의 행정 조직을 갖추었다.
⑤ 다양한 화폐를 반량전으로 통일하였다.

357 하

㉠에 들어갈 원의 중국 지배 방식을 쓰시오.

> 넓은 영토와 다양한 민족을 지배하게 된 원은 중국의 전통적인 통치 제도를 받아들여 통치에 활용하면서도 (㉠)을/를 내세워 여러 민족을 차별적으로 다스렸다.

(   )

★빈출 358 상

다음은 원의 사회 구조를 나타낸 도표이다. 이에 대한 설명으로 옳지 <u>않은</u> 것은?

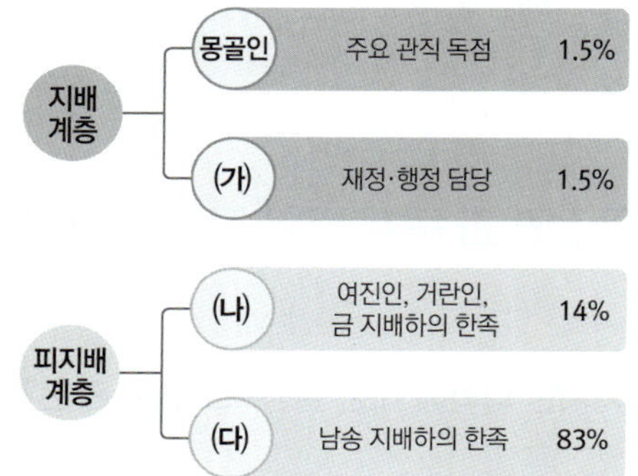

① (가)는 서역 출신의 색목인이다.
② (나)는 화북 지방에 살던 한인이다.
③ (다)는 남인으로, 몽골의 침입 때 가장 크게 저항하였다.
④ (나), (다)는 사회적으로 차별을 받았다.
⑤ (나), (다)는 능력에 따라 고위 관직에 오를 수 있었다.

359 중

원이 쇠퇴한 원인으로 적절한 것을 <보기>에서 고른 것은?

> ──── 보기 ────
> ㄱ. 왕위 계승을 둘러싼 분쟁이 이어졌다.
> ㄴ. 화폐의 남발로 물가가 크게 상승하였다.
> ㄷ. 대운하 건설 등의 대규모 공사에 농민들이 불만을 가졌다.
> ㄹ. 황건적의 난을 비롯하여 전국 각지에서 농민 반란이 일어났다.

① ㄱ, ㄴ   ② ㄱ, ㄷ   ③ ㄴ, ㄷ
④ ㄴ, ㄹ   ⑤ ㄷ, ㄹ

[360~361] 다음을 읽고 물음에 답하시오.

패자는 몽골 제국에서 (㉠) 을/를 이용할 때 사용한 통행증이다.

360 _하

윗글의 ㉠에 들어갈 교통·통신 시설을 쓰시오.

( )

361 _중

윗글의 ㉠에 대한 설명으로 옳지 <u>않은</u> 것은?

① 육로의 일정한 거리에 두었다.
② 관리나 사신에게 숙식과 말을 제공하였다.
③ 장건이 비단길을 개척하는 데 영향을 주었다.
④ 중앙과 각 지방을 연결하는 교통로에 세워졌다.
⑤ 동서 문화 교류가 활발하게 이루어지는 데 기여하였다.

362 _중

다음과 같이 형성된 교역권에 대한 설명으로 옳지 <u>않은</u> 것은?

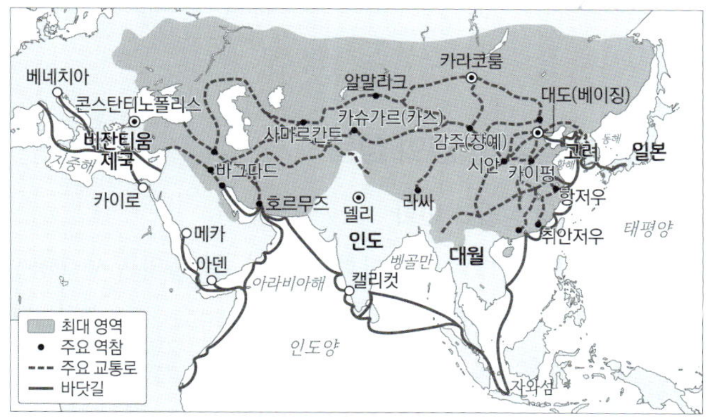

① 초원길, 비단길, 바닷길을 연결하였다.
② 북방 민족의 성장으로 육로 이용이 어려워지면서 발달하였다.
③ 항저우, 취안저우 등의 항구 도시가 무역의 중심지 역할을 하였다.
④ 몽골 제국을 오가는 사신에게 숙식과 말을 제공하는 시설이 있었다.
⑤ 남중국에서 아라비아해에 이르는 바닷길을 이용한 무역이 활발하게 이루어졌다.

363 _중

다음을 통해 알 수 있는 송대와 원대 문화의 공통점으로 가장 적절한 것은?

- 송대에는 카이펑과 항저우 등에 오락 시설이 세워졌고, 전문 공연장에서 만담, 인형극 등 다양한 공연이 이루어졌다.
- 원대에는 구어체로 쓴 소설과 희곡이 많은 인기를 얻었다. 또한 노래와 연극이 어우러진 형태의 잡극이 크게 유행하였다.

① 서민 문화가 발달하였다.
② 간다라 양식이 발달하였다.
③ 국제적인 문화가 발달하였다.
④ 신학이 학문과 문화의 중심이 되었다.
⑤ 문벌 귀족을 중심으로 문화가 발달하였다.

364 _상

| 서술형 |

원에서 다음 여행기 속 모습이 나타날 수 있었던 배경을 주요 교통로를 중심으로 서술하시오.

세상에서 가장 귀하고 진귀한 물건들은 모두 이곳(대도)에서 찾아볼 수 있다. 인도의 상품도 있고, 비단도 매일 1천 수레가 들어온다. – 마르코 폴로, 『동방견문록』

365 _하

원대 동서 문화 교류의 사례로 옳지 <u>않은</u> 것은?

① 중국의 종이 만드는 기술이 유럽에 전해졌다.
② 마르코 폴로, 이븐 바투타가 원에 방문하였다.
③ 화약 무기, 나침반, 인쇄술이 유럽에 전해졌다.
④ 교황과 유럽의 군주들이 원에 사절단을 파견하였다.
⑤ 이슬람의 역법을 토대로 수시력이라는 달력이 제작되었다.

09 동아시아와 인도 지역 질서의 변화

A 명과 청의 중국 지배

1 명의 성립과 발전

(1) **성립:** 주원장(태조)이 금릉(난징)을 수도로 삼아 명 건국(1368)

(2) **발전**

	• 황제권 강화: 재상제 폐지, 6부를 황제가 직접 관할, 이갑제 실시, 토지 대장과 호적 대장 작성 유교 윤리를 바탕으로 하는 여섯 가지 가르침을 말한다. • 한족 전통 회복: 몽골 풍습 금지, 육유 반포, 과거제와 학교 교육 정비
영락제	자금성 건설, 베이징으로 천도, 대월(베트남) 정복, 몽골을 수차례 공격, ② ☐☐의 함대 파견

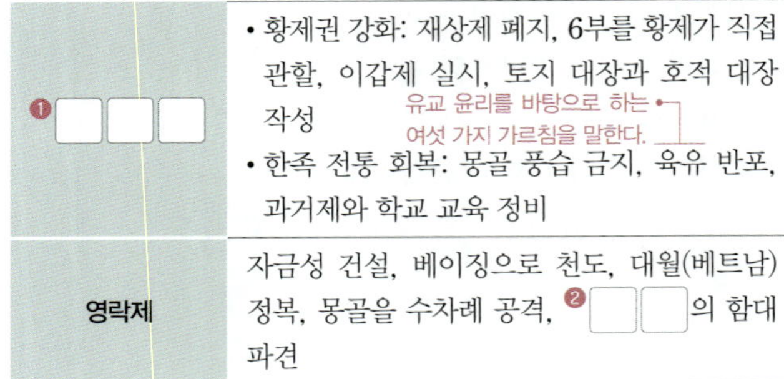

탐구 ▷ 정화의 항해가 명에 미친 영향

정화의 함대는 아프리카까지 진출하였다. 정화의 항해로 명은 30여 개의 나라와 조공·책봉 관계를 맺었으며 많은 항해 지식을 얻었다.

(3) **멸망:** 명 중기 이후 관료들의 권력 다툼, 외적 침입, 임진왜란 때 조선에 군대를 파견하여 재정 악화 ➡ 이자성의 농민군에게 멸망(1644)

2 청의 성립과 발전

(1) **성립:** 만주에서 누르하치(태조)가 후금 건국(1616) ➡ 홍타이지(태종)가 나라 이름을 청으로 변경 ➡ 명이 멸망하자 베이징 점령, 중국 차지

(2) **발전:** 강희제·옹정제·건륭제 때 전성기 이룩, ③ ☐☐☐ 때 최대 영토 확보

(3) **한족 통치 방식:** 소수의 만주족이 다수의 한족 지배

회유책	• 유학 교육 장려, 과거제 실시 등 • 중요한 관직에 만주족과 한족 함께 등용(만한 병용제)
강압책	• 청 왕조를 비판하는 서적 금지 • 만주족의 풍습 강요(변발, 호복 등)

3 명·청의 경제·사회·문화

(1) **경제:** 농업 생산력 증가, 상품 작물 재배, 수공업 발달

(2) **사회·문화:** *신사가 지배층으로 성장하여 새로운 학풍 조성, 서민 문화 성장, 양명학(명)·고증학(청) 발전
➡ 명대에는 『삼국지연의』, 『서유기』 등의 소설이 유행하였고, 청대에는 『홍루몽』 등의 소설과 경극이 유행하였다.

4 명·청의 대외 교류

무역 양상의 변화	• 명: 해금 정책 실시 ➡ 제한적 민간 무역 허용 • 청: 18세기 중반 이후 광저우 한 곳을 개방하고 ④ ☐☐을/를 통한 무역만 허용
은 경제 수립	서양 및 일본 상인과의 교류로 다량의 은이 중국에 유입 ➡ 은을 화폐로 사용, 은으로 세금 징수
문물 교류	선교사가 서양의 학문과 기술을 중국에 소개, 중국의 문화가 유럽에 전파

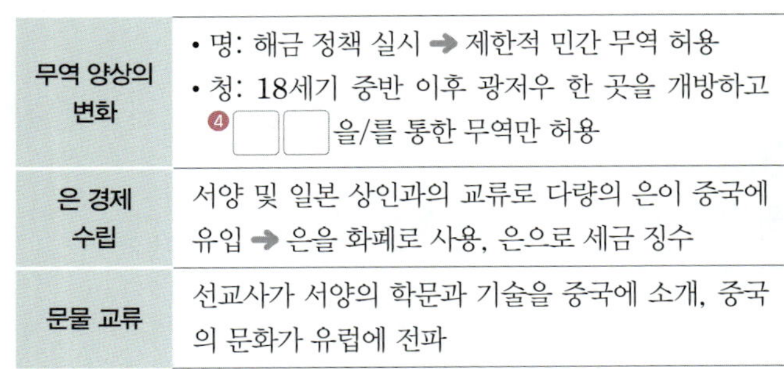

탐구 ▷ 중국으로의 은 유입

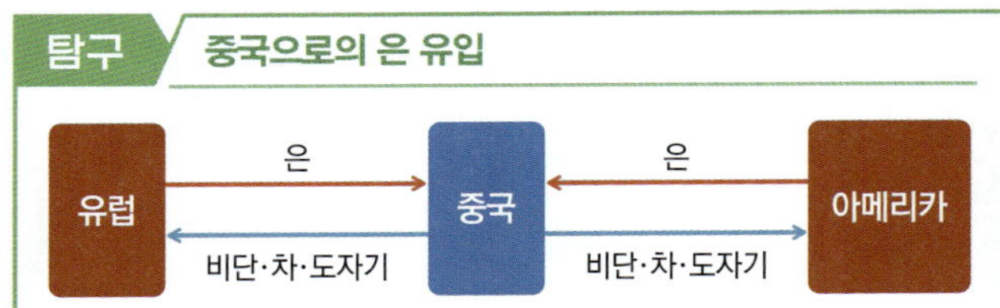

16~17세기 무렵 아메리카와 일본 등에서 은광이 개발되어 많은 양의 은이 생산되었다. 이에 유럽과 일본 상인들이 중국의 비단, 차, 도자기 등을 은으로 구매하였다. 다량의 은이 유입되자 중국에서는 은을 화폐로 사용하였으며, 중국 정부는 세금을 은으로 걷었다.

B 일본 무사 정권의 성립

1 무사 정권의 성립과 변화

(1) **배경:** 헤이안 시대 후반의 사회 혼란 ➡ 귀족들의 무사 고용

(2) **무사 정권의 성립과 발전**

가마쿠라 막부	최초의 무사 정권 수립, 일본 특유의 봉건제 성립, 원의 침략으로 쇠퇴
무로마치 막부	중국과 조공·책봉 관계 회복, 조선과 국교를 맺음, 쇼군 계승 문제로 쇠퇴
전국 시대	각지의 다이묘(영주)들이 100여 년간 세력을 다툼 ➡ 도요토미 히데요시가 전국 시대 통일, 임진왜란을 일으킴
⑤ ☐☐ 막부	도쿠가와 이에야스가 수립(1603), 쇼군은 직할지만 다스리고 지방의 다이묘에게 영지(번) 분할, *산킨코타이 제도 시행(➡ 다이묘 통제, 중앙 집권 체제 강화)

2 에도 막부의 경제·사회·대외 교류

(1) **경제**: 농업 생산력 증가, 상품 작물 재배, 수공업·광업 발달

(2) **사회·문화**

① **⑥[　　]** 문화 발달: 도로망 정비로 도시 발달 ➡ 도시 상공업자(조닌) 성장 ➡ 가부키, *우키요에 등 조닌 문화 발달

② 국학 발달: 18세기에 일본 고전을 연구하여 일본 고유의 정신을 밝히려는 국학 발달

↑ 가부키 극장의 모습

↑ 우키요에

(3) **대외 교류**: 크리스트교 금지, 사무역 통제(해금 정책)

① 조선: 통신사를 통해 교류

② 중국·네덜란드 상인: **⑦[　　　　]** 개항, 네덜란드로부터 서양의 학문(**⑧[　　]**)과 기술 수용

C 무굴 제국의 발전

1 무굴 제국의 성립과 발전

(1) **성립**: **⑨[　　　]** 이/가 인도의 델리를 정복하고 이슬람 왕조인 무굴 제국 수립

(2) **발전**

아크바르 황제	• 활발한 정복 활동 전개 ➡ 인도 북부의 대부분 차지 • 지즈야 폐지, 종교의 다양성 존중, 관용 정책 실시
아우랑제브 황제	• 인도 남부를 정복하여 최대 영토 차지 • 지즈야 부과, 이슬람교가 아닌 다른 종교 탄압

2 무굴 제국의 문화

(1) **특징**: 인도·이슬람 문화 발전

(2) **내용**

종교	힌두교와 이슬람교를 절충한 **⑩[　　]** 발전
언어	페르시아어를 공용어로 사용, 일상에서는 우르두어 사용
건축	인도·이슬람 양식 발전, 타지마할이 대표적 건축물임
미술	페르시아의 세밀화와 인도 미술이 융합된 무굴 회화 발달

→ 무굴 제국의 황제 샤자한이 황후 뭄타즈 마할을 기리고자 만들었다.

← 타지마할

기출 PICK A-4

동아시아 여러 나라의 세계관 변화

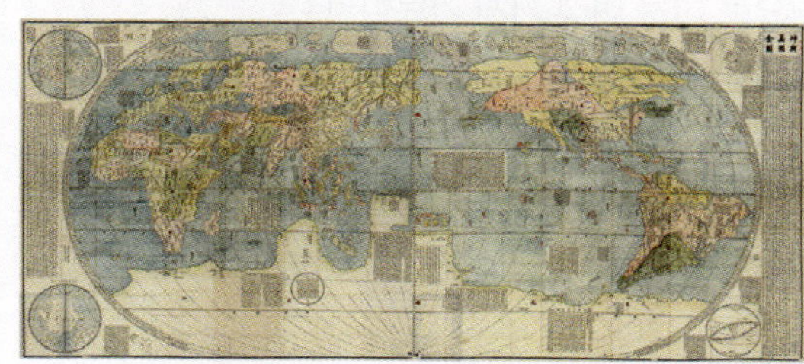

「곤여만국전도」는 명대에 이탈리아의 선교사 마테오 리치가 제작한 세계 지도이다. 중국이 세계의 중심이라고 믿었던 당시 동아시아 여러 나라의 세계관이 변화하는 데 큰 영향을 주었다.

기출 PICK B-1

일본의 봉건제

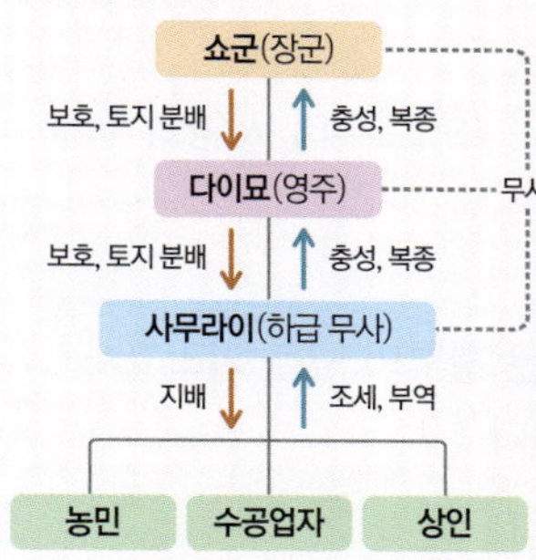

• 가마쿠라 막부 때부터 천황의 권위가 더욱 약해지고 쇼군(장군)이 실질적으로 나라를 다스리는 일본 특유의 봉건제 시행
• 쇼군(장군)과 그에게 받은 영지(번)를 다스리는 다이묘(영주), 그 아래의 사무라이(하급 무사)로 구성

기출 PICK C-1

아크바르 황제의 관용 정책

• 지즈야 폐지
• 힌두교도를 관직에 임명
• 종교인, 무신론자, 학자들을 초대하여 종교 및 사상을 주제로 토론 실시

← 토론을 벌이는 아크바르 황제

용어

★ **신사**: 학생, 과거 합격자 등 유교적 교양을 갖춘 지식인으로, 향촌 사회의 안정과 질서를 유지하는 역할을 함

★ **산킨코타이 제도**: 다이묘를 일정 기간 에도에 머무르게 하고, 그 가족은 에도에 인질로 두게 한 제도

★ **우키요에**: 에도 시대에 유행한 풍속화로, 주로 목판에 새겨 찍어 내는 기법을 사용함

답 ❶ 홍무제　❷ 정화　❸ 건륭제　❹ 공행　❺ 에도
❻ 조닌　❼ 나가사키　❽ 난학　❾ 바부르　❿ 시크교

◆ 빈칸에 들어갈 알맞은 말을 쓰시오.

366 홍무제는 유교 이념을 부활시키고자 유교 윤리를 바탕으로 하는 여섯 가지 가르침인 (   )을/를 반포하였다.

367 (   )은/는 유교 경전을 실증적으로 연구하는 학문으로, 청대에 발전하였다.

368 (   )은/는 일본의 전국 시대를 통일하였으며 임진왜란을 일으켰다.

369 에도 막부는 다이묘(영주)를 일정 기간 에도에 머무르게 하고, 그 가족은 에도에 인질로 두게 하는 (   )을/를 시행하였다.

370 에도 막부는 (   )(으)로부터 서양의 학문인 난학을 받아들였다.

371 무굴 제국의 황제 샤자한은 황후의 넋을 기리고자 (   )을/를 세웠다.

◆ 밑줄 친 부분을 올바르게 고치시오.

372 <u>홍무제</u>는 정화의 함대를 해외로 파견하여 국력을 과시하고 여러 나라와 조공·책봉 관계를 맺었다.

373 후금의 <u>누르하치</u>는 나라 이름을 청으로 바꾸었다.

374 명·청대에는 <u>호족층</u>이 향촌 사회의 안정과 질서를 유지하는 역할을 하였다.

375 12세기에 일본 최초의 무사 정권인 <u>무로마치 막부</u>가 수립되었다.

376 무굴 제국의 아우랑제브 황제는 다양한 종교를 존중하는 <u>관용 정책</u>을 실시하였다.

377 무굴 제국 시기에는 힌두교와 이슬람교를 절충한 <u>조로아스터교</u>가 발전하였다.

난이도별 필수기출

상 5문항 · 중 20문항 · 하 8문항

A 명과 청의 중국 지배

378 중

명의 홍무제가 한족의 전통을 회복하고자 실시했던 정책으로 옳은 것을 〈보기〉에서 고른 것은?

〈 보기 〉
ㄱ. 육유를 반포하였다.
ㄴ. 과거제를 정비하였다.
ㄷ. 재상제를 폐지하였다.
ㄹ. 수도를 베이징으로 옮겼다.

① ㄱ, ㄴ   ② ㄱ, ㄷ   ③ ㄴ, ㄷ
④ ㄴ, ㄹ   ⑤ ㄷ, ㄹ

379 하

명의 영락제가 펼친 활동으로 옳지 <u>않은</u> 것은?

① 자금성을 건설하였다.
② 대월(베트남)을 정복하였다.
③ 정화의 함대를 해외로 보내 국력을 과시하였다.
④ 여러 차례 직접 군대를 이끌고 몽골을 공격하였다.
⑤ 황제가 직접 과거 시험을 주관하는 전시 제도를 처음으로 실시하였다.

380 중

명이 쇠퇴한 원인으로 적절한 것을 〈보기〉에서 고른 것은?

〈 보기 〉
ㄱ. 북쪽에서 성장한 금의 공격을 받았다.
ㄴ. 이자성이 농민군을 이끌고 반란을 일으켰다.
ㄷ. 임진왜란에 지원군을 파병하여 재정이 어려워졌다.
ㄹ. 절도사 세력의 성장으로 지방 통제력이 약화되었다.

① ㄱ, ㄴ   ② ㄱ, ㄷ   ③ ㄴ, ㄷ
④ ㄴ, ㄹ   ⑤ ㄷ, ㄹ

381 (상)

지도에 나타난 항해의 영향에 대해 학생들이 발표한 내용으로 적절한 것을 〈보기〉에서 고른 것은?

〈보기〉

ㄱ. 대운하를 통해 강남과 화북이 연결되었습니다.
ㄴ. 명의 항해 기술이 발달하는 데 영향을 주었습니다.
ㄷ. 네덜란드의 학문을 받아들이는 계기가 되었습니다.
ㄹ. 명과 여러 국가들 간에 조공·책봉 관계가 형성되었습니다.

① ㄱ, ㄴ ② ㄱ, ㄷ ③ ㄴ, ㄷ
④ ㄴ, ㄹ ⑤ ㄷ, ㄹ

[382~383] 다음을 읽고 물음에 답하시오.

청은 소수의 만주족으로 다수의 (㉠)을/를 효율적으로 다스리고자 그들의 문화를 인정하고 유교를 통치 이념으로 삼는 등 회유책을 펼쳤다. 그러나 한편으로 청은 이들에 대한 ㉡ 강압책을 펼치기도 하였다.

382 (하)

윗글의 ㉠에 들어갈 민족을 쓰시오.

( )

383 (중)

| 서술형 |

윗글의 밑줄 친 ㉡의 구체적인 사례를 두 가지 서술하시오.

---

384 (하)

청에 대한 설명으로 옳지 <u>않은</u> 것은?

① 새로운 화이사상을 제시하였다.
② 팔기군을 이끌고 베이징을 점령하였다.
③ 임진왜란 때 조선에 군대를 파견하였다.
④ 한족에 대한 회유책과 강압책을 실시하였다.
⑤ 네르친스크 조약을 체결하여 러시아와의 국경을 확정하였다.

385 (중)

빈출

청이 다음 정책을 시행한 목적으로 가장 적절한 것은?

- 청 왕조를 비판하는 서적 금지
- 과거제 실시 및 유학 교육 장려
- 변발과 호복 등 만주족의 풍습 강요
- 중요한 관직에 만주족과 한족을 함께 등용

① 호족 중심의 사회를 형성하고자 하였다.
② 여러 나라와 조공 관계를 맺고자 하였다.
③ 법가 사상을 바탕으로 통치하고자 하였다.
④ 유럽 및 일본과 활발히 교류하고자 하였다.
⑤ 다수의 한족을 효율적으로 다스리고자 하였다.

386 (하)

다음 지도에 대한 설명으로 옳은 것은?

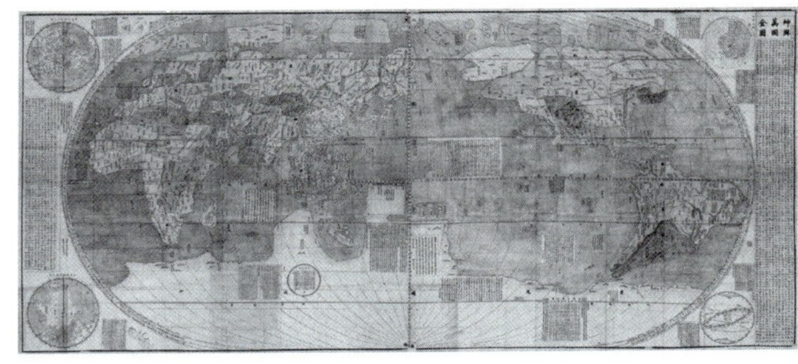

① 아담 샬이 중국에 전하였다.
② 정화의 항해 때 사용되었다.
③ 홍무제의 지시로 만들어졌다.
④ 세금을 걷는 용도로 이용되었다.
⑤ 동아시아 여러 나라의 세계관 변화에 영향을 주었다.

387 중

지도의 최대 영역을 차지한 나라의 경제와 사회에 대한 설명으로 옳지 <u>않은</u> 것은?

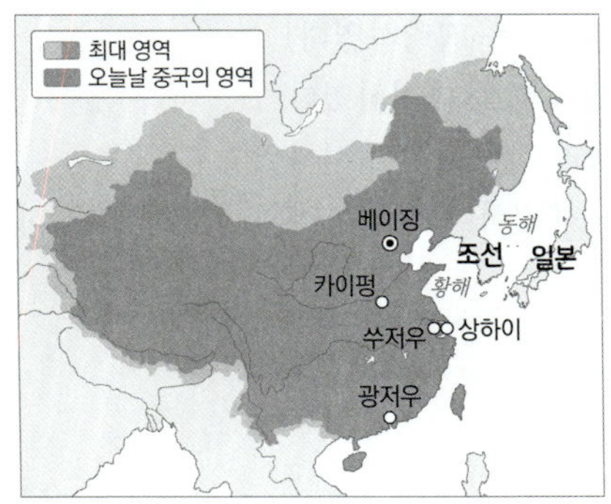

① 은을 화폐로 사용하였다.
② 신사층이 새로운 학풍을 만들었다.
③ 뽕나무, 면화 등 상품 작물이 재배되었다.
④ 노래와 춤, 연기가 어우러진 경극이 발달하였다.
⑤ 『삼국지연의』, 『서유기』 등의 소설이 인기를 끌었다.

388 중

㉠, ㉡에 들어갈 학문을 각각 쓰시오.

> 명·청대에는 새로운 학풍이 만들어졌다. 명대에는 이론과 형식보다 실천을 강조하는 (㉠)이/가 유행하였고, 청대에는 유교 경전을 실증적으로 연구하는 (㉡)이/가 발전하였다.

(   )

389 상

(가), (나)에서 설명하는 국가의 공통점을 〈보기〉에서 고른 것은?

> (가) 가난한 농민 출신인 주원장(홍무제)이 세운 나라이다. 한족의 유교적 전통을 회복하고자 육유를 반포하고, 과거제와 학교 교육을 정비하였다.
>
> (나) 만주에서 누르하치가 여진을 통합하여 세운 나라로, 뒤를 이은 홍타이지가 나라 이름을 바꾸었다. 전성기 때는 몽골을 정복하고 신장, 티베트까지 차지하였는데, 이는 오늘날 중국의 영토와 비슷하다.

〈 보기 〉

ㄱ. 신사층이 사회를 주도하였다.
ㄴ. 귀족 중심의 문화가 발달하였다.
ㄷ. 유럽, 일본에서 다량의 은이 유입되었다.
ㄹ. 부족제와 군현제로 나누어 이원적 통치를 하였다.

① ㄱ, ㄴ   ② ㄱ, ㄷ   ③ ㄴ, ㄷ
④ ㄴ, ㄹ   ⑤ ㄷ, ㄹ

390 중

밑줄 친 ㉠~㉤ 중 옳지 <u>않은</u> 것은?

> 명은 ㉠ 초기에 조공 관계를 통해서만 다른 나라와 교류하다가 점차 ㉡ 제한적인 민간 무역을 허용하였다. 청은 ㉢ 조선, 대월 등 주변 국가와 조공 관계를 유지하였다. 청은 ㉣ 초기에 해상 무역을 통제하였다가 ㉤ 18세기 중반 이후에는 모든 항구를 개방하였다.

① ㉠   ② ㉡   ③ ㉢   ④ ㉣   ⑤ ㉤

391 중

㉠, ㉡에 들어갈 내용으로 옳은 것은?

> 청은 17세기 후반 일부 항구를 개항하여 해외 무역을 허용하였으나, 18세기 중반 이후에는 (㉠) 한 곳을 개방하였다. 이곳에서는 청 정부로부터 허가받은 (㉡)만 외국 상인과 무역할 수 있었다.

	㉠	㉡			㉠	㉡
①	광저우	공행		②	광저우	시박사
③	카이펑	공행		④	카이펑	시박사
⑤	취안저우	공행				

392 중

다음 상황이 중국에 미친 영향으로 가장 적절한 것은?

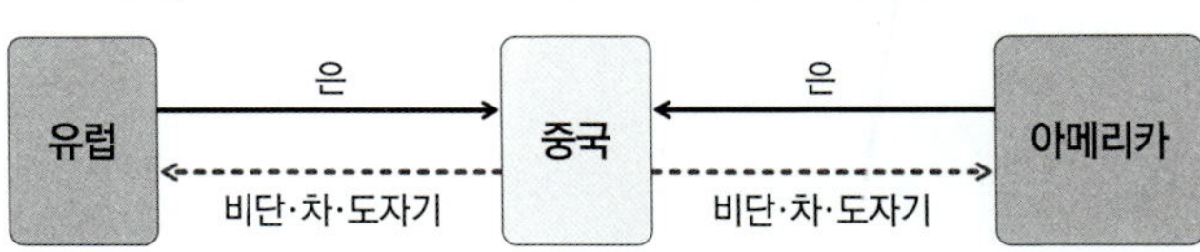

① 역참제가 발달하였다.
② 과학 기술이 발전하였다.
③ 은이 화폐로 널리 쓰였다.
④ 민간 무역이 활성화되었다.
⑤ 다양한 화폐가 반량전으로 통일되었다.

B 일본 무사 정권의 성립

393 중

밑줄 친 '이 막부' 시기에 있었던 일로 옳은 것은?

① 원의 침략을 받았다.
② 가부키가 유행하였다.
③ 산킨코타이 제도가 실시되었다.
④ 나가사키를 개항하여 서양과 교류하였다.
⑤ 도요토미 히데요시가 조선을 침략하였다.

394 상

다음은 일본의 무사 정권 시기에 있었던 일이다. 이 중에서 세 번째로 일어난 일로 옳은 것은?

① 무로마치 막부가 성립하였다.
② 데지마라는 인공 섬을 만들었다.
③ 도요토미 히데요시가 조선을 침략하였다.
④ 다이묘들이 세력을 다투는 전국 시대가 이어졌다.
⑤ 막부의 쇼군이 실질적으로 나라를 다스리기 시작하였다.

395 중
★ 빈출

도표에 나타난 제도에 대한 설명으로 옳은 것은?

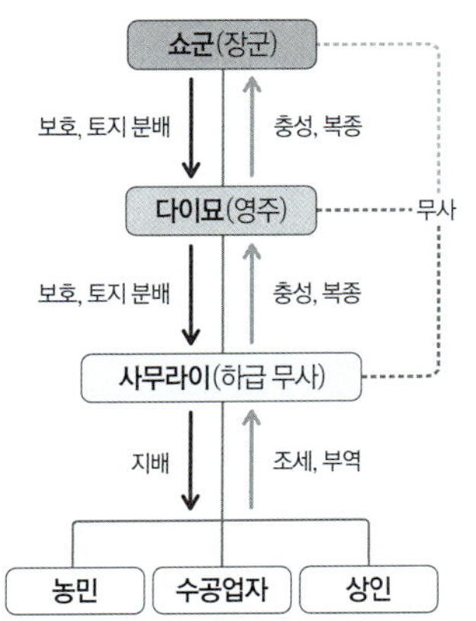

① 혈연관계를 바탕으로 이루어졌다.
② 쇼군이 모든 토지를 직접 다스렸다.
③ 에도 막부 시기에 처음 시행되었다.
④ 쇼군은 다이묘에게 충성을 맹세하였다.
⑤ 쇼군이 실질적인 지배권을 행사하였다.

396 상 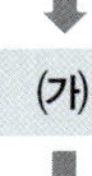

(가) 시기에 일본에서 있었던 사실로 옳은 것은?

> 가마쿠라 막부가 원의 침략을 막아 내는 과정에서 재정 부담으로 쇠퇴하였다.
>
> ⬇
>
> (가)
>
> ⬇
>
> 도쿠가와 이에야스가 에도 막부를 수립하였다.

① 한자를 변형한 가나 문자가 만들어졌다.
② '일본'이라는 국호를 사용하기 시작하였다.
③ 미나모토노 요리토모가 실권을 장악하였다.
④ 도요토미 히데요시가 전국 시대를 통일하였다.
⑤ 네덜란드 상인으로부터 서양의 학문을 받아들였다.

397 상

㉠에 들어갈 막부에 대한 설명으로 옳은 것은?

> **수행 평가 보고서**
>
> • 탐구 주제: (㉠)의 문화
>
> • 탐구 내용
>
>  
>
> ↑ 가부키 극장의 모습 　　 ↑ 우키요에

① 도다이지를 건설하였다.
② 만한 병용제를 시행하였다.
③ 산킨코타이 제도를 실시하였다.
④ 원의 침략 과정에서 쇠퇴하였다.
⑤ 임진왜란을 일으켜 조선을 침략하였다.

398 중
| 서술형 |

다음에서 설명하는 제도가 당시 일본 사회에 미친 영향을 서술하시오.

> 에도 막부의 쇼군(장군)은 지방 다이묘(영주)들의 영지에 대한 지배권을 인정하는 대신, 다이묘들을 일정 기간 동안 에도에서 머무르게 하고, 그 가족들을 에도에 인질로 두었다.

399 중

선생님의 질문에 대한 학생들의 답변으로 가장 적절한 것은?

① 다이묘를 통제하고자 하였습니다.
② 새로운 화이사상을 제시하고자 하였습니다.
③ 여러 나라와 조공·책봉 관계를 맺고자 하였습니다.
④ 지방 분권적인 정치 체제를 확립하고자 하였습니다.
⑤ 소수의 만주족으로 다수의 한족을 효율적으로 통치하고자 하였습니다.

400 하

㉠에 들어갈 지명을 쓰시오.

> 에도 시대에는 나가사키 앞바다를 메워 만든 부채 모양의 인공 섬인 (㉠)에서 중국, 네덜란드 상인들과 교역하였다.

(   )

401 중

에도 막부 시기에 다음과 같은 문화가 발달한 배경으로 가장 적절한 것은?

> • 가부키　　　　　• 우키요에

① 막부가 크리스트교를 금지하였다.
② 당과 신라에서 불교문화가 들어왔다.
③ 조선과 통신사를 통하여 교류하기 시작하였다.
④ '조닌'이라 불리는 도시 상공업자들이 성장하였다.
⑤ 나가사키에서 네덜란드 상인과의 무역이 이루어졌다.

402 중 빈출

에도 막부 시기의 문화에 대한 설명으로 옳은 것을 〈보기〉에서 고른 것은?

> 〈 보기 〉
> ㄱ. 국풍 문화가 발달하였다.
> ㄴ. 서양 학문인 난학이 발달하였다.
> ㄷ. 한자를 변형한 가나 문자가 만들어졌다.
> ㄹ. 도시 상공업자인 조닌이 우키요에를 즐겼다.

① ㄱ, ㄴ　　　② ㄱ, ㄷ　　　③ ㄴ, ㄷ
④ ㄴ, ㄹ　　　⑤ ㄷ, ㄹ

C 무굴 제국의 발전

403 하

다음에서 설명하는 나라로 옳은 것은?

> • 16세기 초 바부르가 인도의 델리를 정복하고 세운 이슬람 왕조이다.
> • 인도 고유의 문화와 이슬람 문화를 융합한 인도·이슬람 문화가 발전하였다.

① 굽타 왕조
② 무굴 제국
③ 프랑크 왕국
④ 비잔티움 제국
⑤ 사산 왕조 페르시아

404 하

무굴 제국에 대한 설명으로 옳은 것은?

① 간다라 양식이 발달하였다.
② 최초로 '0(영)'이라는 숫자를 만들었다.
③ 이슬람 세력이 델리를 정복하고 세웠다.
④ 산스크리트어로 쓰인 서사시가 등장하였다.
⑤ 개인의 해탈을 강조하는 상좌부 불교가 발전하였다.

405 중

그림에 나타난 황제의 활동으로 옳은 것은?

그림은 무굴 제국의 황제가 여러 종교 지도자들과 종교 및 사상 등을 주제로 토론하는 모습을 그린 것이다.

① 무굴 제국을 세웠다.
② 타지마할을 건립하였다.
③ 대도(베이징)로 수도를 옮겼다.
④ 종교의 다양성을 존중하는 정책을 펼쳤다.
⑤ 인도 남부를 정복하여 최대 영토를 차지하였다.

406 하

지도의 최대 영역을 차지한 인물로 옳은 것은?

① 바부르
② 샤자한
③ 아소카왕
④ 아크바르 황제
⑤ 아우랑제브 황제

407 중

아우랑제브 황제에 대한 설명으로 옳은 것은?

① 지즈야를 폐지하였다.
② 무굴 제국을 건국하였다.
③ 힌두교도와 시크교도를 탄압하였다.
④ 힌두교도에게 관직과 군대를 개방하였다.
⑤ 황후의 넋을 기리고자 타지마할을 건축하였다.

408 중

다음 문화유산에 대한 설명으로 옳은 것은?

① 헬레니즘 양식에 따라 만들었다.
② 내부를 색유리그림으로 장식하였다.
③ 인도 양식과 이슬람 양식이 융합되었다.
④ 석가모니의 가르침을 널리 알리고자 지었다.
⑤ 현장이 인도에서 가져온 불경과 불상이 보관되어 있다.

409 중 | 서술형 |

밑줄 친 ㉠의 사례를 두 가지 서술하시오.

무굴 제국에서는 인도 고유의 문화와 이슬람 문화가 융합된 ㉠ 인도·이슬람 문화가 발전하였다.

410 중

다음 과제에 따라 만든 동영상에 등장할 장면으로 적절하지 않은 것은?

수행 평가 과제

무굴 제국의 문화를 주제로 동영상을 제작한다.

① 시크교 사원 앞에 모인 여성들
② 아잔타 석굴 사원을 설계하는 남성
③ 타지마할의 건축 양식을 설명하는 관리
④ 페르시아어로 쓰인 문서를 발표하는 황제
⑤ 페르시아의 세밀화와 인도 미술이 융합된 그림을 감상하는 학자들

10 서아시아와 유럽 사회의 변화

A 오스만 제국의 성장

1 오스만 제국의 성립과 발전

(1) **성립:** 오스만이 튀르크 부족을 모아 오스만 제국 건국(1299)

(2) **발전**

이후 이스탄불로 불리게 되었다. •

① 메흐메트 2세: 비잔티움 제국 정복, 콘스탄티노폴리스로 수도를 옮김(1453)

② *술탄 칼리프 제도: 술탄 셀림 1세가 아바스 왕조의 마지막 후손에게 **❶**□□□의 칭호를 받음 ➡ 이슬람 세계의 정치적·종교적 최고 지배자가 됨

③ 술레이만 1세(전성기): 헝가리 정복, 오스트리아의 수도 빈 공격, 유럽 연합 함대 격파

2 오스만 제국의 사회, 경제, 문화

(1) **사회:** 정복지 주민에게 관용 정책 실시 ➡ 다양한 민족과 종교 공존, 출신이나 신분에 관계없이 능력에 따라 인재 등용

① 밀레트 구성: 정복지 주민이 지즈야만 내면 독자적인 종교 공동체(밀레트)의 자치 인정

② **❷**□□□□ 양성: 정복지의 크리스트교도를 이슬람교로 개종시킨 후 술탄의 정예군으로 삼음

(2) **경제:** 영토 확장, 동서 교역로 차지 ➡ 홍해와 지중해를 거쳐 아라비아 및 유럽과 교역 ➡ 동서양의 다양한 산물 유입(담배, 커피 등) → 시장인 '바자르'를 중심으로 동서양의 교류가 이루어졌다.

(3) **문화:** 튀르크 전통문화와 이슬람, 비잔티움, 페르시아 문화가 융합

건축	비잔티움 양식을 도입한 이슬람 사원(모스크) 발달(술탄 아흐메트 사원 등)
미술	페르시아 문화의 영향을 받은 세밀화 유행
학문	천문학, 수학, 지리학 등 실용적인 학문 발달

탐구 ▷ 술탄 아흐메트 사원

↑ 술탄 아흐메트 사원   ↑ 술탄 아흐메트 사원 내부

오스만 제국 시기에는 비잔티움 양식을 도입한 모스크가 발달하였다. 술탄 아흐메트 사원은 대표적인 오스만 제국의 건축물로, 내부가 2만여 개의 푸른색 타일로 장식되어 있어 '블루 모스크'라고도 불린다.

B 새로운 항로의 개척

1 신항로 개척의 배경과 전개

(1) **배경:** 동방에 대한 유럽인의 호기심 증대, 동방과의 직접적인 교역로 모색, 천문학과 지리학 발전, 항해술 발달

(2) **전개**

❸□□□□	아시아로 가는 동쪽 항로 개척(바르톨로메우 디아스, 바스쿠 다가마)
에스파냐	대서양으로 돌아가는 서쪽 항로 개척(콜럼버스, 마젤란 일행)

2 세계 교역망의 확립

(1) **무역 중심지의 이동:** 지중해에서 **❹**□□□(으)로 무역 중심지 이동 ➡ 삼각 무역의 형태로 발전

(2) **교역 양상의 변화:** 새로운 항로로 아시아의 여러 나라와 교역

탐구 ▷ 신항로 개척 이후 교역의 모습

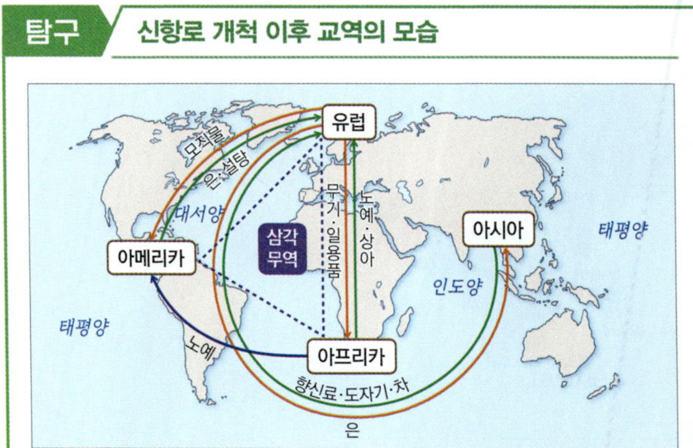

신항로 개척 이후 무역은 유럽, 아메리카, 아프리카를 잇는 삼각 무역의 형태로 발전하였다. 유럽인은 아메리카 대륙에 대농장을 짓고 아프리카 노예를 동원하여 상품 작물을 생산하였다. 생산한 작물은 다시 유럽에 되팔아 큰 이익을 남겼다. 한편, 유럽의 여러 나라는 동인도 회사를 세우고 아시아로 진출하였다.

(3) **유럽 사회의 변화:** 아메리카로부터 새로운 작물 전래, 아메리카의 금·은이 다량 유입되어 물가 상승(가격 혁명), 상공업·금융업 발달(상업 혁명)

3 아메리카와 아프리카의 변화

아메리카	에스파냐가 아스테카 문명과 잉카 문명 등 고대 문명 파괴, 원주민이 대농장에서의 상품 작물 재배, 광산에서의 금·은 채굴에 동원됨
아프리카	아메리카 원주민 인구 감소 ➡ 아프리카 원주민을 노예로 동원(노예 무역) ➡ 인구 감소와 성비 불균형, 부족 간의 갈등 심화

C 재정·군사 국가의 등장

1 종교 개혁과 종교 전쟁

(1) **종교 개혁**　└• 로마 가톨릭교회가 신자에게 돈을 받고 교황의 이름
　　　　　　　　으로 죽은 뒤의 벌을 면제해 준 문서를 말한다.

루터	교황의 면벌부 판매를 비판하는 「95개조 반박문」 발표
칼뱅	*예정설 주장, 근면과 절약으로 부의 축적 강조

(2) **영국 국교회**: 국왕(헨리 8세)이 영국 교회의 수장임을 선포

(3) **종교 전쟁**: 로마 가톨릭교회(구교)와 신교의 대립이 심화됨
➡ 독일 지역에서 30년 전쟁 발발(국제전으로 확대) ➡ 베스
트팔렌 조약으로 전쟁 종결(1648)

2 재정·군사 국가

(1) **성립**: 16~17세기 많은 전쟁을 겪으면서 유럽에서 강한 군사
력, 효율적인 징세 제도, 중앙 집권적 행정 기구를 갖춘 재정·
군사 국가 등장

(2) **특징**

① 군사: 화약 무기로 무장, ❺ ☐☐☐ 중심의 대규모 군대
편성, 별 모양 요새 구축

② 경제
- 행정 기구·관료제 확대 ➡ 많은 세금을 효율적으로 징수
- ❻ ☐☐☐☐ 정책 실시(수입 제한, 수출 확대)
- 국내 산업 보호, 식민지 확보 경쟁

(3) **대표적인 재정·군사 국가**

영국	• 엘리자베스 1세가 에스파냐의 무적함대 격파, 동인도 회사를 설립하여 해외 시장 개척 ➡ *젠트리의 성장 • 청교도 혁명: 찰스 1세가 의회 무시, 청교도 탄압 ➡ 의회가 권리 청원 제출 ➡ 찰스 1세의 의회 해산 ➡ 크롬웰이 이끈 의회파가 찰스 1세 처형, ❼ ☐☐☐ 수립 → 이후 크롬웰이 독재 정치를 펼쳤다. • 제임스 2세가 의회 무시 ➡ 메리와 윌리엄이 왕으로 즉위(명예혁명), 의회의 ❽ ☐☐☐☐ 수용
프랑스	루이 14세가 왕권신수설 주장, 베르사유 궁전 건립, ❾ ☐☐☐ 을/를 등용하여 중상주의 정책 추진, 상비군 강화

3 과학과 철학의 발전

(1) **과학 혁명**: 세상을 합리적으로 바라보는 과학적 사고방식의
확립에 기여(갈릴레이의 지동설과 뉴턴의 만유인력 법칙 등)

(2) **근대 철학의 발전**

① 데카르트: 신과 분리된 인간의 이성 강조

② 로크: 사회 계약설 및 저항권 주장

③ ❿ ☐☐☐☐ : 18세기에 등장, 인간의 이성이 사회를
진보하게 한다고 믿음(몽테스키외, 볼테르, 루소 등) ➡ 미국
혁명과 프랑스 혁명에 영향을 줌

기출 PICK A-2

오스만 제국의 예니체리 양성

예니체리는 술탄에게 충성을 맹세하는 대신 세
금을 면제받는 등 특별한 대우를 받았다. 이들
은 오스만 제국의 정복 전쟁에서 크게 활약하
였으며, 능력이 뛰어난 사람은 고위 관리가 될
수도 있었다.

← 예니체리

기출 PICK B-1

신항로 개척의 전개

- 바르톨로메우 디아스: 아프리카 남쪽 끝의 희망봉에 도착
- 바스쿠 다가마: 희망봉을 돌아 인도의 캘리컷에 도착
- 콜럼버스: 대서양을 건너 아메리카의 서인도 제도에 도착
- 마젤란 일행: 태평양을 가로질러 최초로 세계 일주

기출 PICK C-1

루터의 「95개조 반박문」

제20조	교황이 모든 벌을 면제한다고 선언한다면 그것은 진정한 의미에서의 모든 벌이 아니라 단지 교황 자신이 내린 벌을 면제한다는 것뿐이다.
제36조	진실로 회개한 크리스트교도는 면벌부가 없어도 벌이나 죄에서 완전히 해방된다.

독일의 성직자 루터는 신앙과 신의 은총으로만 구원받을 수 있다며
교황의 면벌부 판매를 비판하였다.

용어

★ **술탄 칼리프**: 정치 지배자인 술탄과 종교 지배자인 칼리프를 합한 말

★ **예정설**: 인간의 구원은 미리 예정되어 있다는 주장

★ **젠트리**: 귀족과 자영농 사이의 지주층

답	❶ 칼리프	❷ 예니체리	❸ 포르투갈	❹ 대서양	❺ 상비군
	❻ 중상주의	❼ 공화정	❽ 권리 장전	❾ 콜베르	❿ 계몽사상

◆ **빈칸에 들어갈 알맞은 말을 쓰시오.**

411 1299년에 오늘날의 튀르키예 지역에서 오스만이 튀르크 부족을 모아 (   )을/를 건국하였다.

412 (   )은/는 내부가 푸른색 타일로 장식되어 있어 '블루 모스크'라고도 불린다.

413 포르투갈의 (   )은/는 희망봉을 돌아 인도의 캘리컷에 도착하였다.

414 스위스의 칼뱅은 인간의 구원은 미리 예정되어 있다는 (   )을/를 주장하였다.

415 재정·군사 국가는 수입은 제한하고 수출은 늘리는 (   ) 정책을 실시하였다.

416 17세기 영국에서는 (   )이/가 이끈 의회파가 전쟁에서 승리한 뒤 찰스 1세를 처형하고 공화정을 수립하였다.

◆ **밑줄 친 부분을 올바르게 고치시오.**

417 오스만 제국의 <u>메흐메트 2세</u>는 헝가리를 정복하고 오스트리아의 수도 빈을 공격하였다.

418 신항로 개척 당시 <u>영국</u>은 바르톨로메우 디아스의 항해를 지원하였다.

419 영국의 헨리 8세는 국왕이 영국 교회의 수장임을 선포하며 <u>그리스 정교</u>를 수립하였다.

420 제임스 2세의 딸 메리와 그의 남편 윌리엄이 왕으로 즉위 후 의회의 <u>권리 청원</u>을 수용하였다.

421 엘리자베스 1세는 왕권신수설을 주장하고 <u>베르사유 궁전</u>을 건립하였다.

422 17세기에 <u>갈릴레이</u>는 신과 분리된 인간의 이성을 강조하며 근대 철학의 토대를 마련하였다.

A 오스만 제국의 성장

[423~424] 다음을 보고 물음에 답하시오.

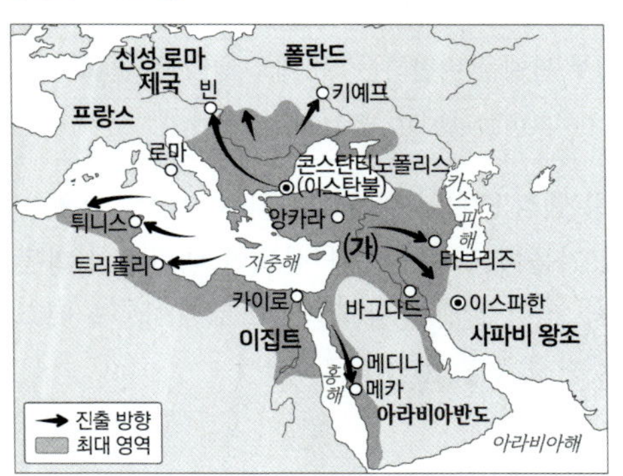

423 하

위 지도의 (가)에 해당하는 나라를 쓰시오.

(   )

424 중

위 지도의 (가)에 대한 설명으로 옳은 것은?

① 우마이야 왕조를 무너뜨렸다.
② 신항로 개척에 적극적으로 나섰다.
③ 오스만이 튀르크 부족을 모아 건국하였다.
④ 아우랑제브 황제 때 최대 영토를 차지하였다.
⑤ 힌두교와 이슬람교를 절충한 시크교를 발전시켰다.

425 중

㉠, ㉡에 들어갈 인물로 옳은 것은?

- (㉠)은/는 헝가리를 정복하고 유럽 연합 함대를 무찔렀다.
- (㉡)은/는 비잔티움 제국을 정복하고 콘스탄티노폴리스를 오스만 제국의 수도로 삼았다.

	㉠	㉡
①	셀림 1세	술레이만 1세
②	메흐메트 2세	셀림 1세
③	메흐메트 2세	술레이만 1세
④	술레이만 1세	셀림 1세
⑤	술레이만 1세	메흐메트 2세

426 중

선생님의 질문에 대한 학생들의 답변으로 가장 적절한 것은?

① 상수시 궁전을 건설하였습니다.
② 러시아와 네르친스크 조약을 맺었습니다.
③ 오스트리아의 수도 빈을 공격하였습니다.
④ 『유스티니아누스 법전』을 편찬하였습니다.
⑤ 5대 10국의 분열을 수습하고 나라를 세웠습니다.

427 중

오스만 제국의 발전 과정을 순서대로 나열한 것은?

> (가) 비잔티움 제국을 정복하였다.
> (나) 술탄 칼리프 제도를 확립하였다.
> (다) 유럽의 연합 함대를 격파하였다.

① (가) – (나) – (다)
② (가) – (다) – (나)
③ (나) – (가) – (다)
④ (나) – (다) – (가)
⑤ (다) – (나) – (가)

428 하

다음을 통해 알 수 있는 오스만 제국에 대한 설명으로 가장 적절한 것은?

> 오스만 제국은 이슬람교도가 아니어도 지즈야(인두세)를 내면 자치 공동체를 이루어 자신들의 종교와 언어, 풍습을 유지할 수 있도록 하였다.

① 관용 정책을 실시하였다.
② 몽골인을 가장 우대하였다.
③ 한족의 전통을 회복하였다.
④ 이슬람 제일주의를 내세웠다.
⑤ 페르시아인의 민족의식을 일깨웠다.

429 상 | 서술형 |

다음에서 설명하는 조직의 특징을 종교와 관련지어 서술하시오.

> 술탄의 친위 부대이자 정예 부대로, 오스만 제국의 팽창에 기여하였다. 이들은 술탄에게 충성을 맹세하고 세금을 면제받는 등 특별한 대우를 받았다.

430 중

오스만 제국의 통치 정책에 대한 설명으로 옳은 것을 〈보기〉에서 고른 것은?

> ─── 〈 보기 〉 ───
> ㄱ. 아랍인 우대 정책을 펼쳤다.
> ㄴ. 밀레트의 자치를 인정하였다.
> ㄷ. 인두세인 지즈야를 폐지하였다.
> ㄹ. 능력에 따라 인재를 뽑아 중요한 관직에 임명하였다.

① ㄱ, ㄴ   ② ㄱ, ㄷ   ③ ㄴ, ㄷ
④ ㄴ, ㄹ   ⑤ ㄷ, ㄹ

431 중

밑줄 친 '이 국가'의 경제에 대한 설명으로 옳지 않은 것은?

> 사진은 이 국가의 대표적인 건축물인 술탄 아흐메트 사원이다. 내부를 푸른색 타일로 장식하여 '블루 모스크'라고도 불린다.

① 동서 교역로를 장악하였다.
② 수도 이스탄불이 국제 도시로 성장하였다.
③ 홍해와 지중해를 통해 아라비아 및 유럽과 교역하였다.
④ 동인도 회사를 설립하고 아시아 여러 나라에 진출하였다.
⑤ 그랜드 바자르에서 담배, 커피 등 세계 각지의 산물이 거래되었다.

432 중

다음은 어느 역사책의 목차이다. 밑줄 친 ㉠~㉤ 중 적절하지 않은 것은?

오스만 제국의 문화	
1. ㉠ 세밀화가 유행하다	14쪽
2. ㉡ 일상에서 우르두어가 쓰이다	16쪽
3. ㉢ 술탄 아흐메트 사원을 세우다	19쪽
4. ㉣ 건축물을 아라베스크로 장식하다	22쪽
5. ㉤ 천문학, 수학 등 실용적인 학문을 꽃피우다	24쪽

① ㉠　　② ㉡　　③ ㉢　　④ ㉣　　⑤ ㉤

B 새로운 항로의 개척

433 중

빈칸에 들어갈 내용으로 적절하지 않은 것은?

수행 평가 보고서
• 탐구 주제: 신항로 개척의 배경
• 탐구 결과:

① 선박 제조 기술이 발달하였다.
② 천문학과 지리학이 발전하였다.
③ 동방의 상품이 유럽에서 인기가 있었다.
④ 셀주크 튀르크가 예루살렘을 점령하였다.
⑤ 유럽인이 동방에 대한 호기심을 갖게 되었다.

434 하

㉠에 들어갈 나라들로 옳은 것은?

대서양 연안에 위치하여 지중해 무역에서 소외되어 있었던 (㉠)은/는 동방과 직접 교역하기 위해 신항로 개척에 앞장섰다.

① 영국, 프랑스
② 영국, 이탈리아
③ 러시아, 에스파냐
④ 프랑스, 포르투갈
⑤ 에스파냐, 포르투갈

435 중

지도에 나타난 항해에 대해 학생들이 나눈 대화 내용으로 가장 적절한 것은?

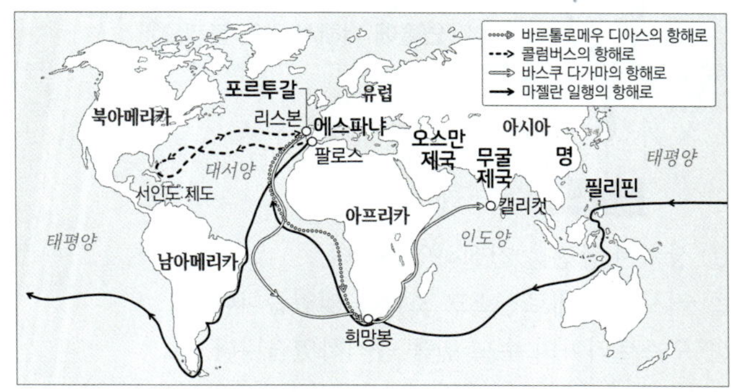

① 세계 일주에 성공한 탐험가는 바스쿠 다가마야.
② 포르투갈은 아시아로 가는 동쪽 항로를 개척하였어.
③ 탐험가들의 활동 이후 지중해 무역이 발달하게 되었어.
④ 콜럼버스는 희망봉을 돌아 인도의 캘리컷에 도착하였어.
⑤ 바르톨로메우 디아스는 대서양을 횡단하여 서인도 제도에 도착하였어.

436 하

신항로 개척 이후 유럽에 나타난 변화로 적절하지 않은 것은?

① 가격 혁명이 발생하였다.
② 상업과 제조업이 발전하였다.
③ 지중해 연안의 국가들이 번영하였다.
④ 동방에서 향료, 차, 면직물 등이 들어왔다.
⑤ 아메리카로부터 담배, 감자, 옥수수 등이 전래되었다.

437 중

다음과 같은 상황이 나타나게 된 배경으로 적절한 것을 〈보기〉에서 고른 것은?

유럽인의 아메리카 진출 이후 아메리카 원주민 수가 급격히 감소하였다.

〈 보기 〉

ㄱ. 훈족의 압박을 받았다.
ㄴ. 상품 작물 재배에 동원되어 가혹한 노동에 시달렸다.
ㄷ. 흑사병의 유행으로 유럽 인구의 약 3분의 1이 줄었다.
ㄹ. 유럽에서 들어온 천연두, 홍역 등의 질병에 노출되었다.

① ㄱ, ㄴ　　② ㄱ, ㄷ　　③ ㄴ, ㄷ
④ ㄴ, ㄹ　　⑤ ㄷ, ㄹ

438 하

다음에서 설명하는 문명으로 옳은 것은?

안데스고원에서 제국을 이루며 번영하였던 문명이다. 그러나 에스파냐의 피사로가 총으로 무장한 병력을 이끌고 와 이 문명을 파괴하였다.

← 아메리카를 정복하는 피사로

① 마야 문명
② 인도 문명
③ 잉카 문명
④ 이집트 문명
⑤ 아스테카 문명

[439~440] 다음을 보고 물음에 답하시오.

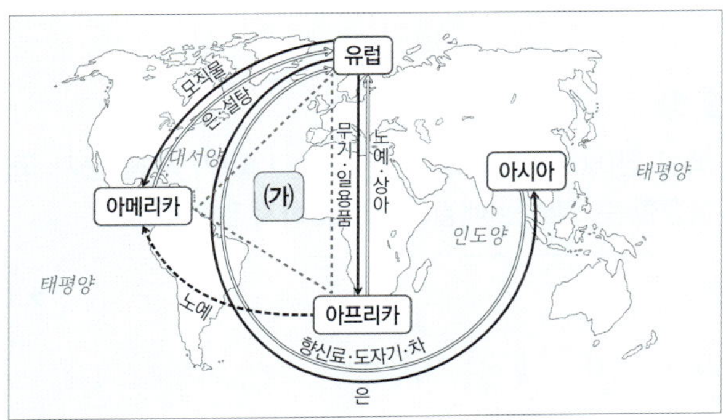

439 중

위 지도의 (가)에 들어갈 무역의 형태에 대한 설명으로 옳은 것을 〈보기〉에서 고른 것은?

── 보기 ──
ㄱ. 교황의 주도로 전개되었다.
ㄴ. 대서양을 중심으로 이루어졌다.
ㄷ. 신항로가 개척된 이후 발달하였다.
ㄹ. 유럽의 물가가 떨어지는 데 영향을 주었다.

① ㄱ, ㄴ
② ㄱ, ㄷ
③ ㄴ, ㄷ
④ ㄴ, ㄹ
⑤ ㄷ, ㄹ

440 하

위 지도의 (가) 무역이 아메리카에 미친 영향으로 적절하지 <u>않은</u> 것은?

① 대농장에서 상품 작물이 재배되었다.
② 원주민들이 가혹한 노동에 시달렸다.
③ 아스테카 문명과 잉카 문명이 발전하였다.
④ 새로운 질병으로 많은 사람이 목숨을 잃었다.
⑤ 원주민이 광산에서 금과 은을 채굴하는 데 동원되었다.

441 중 | 서술형 |

신항로 개척으로 전개된 삼각 무역이 아프리카에 미친 영향을 두 가지 서술하시오.

C 재정·군사 국가의 등장

442 중

다음 글을 발표한 인물에 대한 설명으로 옳은 것은?

> 제20조 교황이 모든 벌을 면제한다고 선언한다면 그것은 진정한 의미에서의 모든 벌이 아니라 단지 교황 자신이 내린 벌을 면제한다는 것뿐이다.
>
> 제36조 진실로 회개한 크리스트교도는 면벌부가 없어도 벌이나 죄에서 완전히 해방된다.

① 스콜라 철학을 집대성하였다.
② 로마 교황의 면벌부 판매에 반발하였다.
③ 영국 교회의 수장은 왕이라고 선언하였다.
④ 인간의 구원은 이미 정해져 있다고 하였다.
⑤ 부자가 되는 것은 신의 은혜라고 주장하였다.

443 중

칼뱅의 주장으로 옳은 것을 〈보기〉에서 고른 것은?

── 보기 ──
ㄱ. 지구가 태양 주위를 돈다.
ㄴ. 근면하고 절약하여야 한다.
ㄷ. 진실로 회개하면 벌을 면할 수 있다.
ㄹ. 인간의 구원은 신이 이미 정해 놓았다.

① ㄱ, ㄴ
② ㄱ, ㄷ
③ ㄴ, ㄷ
④ ㄴ, ㄹ
⑤ ㄷ, ㄹ

444 (상)

(가)에 들어갈 답변으로 적절한 것을 〈보기〉에서 고른 것은?

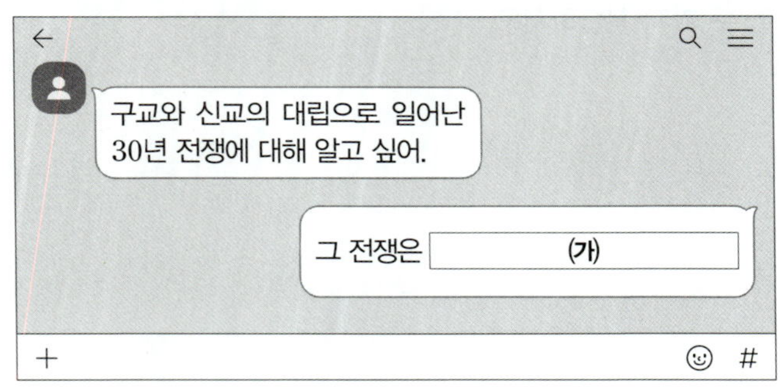

〈 보기 〉
ㄱ. 국제전으로 확대되었어.
ㄴ. 베스트팔렌 조약으로 종결되었어.
ㄷ. 봉건제가 성립하는 계기가 되었어.
ㄹ. 장원이 해체되는 데 영향을 주었어.

① ㄱ, ㄴ　　　② ㄱ, ㄷ　　　③ ㄴ, ㄷ
④ ㄴ, ㄹ　　　⑤ ㄷ, ㄹ

445 (중)

밑줄 친 ㉠~㉤ 중 옳지 않은 것은?

오랜 기간 이어진 전쟁으로 재정·군사 국가의 군사 기술이 크게 발전하였다. ㉠ 군대는 중무장한 기사 중심으로 변화하였으며, ㉡ 화약 무기를 사용하였다. ㉢ 군대의 규모는 확대되었다. 그 결과 ㉣ 군대를 유지하는 데 많은 비용이 필요해졌다. 한편, 재정·군사 국가는 대포의 공격을 견디기 위한 ㉤ 별 모양 요새를 구축하기도 하였다.

① ㉠　　② ㉡　　③ ㉢　　④ ㉣　　⑤ ㉤

446 (하)

재정·군사 국가의 경제 정책에 대한 설명으로 옳지 않은 것은?

① 수입은 확대하고 수출은 제한하였다.
② 국가의 부를 늘리기 위해 추진되었다.
③ 국가가 경제에 적극적으로 개입하였다.
④ 외국에서 수입하는 물품에 관세를 부과하였다.
⑤ 원료와 상품 시장을 확보하기 위해 해외에 식민지를 개척하였다.

447 (중)

밑줄 친 ㉠을 뒷받침하는 사례로 적절한 것을 〈보기〉에서 고른 것은?

유럽에서는 ㉠ 강한 군사력, 효율적인 징세 제도, 중앙 집권적 행정 기구를 갖춘 재정·군사 국가가 등장하였다.

〈 보기 〉
ㄱ. 영국 국교회가 세워졌다.
ㄴ. 행정 기구와 관료제가 확대되었다.
ㄷ. 주군과 봉신 사이의 계약 관계가 강화되었다.
ㄹ. 화약 무기로 무장한 상비군 중심의 군대가 편성되었다.

① ㄱ, ㄴ　　　② ㄱ, ㄷ　　　③ ㄴ, ㄷ
④ ㄴ, ㄹ　　　⑤ ㄷ, ㄹ

448 (중)

다음 핵심 단어(해시태그)와 관련 있는 나라가 재정·군사 국가로 성장할 수 있었던 배경으로 적절하지 않은 것은?

동인도 회사　　# 인클로저 운동　　# 엘리자베스 1세

① 강력한 해군력을 보유하였다.
② 정부와 의회의 협력이 이루어졌다.
③ 아시아로 진출하며 해외 시장을 개척하였다.
④ 콜베르를 등용하여 중상주의 정책을 실시하였다.
⑤ 상업적 농업의 발달로 상공업자 계층이 성장하였다.

449 (상)

다음 편지를 받은 인물이 한 일로 옳지 않은 것은?

폐하, 모든 무역에서 국내 산업에 도움이 되는 상품을 수입할 때는 세금을 면제해 주고, 외국에서 만들어진 상품을 들여올 때는 세금을 부과해야 합니다.

– 콜베르, 「1664년 국왕에게 바치는 의견서」

① 베르사유 궁전을 건축하였다.
② 자신을 태양신에 비유하였다.
③ 중상주의 정책을 시행하였다.
④ 에스파냐의 무적함대를 격파하였다.
⑤ 신분제 의회를 소집하지 않고 세금을 징수하였다.

450 하

㉠에 들어갈 문서를 쓰시오.

> 영국 국왕 찰스 1세가 의회를 무시하고 청교도를 탄압하자 의회는 의회의 동의 없는 과세를 금지하도록 한 내용 등을 담은 (㉠)을/를 제출하였다.

(   )

451 중

청교도 혁명의 결과로 옳은 것을 〈보기〉에서 고른 것은?

──── 보기 ────
ㄱ. 공화정이 수립되었다.
ㄴ. 찰스 1세가 처형되었다.
ㄷ. 권리 장전이 승인되었다.
ㄹ. 제임스 1세가 즉위하였다.

① ㄱ, ㄴ　　② ㄱ, ㄷ　　③ ㄴ, ㄷ
④ ㄴ, ㄹ　　⑤ ㄷ, ㄹ

452 상

다음 문서가 영국에서 승인된 시기를 연표에서 고른 것은?

> 제1조　국왕은 의회의 동의 없이 법의 효력을 정지하거나 법의 집행을 막을 수 없다.
> 제4조　국왕이 의회의 승인 없이 세금을 거두는 것은 위법이다.
> 제6조　의회의 동의 없이 왕국 내에서 군대를 모으거나 유지하는 것은 위법이다.

(가)	(나)	(다)	(라)	(마)
엘리자베스 1세 사망	찰스 1세 즉위	청교도 혁명	찰스 2세 즉위	메리와 윌리엄 즉위	잉글랜드 은행 설립

① (가)　② (나)　③ (다)　④ (라)　⑤ (마)

453 중

밑줄 친 ㉠의 사례로 적절하지 **않은** 것은?

> 17~18세기 근대 과학은 ㉠ '과학 혁명'이라고 불릴 만큼 놀라운 발전을 거듭하였다. 이는 세상을 합리적으로 바라보는 새로운 사고방식을 확립하는 데 크게 기여하였다.

① 갈릴레이가 지동설을 발표하였다.
② 이드리시가 세계 지도를 제작하였다.
③ 뉴턴이 만유인력의 법칙을 발견하였다.
④ 페르마와 파스칼의 확률 이론이 등장하였다.
⑤ 윌리엄 하비가 혈액 순환 이론을 완성하였다.

454 중

다음 인물들의 공통점으로 가장 적절한 것은?

> • 루소　　• 볼테르　　• 몽테스키외

① 주로 17세기에 활동하였다.
② 진리의 상대성을 강조하였다.
③ 신항로 개척에 영향을 주었다.
④ 불합리한 제도와 전통을 개혁해야 한다고 주장하였다.
⑤ 신앙이 사회를 진보하게 하는 중요한 요소라고 보았다.

455 상 | 서술형 |

두 인물의 주장이 세계사에 미친 영향을 서술하시오.

456

밑줄 친 ㉠~㉤에 대한 설명으로 옳지 <u>않은</u> 것은?

> ㉠ 송 태조는 중앙 집권 체제를 강화하고자 여러 정책을 추진하였다. 그러나 송은 지나친 문치주의로 군사력이 약화되어 ㉡ 북방 민족의 공격을 자주 받았다. 이러한 위기를 극복하기 위해 ㉢ 왕안석이 개혁을 시도하였으나, 보수파 관료의 반대로 실패하였다. 한편, 송은 ㉣ 수공업과 상업이 활성화되어 경제적으로 크게 발전하였다. 또한 도시가 성장하고 ㉤ 서민 문화가 발달하였다.

① ㉠ – 중앙군을 황제 직속으로 두었다.
② ㉡ – 거란, 서하 등이 있었다.
③ ㉢ – 농민과 상인에게 낮은 이자로 돈을 빌려준다는 내용이 담겨 있었다.
④ ㉣ – 지폐와 동전의 사용이 활발해지는 계기가 되었다.
⑤ ㉤ – 경극이 유행하였다.

457

다음은 원의 사회 구조를 나타낸 도표이다. 이에 대한 설명으로 옳지 <u>않은</u> 것은?

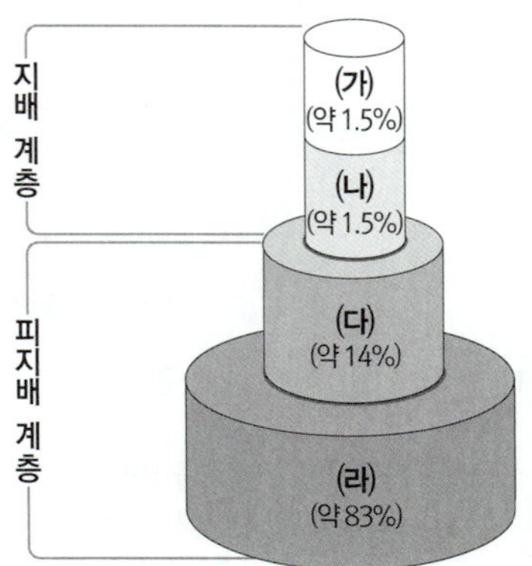

① (가) – 주요 관직을 독점하였다.
② (나) – 재정과 행정을 담당하였다.
③ (다) – 서아시아와 중앙아시아 등에서 온 외국인으로 구성되었다.
④ (라) – 남송 지배하에 있던 한족이었다.
⑤ (가)~(라) – 원의 몽골 제일주의에 따라 사회 계층을 구성하였다.

458

다음은 한 학생의 역사 형성 평가지이다 이 학생이 얻게 될 점수로 옳은 것은?

역사 형성 평가지

• 다음을 읽고 맞으면 ○표, 틀리면 ×표 하시오.

문제	학생 답안	배점
1. 명대에는 『홍루몽』 등의 소설이 유행하였다.	×	1점
2. 명의 영락제는 정화의 함대를 해외에 파견하였다.	○	1점
3. 청은 이자성이 이끄는 농민군의 반란으로 멸망하였다.	×	1점
4. 청대에는 이론과 형식보다 실천을 강조하는 양명학이 유행하였다.	○	1점
5. 명·청대에는 은을 화폐로 사용하였으며 정부가 은으로 세금을 거두었다.	○	1점

① 1점　　② 2점　　③ 3점　　④ 4점　　⑤ 5점

459

다음은 일본 무사 정권의 흐름을 정리한 것이다. (가) 시기에 있었던 일로 옳은 것을 〈보기〉에서 고른 것은?

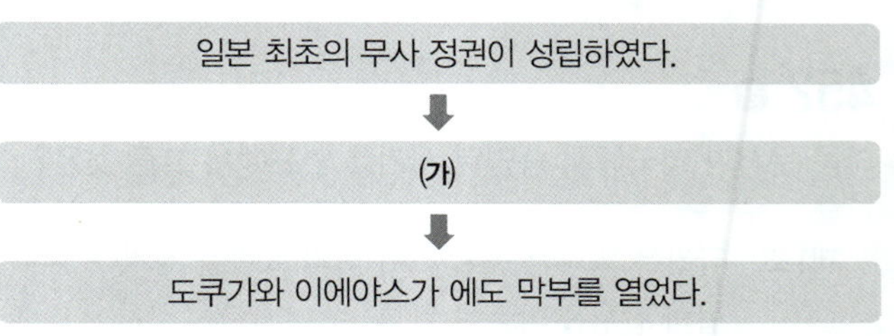

〈 보기 〉
ㄱ. 임진왜란이 발발하였다.
ㄴ. 전국 시대가 전개되었다.
ㄷ. 무로마치 막부가 성립하였다.
ㄹ. '일본'이라는 국호를 처음 사용하였다.
ㅁ. 나가사키에 인공 섬인 데지마가 조성되었다.

① ㄱ, ㄴ　　　② ㄴ, ㄷ　　　③ ㄹ, ㅁ
④ ㄱ, ㄴ, ㄷ　　⑤ ㄷ, ㄹ, ㅁ

460

(가)는 A와 B의 공통점에 해당한다. (가)에 들어갈 내용으로 옳은 것은?

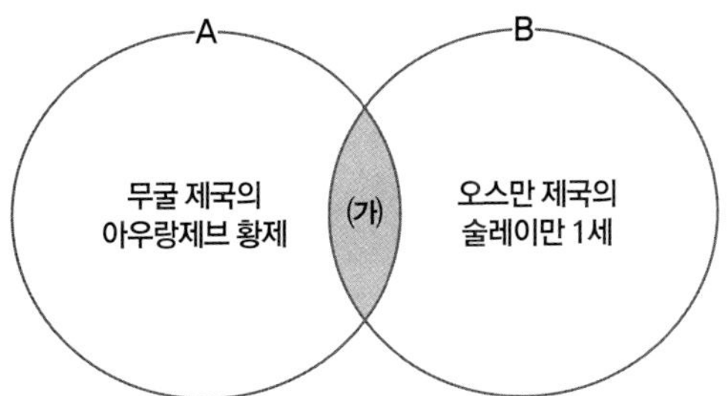

① 중상주의 정책을 시행하였다.
② 조로아스터교를 국교로 삼았다.
③ 제국의 영토를 최대로 확장하였다.
④ 인도·이슬람 문화 형성에 기여하였다.
⑤ 다른 종교에 대한 관용 정책을 실시하였다.

461

다음은 오스만 제국에 대한 ○× 문제이다. 문제의 답을 순서대로 나열한 것은?

> ㉠ 오스만 제국은 지즈야를 폐지하였다.
> ㉡ 오스만 제국은 비잔티움 제국을 정복하였다.
> ㉢ 오스만 제국 사람들은 일상에서 우르두어를 사용하였다.
> ㉣ 오스만 제국에서는 바자르를 중심으로 커피 문화가 발달하였다.
> ㉤ 오스만 제국이 모스크로 사용하였던 성 소피아 대성당은 '블루 모스크'라고도 불린다.

	㉠	㉡	㉢	㉣	㉤
①	○	○	×	○	○
②	○	×	○	×	○
③	×	○	○	○	○
④	×	○	○	○	○
⑤	×	○	×	○	×

462

다음은 유럽의 여러 나라를 구분하는 과정이다. 이에 대한 설명으로 옳은 것을 〈보기〉에서 고른 것은?

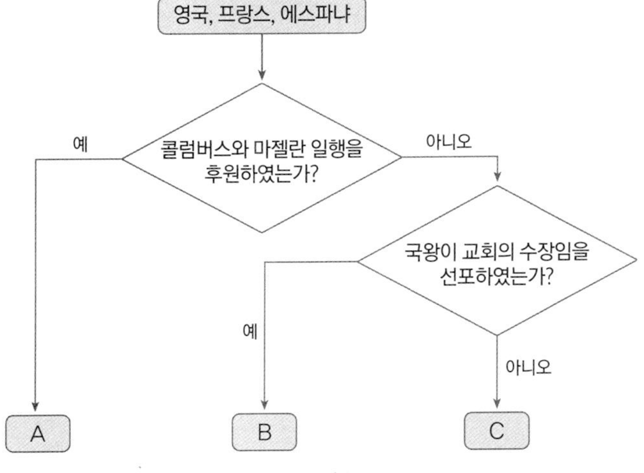

> 〈 보기 〉
> ㄱ. A의 성직자 루터가 「95개조 반박문」을 발표하였다.
> ㄴ. B는 상공업자와 협력하여 재정·군사 국가로 성장하였다.
> ㄷ. C의 루이 14세는 왕권신수설을 주장하였다.
> ㄹ. A, B, C는 신항로 개척을 주도하였다.

① ㄱ, ㄴ　　　② ㄴ, ㄷ　　　③ ㄷ, ㄹ
④ ㄱ, ㄴ, ㄷ　　　⑤ ㄴ, ㄷ, ㄹ

463

다음 상황이 배경이 되어 일어난 혁명에 대한 설명으로 옳은 것을 〈보기〉에서 고른 것은?

> 17세기 영국에서 시민 계급과 젠트리가 성장하였고, 이들 가운데 많은 수의 청교도가 의회에 진출하였다. 그러나 찰스 1세는 의회를 무시하고 청교도를 탄압하였다.

> 〈 보기 〉
> ㄱ. 의회가 권리 장전을 제출하였다.
> ㄴ. 혁명 이후 크롬웰이 독재 정치를 펼쳤다.
> ㄷ. 의회파와 왕당파 사이에 내전이 일어났다.
> ㄹ. 영국에서 공화정이 세워지는 계기가 되었다.
> ㅁ. 의회가 메리와 윌리엄을 공동 왕으로 추대하였다.

① ㄱ, ㄷ　　　② ㄴ, ㄷ　　　③ ㄹ, ㅁ
④ ㄴ, ㄷ, ㄹ　　　⑤ ㄷ, ㄹ, ㅁ

MEMO

실전 대비 BOOK

중학 역사 ① · 1

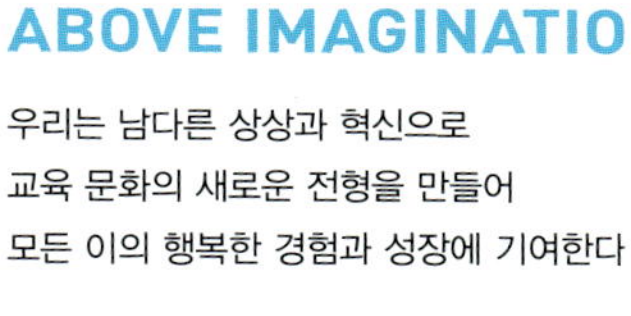

ABOVE IMAGINATION

우리는 남다른 상상과 혁신으로
교육 문화의 새로운 전형을 만들어
모든 이의 행복한 경험과 성장에 기여한다

실전 대비 BOOK

464
1 (가), (나)에 대한 설명으로 옳은 것은?

> (가) 사실로서의 역사
> (나) 기록으로서의 역사

① (가) – 주관적 의미의 역사를 말한다.
② (가) – 기록자의 관점과 해석이 담겨 있다.
③ (나) – 객관적 의미의 역사를 말한다.
④ (나) – 과거에 일어난 사실 그 자체이다.
⑤ (나) – 역사가가 선택한 과거의 사실이다.

465
2 역사 자료의 사례로 옳은 것을 〈보기〉에서 고른 것은?

> —— 보기 ——
> ㄱ. 그림 – 선사 시대의 주거를 생생하게 묘사하였다.
> ㄴ. 도표 – 로마 제국의 최대 영역과 수도를 표시하였다.
> ㄷ. 연표 – 그리스·페르시아 전쟁을 시간 순으로 나타냈다.
> ㄹ. 역사 지도 – 알렉산드로스 제국의 인구를 숫자로 정리하였다.

① ㄱ, ㄴ   ② ㄱ, ㄷ   ③ ㄴ, ㄷ
④ ㄴ, ㄹ   ⑤ ㄷ, ㄹ

466
3 다음 사례를 역사 탐구의 절차대로 나열한 것은?

> (가) '밀면의 역사'를 탐구 주제로 정한다.
> (나) 여러 밀면 가게 사장님들을 인터뷰한다.
> (다) 탐구한 내용을 5분짜리 동영상으로 제작한다.
> (라) 수집한 인터뷰 자료와 공공기관의 문헌 자료를 비교한다.

① (가) – (나) – (라) – (다)   ② (가) – (다) – (라) – (나)
③ (다) – (가) – (라) – (나)   ④ (가) – (나) – (라) – (가)
⑤ (라) – (다) – (가) – (나)

467
4 다음에서 설명하는 인류의 특징으로 옳은 것은?

> 약 390만 년 전에 아프리카 지역에서 등장한 최초의 인류이다.

① 동굴에 벽화를 그렸다.
② 직립 보행을 시작하였다.
③ 처음으로 불을 사용하였다.
④ 간단한 언어를 사용하기 시작하였다.
⑤ 죽은 자를 땅속에 묻는 풍습이 생겼다.

468
5 다음 문화유산을 만든 사람들의 생활 모습으로 가장 적절한 것은?

① 막집을 지어 거주하였다.
② 목축 생활을 시작하였다.
③ 주로 강가에서 정착 생활을 하였다.
④ 갈돌과 갈판으로 음식을 조리하였다.
⑤ 가락바퀴와 뼈바늘로 옷을 만들어 입었다.

469
서술형
6 신석기 시대에 나타난 사회 변화 모습을 세 가지 서술하시오.

470

7 (가)에 들어갈 내용으로 적절하지 **않은** 것은?

> 신석기 시대부터 인류는 농사를 짓고 목축을 시작하였다. 이러한 변화를 바탕으로 일부 지역에서는 문명이 발생하였다. 이러한 문명이 발생한 지역을 조사한 결과 ____(가)____ 는 공통점이 있었다.

① 철기를 사용하였다
② 계급이 있는 사회였다
③ 도시 국가가 출현하였다
④ 큰 강 주변에 모여 살았다
⑤ 문자를 사용하여 기록하였다

471

8 (가)~(라) 문명에 대한 설명으로 옳은 것을 〈보기〉에서 고른 것은?

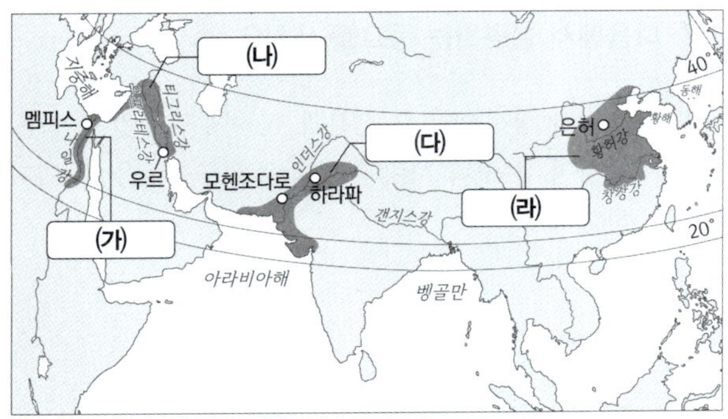

───〈 보기 〉───
ㄱ. (가) – 쐐기 문자가 사용되었다.
ㄴ. (나) – 도시 중앙에 지구라트가 건설되었다.
ㄷ. (다) – 피라미드와 스핑크스가 대표적인 유적이다.
ㄹ. (라) – 중요한 일을 결정할 때 점을 쳐 갑골에 그 내용을 새겼다.

① ㄱ, ㄴ　　② ㄱ, ㄷ　　③ ㄴ, ㄷ
④ ㄴ, ㄹ　　⑤ ㄷ, ㄹ

472

9 다음에서 설명하는 인물을 쓰시오.

> 바빌로니아 왕국의 왕으로, 기원전 1800년경 메소포타미아 지방을 통일하고 통치 체제를 정비하였다.

(　　　　　　　)

473

10 밑줄 친 '이 민족'에 대한 설명으로 옳은 것은?

> 이 민족은 중앙아시아에서 유목 생활을 하다가 기원전 1500년경 인도의 인더스강 유역으로 이동하였다. 이들은 철제 농기구로 농사를 짓고 철제 무기로 정복 활동을 벌여 기원전 1000년경에는 갠지스강 유역까지 진출하였다.

① 카스트제를 만들었다.
② 바빌로니아 왕국을 세웠다.
③ 조로아스터교를 창시하였다.
④ 사후 세계를 믿어 미라를 제작하였다.
⑤ 청동기 문화를 바탕으로 우르 등의 도시 국가를 건설하였다.

474

11 ㉠에 들어갈 왕의 재위 시기에 볼 수 있는 모습으로 적절하지 **않은** 것은?

> 아케메네스 왕조 페르시아의 전성기를 이끈 (㉠)은/는 지중해 연안에서 인더스강까지 영토를 넓혔다.

① 각 주의 행정을 총괄하는 총독
② 조로아스터교 사원에서 기도하는 신자
③ 돌기둥에 불교의 가르침을 새기는 석공
④ '왕의 길'이라는 도로 건설에 참여하는 백성
⑤ '왕의 눈'으로 파견되어 총독을 감찰하는 관리

475

12 다음에서 설명하는 제도로 옳은 것은?

도자기 파편에 독재자가 될 가능성이 높은 사람의 이름을 써 최다 표를 얻은 사람을 일정 기간 나라 밖으로 내쫓는 정치 제도였다.

① 군국제　　　　② 군현제
③ 봉건제　　　　④ 카스트제
⑤ 도편 추방제

476

13 다음 대화의 주제가 된 전쟁의 영향으로 적절한 것은?

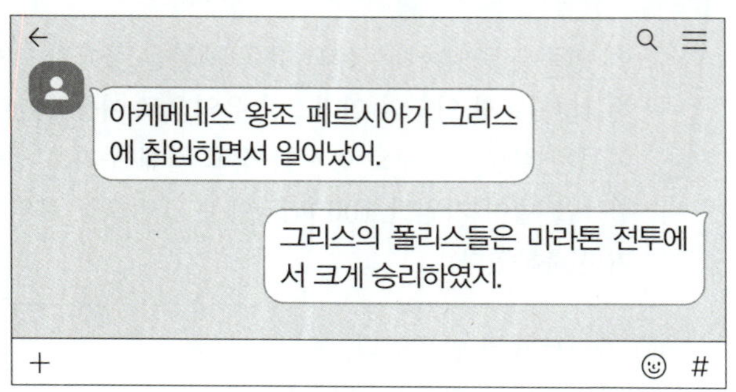

① 카스트제가 만들어졌다.
② 서아시아 지역이 처음으로 통일되었다.
③ 귀족들의 라티푼디움 경영이 심화되었다.
④ '알렉산드리아'라는 도시가 곳곳에 세워졌다.
⑤ 아테네를 중심으로 델로스 동맹이 체결되었다.

477

14 (가), (나)에 대한 설명으로 옳지 <u>않은</u> 것은?

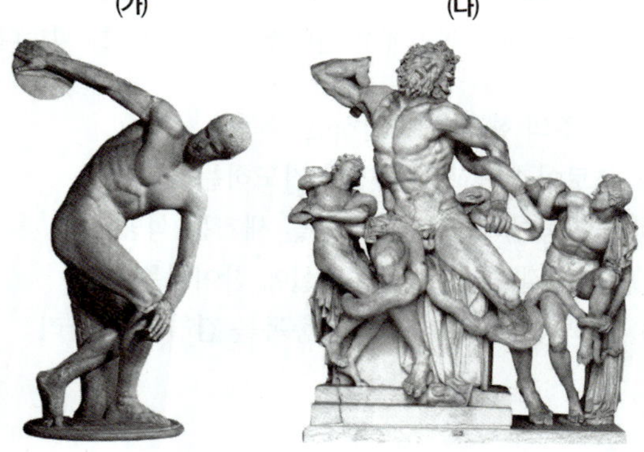

① (가)는 그리스의 대표적인 조각상이다.
② (가)는 조화와 균형을 강조한 조각품이다.
③ (나)는 그리스와 동방 문화의 영향을 받았다.
④ (나)는 인도 문화와 헬레니즘 문화가 융합된 작품이다.
⑤ (나)는 고통받는 인간의 모습을 사실적으로 표현하였다.

478

| 서술형 |

15 헬레니즘 문화의 형성 배경과 특징을 각각 서술하시오.

479

16 로마의 발전과 쇠퇴 과정을 일어난 순서대로 나열한 것은?

(가) 로마가 카르타고와의 전쟁에서 승리하였다.
(나) 그라쿠스 형제가 개혁을 시도하였으나 실패하였다.
(다) 콘스탄티누스 대제가 수도를 콘스탄티노폴리스로 옮겼다.
(라) 옥타비아누스가 원로원으로부터 '아우구스투스'라는 칭호를 받았다.

① (가) – (나) – (라) – (다)
② (가) – (다) – (라) – (나)
③ (다) – (가) – (라) – (나)
④ (다) – (나) – (라) – (가)
⑤ (라) – (나) – (가) – (다)

480

17 다음에서 설명하는 종교를 쓰시오.

예수가 창시하였고, 신분과 민족에 관계없이 모두 평등하며, 누구나 사랑과 믿음으로 구원받을 수 있다고 하였다.

(   )

481

18 지도의 최대 영역을 차지한 나라에 대한 설명으로 옳은 것은?

① 델로스 동맹을 이끌었다.
② 도편 추방제를 실시하였다.
③ 4세기 말 동서로 분리되었다.
④ 펠로폰네소스 전쟁에서 승리하였다.
⑤ 제국 곳곳에 '알렉산드리아'라는 도시가 건설되었다.

482

19 다음 다큐멘터리의 제목으로 가장 적절한 것은?

> **올해의 다큐멘터리를 소개합니다!**
> • **1부**: '인'과 '예'를 강조하는 유가
> • **2부**: 자연의 순리를 중시한 도가
> • **3부**: 차별 없는 사랑을 강조한 묵가

① 제자백가가 등장하다
② 시황제가 사상을 탄압하다
③ 유교가 국가의 통치 이념이 되다
④ 고타마 싯다르타가 불교를 창시하다
⑤ 한비자가 법과 제도의 엄격한 적용을 주장하다

[20~21] 다음을 읽고 물음에 답하시오.

> 춘추 전국 시대의 제후국 중 하나인 진(秦)은 (㉠)을/를 받아들였다. 그리고 주변 나라들을 정복하여 중국을 통일하였다. 통일을 이룬 ㉡ 시황제는 여러 가지 정책을 추진하였다.

483

20 윗글의 ㉠에 들어갈 사상을 쓰시오.

(   )

484

21 윗글의 밑줄 친 ㉡에 대해 **잘못** 설명한 학생은?

① 도량형을 통일하였습니다.
② 장건을 서역에 파견하였습니다.
③ 흉노를 견제하려고 만리장성을 쌓았습니다.
④ 지방을 군과 현으로 나누고 관리를 파견하였습니다.
⑤ 전국 시대의 다양한 화폐를 반량전으로 통일하였습니다.

485

22 한 무제에 대한 설명으로 옳은 것은?

① 군국제를 시행하였다.
② 중국을 최초로 통일하였다.
③ 감찰관으로 '왕의 귀'를 파견하였다.
④ 유교를 국가의 통치 이념으로 삼았다.
⑤ 피정복민의 풍습을 존중한다는 내용을 원통에 새겼다.

486

23 지도의 최대 영역을 차지한 왕으로 옳은 것은?

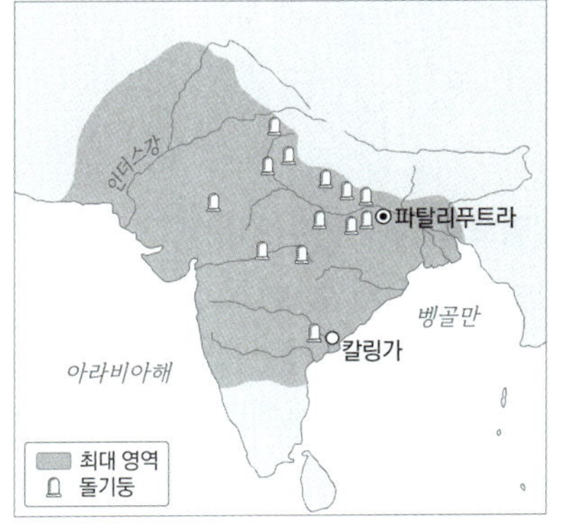

① 한 무제
② 아소카왕
③ 키루스 2세
④ 카니슈카왕
⑤ 알렉산드로스

487

24 선생님의 질문에 대한 학생들의 답변으로 가장 적절한 것은?

① 황제 숭배를 거부하였습니다.
② 아소카왕 때 널리 확산하였습니다.
③ 『베다』를 기본 경전으로 하였습니다.
④ 많은 사람의 구제를 강조하였습니다.
⑤ 세상을 선과 악의 대결이 벌어지는 곳으로 보았습니다.

488

25 (가)~(다) 교역로에 대한 설명으로 옳은 것은?

> (가) 바닷길   (나) 비단길   (다) 초원길

① (가)는 스키타이가 개척하였다.
② (가)는 중국 내륙을 거쳐 로마와 이집트까지 이어졌다.
③ (나)는 기원전 10세기부터 이집트 상인들이 이용하였다.
④ (다)는 장건의 서역 파견을 계기로 개척되었다.
⑤ (가)는 (나)와 (다)가 쇠퇴하면서 동서 교류의 중요한 통로가 되었다.

_____ 학년 _____ 반 _____ 번 이름: _________________

489

1 '역사'에 대한 설명으로 옳지 <u>않은</u> 것은?

① '사실로서의 역사'는 실제 있었던 일을 말한다.
② '기록으로서의 역사'는 주관적인 성격을 지닌다.
③ 동일한 역사적 인물도 기록자에 따라 다르게 평가될 수 있다.
④ '신라가 삼국을 통일하였다.'라는 문장은 '기록으로서의 역사'에 해당하는 역사 서술이다.
⑤ '역사가는 자신을 숨기고 과거가 본래 어떠하였는가를 밝혀야 한다.'라는 주장은 '사실로서의 역사'를 강조한다.

490

2 다음 질문에 대한 답변 중 적절하지 <u>않은</u> 것은?

[질문] 역사를 배움으로써 우리는 무엇을 할 수 있나요?
└ ㉠ 삶의 지혜를 얻을 수 있습니다.
└ ㉡ 역사적 사고력을 기를 수 있습니다.
└ ㉢ 자신의 정체성을 확인할 수 있습니다.
└ ㉣ 우리나라의 문화의 우월성을 세계에 과시할 수 있습니다.
└ ㉤ 과거를 반성함으로써 더 나은 미래를 만들 수 있습니다.

① ㉠　② ㉡　③ ㉢　④ ㉣　⑤ ㉤

491

3 다음에서 설명하는 역사 자료로 옳은 것은?

- 역사적 사건을 일어난 순서대로 나타낸 자료이다.
- 사건의 상호 관계를 파악하기에 편리하며, 같은 시기에 다른 지역에서 일어난 사건을 비교하는 데 유용하다.

① 그림　② 도표　③ 문헌
④ 연표　⑤ 역사 지도

492

4 다음에서 설명하는 자료 수집 방법으로 옳은 것은?

문헌 자료로 남아 있지 않은 과거 사람들의 생활 모습을 파악하고자 관련 있는 사람을 만나 구술 자료를 얻는 방법이다.

① 답사　② 인터뷰
③ 도서관 방문　④ 인터넷 검색
⑤ 디지털 아카이브 이용

493

5 ㉠에 들어갈 인류에 대한 설명으로 옳은 것을 〈보기〉에서 고른 것은?

오스트랄로피테쿠스 아파렌시스 → (㉠) → 호모 네안데르탈렌시스 → 호모 사피엔스

――〈 보기 〉――
ㄱ. 직립 보행을 시작하였다.
ㄴ. 불을 처음으로 사용하였다.
ㄷ. 시체를 매장하는 풍습을 지녔다.
ㄹ. 간단한 언어를 사용하기 시작하였다.

① ㄱ, ㄴ　② ㄱ, ㄷ　③ ㄴ, ㄷ
④ ㄴ, ㄹ　⑤ ㄷ, ㄹ

494

6 다음 도구가 처음으로 사용된 시대의 생활 모습을 <u>잘못</u> 설명한 학생은?

① 이동 생활을 하였어.
② 동굴이나 바위 그늘에 거주하였어.
③ 토기를 만들어 곡식을 저장하였어.
④ 사냥의 성공을 빌며 벽화를 그렸어.
⑤ 돌을 깨뜨리거나 떼어 내어 만든 뗀석기를 사용하였어.

495

7 (가)에 들어갈 내용으로 가장 적절한 것은?

> 신석기 시대에 일어난 인류 생활의 큰 변화를 '신석기 혁명'이라고 부른다. 이는 ____(가)____ 에 따른 변화를 의미한다.

① 계급의 출현
② 도구의 사용
③ 동굴 벽화의 제작
④ 농경과 목축의 시작
⑤ 간석기와 토기의 사용

496

8 다음에서 설명하는 문명을 쓰시오.

> 기원전 3500년경 출현한 문명으로, 수메르인이 우르 등 여러 도시 국가를 세우고 도시 중앙에 위 사진과 같은 신전을 만들었다.

(   )

497

9 다음 문명들의 공통점으로 적절한 것을 〈보기〉에서 고른 것은?

> · 인도 문명   · 중국 문명
> · 이집트 문명   · 메소포타미아 문명

---- 보기 ----
ㄱ. 철로 만든 무기가 사용되었다.
ㄴ. 계급의 구분이 없는 평등 사회였다.
ㄷ. 도시 국가와 정치 조직이 출현하였다.
ㄹ. 농경에 유리한 큰 강 유역에서 발생하였다.

① ㄱ, ㄴ   ② ㄱ, ㄷ   ③ ㄴ, ㄷ
④ ㄴ, ㄹ   ⑤ ㄷ, ㄹ

498 | 서술형 |

10 메소포타미아 문명과 이집트 문명에서 나타난 세계관을 비교하여 서술하시오.

499

11 다음 신분제에 대한 설명으로 옳은 것은?

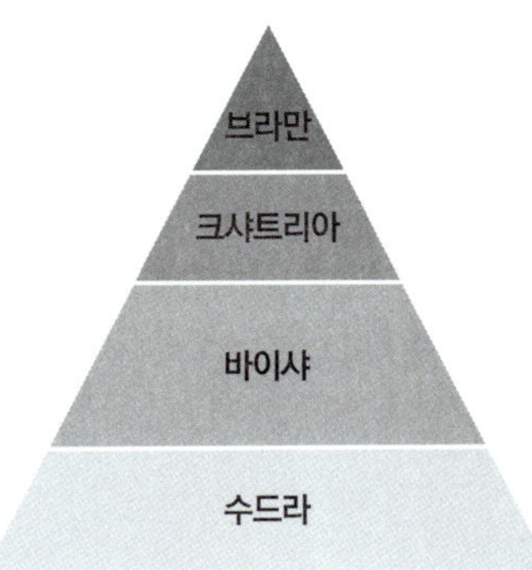

① 아리아인이 만든 제도이다.
② 중국 문명 지역에서 형성되었다.
③ 아리아인은 주로 바이샤에 속하였다.
④ 브라만은 주로 정치와 군사를 담당하였다.
⑤ 크샤트리아는 제사장으로서 제사 의식을 담당하였다.

500

12 ㉠에 공통으로 들어갈 문자로 옳은 것은?

> ### 고대 문명 특별전
>
> 이번 문명 특별전에서는 중국 상에서 만들어진 (㉠)을/를 전시합니다. (㉠)은/는 상의 왕이 나라의 중요한 일을 점치고, 그 점친 내용을 거북의 배딱지 등에 새긴 유물로, 중국 고대 문명의 대표적인 문자입니다. 특별전에 많은 관심 부탁드립니다.

① 갑골문   ② 가나 문자   ③ 상형 문자
④ 쐐기 문자   ⑤ 쯔놈 문자

13 다음 문화유산을 남긴 왕에 대한 설명으로 옳은 것은?

> 나는 …… 세계의 왕, 위대한 왕, 정정당당한 왕, 사방의 왕이며 …… 이전의 원주민(유대인)을 모아서 그들의 원래 땅으로 돌려보냈다.

① '왕의 길'이라는 도로를 만들었다.
② 정복지에 알렉산드리아를 세웠다.
③ '아우구스투스'라는 칭호를 받았다.
④ 20여 개의 주에 총독을 파견하였다.
⑤ 피정복민의 종교와 풍습을 존중하였다.

14 다음에서 설명하는 종교를 쓰시오.

> • 아후라 마즈다를 최고신으로 섬겼다.
> • 서아시아 지역의 페르시아인이 주로 믿었다.
> • 세상을 선과 악의 대결이 벌어지는 곳으로 여겼다.

(   )

15 밑줄 친 ㉠~㉤ 중 옳지 **않은** 것은?

> 이번 수업에서는 고대 그리스 세계에 대해서 배웠다. 고대 그리스는 ㉠ 정치적으로 예속된 폴리스들로 구성되었고, ㉡ 서로 같은 신을 믿고 동일한 언어를 사용하였는데, 대표적인 폴리스로는 아테네와 스파르타가 있었다. ㉢ 아테네에서는 왕정과 귀족정을 거쳐 민주정이 발달하였고, ㉣ 스파르타에서는 소수의 시민이 다수의 피지배층을 통치하였다. ㉤ 두 국가에는 모두 시민들이 중요한 일을 논의하고 결정하는 민회가 존재하였다.

① ㉠   ② ㉡   ③ ㉢   ④ ㉣   ⑤ ㉤

16 다음 과제를 수행하기 위한 활동으로 옳은 것은?

> **수행 평가 과제**
>
> 알렉산드로스 제국 시기에 형성된 헬레니즘 문화의 사례를 탐구한다.

① 소피스트의 주장을 정리한다.
② 피타고라스의 활약을 알아본다.
③ 호메로스의 『일리아드』를 살펴본다.
④ 「라오콘 군상」의 표현 기법을 찾아본다.
⑤ 연극 「안티고네」에 나타난 사회 문제를 조사한다.

17 지도의 최대 영역을 차지한 나라에 대한 설명으로 옳은 것은?

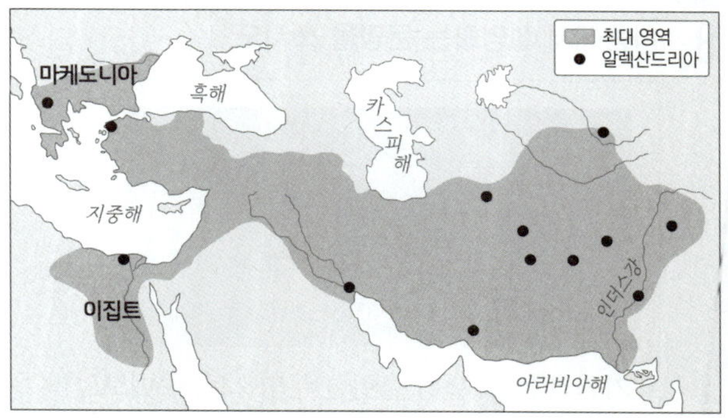

① 도편 추방제를 실시하였다.
② 콘스탄티노폴리스로 수도를 옮겼다.
③ 4세기 말 제국이 동서로 분리되었다.
④ 그리스·페르시아 전쟁에서 승리하였다.
⑤ 그리스인과 페르시아인의 결혼을 장려하였다.

18 다음 문화유산을 남긴 나라에 대해 **잘못** 설명한 학생은?

① 펠로폰네소스 전쟁에서 승리하였습니다.
② 법률을 제정하고 실용적인 건물을 세웠습니다.
③ 그라쿠스 형제가 개혁을 시도하였으나 실패하였습니다.
④ 콘스탄티누스 대제 시기에 크리스트교가 공인되었습니다.
⑤ 옥타비아누스 집권 이후로 약 200년간 평화가 지속되었습니다.

[19~20] 다음을 보고 물음에 답하시오.

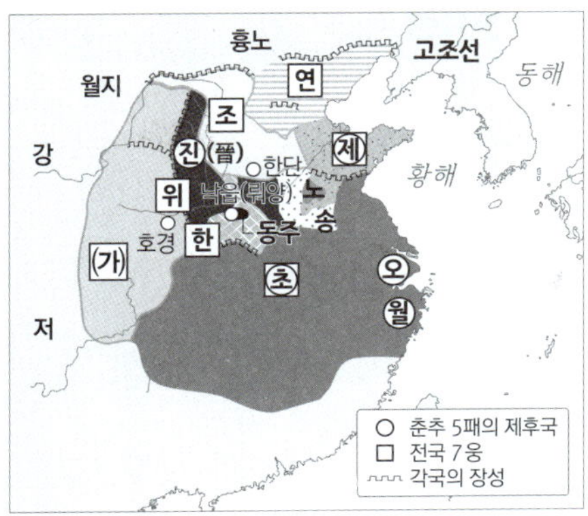

507

19 위 지도에 나타난 시대의 모습으로 옳은 것을 〈보기〉에서 고른 것은?

> ──〈 보기 〉──
> ㄱ. 전국의 화폐, 도량형, 문자가 통일되었다.
> ㄴ. 철제 농기구를 이용한 농경이 발달하였다.
> ㄷ. 제자백가로 불린 여러 사상가와 학파가 나타났다.
> ㄹ. 동중서의 건의로 유교가 국가의 통치 이념이 되었다.

① ㄱ, ㄴ   ② ㄱ, ㄷ   ③ ㄴ, ㄷ
④ ㄴ, ㄹ   ⑤ ㄷ, ㄹ

508

20 위 지도의 (가) 나라에 대한 설명으로 옳지 <u>않은</u> 것은?

① 전국 시대를 통일하였다.
② 통일 이후 군현제를 실시하였다.
③ 법가를 나라의 통치 이념으로 삼았다.
④ 유학 교육을 위해 수도에 오경박사를 두었다.
⑤ 전국 시대의 장성을 이어 만리장성을 쌓았다.

509

21 한 고조(유방)가 한 일로 옳은 것은?

① 남비엣(남월)을 정복하였다.
② 정복 활동을 벌여 고조선을 멸망시켰다.
③ 흉노를 정벌하고자 장건을 서역에 파견하였다.
④ 군현제와 봉건제를 절충한 군국제를 시행하였다.
⑤ 동중서의 건의를 받아들여 유교를 국가의 통치 이념으로 삼았다.

510

22 다음에서 설명하는 왕을 쓰시오.

(   )

511 | 서술형 |

23 간다라 양식의 특징과 영향을 각각 서술하시오.

512

24 (가)에 들어갈 답변으로 적절하지 <u>않은</u> 것은?

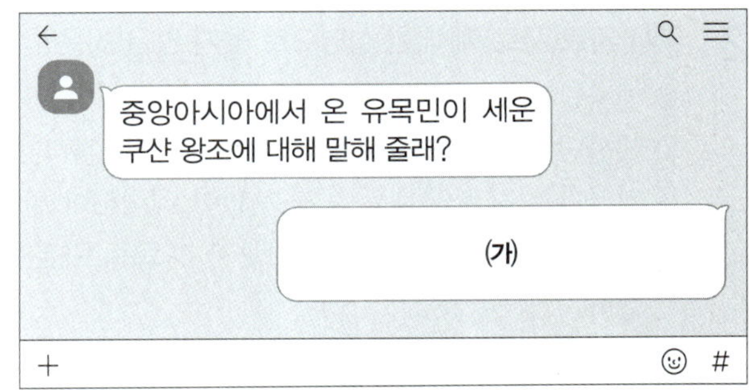

① 쿠샨족이 세웠어.
② 인도 서북부를 다스렸어.
③ 카니슈카왕 때 최대 영토를 차지하였어.
④ 개인의 해탈을 강조하는 상좌부 불교를 전파하였어.
⑤ 중국과 인도, 서아시아를 잇는 중계 무역으로 번성하였어.

513

25 다음 교역로에 대한 설명으로 옳은 것은?

> • 한 무제 시기에 개척된 교역로이다.
> • 중국의 비단이 서역에 전해진 길이다.

① 장건의 서역 파견을 계기로 개척되었다.
② 스키타이가 유라시아를 오가며 개척하였다.
③ 로마, 인도, 동남아시아의 바다를 잇는 길이었다.
④ 기원전 10세기부터 이집트 상인들이 이용하였다.
⑤ 유목 민족의 문화가 동아시아에 전파되는 경로였다.

______ 학년 ______ 반 ______ 번 이름: ________________

514

1 (가), (나)에 대한 설명으로 옳은 것은?

> (가) 역사는 과거와 현재의 끊임없는 대화이다.
> (나) 역사가는 자신을 숨기고 과거가 본래 어떠하였는가를 밝혀야 한다.

① (가) – '사실로서의 역사'를 강조한다.
② (가) – 역사 서술의 주관성을 보여 준다.
③ (가) – 실제 있었던 사실만을 역사로 인정한다.
④ (나) – 역사가 카가 주장하였다.
⑤ (나) – 사관에 따라 역사 서술이 다를 수 있다는 입장이다.

515

2 역사 자료(사료)에 대한 설명으로 옳지 <u>않은</u> 것은?

① 옛사람들이 남긴 흔적을 말한다.
② 옛사람들이 사용한 물건을 유물이라고 부른다.
③ 역사가는 사료의 내용을 검증 없이 해석해야 한다.
④ 역사 자료는 문자 자료와 비문자 자료로 구분할 수 있다.
⑤ 유적은 건축물, 집터처럼 쉽게 옮길 수 없는 공간을 의미한다.

516

3 역사 탐구의 절차 중 (가) 단계에서 할 수 있는 일로 적절한 것은?

> 탐구 주제를 정한다.
> ↓
> (가)
> ↓
> 수집한 자료를 분석하고 해석한다.
> ↓
> 탐구 결과를 정리하고 발표한다.

① 자료의 출처를 확인한다.
② 수집된 자료의 오류를 찾아낸다.
③ 유적을 방문하여 자료를 수집한다.
④ 정리한 결과물을 동영상으로 제작한다.
⑤ 연표, 도표 등을 활용하여 결과를 정리한다.

517

4 다음 인류를 출현한 순서대로 나열한 것은?

> (가) 호모 사피엔스
> (나) 호모 에렉투스
> (다) 호모 네안데르탈렌시스
> (라) 오스트랄로피테쿠스 아파렌시스

① (가) – (나) – (라) – (다)
② (가) – (다) – (라) – (나)
③ (다) – (가) – (라) – (나)
④ (라) – (나) – (다) – (가)
⑤ (라) – (다) – (나) – (가)

518 | 서술형 |

5 인류의 진화 과정에서 나타난 인류가 동물과 구별되는 특징을 <u>두 가지</u> 서술하시오.

519

6 (가), (나) 도구에 대한 설명으로 옳지 <u>않은</u> 것은?

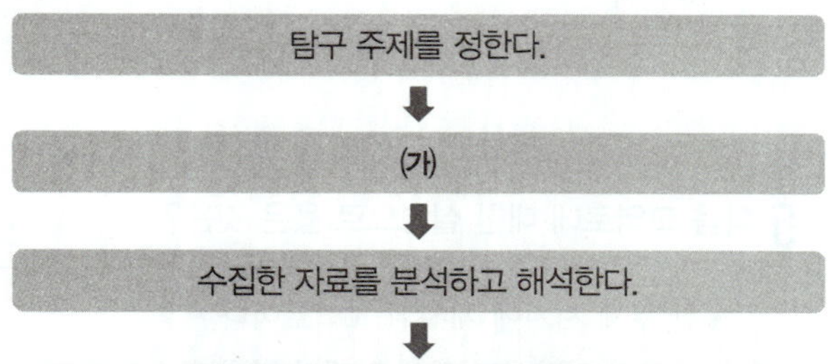

① (가)는 돌을 떼어 내어 만든 도구이다.
② (가)를 처음 사용하던 사람들은 동굴 등에서 살았다.
③ (나)는 돌을 갈아서 만든 도구이다.
④ (나)를 사용하여 곡식이나 열매의 껍질을 벗겼다.
⑤ (가), (나)는 인류가 농사짓기 시작하면서 사용되었다.

520

7 (가)에 들어갈 답변으로 적절하지 <u>않은</u> 것은?

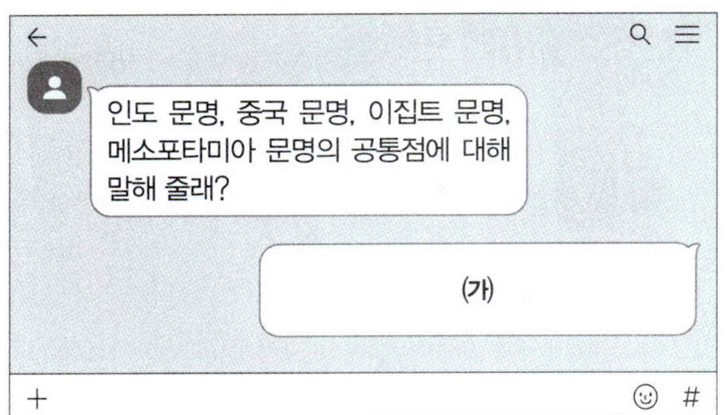

① 청동기를 사용하였어.
② 도시 국가를 형성하였어.
③ 문자를 만들어 사용하였어.
④ 큰 강 유역에서 발생하였어.
⑤ 계급이 없는 평등한 사회였어.

521

8 다음 법전에 대한 설명으로 옳은 것을 〈보기〉에서 고른 것은?

> 196조　귀족이 귀족의 눈을 멀게 하면 그의 눈도 멀게 한다.
> 198조　귀족이 평민의 눈을 멀게 하거나 뼈를 부러뜨리면 은 1미나를 지불해야 한다.
> 199조　귀족이 다른 사람 노예의 눈을 멀게 하거나 뼈를 부러뜨리면 그 노예 가격의 반을 지불해야 한다.

─〈 보기 〉─
ㄱ. 법조문은 파피루스에 기록되었다.
ㄴ. 바빌로니아 왕국의 함무라비왕이 만들었다.
ㄷ. 이집트인의 내세적인 세계관이 반영되었다.
ㄹ. 신분에 따라 처벌 내용이 달랐음을 알 수 있다.

① ㄱ, ㄴ　　② ㄱ, ㄷ　　③ ㄴ, ㄷ
④ ㄴ, ㄹ　　⑤ ㄷ, ㄹ

522

9 메소포타미아 문명에 대한 설명으로 옳은 것은?

① 나일강 유역에서 발달한 문명이다.
② 파라오를 살아 있는 신으로 여겼다.
③ 하라파, 모헨조다로 등의 계획도시가 있었다.
④ 쐐기 문자를 이용하여 교역 내용을 기록하였다.
⑤ 육체는 죽어도 영혼은 남는다는 세계관을 믿었다.

523

10 다음 문화유산을 보고 알 수 있는 이집트 문명의 특징으로 가장 적절한 것은?

① 점성술과 태음력이 발전하였다.
② 현재의 안정된 삶을 중시하였다.
③ 육체는 죽어도 영혼은 죽지 않는다고 믿었다.
④ 원주민을 지배하기 위한 카스트제가 만들어졌다.
⑤ 나라의 중요한 일은 점을 쳐 그 내용을 갑골문으로 남겼다.

524

11 다음과 같이 이동한 민족에 대한 설명으로 옳지 <u>않은</u> 것은?

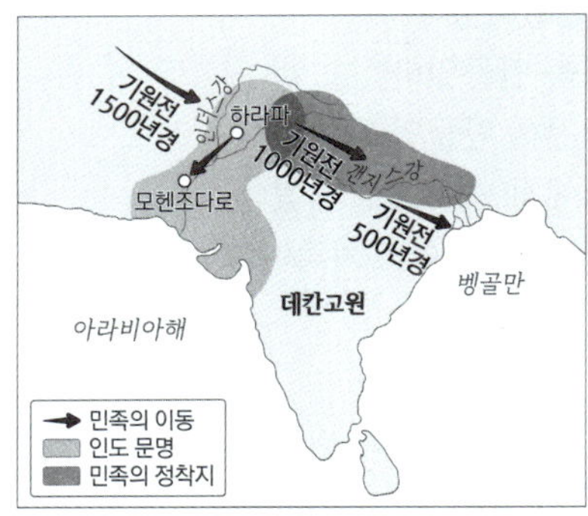

① 브라만교를 창시하였다.
② 『베다』라는 경전을 만들었다.
③ 철로 만든 무기로 정복 활동을 벌였다.
④ 원주민을 지배하기 위해 카스트제를 만들었다.
⑤ 사후 세계를 믿어 사람이 죽으면 미라로 만들었다.

525

12 다음에서 설명하는 문자를 쓰시오.

> 기원전 3000년경 이집트의 나일강 유역에서 문명을 일군 이집트인들이 사용한 문자이다. 이집트인들은 사물의 모양을 본뜬 이 문자를 사용하여 통치와 교역 내용 등을 파피루스에 기록하였다.

(　　　　　　)

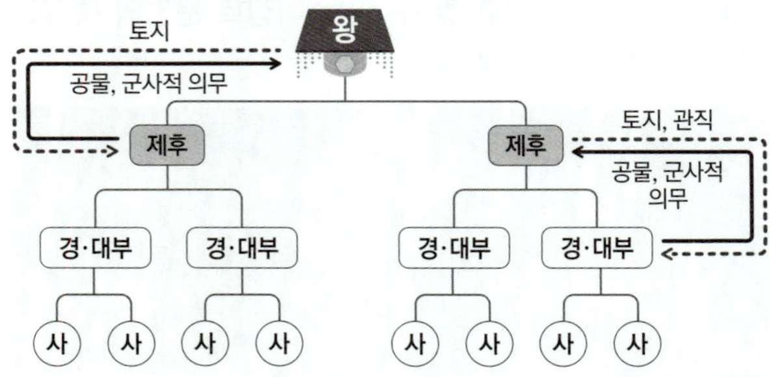

526

| 서술형 |

13 위 제도의 운영 방식을 왕과 제후의 관계를 중심으로 서술하시오.

527

14 위 제도를 시행한 나라에 대한 설명으로 옳은 것은?

① '왕의 길'을 건설하였다.
② 반량전을 처음 만들었다.
③ 함무라비 법전을 만들었다.
④ 수도를 호경에서 낙읍으로 옮겼다.
⑤ 왕이 점을 쳐 갑골문으로 기록하였다.

528

15 (가)에 들어갈 모습으로 적절하지 <u>않은</u> 것은?

> **애니메이션 제작 구성안**
>
> • **주제**: 다리우스 1세 시기의 아케메네스 왕조 페르시아의 사회 모습
> • **구체적인 장면**: ______(가)______

① '왕의 길' 건설에 참여하는 백성
② 주의 행정을 관리·감독하는 총독
③ 조로아스터교 사원에서 기도하는 신자
④ 페르세폴리스 궁전에서 사신을 맞이하는 왕
⑤ 도편에 독재자가 될 가능성이 높은 사람의 이름을 쓰는 시민

529

16 아테네 민주정의 발달 과정을 일어난 순서대로 나열한 것은?

> (가) 정치 참여 자격에 재산 기준을 없앴다.
> (나) 재산 정도에 따라 참정권을 차등 분배하였다.
> (다) 관직과 배심원은 대부분 추첨으로 선출하였다.

① (가) – (나) – (다) ② (가) – (다) – (나)
③ (나) – (가) – (다) ④ (나) – (다) – (가)
⑤ (다) – (가) – (나)

530

17 다음 문화유산을 세운 나라의 문화에 대한 설명으로 옳지 <u>않은</u> 것은?

← 파르테논 신전

① 헤로도토스가 『역사』를 집필하였다.
② 의학에서는 히포크라테스가 활약하였다.
③ 미술에서는 「라오콘 군상」 조각이 만들어졌다.
④ 문학에서는 호메로스가 『오디세이아』 등을 남겼다.
⑤ 철학에서는 소크라테스가 진리의 절대성을 주장하였다.

531

18 다음에서 설명하는 인물이 한 일로 옳은 것은?

> • 그리스 북쪽에 위치한 마케도니아의 왕이다.
> • 펠로폰네소스 전쟁으로 약해진 그리스를 정복하고 동방 원정에 나서 제국을 이룩하였다.

① 크리스트교를 국교로 인정하였다.
② 정치 참여 자격에 재산 기준을 없앴다.
③ 정복지 곳곳에 알렉산드리아를 세웠다.
④ 제국의 수도를 콘스탄티노폴리스로 옮겼다.
⑤ 자신의 정책과 불교의 가르침을 새긴 돌기둥을 세웠다.

532

19 다음과 같이 주장한 인물의 활동으로 옳은 것은?

> 조국을 위해 싸우고 죽어 가는 사람들은 공기와 햇빛만 누릴 뿐, 집도 잃고 처자식과 함께 떠돌아다닙니다. …… 로마의 병사들은 …… 자기 소유라 할 단 한 조각의 땅도 없습니다.

① 도편 추방제를 처음 시행하였다.
② 감찰관으로 '왕의 눈'과 '왕의 귀'를 파견하였다.
③ 재산 정도에 따라 참정권을 차등으로 지급하였다.
④ 호민관으로서 자영 농민을 위한 개혁을 추진하였다.
⑤ 피정복민의 풍습과 전통을 존중한다는 선언을 원통에 새겼다.

533

20 진의 시황제가 한 활동으로 옳은 것을 〈보기〉에서 고른 것은?

> ─── 보기 ───
> ㄱ. 소금과 철의 전매 제도를 실시하였다.
> ㄴ. 흉노를 막고자 장성을 이어 만리장성을 쌓았다.
> ㄷ. 전국 시대의 여러 화폐를 반량전으로 통일하였다.
> ㄹ. '인'과 '예'를 강조하는 사상을 통치 이념으로 삼았다.

① ㄱ, ㄴ   ② ㄱ, ㄷ   ③ ㄴ, ㄷ
④ ㄴ, ㄹ   ⑤ ㄷ, ㄹ

534

21 다음 지도의 최대 영역을 차지한 나라에 대한 설명으로 옳지 <u>않은</u> 것은?

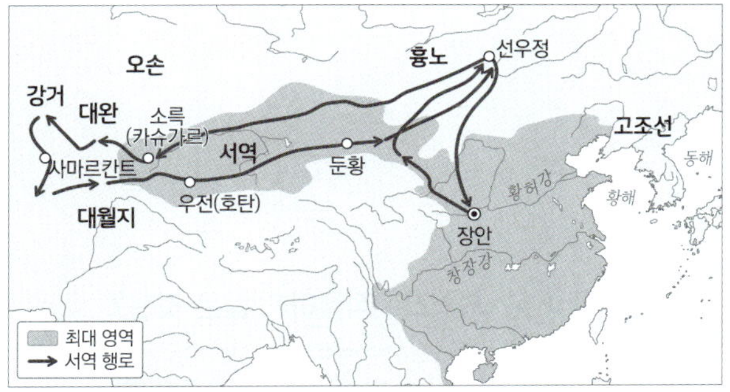

① 수도에 태학을 설립하였다.
② 군현제를 전국적으로 확대하였다.
③ 정복 활동을 벌여 고조선을 멸망시켰다.
④ 흉노를 정벌하고자 장건을 서역에 파견하였다.
⑤ 법가 사상을 받아들여 전국 시대를 통일하였다.

535 | 서술형 |

22 춘추 전국 시대에 나타난 사회 변화 모습을 <u>두 가지</u> 서술하시오.

536

23 밑줄 친 ㉠~㉤ 중 옳지 <u>않은</u> 것은?

> 이번 수업에서는 인도의 마우리아 왕조에 대해서 배웠다. 마우리아 왕조는 ㉠ 기원전 4세기 초 찬드라굽타 마우리아가 세운 나라이다. 마우리아 왕조는 ㉡ 아소카왕 때 남부 일부를 제외한 인도 대부분 지역을 차지하였다. 아소카왕은 칼링가 왕국을 정복하는 과정에서 깨달음을 얻어 ㉢ 불교의 가르침에 따라 나라를 통치하였다. 또한 그는 곳곳에 ㉣ 자신의 통치 방침 등을 새긴 돌기둥을 건립하였다. 이 시기에는 ㉤ 개인의 해탈보다 많은 사람의 구제를 강조하는 대승 불교가 발전하였다.

① ㉠   ② ㉡   ③ ㉢   ④ ㉣   ⑤ ㉤

537

24 다음 결과를 포함하는 탐구 주제로 가장 적절한 것은?

> • 인도 문화와 헬레니즘 문화가 결합되었다.
> • 부처를 인간의 모습으로 표현한 불상으로 제작하기 시작하였다.

① 간다라 양식의 발달
② 시황제의 통일 정책
③ 한 무제의 정복 전쟁
④ 쿠샨 왕조의 무역 발달
⑤ 다리우스 1세의 통치 정책

538

25 다음에서 설명하는 교역로를 쓰시오.

> 기원전 10세기부터 이집트 상인들이 인도양을 오가며 개척한 교역로이다. 이 길은 로마에서 인도를 거쳐 동남아시아까지 이르렀으며 오랫동안 동서 교류의 중요한 통로가 되었다.

(   )

_____ 학년 _____ 반 _____ 번 이름: _________________

539
1 (가) 시기에 있었던 일로 옳은 것은?

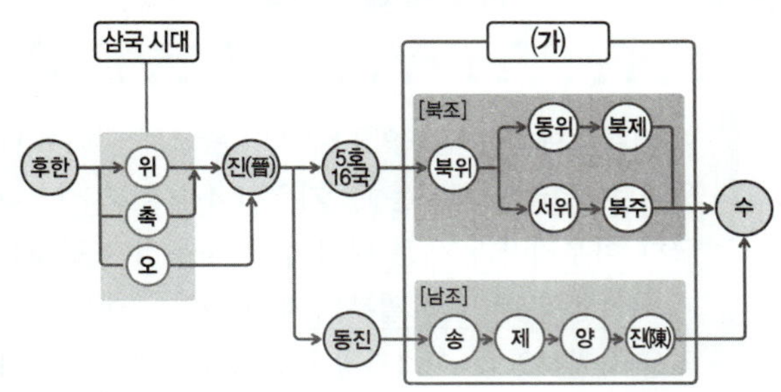

① 군국제가 시행되었다.
② 분서갱유가 일어났다.
③ 황소의 난이 일어났다.
④ 만리장성이 축조되었다.
⑤ 9품중정제가 시행되었다.

540
2 다음에서 설명하는 제도를 쓰시오.

> 위진 남북조 시대에 지방 관리의 추천으로 중앙 관리를 뽑았던 제도이다. 이 제도로 호족 세력이 중앙의 관리로 진출하면서 문벌 귀족으로 성장하였다.

(   )

541
3 (가) 나라에 대한 설명으로 옳은 것은?

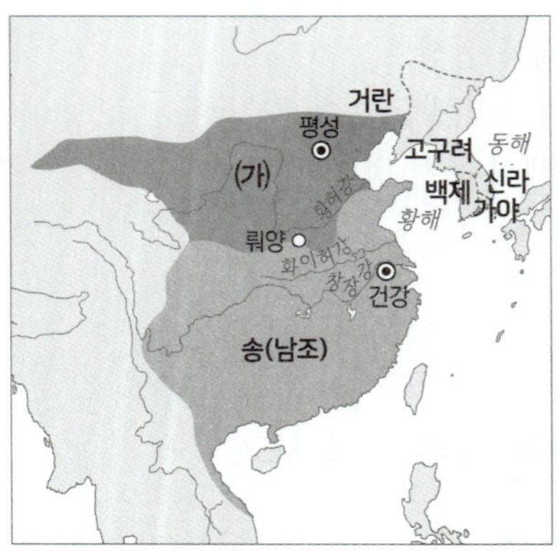

① 유방(고조)이 세웠다.
② 법가 사상을 채택하였다.
③ 한화 정책을 추진하였다.
④ 수도를 호경에서 낙읍으로 옮겼다.
⑤ 신라와 연합하여 백제와 고구려를 멸망시켰다.

542
4 밑줄 친 '이 국가'에 대한 설명으로 옳은 것은?

> 이 국가는 위진 남북조 시대 이후 오랫동안 남북으로 나뉘어 있던 중국을 다시 통일하였다.

① 대운하를 만들었다.
② 봉건제를 실시하였다.
③ 갑골문을 처음 사용하였다.
④ 왕의 칭호를 '황제'로 처음 바꾸었다.
⑤ 이슬람 왕조와의 탈라스 전투에서 패배하였다.

543
5 일본 고대 국가의 발전 과정을 일어난 순서대로 나열한 것은?

> (가) 야요이 문화가 성립하였다.
> (나) 야마토 정권이 주변 소국을 통합하였다.
> (다) 한자를 변형한 가나 문자가 만들어졌다.
> (라) 도다이지가 세워지는 등 불교가 융성하였다.

① (가) – (나) – (라) – (다)
② (가) – (라) – (나) – (다)
③ (나) – (가) – (다) – (라)
④ (나) – (라) – (다) – (가)
⑤ (다) – (라) – (가) – (나)

544
6 ㉠에 들어갈 내용으로 적절하지 <u>않은</u> 것은?

> 동아시아 각국이 당과 활발하게 교류하면서 (㉠) 등의 문화 요소를 공유하는 동아시아 문화권이 형성되었다.

① 경교   ② 불교   ③ 유교
④ 율령   ⑤ 한자

545

7 사산 왕조 페르시아를 주제로 보고서를 작성할 때 들어갈 내용으로 옳은 것을 〈보기〉에서 고른 것은?

> ─── 〈 보기 〉 ───
> ㄱ. 로마 제국과 경쟁하였다.
> ㄴ. 조로아스터교를 국교로 삼았다.
> ㄷ. 서아시아 세계를 최초로 통일하였다.
> ㄹ. '알렉산드리아'라는 도시를 곳곳에 세웠다.

① ㄱ, ㄴ   ② ㄱ, ㄷ   ③ ㄴ, ㄷ
④ ㄴ, ㄹ   ⑤ ㄷ, ㄹ

546

8 밑줄 친 '이 왕조'에 대한 설명으로 옳은 것은?

> 4세기 초에 인도에서 성립된 이 왕조는 벵골만에서 아라비아해까지 영토를 넓히며 전성기를 맞이하였다.

① 산치 대탑을 세웠다.
② 찬드라굽타 1세가 세웠다.
③ 간다라 양식을 전파하였다.
④ 카니슈카왕 때 전성기를 맞이하였다.
⑤ 비잔티움 제국과의 전쟁 과정에서 쇠퇴하였다.

547

9 ㉠에 들어갈 종교에 대한 설명으로 옳은 것은?

굽타 왕조 시기에는 오늘날 인도 사회의 특징들이 나타나기 시작하였다. 특히 굽타 왕조의 왕들은 (㉠)의 주요 신인 비슈누가 왕의 모습으로 세상에 나타났다고 주장하며 자신의 권위를 높였다.

① 유일신을 섬겼다.
② 석가모니가 창시하였다.
③ 『쿠란』을 경전으로 사용하였다.
④ 아후라 마즈다를 최고신으로 여겼다.
⑤ 카스트제에 따른 신분 차별을 인정하였다.

548

10 (가) 왕조에 대한 설명으로 옳은 것은?

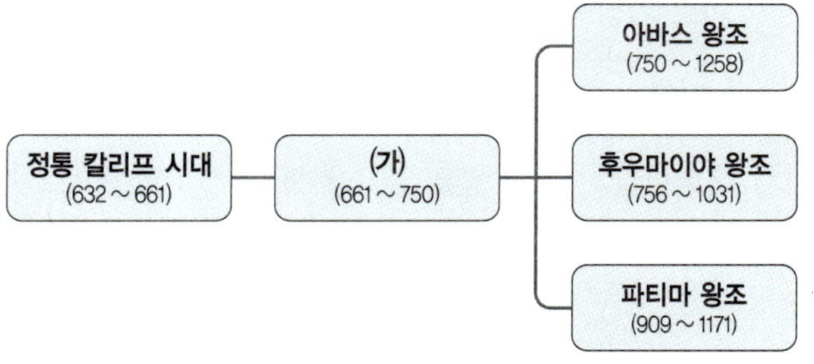

① 『마누 법전』을 정비하였다.
② 몽골의 침입으로 멸망하였다.
③ 아랍인 우대 정책을 실시하였다.
④ 탈라스 전투에서 당에 승리하였다.
⑤ 산스크리트어로 쓴 서사시가 발달하였다.

549　　　　　　　　　　　　　　　　| 서술형 |

11 밑줄 친 이슬람 종파의 주장을 각각 서술하시오.

> 우마이야 가문이 칼리프 자리를 세습하자, 이슬람교도들이 우마이야 왕조의 정통성을 두고 시아파와 수니파로 분열하였다.

550

12 (가)에 들어갈 답변으로 적절하지 않은 것은?

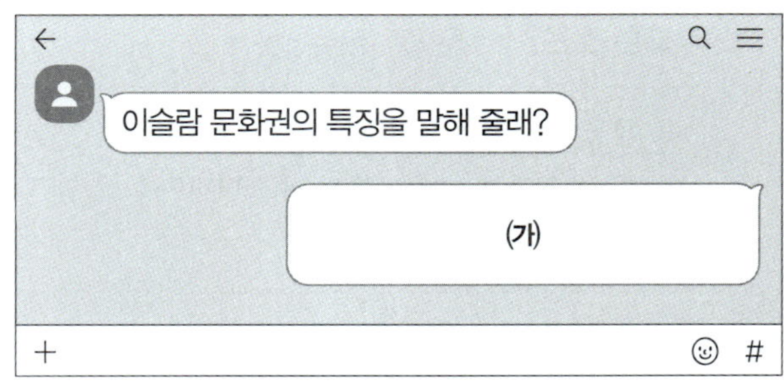

① 아라베스크 장식이 유행하였어.
② 산스크리트어로 쓴 서사시가 발달하였어.
③ 『아라비안나이트』와 같은 설화 문학이 유행하였어.
④ 돔과 뾰족한 탑을 특징으로 하는 모스크가 발달하였어.
⑤ 숫자 '0(영)'을 받아들여 아라비아 숫자를 완성하였어.

13 다음 핵심 단어(해시태그)와 관련 있는 민족이 이동한 결과로 가장 적절한 것은?

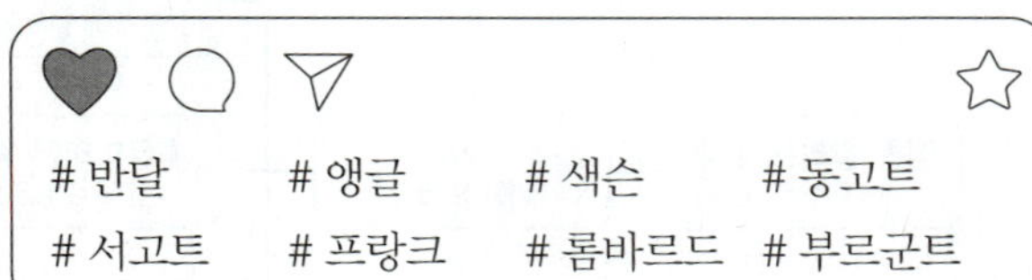

① 이슬람교가 확산되었다.
② 서로마 제국이 멸망하였다.
③ 프랑크 왕국이 세 나라로 분열되었다.
④ 지중해의 여러 지역에 폴리스가 세워졌다.
⑤ 콘스탄티노폴리스가 최대 도시로 성장하였다.

| 서술형 |

14 프랑크 왕국의 카롤루스 대제가 이룬 업적을 두 가지 서술하시오.

15 밑줄 친 '이 제국'에 대한 설명으로 옳은 것을 〈보기〉에서 고른 것은?

이 제국은 서로마 제국이 멸망한 뒤에도 약 천 년 동안 더 지속되었으며, 6세기 유스티니아누스 황제 때 최대 영토를 차지하였다.

— 보기 —

ㄱ. 조로아스터교를 국교로 삼았다.
ㄴ. 그리스어를 공용으로 사용하였다.
ㄷ. 황제가 정치적·군사적·종교적 권한을 지녔다.
ㄹ. 베르됭 조약과 메르센 조약에 따라 세 왕국으로 나뉘었다.

① ㄱ, ㄴ   ② ㄱ, ㄷ   ③ ㄴ, ㄷ
④ ㄴ, ㄹ   ⑤ ㄷ, ㄹ

16 다음 자료에 나타난 문화 양식으로 옳은 것은?

① 고딕 양식   ② 굽타 양식
③ 간다라 양식   ④ 비잔티움 양식
⑤ 로마네스크 양식

17 중세 서유럽의 봉건 질서에 대한 설명으로 옳지 <u>않은</u> 것은?

① 봉신은 주군과의 계약을 깰 수 있었다.
② 주군은 기사를 신하로 삼고 봉토를 주었다.
③ 바이킹의 침입으로 혼란한 상황에서 형성되었다.
④ 주군과 봉신의 혈연관계를 바탕으로 성립되었다.
⑤ 기사들은 자기보다 강한 기사를 주군으로 섬겼다.

18 (가)에 들어갈 신분에 대한 설명으로 옳은 것은?

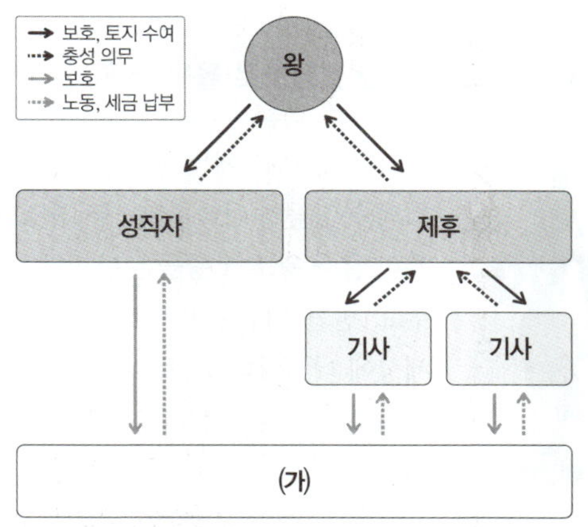

① 사냥과 마상 시합을 즐겼다.
② 삶의 과정을 신과 연결하는 중재자였다.
③ 영주의 허락 없이 장원을 떠날 수 없었다.
④ 외부의 위협으로부터 공동체를 보호하였다.
⑤ 농사를 시작할 때 마을을 돌며 풍년을 빌었다.

557

19 다음에서 설명하는 사건을 쓰시오.

> 11세기 후반 교황 그레고리우스 7세와 신성 로마 제국의 황제 하인리히 4세가 성직자 임명권을 두고 대립하였다. 교황이 황제를 파문하자, 하인리히 4세는 교황을 찾아가 용서를 구하였다.

(   )

558

20 선생님의 질문에 대한 학생들의 답변으로 적절하지 <u>않은</u> 것은?

① 고딕 양식입니다.
② 높고 뾰족한 첨탑이 있습니다.
③ 12세기에 유행한 건축 양식입니다.
④ 둥근 천장과 반원형의 아치가 특징입니다.
⑤ 내부는 화려한 스테인드글라스로 장식되었습니다.

559

| 서술형 |

21 피사 대성당에 반영된 건축 양식의 특징을 서술하시오.

560

22 십자군 전쟁에 대한 설명으로 옳지 <u>않은</u> 것은?

① 약 200년간 여러 차례에 걸쳐 일어났다.
② 교황의 호소에 제후, 기사 등이 호응하여 일어났다.
③ 셀주크 튀르크의 예루살렘 점령이 전쟁의 배경이었다.
④ 전쟁의 영향으로 교황과 기사의 권위가 약화되었다.
⑤ 전쟁 후 라티푼디움이 확대되어 자영농이 몰락하였다.

561

23 중세 장원의 해체 배경으로 적절한 것을 〈보기〉에서 고른 것은?

> ─── 보기 ───
> ㄱ. 훈족의 압박
> ㄴ. 흑사병의 유행
> ㄷ. 상업과 도시의 성장
> ㄹ. 이슬람 세력의 침입

① ㄱ, ㄴ   ② ㄱ, ㄷ   ③ ㄴ, ㄷ
④ ㄴ, ㄹ   ⑤ ㄷ, ㄹ

562

24 (가), (나) 전쟁의 영향으로 가장 적절한 것은?

> (가) 14세기에 영국과 프랑스 사이에서 일어났으며, 잔 다르크의 활약으로 프랑스가 승리한 전쟁이다.
> (나) 15세기에 영국의 왕위 계승을 둘러싸고 랭커스터 가문과 요크 가문이 벌인 전쟁이다.

① 동서 교회가 분열하였다.
② 셀주크 튀르크가 쇠퇴하였다.
③ 지중해 무역권이 성장하였다.
④ 중세 봉건 사회가 성립하였다.
⑤ 유럽에서 중앙 집권 국가가 등장하였다.

563

25 다음 문화유산을 남긴 지역의 르네상스에 대한 설명으로 옳은 것은?

① 알프스 이북에서 발달하였다.
② 토머스 모어가 『유토피아』를 발표하였다.
③ 현실 사회와 교회를 비판하는 경향이 강하였다.
④ 보카치오가 인간의 욕망을 사실적으로 묘사하였다.
⑤ 브뤼헐, 얀 반 에이크 등이 사람들의 일상생활을 그렸다.

_____ 학년 _____ 반 _____ 번 이름: ________________

564
1 밑줄 친 '왕조'에 대한 설명으로 옳은 것은?

> 북방 민족에게 밀려난 한족은 창장강의 남쪽으로 내려가 여러 왕조를 이어갔다.

① 만리장성을 쌓았다.
② 대운하를 건설하였다.
③ 강남 지방을 개발하였다.
④ 과거제를 처음으로 도입하였다.
⑤ 효문제가 한화 정책을 추진하였다.

565
2 다음 문화유산이 만들어진 나라의 문화에 대한 설명으로 옳은 것은?

① 당삼채가 유행하였다.
② 사마천이 『사기』를 저술하였다.
③ 채륜이 종이 만드는 기술을 개량하였다.
④ 불교가 왕실의 지원을 받으며 발전하였다.
⑤ 조로아스터교 등 외래 종교가 전래되었다.

566
3 수에 대한 설명으로 옳은 것은?
① 선비족이 세웠다.
② 한화 정책을 시행하였다.
③ 황소의 난이 일어나 쇠퇴하였다.
④ 여러 차례 고구려 원정에 나섰으나 실패하였다.
⑤ 흉노 정벌을 위해 장건을 서역으로 파견하였다.

567
4 (가), (나)에 들어갈 제도에 대한 설명으로 옳은 것은?

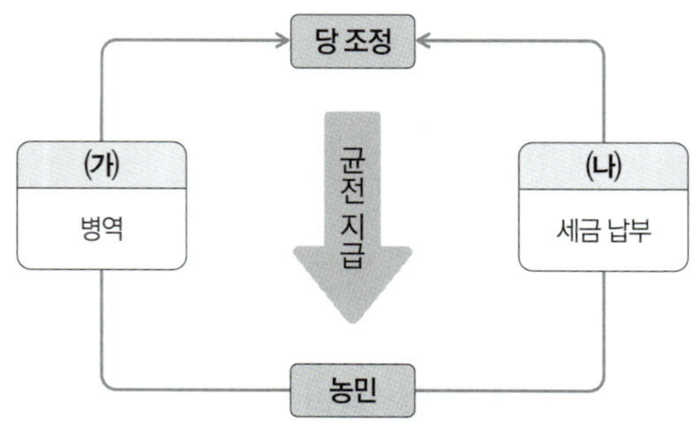

① (가)에 따라 농민은 국가에 '조(직물)'를 내야 했다.
② (가)는 농민이 전쟁 시 병사로 복무하도록 한 제도이다.
③ (나)는 한대에 정비된 제도이다.
④ (나)에 따라 농민은 토지세인 '조'만 부담하였다.
⑤ (가), (나)는 중앙 정치의 권력을 분산하기 위해 시행되었다.

568
5 (가)에 들어갈 내용으로 적절하지 **않은** 것은?

> **역사 애니메이션 기획안**
> • **주제**: 중국 당대 사람들의 삶
> • **기획 배경**: 당대를 살았던 여러 사람들을 묘사함으로써 당시의 사회와 문화를 살펴보고자 한다.
> • **등장인물**: [(가)]

① 『오경정의』를 편찬하는 학자
② 수도 장안을 오가는 외국의 사신
③ 중서성에서 정책을 수립하는 고위 관리
④ 9품중정제를 통해 중앙의 관리가 된 호족
⑤ 농한기에 군사 훈련을 받으러 가는 성인 남성

569
6 일본의 나라 시대에 있었던 일로 옳지 **않은** 것은?
① 가나 문자가 만들어졌다.
② 『일본서기』가 편찬되었다.
③ 헤이조쿄로 수도를 옮겼다.
④ 도다이지 등 대규모 사찰이 건립되었다.
⑤ 당의 장안성을 본뜬 도시로 수도를 옮겼다.

570

7 (가) 나라에 대한 설명으로 옳은 것을 〈보기〉에서 고른 것은?

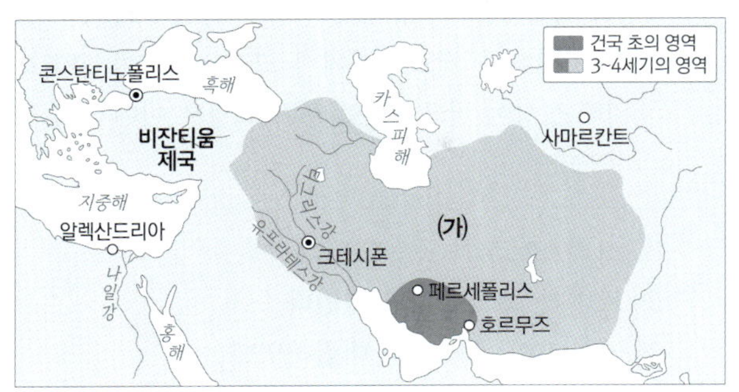

〈 보기 〉

ㄱ. 지방에 총독을 파견하였다.
ㄴ. 조로아스터교를 국교로 삼았다.
ㄷ. 그리스와 세 차례 전쟁을 벌였다.
ㄹ. 서아시아 세계를 최초로 통일하였다.

① ㄱ, ㄴ 　② ㄱ, ㄷ 　③ ㄴ, ㄷ
④ ㄴ, ㄹ 　⑤ ㄷ, ㄹ

571

8 다음에서 설명하는 왕조로 옳은 것은?

> 4세기 초에 북인도를 통일하였고, 벵골만에서 아라비아해까지 영토를 넓히며 전성기를 누렸다.

① 굽타 왕조 　② 쿠샨 왕조
③ 아바스 왕조 　④ 마우리아 왕조
⑤ 후우마이야 왕조

572

9 다음 법전에 대해 학생들이 나눈 대화 내용으로 옳은 것은?

> 브라만에게는 『베다』를 가르치며 제사 지내는 일을, 크샤트리아에게는 백성을 보호하고 다스릴 것을, …… 마지막으로 수드라에게는 앞선 세 신분의 사람들에게 봉사하는 임무를 명령하셨다.

① 쿠샨 왕조 시기에 정비되었어.
② 로마의 법률을 모아 편찬되었어.
③ 브라만교를 뒷받침하는 법전이야.
④ 『유스티니아누스 법전』 내용의 일부야.
⑤ 카스트제에 따른 의무와 규범이 드러나 있어.

573

10 ㉠에 들어갈 종교를 쓰시오.

> 메카의 상인 집안에서 태어난 무함마드는 사회의 악습과 모순에 대해 고민하였다. 그는 명상을 하던 중 천사 가브리엘의 인도로 계시를 받아 (㉠)을/를 정립하였다.

(　　　　　　　　)

574

11 이슬람 제국의 발전 과정을 순서대로 나열한 것은?

> (가) 무함마드의 계승자들이 칼리프에 선출되었다.
> (나) 아바스 왕조가 탈라스 전투에서 당에 승리하였다.
> (다) 무함마드가 메카를 차지하고 주변 지역을 통일하였다.
> (라) 왕조의 정통성을 두고 수니파와 시아파로 분열하였다.

① (가) – (나) – (다) – (라) 　② (나) – (가) – (다) – (라)
③ (나) – (가) – (라) – (다) 　④ (다) – (가) – (라) – (나)
⑤ (다) – (나) – (가) – (라)

575

12 검색창에 들어갈 왕조 시기에 있었던 일로 옳은 것은?

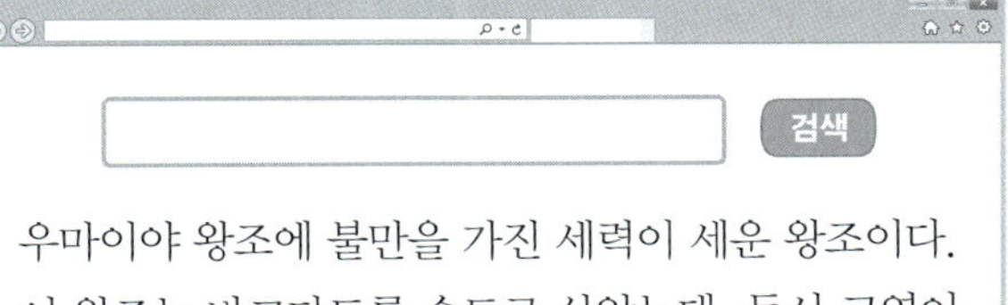

> 우마이야 왕조에 불만을 가진 세력이 세운 왕조이다. 이 왕조는 바그다드를 수도로 삼았는데, 동서 교역이 활발해지면서 바그다드가 국제 도시로 번영하였다.

① 사산 왕조 페르시아를 정복하였다.
② 무함마드가 거처를 메디나로 옮겼다.
③ 비아랍인을 차별하던 정책을 폐지하였다.
④ 무함마드의 계승자들이 차례로 선출되었다.
⑤ 이슬람교도가 수니파와 시아파로 나뉘어 대립하기 시작하였다.

576 | 서술형 |

13 이슬람 상인들이 동서 교역을 주도할 수 있었던 배경을 두 가지 서술하시오.

14 다음에서 설명하는 인물로 옳은 것은?

> 프랑크 왕국의 전성기를 이끌었으며, 로마 교황 레오 3세로부터 서로마 황제의 관을 받았다.

① 옥타비아누스
② 카롤루스 대제
③ 디오클레티아누스
④ 콘스탄티누스 대제
⑤ 유스티니아누스 황제

15 지도의 최대 영역을 차지한 나라에 대한 설명으로 옳지 않은 것은?

① 조로아스터교가 국교였다.
② 콘스탄티노폴리스가 수도였다.
③ 그리스어를 공용어로 사용하였다.
④ 서로마 제국이 멸망한 뒤에도 지속되었다.
⑤ 옛 로마 제국 영토의 상당 부분을 회복하였다.

16 선생님의 질문에 대한 학생들의 답변으로 옳은 것은?

① 성당에 높고 뾰족한 첨탑을 세웠습니다.
② 건물 내부를 모자이크 벽화로 장식하였습니다.
③ 인도 문화와 헬레니즘 문화를 융합하였습니다.
④ 대표적인 건축물로는 샤르트르 대성당이 있습니다.
⑤ 부처를 인간의 모습으로 표현하기 시작하였습니다.

17 다음과 같은 상황 이후에 있었던 사실로 옳은 것은?

> 비잔티움 제국의 황제가 성상을 금지하고 파괴할 것을 명령하자 게르만족에게 크리스트교를 포교하기 위해 성상이 필요하였던 로마 교황은 이에 크게 반발하였다.

① 크리스트교가 공인되었다.
② 로마가 동서로 분리되었다.
③ 시아파와 수니파가 대립하였다.
④ 게르만족이 서로마 제국으로 이동하였다.
⑤ 로마 가톨릭교회와 그리스 정교가 분리되었다.

18 밑줄 친 ㉠~㉤ 중 옳지 않은 것은?

> 이번 수업에서는 중세 서유럽의 장원과 농노에 대해 배웠다. 당시 비료가 발달하지 않아 ㉠ 경작지를 춘경지, 추경지, 휴경지로 구분하여 관리하였다. ㉡ 장원의 농민은 대부분 농노로 구성되었는데, ㉢ 농노는 방앗간과 같은 영주의 시설물에 대한 사용료를 지불해야 했다. 농노는 일주일에 3일 정도 영주의 땅에서 농사를 지었다. ㉣ 농노는 자유롭게 거주 이전이 가능하고, ㉤ 약간의 재산을 소유할 수 있었다.

① ㉠
② ㉡
③ ㉢
④ ㉣
⑤ ㉤

19 ㉠에 공통으로 들어갈 중세 서유럽 사회의 신분을 쓰시오.

> • (㉠)은/는 농민의 노동으로 생활을 유지하는 대신 공동체를 안전하게 지키는 일을 자신의 의무라고 여겼다.
> • (㉠)은/는 자기보다 강한 (㉠)을/를 주군으로 섬기고 충성과 봉사를 맹세하였으며, 주군은 (㉠)에게 땅(봉토)을 주고 신하(봉신)로 삼았다.

(   )

583

20 다음 상황이 전개된 시기를 연표에서 고른 것은?

> 프랑스 국왕 필리프 4세가 성직자에게 과세를 시도하자 교황 보니파키우스 8세가 이를 반대하였다.

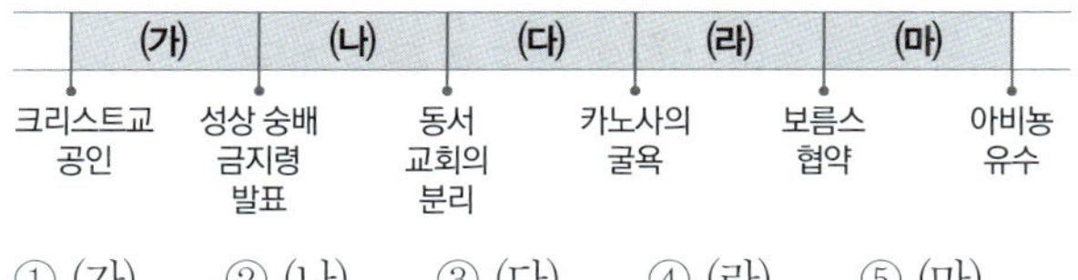

① (가) ② (나) ③ (다) ④ (라) ⑤ (마)

584

21 (가), (나)에 대한 설명으로 옳은 것을 〈보기〉에서 고른 것은?

> (가) 피사 대성당   (나) 샤르트르 대성당

〈 보기 〉

ㄱ. (가)는 둥근 천장과 반원형 아치를 갖추었다.
ㄴ. (가)의 첨탑은 중세 사람들의 신앙심을 나타낸다.
ㄷ. (나)의 내부는 스테인드글라스로 장식되었다.
ㄹ. (가)는 고딕 양식, (나)는 로마네스크 양식의 건축물이다.

① ㄱ, ㄴ   ② ㄱ, ㄷ   ③ ㄴ, ㄷ
④ ㄴ, ㄹ   ⑤ ㄷ, ㄹ

585

22 다음 상황을 배경으로 일어난 전쟁의 영향으로 옳은 것은?

> **역사 신문**
>
> ### 셀주크 튀르크, 예루살렘을 점령하다
>
> 11세기경 중앙아시아에서 성장한 셀주크 튀르크가 11세기 후반 예루살렘을 점령하고 비잔티움 제국을 위협하는 과정에서 크리스트교 세계와 마찰을 빚었다.

① 왕권이 약화되었다.
② 교황의 권위가 높아졌다.
③ 라티푼디움이 확대되었다.
④ 기사의 권위가 강화되었다.
⑤ 지중해 무역권이 성장하였다.

586

23 ㉠, ㉡에 들어갈 내용을 각각 쓰시오.

> 중세 도시의 상인과 수공업자들은 공동의 이익과 안전을 지키고자 (㉠)을/를 만들어 도시를 운영하였다. 이 과정에서 부를 쌓은 도시민들은 영주에게 돈을 내거나 무력으로 저항하여 (㉡)을/를 얻기도 하였다.

(   )

587

24 (가)에 들어갈 답변으로 적절하지 않은 것은?

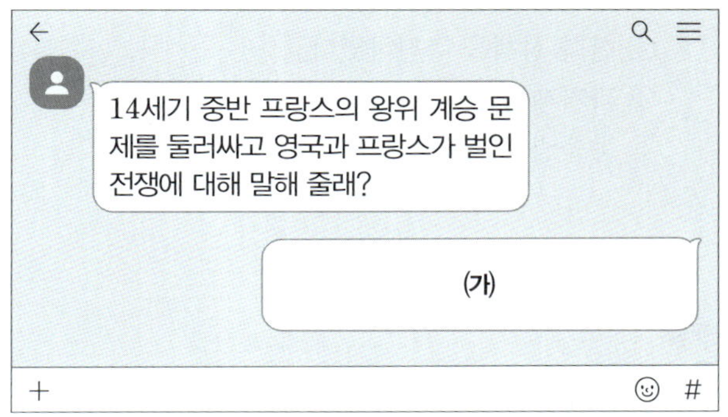

① 전쟁은 약 100년간 지속되었어.
② 전쟁 초반에는 프랑스의 힘이 약했어.
③ 전쟁 과정에서 프랑스의 왕권이 강화되었어.
④ 전쟁에서 농민 출신 잔 다르크가 크게 활약하였어.
⑤ 전쟁으로 프랑스는 지방 분권적인 국가로 나아갔어.

588

| 서술형 |

25 다음 내용으로 알 수 있는 알프스 이북 르네상스의 특징을 서술하시오.

> 요즘 교황은 힘들고 어려운 일은 베드로와 바울에게 떠넘기고 호화로운 의식과 즐거운 일만 찾는다. 교황은 바로 나, 우신(어리석음의 신) 덕분에 편안하게 살아가고 있다.
> — 에라스뮈스, 『우신예찬』

_____ 학년 _____ 반 _____ 번 이름: _____________

589

1 (가) 나라에 대한 설명으로 옳은 것은?

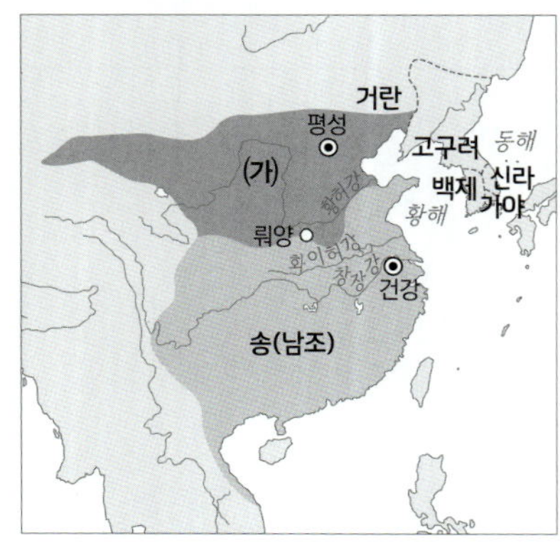

① 한족이 세웠다.
② 강남 지방을 개발하였다.
③ 한화 정책을 추진하였다.
④ 과거제를 처음 시행하였다.
⑤ 동돌궐과 서돌궐을 정복하였다.

590

2 다음 시가 지어진 시기의 사회와 문화에 대한 설명으로 옳지 <u>않은</u> 것은?

> 돌아가련다. / 세상 사람과 교류를 끊고 세상과 나는 서로 잊고 말지니 / 다시 한번 관리가 되어도 거기 무슨 구할 것이 있으리오. 　　－「귀거래사」

① 9품중정제가 실시되었다.
② 호족이 문벌 귀족으로 성장하였다.
③ 조로아스터교 등 외래 종교가 들어왔다.
④ 룽먼 석굴 등 대규모 석굴 사원이 건립되었다.
⑤ 민간 신앙과 도가 사상이 결합한 도교가 발전하였다.

591

3 수 문제의 활동으로 옳은 것은?

① 전국 시대를 통일하였다.
② 과거제를 처음 시행하였다.
③ 장건을 서역에 파견하였다.
④ 분서갱유로 유학자를 탄압하였다.
⑤ 동중서의 건의로 유학을 국가의 통치 이념으로 삼았다.

592

4 ㉠, ㉡에 들어갈 당의 제도로 옳은 것은?

구분	제도	설명
토지 제도	㉠	성인 남자에게 일정한 면적의 토지를 분배함
조세 제도	조용조	토지를 받은 농민에게 조(토지세), 용(노동력), 조(직물)를 거둠
군사 제도	㉡	농한기에 군사 훈련을 받고, 전쟁이 나면 병사로 복무하게 함

	㉠	㉡		㉠	㉡
①	군국제	균전제	②	균전제	군국제
③	균전제	부병제	④	부병제	군국제
⑤	부병제	균전제			

593

5 다음 정치 조직에 대한 설명으로 옳은 것은?

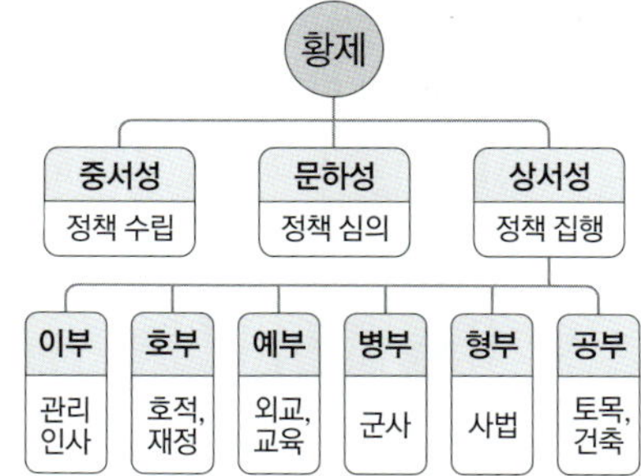

① 당의 지방 조직이다.
② 시험을 치러 관리를 뽑는 방식이었다.
③ 3성의 운영으로 권력이 한곳에 치우치는 것을 막았다.
④ 성인 남자에게 일정한 면적의 토지를 주는 제도였다.
⑤ 수도 외 지역은 황제와 혈연관계인 제후가 다스렸다.

594

6 다음 문화유산이 유행하던 시기에 볼 수 있는 모습으로 옳은 것은?

↑ 흰색, 녹색, 갈색의 유약을 발라 구운 도자기

① 대운하 건설을 명하는 황제
② 흉노 정벌을 준비하는 병사
③ 룽먼 석굴을 설계하는 건축가
④ 9품중정제로 중앙 관리가 된 호족
⑤ 조로아스터교 사원을 짓는 기술자

595

7 (가) 시기에 있었던 일로 옳은 것을 〈보기〉에서 고른 것은?

	(가)	
헤이조쿄로 천도		헤이안쿄로 천도

── 보기 ──
ㄱ. 도다이지가 건립되었다.
ㄴ. 역사서인 『일본서기』가 편찬되었다.
ㄷ. 한자를 변형한 가나 문자가 만들어졌다.
ㄹ. 야마토 정권이 여러 소국들을 통합하였다.

① ㄱ, ㄴ   ② ㄱ, ㄷ   ③ ㄴ, ㄷ
④ ㄴ, ㄹ   ⑤ ㄷ, ㄹ

596

8 동아시아 문화권에 대해 설명으로 옳지 <u>않은</u> 것은?

① 당대 활발한 국제 교류로 형성되었다.
② 이슬람교는 동아시아 문화권의 공통 요소이다.
③ 율령은 동아시아 여러 나라의 통치 체제에 영향을 미쳤다.
④ 동아시아 각국은 당의 제도를 전통과 특성에 맞게 변형하였다.
⑤ 일본의 가나 문자, 베트남의 쯔놈 문자는 한자의 영향으로 만들어졌다.

597

9 (가), (나) 종교에 대한 설명으로 옳은 것은?

(가) 선과 빛의 신 아후라 마즈다를 최고신으로 여긴 종교이다.
(나) 브라만교를 바탕으로 불교와 인도의 민간 신앙이 어우러져 형성된 종교이다.

① (가)는 그리스 정교이다.
② (가)의 주요 신에는 시바, 비슈누가 있다.
③ (나)는 조로아스터교이다.
④ (나)는 카스트제에 따른 신분 차별을 인정하였다.
⑤ (가)는 굽타 왕조, (나)는 사산 왕조 페르시아의 국교였다.

598

10 다음에서 설명하는 나라를 쓰시오.

• 로마 제국과 경쟁하였으며, 동서를 잇는 중계 무역으로 번영을 누렸다.
• 금속과 유리 공예품이 유명하였고, 직물 공예와 염색 기술도 뛰어났다.
• 비잔티움 제국과 잦은 전쟁을 치렀으며, 7세기에 이슬람 세력의 공격을 받아 멸망하였다.

(   )

599

11 밑줄 친 '이 종교'에 대한 설명으로 옳은 것은?

① 불을 신성하게 여겼다.
② 밀라노 칙령으로 공인되었다.
③ 쿠샨 왕조 시대에 발전하였다.
④ 알라에 대한 절대복종을 내세웠다.
⑤ 브라만교의 제사 절차를 단순화하였다.

600

12 다음과 같은 대립이 시작된 시기를 연표에서 고른 것은?

무함마드의 혈통만이 칼리프가 될 수 있다고 주장하는 세력과 무함마드의 혈통이 아니더라도 능력과 자질을 갖춘 자라면 누구나 칼리프가 될 수 있다고 주장하는 세력 간에 대립이 일어났다.

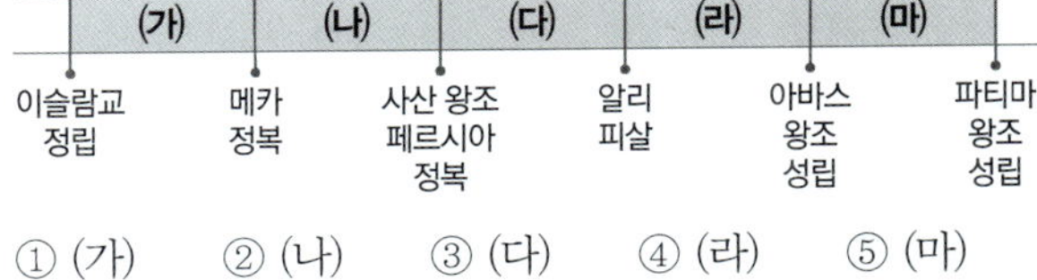

① (가)   ② (나)   ③ (다)   ④ (라)   ⑤ (마)

13 지도와 같은 이동이 일어난 결과로 옳은 것을 〈보기〉에서 고른 것은?

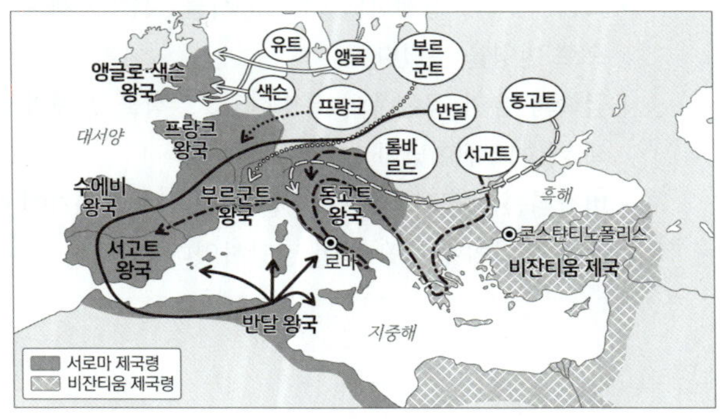

─── 보기 ───

ㄱ. 바이킹이 침략하였다.
ㄴ. 훈족이 이동하게 되었다.
ㄷ. 서로마 제국이 쇠약해졌다.
ㄹ. 로마 영토 곳곳에 게르만족 국가가 건설되었다.

① ㄱ, ㄴ　　② ㄱ, ㄷ　　③ ㄴ, ㄷ
④ ㄴ, ㄹ　　⑤ ㄷ, ㄹ

14 다음 문화유산의 (가) 인물에 대한 설명으로 옳지 <u>않은</u> 것은?

① 비잔티움 제국의 황제였다.
②『유스티니아누스 법전』을 편찬하였다.
③ 옛 로마 영토의 상당 부분을 회복하였다.
④ 정치적·군사적·종교적 권한을 모두 가졌다.
⑤ 로마 교황으로부터 서로마 황제의 관을 받았다.

| 서술형 |

15 중세 봉건 사회의 특징을 주군과 신하(봉신)의 관계를 중심으로 서술하시오.

16 중세 영주와 농노에 대한 설명으로 옳지 <u>않은</u> 것은?

① 영주는 장원을 다스렸다.
② 농노는 개인 재산을 소유할 수 없었다.
③ 농노는 결혼하여 가정을 꾸릴 수 있었다.
④ 영주는 재판권과 세금 징수권을 행사하였다.
⑤ 농노는 영주의 허락 없이 장원을 떠날 수 없었다.

17 다음 협약이 미친 영향으로 가장 적절한 것은?

> 신성 로마 제국의 황제인 나, 하인리히 5세는 …… 영적 권력에 따른 모든 성직자 임명권을 신에게 그리고 성스러운 로마 가톨릭교회에 바친다.

① 기사 계급이 몰락하였다.
② 크리스트교가 공인되었다.
③ 도시민들이 자치권을 얻었다.
④ 로마 가톨릭교회와 그리스 정교가 분리되었다.
⑤ 교황이 크리스트교 세계의 최고 지배자가 되었다.

18 다음 과제를 수행하기 위한 활동으로 적절하지 <u>않은</u> 것은?

> **수행 평가 과제**
>
> 중세 서유럽 문화의 특징과 사례를 탐구한다.

①『신학 대전』에 적힌 내용을 확인한다.
② 12세기 이후 설립된 대학을 조사한다.
③ 대표적인 기사도 문학 작품을 찾아본다.
④『쿠란』에 적힌 이슬람교도의 의무를 알아본다.
⑤ 샤르트르 대성당에 반영된 건축 양식을 살펴본다.

19 ㉠에 들어갈 세력을 쓰시오.

> 아바스 왕조의 칼리프로부터 술탄의 칭호를 얻으며 이슬람 세계를 이끌던 (㉠)은/는 예루살렘을 점령하고 비잔티움 제국을 위협하는 과정에서 크리스트교 세계와 충돌하였다.

(　　　　　　　)

[20~21] 다음을 보고 물음에 답하시오.

608

20 위 지도에서 로마 가톨릭 세력권과 그리스 정교 세력권이 회복하고자 한 성지를 찾아 쓰시오.

(   )

609

21 위 지도에 나타난 전쟁에 대한 설명으로 옳은 것을 〈보기〉에서 고른 것은?

─〈 보기 〉─
ㄱ. 전쟁 후 라티푼디움이 확대되었다.
ㄴ. 셀주크 튀르크의 성지 점령을 배경으로 일어났다.
ㄷ. 잔 다르크가 크게 활약하면서 전세가 유리해졌다.
ㄹ. 전쟁 과정에서 지중해 연안의 도시들이 번영하였다.

① ㄱ, ㄴ   ② ㄱ, ㄷ   ③ ㄴ, ㄷ
④ ㄴ, ㄹ   ⑤ ㄷ, ㄹ

610

22 다음은 중세 크리스트교 세계에서 있었던 일이다. 이 중에서 세 번째로 일어난 일로 옳은 것은?

(가) 아비뇽 유수가 일어났다.
(나) 보름스 협약이 체결되었다.
(다) 로마와 아비뇽에서 각각 교황을 선출하였다.
(라) 하인리히 4세가 카노사에서 교황에게 용서를 구하였다.
(마) 프랑스의 필리프 4세가 성직자에게 세금을 걷으려고 하였다.

① (가)   ② (나)   ③ (다)   ④ (라)   ⑤ (마)

611

23 빈칸에 들어갈 내용으로 적절한 것을 〈보기〉에서 고른 것은?

11세기 이후 농업과 상업이 발달하면서 도시도 성장하였다. 또한 원거리 무역이 늘어나자 지중해와 발트해, 북해를 중심으로 한 기존의 도시들이 더욱 성장하였다. 많은 부를 쌓은 도시의 상인과 수공업자들은 ______________________

─〈 보기 〉─
ㄱ. 동업 조합인 길드를 만들었다.
ㄴ. 마상 시합이나 모의 전투를 하였다.
ㄷ. 영주에게 돈을 내고 자치권을 얻었다.
ㄹ. 삶과 죽음을 신과 연결하는 중재자 역할을 하였다.

① ㄱ, ㄴ   ② ㄱ, ㄷ   ③ ㄴ, ㄷ
④ ㄴ, ㄹ   ⑤ ㄷ, ㄹ

612

24 (가), (나)에 대한 설명으로 옳지 **않은** 것은?

(가)	(나)

↑ 브뤼헐, 「농민의 결혼식」	↑ 보티첼리, 「봄」

① (가)는 알프스 이북 지역의 미술이다.
② (가)에는 사람들의 일상생활이 표현되었다.
③ (나)를 통해 교회의 권위를 비판하고자 하였다.
④ (나)에는 인체의 아름다움이 사실적으로 나타나 있다.
⑤ (가), (나)는 모두 르네상스 시기의 대표적인 미술 작품이다.

613 | 서술형 |

25 다음과 같은 움직임이 이탈리아에서 가장 먼저 일어날 수 있었던 배경을 **두 가지** 서술하시오.

14~16세기 유럽에서는 고대 그리스·로마의 문화를 되살려 인간 중심의 새로운 문화를 만들려는 움직임이 일어났다.

_______ 학년 _______ 반 _______ 번 이름: _________________

614

1　㉠에 해당하는 정책의 결과로 가장 적절한 것은?

> 조광윤(송 태조)은 절도사 세력을 약화시키고 문인 관료를 우대하는 (㉠) 정책을 실시하였다.

① 과거제가 폐지되었다.
② 국방력이 약화되었다.
③ 상공업이 발달하였다.
④ 강남 지방이 개발되었다.
⑤ 이중 지배 체제가 형성되었다.

615

2　여진(금)에 대한 설명으로 옳은 것은?

① 발해를 멸망시켰다.
② 야율아보기가 건국하였다.
③ 송을 공격하여 남쪽으로 몰아냈다.
④ 여러 개의 울루스가 분할 통치하였다.
⑤ 비단길을 차지하여 중계 무역으로 번영하였다.

616

3　빈칸에 들어갈 내용으로 적절한 것을 〈보기〉에서 고른 것은?

> **수행 평가 보고서**
>
> • **탐구 주제**: 송의 경제와 대외 교류
> • **탐구 결과**: ________________________

〈 보기 〉
ㄱ. 모내기법이 보편화되었다.
ㄴ. 지폐인 교초가 사용되었다.
ㄷ. 시박사가 대외 무역을 관리하였다.
ㄹ. 항저우 한 곳을 개방하여 공행을 통한 무역을 허용하였다.

① ㄱ, ㄴ　　　② ㄱ, ㄷ　　　③ ㄴ, ㄷ
④ ㄴ, ㄹ　　　⑤ ㄷ, ㄹ

617

4　선생님의 질문에 대한 학생들의 답변으로 적절한 것은?

① 남송을 멸망시켰습니다.
② 몽골 부족을 통일하였습니다.
③ 나라 이름을 원으로 바꾸었습니다.
④ 수도를 대도(베이징)로 옮겼습니다.
⑤ 장건을 서역에 파견하여 비단길을 개척하였습니다.

618　　　　　　　　　　　　　　　　　　| 서술형 |

5　몽골이 대제국을 세울 수 있었던 원동력을 <u>두 가지</u> 서술하시오.

619

6　지도의 최대 영역을 차지한 나라의 대외 교류에 대한 설명으로 옳은 것을 〈보기〉에서 고른 것은?

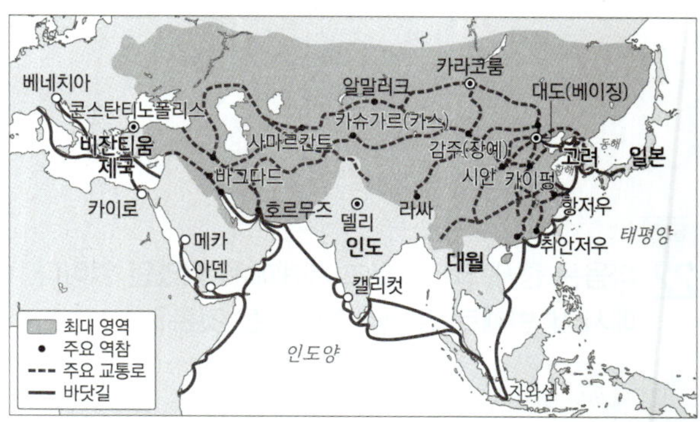

〈 보기 〉
ㄱ. 곽수경이 수시력을 제작하였다.
ㄴ. 이븐 바투타가 중국을 여행하였다.
ㄷ. 현장 등의 승려가 인도를 순례하였다.
ㄹ. 아담 샬이 대포 제작 기술을 중국에 소개하였다.

① ㄱ, ㄴ　　　② ㄱ, ㄷ　　　③ ㄴ, ㄷ
④ ㄴ, ㄹ　　　⑤ ㄷ, ㄹ

실전 대비

620

7 명의 홍무제가 다음 가르침을 반포한 목적으로 가장 적절한 것은?

> 부모에게 효도하라. / 윗사람을 공경하라.
> 이웃과 화목하게 지내라. / 자손을 잘 교육하라.
> 주어진 일에 최선을 다하라. / 잘못을 저지르지 말라.

① 재상권 강화
② 조세 제도 정비
③ 해금 정책 실시
④ 유교적 통치 질서 회복
⑤ 적극적인 대외 팽창 정책 추진

621

8 17세기경 중국에서 있었던 사건을 일어난 순서대로 나열한 것은?

> (가) 청이 베이징을 점령하였다.
> (나) 누르하치가 후금을 건국하였다.
> (다) 명이 이자성의 농민군에게 멸망하였다.
> (라) 홍타이지가 나라 이름을 청으로 바꾸었다.

① (가) – (나) – (다) – (라)
② (나) – (가) – (다) – (라)
③ (나) – (다) – (가) – (라)
④ (나) – (라) – (다) – (가)
⑤ (다) – (나) – (라) – (가)

622

9 (가)에 들어갈 내용으로 가장 적절한 것은?

> 청은 ____(가)____ 한족에게 회유책과 강압책을 함께 실시하였다. 청은 고위 관직에 만주족과 한족을 함께 등용하였으나, 한편으로는 한족에게 만주족의 풍습인 변발과 호복을 강요하였다.

① 자국의 국력을 과시하고자
② 한족의 전통을 회복하고자
③ 여러 나라와 조공 관계를 맺고자
④ 어려워진 국가 재정을 보충하고자
⑤ 소수의 만주족으로 다수의 한족을 다스리고자

623 | 서술형 |

10 다음 지도가 당시 사회에 미친 영향을 서술하시오.

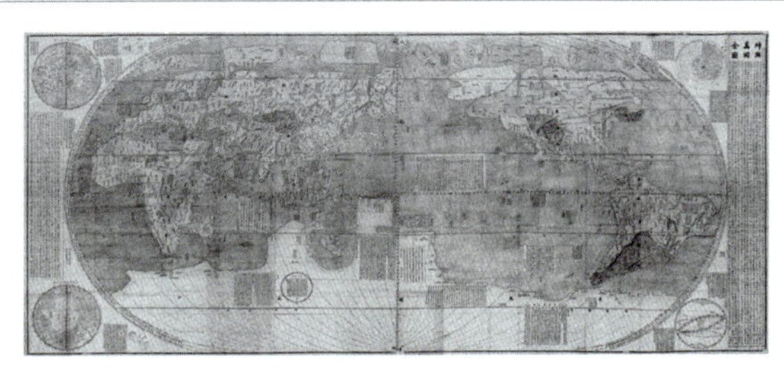

「곤여만국전도」는 이탈리아의 선교사인 마테오 리치가 명에 머무르며 제작한 세계 지도이다.

624

11 다음은 중국의 학문 발달 흐름을 정리한 것이다. ㉠~㉢에 대한 설명으로 옳지 <u>않은</u> 것은?

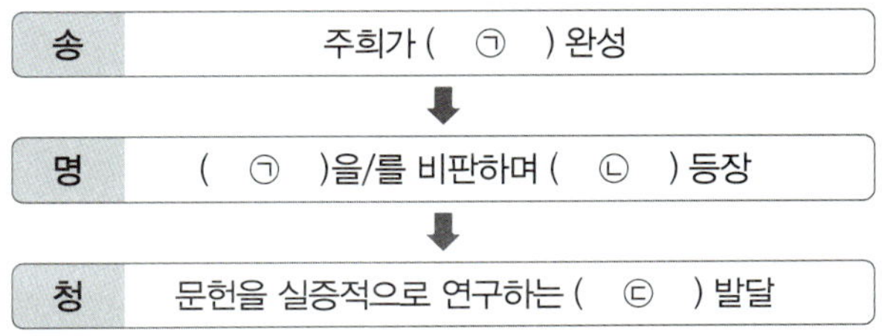

① ㉠은 성리학이다.
② ㉠은 우주의 원리와 인간의 본성을 연구하는 학문이다.
③ ㉡은 이론과 형식보다 실천을 강조하였다.
④ ㉢은 훈고학이다.
⑤ ㉠, ㉡, ㉢은 모두 유학에 속한다.

625

12 다음 상황이 중국에 미친 영향으로 적절한 것을 〈보기〉에서 고른 것은?

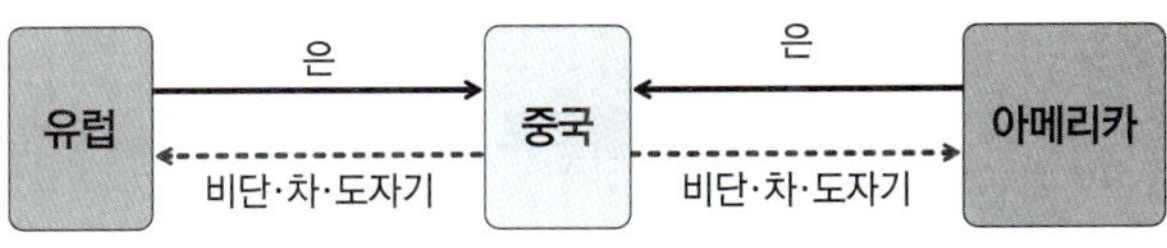

> ──〈 보기 〉──
> ㄱ. 동전 사용이 제한되었다.
> ㄴ. 은이 화폐로 사용되었다.
> ㄷ. 중국 정부가 세금을 은으로 걷었다.
> ㄹ. 귀족들이 노예를 이용한 대농장을 경영하였다.

① ㄱ, ㄴ   ② ㄱ, ㄷ   ③ ㄴ, ㄷ
④ ㄴ, ㄹ   ⑤ ㄷ, ㄹ

13 (가) 시기에 일본에서 있었던 일로 옳은 것은?

	(가)	
무로마치 막부 성립		에도 막부 수립

① 도다이지가 건립되었다.
② 다이카 개신이 일어났다.
③ 나가사키에 데지마가 조성되었다.
④ 천황이라는 칭호를 처음 사용하였다.
⑤ 도요토미 히데요시가 일본을 통일하였다.

14 에도 막부가 산킨코타이 제도를 시행한 결과로 적절한 것을 〈보기〉에서 고른 것은?

─── 보기 ───
ㄱ. 다양한 종교가 공존하였다.
ㄴ. 신사층이 사회를 주도하였다.
ㄷ. 지방 문화와 교통의 발달이 촉진되었다.
ㄹ. 막부가 다이묘를 경제적으로 통제하였다.

① ㄱ, ㄴ   ② ㄱ, ㄷ   ③ ㄴ, ㄷ
④ ㄴ, ㄹ   ⑤ ㄷ, ㄹ

15 ㉠에 들어갈 일본의 사회 계층을 쓰시오.

에도 시대에는 농업 생산량이 증가하였고, 수공업과 광업도 발전하였다. 이를 배경으로 (㉠)(이)라고 불리는 도시의 상공업자들이 성장하여 우키요에와 가부키를 즐겼다.

(   )

16 무굴 제국에 대한 설명으로 옳은 것을 〈보기〉에서 고른 것은?

─── 보기 ───
ㄱ. 비잔티움 제국을 정복하였다.
ㄴ. 오스트리아의 수도 빈을 공격하였다.
ㄷ. 바부르가 델리를 정복하고 건국하였다.
ㄹ. 아우랑제브 황제 때 최대 영토를 확보하였다.

① ㄱ, ㄴ   ② ㄱ, ㄷ   ③ ㄴ, ㄷ
④ ㄴ, ㄹ   ⑤ ㄷ, ㄹ

17 다음 내용에 대한 탐구 활동 주제로 가장 적절한 것은?

- 시크교
- 우르두어
- 타지마할
- 무굴 회화

① 이슬람 제일주의의 추진
② 오스만 제국의 관용 정책
③ 인도·이슬람 문화의 발달
④ 국제 도시로 성장한 이스탄불
⑤ 오스만 양식과 비잔티움 양식의 조화

18 (가)에 해당하는 도시에 대한 설명으로 옳은 것은?

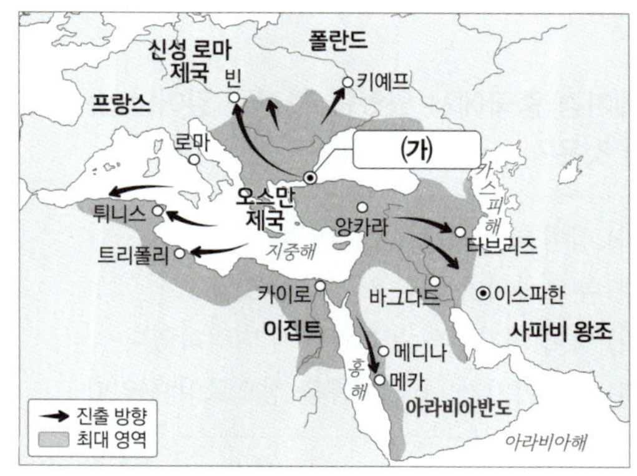

① 자금성이 건설되었다.
② 메흐메트 2세가 정복하였다.
③ 약 70여 년 동안 교황청이 있었다.
④ 무함마드가 메카에서 근거지를 옮긴 곳이다.
⑤ 십자군 전쟁 당시 셀주크 튀르크가 점령하였다.

19 다음 핵심 단어(해시태그)와 관련된 나라에서 볼 수 있는 모습으로 적절하지 않은 것은?

이슬람 왕조   # 술레이만 1세
술탄 칼리프 제도   # 헝가리 정복

① 커피 하우스에서 커피를 마시는 사람들
② 비이슬람교도를 가혹하게 탄압하는 관리
③ 그랜드 바자르에서 양탄자를 사는 외국 상인
④ 술탄의 정예군인 예니체리에서 훈련을 받는 소년
⑤ 술탄 아흐메트 사원에서 예배를 드리는 이슬람교도

633

20 (가)에 들어갈 답변으로 적절하지 <u>않은</u> 것은?

① 선박 제작 기술이 발전하였어.
② 나침반을 이용한 항해술이 발달하였어.
③ 동방에 대한 유럽인의 호기심이 커졌어.
④ 유럽 여러 나라가 동인도 회사를 설립하였어.
⑤ 십자군 전쟁을 계기로 동방 무역이 활발해졌어.

634

21 다음에서 설명하는 나라를 쓰시오.

• 콜럼버스와 마젤란의 항해를 지원하였다.
• 대서양으로 돌아가는 서쪽 항로를 개척하였다.

(   )

635

22 지도에 나타난 무역이 아프리카에 미친 영향으로 가장 적절한 것은?

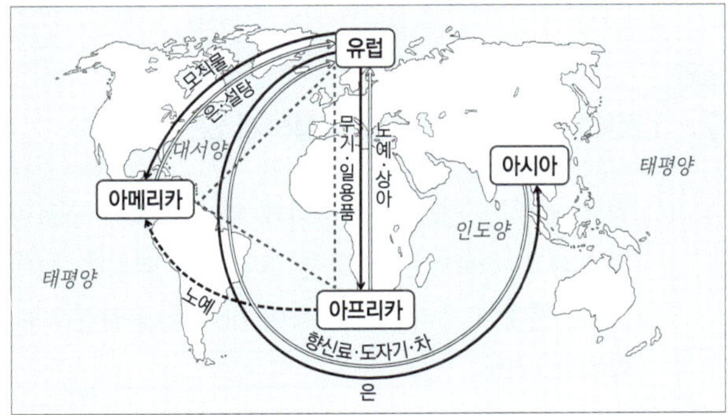

① 인구가 급증하였다.
② 성비가 불균형해졌다.
③ 독자적인 문화가 발달하였다.
④ 부족 간의 갈등이 해소되었다.
⑤ 아메리카의 작물이 전해져 생활이 풍요로워졌다.

636

23 루터에 대한 설명으로 옳은 것을 〈보기〉에서 고른 것은?

〈 보기 〉
ㄱ. 예정설을 주장하였다.
ㄴ. 제후와 농민들의 지지를 받았다.
ㄷ. 로마 교황의 면벌부 판매를 비판하였다.
ㄹ. 자신이 영국 교회의 수장임을 선포하였다.

① ㄱ, ㄴ   ② ㄱ, ㄷ   ③ ㄴ, ㄷ
④ ㄴ, ㄹ   ⑤ ㄷ, ㄹ

637

24 다음 문서가 발표된 나라에서 있었던 일로 옳지 <u>않은</u> 것은?

제1조   국왕은 의회의 동의 없이 법의 효력을 정지하거나 법의 집행을 막을 수 없다.
제4조   국왕이 의회의 승인 없이 세금을 거두는 것은 위법이다.
제6조   의회의 동의 없이 왕국 내에서 군대를 모으거나 유지하는 것은 위법이다.

① 베르사유 궁전이 건축되었다.
② 의회가 권리 청원을 제출하였다.
③ 의회파가 찰스 1세를 처형하였다.
④ 제임스 2세의 딸 메리가 왕으로 임명되었다.
⑤ 엘리자베스 1세가 에스파냐의 무적함대를 물리쳤다.

638

25 빈칸에 들어갈 내용으로 적절한 것을 〈보기〉에서 고른 것은?

재정 · 군사 국가는 관료제와 상비군을 유지하는 데 필요한 비용을 마련하고자 [   ]

〈 보기 〉
ㄱ. 지즈야(인두세)를 거두었다.
ㄴ. 봉신에게 봉토를 지급하였다.
ㄷ. 수입은 제한하고 수출은 확대하였다.
ㄹ. 해외 팽창과 식민지 건설을 지원하였다.

① ㄱ, ㄴ   ② ㄱ, ㄷ   ③ ㄴ, ㄷ
④ ㄴ, ㄹ   ⑤ ㄷ, ㄹ

_____ 학년 _____ 반 _____ 번 이름: _______________

639

1 밑줄 친 '이 계층'으로 옳은 것은?

> 송 태조는 황제권을 강화하고자 절도사 세력을 약화하고 문인 관료를 우대하였다. 그 결과 송대에는 유교적 소양을 갖춘 이 계층이 형성되었다.

① 무사 ② 신사 ③ 호족
④ 사대부 ⑤ 문벌 귀족

640

| 서술형 |

2 송의 왕안석이 개혁을 추진한 배경을 서술하시오.

[3~4] 다음을 보고 물음에 답하시오.

↑ 11세기 동아시아의 정세

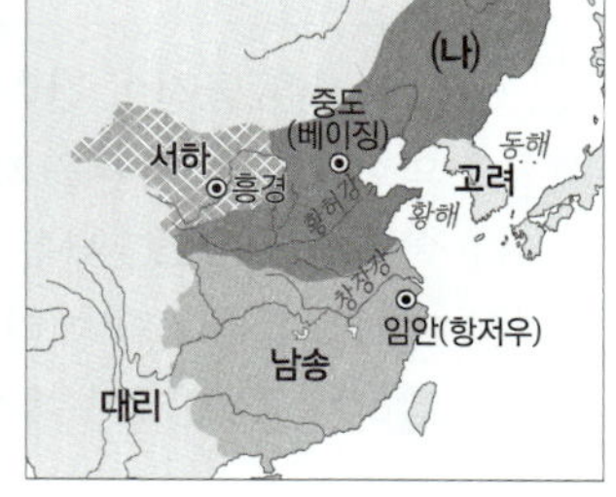

↑ 12세기 동아시아의 정세

641

3 위 지도에서 (가), (나)에 해당하는 나라를 각각 쓰시오.

(   )

642

4 (가), (나) 나라의 공통점으로 옳은 것을 〈보기〉에서 고른 것은?

> ─── 보기 ───
> ㄱ. 한족이 세운 나라이다.
> ㄴ. 문치주의 정책을 실시하였다.
> ㄷ. 자신들만의 문자를 만들었다.
> ㄹ. 이원적인 통치 방식을 사용하였다.

① ㄱ, ㄴ ② ㄱ, ㄷ ③ ㄴ, ㄷ
④ ㄴ, ㄹ ⑤ ㄷ, ㄹ

643

5 원에 대한 탐구 활동으로 가장 적절한 것은?

① 전시 제도의 시행 목적을 알아본다.
② 신사층이 활약하게 된 배경을 살펴본다.
③ 현장이 인도를 순례한 결과를 정리한다.
④ 한족들이 반란을 일으킨 원인을 조사한다.
⑤ 임안(항저우)으로 수도를 옮긴 이유를 찾아본다.

644

6 원의 경제와 사회에 대한 설명으로 옳은 것을 〈보기〉에서 고른 것은?

> ─── 보기 ───
> ㄱ. 목화 재배가 확대되었다.
> ㄴ. 주희가 성리학을 완성하였다.
> ㄷ. 구어체 소설, 희곡, 잡극이 인기를 끌었다.
> ㄹ. 주로 세 가지 색채를 지닌 당삼채가 유행하였다.

① ㄱ, ㄴ ② ㄱ, ㄷ ③ ㄴ, ㄷ
④ ㄴ, ㄹ ⑤ ㄷ, ㄹ

645

7 빈칸에 들어갈 내용으로 적절하지 <u>않은</u> 것은?

> 원은 넓어진 영토를 원활하게 다스리고자 도로망을 정비하고 육로에는 일정한 거리마다 역참을 설치하였다. 원대에 유라시아 대륙이 하나의 교역권으로 통합됨에 따라 __________

① 동서 문화의 교류가 활발해졌다.
② 중국에 다양한 종교가 공존하였다.
③ 이슬람의 역법과 천문학이 중국에 전해졌다.
④ 마테오 리치가 「곤여만국전도」를 제작하였다.
⑤ 마르코 폴로 등이 중국을 방문하고 여행기를 남겼다.

646

8 지도에 나타난 항해를 지시한 황제의 활동으로 옳지 <u>않은</u> 것은?

① 자금성을 건설하였다.
② 재상제를 폐지하였다.
③ 베이징으로 수도를 옮겼다.
④ 직접 군대를 이끌고 몽골을 공격하였다.
⑤ 30여 개 나라와 조공·책봉 관계를 맺었다.

647

9 ㉠에 들어갈 나라에 대한 설명으로 옳은 것은?

> **역사 신문**
>
> **(㉠), 한족 통치 정책을 발표하다**
>
> (㉠)이/가 한족 통치 정책을 발표하였다. 황제는 중요 관직에 만주족과 한족을 함께 등용하고, 유학 교육을 장려할 것임을 밝혔다. 또한 만주족 풍습을 강제하고, 왕조 비판을 금지하는 정책도 발표하였다.

① 조광윤이 건국하였다.
② 송과 연합하여 요를 무너뜨렸다.
③ 이자성이 이끄는 농민군에게 멸망하였다.
④ 공용 문자인 파스파 문자를 만들어 사용하였다.
⑤ 해상 무역을 통제하여 공행을 통한 무역만 허용하였다.

648

10 명대 대외 교류의 사례로 가장 적절한 것은?

① 난학이 발달하였다.
② 곽수경이 수시력을 만들었다.
③ 이븐 바투타가 중국을 방문하였다.
④ 마테오 리치가 「곤여만국전도」를 제작하였다.
⑤ 마르코 폴로가 중국을 방문하고 『동방견문록』을 남겼다.

649

11 다음과 같은 제도가 처음 시행된 시기로 옳은 것은?

> • 쇼군(장군)이 실질적으로 나라를 다스렸다.
> • 쇼군(장군)과 그에게 받은 토지를 다스리는 다이묘(영주), 그 아래의 사무라이(하급 무사)로 이루어졌다.

① 나라 시대
② 에도 막부
③ 전국 시대
④ 가마쿠라 막부
⑤ 무로마치 막부

650

12 에도 막부에 대해 정리한 내용으로 옳지 <u>않은</u> 것은?

	구분	내용
①	성립	도쿠가와 이에야스가 수립
②	정치	산킨코타이 제도 실시
③	경제	상품 작물 재배, 수공업·광업 발달
④	문화	조닌 문화 유행
⑤	대외 교류	시박사 설치

651

13 다음 정책이 시행된 목적으로 가장 적절한 것은?

> 에도 막부는 다이묘(영주)의 가족을 수도인 에도에 머무르게 하였고, 다이묘가 일정 기간을 번갈아 가며 자신의 영지를 떠나 쇼군이 머무는 에도에서 생활하도록 하였다.

① 해금 정책을 추진하기 위해
② 귀족의 토지와 재산을 보호하고자
③ 서양의 학문과 기술을 받아들이기 위해
④ 다이묘(영주)의 경제적 부담을 줄이고자
⑤ 중앙 집권적인 정치 체제를 강화하기 위해

14 검색창에 들어갈 인물을 쓰시오.

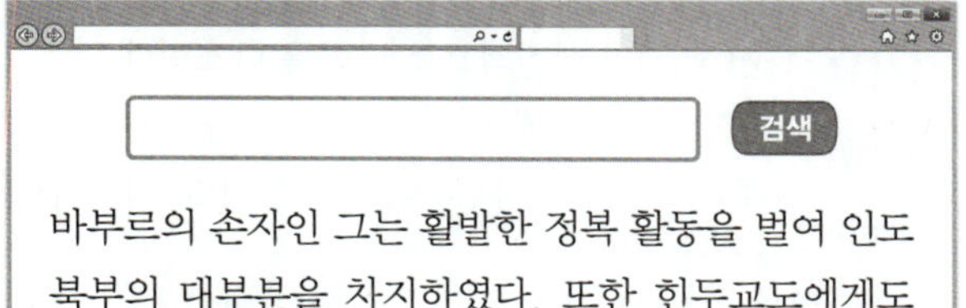

바부르의 손자인 그는 활발한 정복 활동을 벌여 인도 북부의 대부분을 차지하였다. 또한 힌두교도에게도 관직을 주었으며 종교인, 무신론자, 학자 등을 초청하여 종교와 사상에 관련된 토론을 진행하는 등 다양한 종교에 관용적인 태도를 보였다.

(   )

15 지도의 최대 영역을 차지한 황제에 대한 설명으로 옳은 것을 〈보기〉에서 고른 것은?

〈 보기 〉

ㄱ. 지즈야를 부활시켰다.
ㄴ. 타지마할을 건축하였다.
ㄷ. 힌두교도를 탄압하였다.
ㄹ. 전국에 통치 방침과 불교의 가르침을 새긴 돌기둥을 세웠다.

① ㄱ, ㄴ   ② ㄱ, ㄷ   ③ ㄴ, ㄷ
④ ㄴ, ㄹ   ⑤ ㄷ, ㄹ

16 무굴 제국의 문화에 대한 탐구 활동으로 적절하지 <u>않은</u> 것은?

① 시크교의 교리를 조사한다.
② 산스크리트 문학의 대표작을 검색한다.
③ 페르시아어와 우르두어 쓰임의 차이를 살펴본다.
④ 타지마할에 나타난 인도·이슬람 양식을 찾아본다.
⑤ 인도 미술과 페르시아의 세밀화가 융합된 회화 작품을 알아본다.

17 다음 건축물을 세운 나라에 대한 설명으로 옳지 <u>않은</u> 것은?

① 술탄 칼리프 제도를 시행하였다.
② 수도인 이스탄불이 국제 도시로 성장하였다.
③ 유스티니아누스 황제 때 영토를 확장하였다.
④ 홍해와 지중해를 통해 아라비아, 유럽과 교역하였다.
⑤ 헝가리를 정복하고 오스트리아의 수도 빈을 공격하였다.

| 서술형 |

18 밑줄 친 '관용 정책'의 사례를 <u>두 가지</u> 서술하시오.

오스만 제국은 넓은 영토와 다양한 민족을 효율적으로 통치하기 위해 <u>관용 정책</u>을 펼쳤다.

19 (가), (나) 항로를 개척한 인물로 옳은 것은?

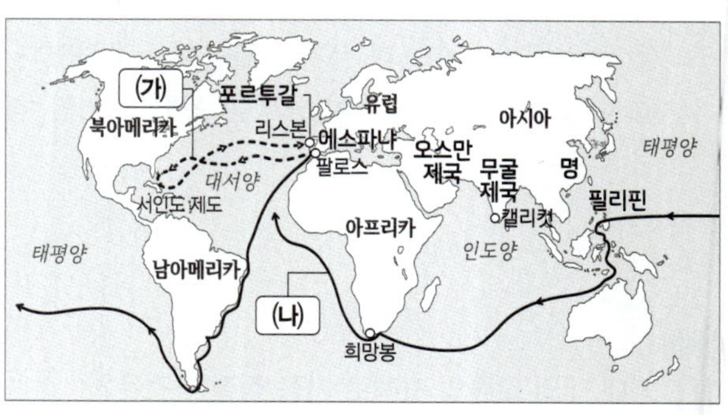

	(가)	(나)
①	콜럼버스	마젤란 일행
②	콜럼버스	바스쿠 다가마
③	마젤란 일행	콜럼버스
④	마젤란 일행	바스쿠 다가마
⑤	이븐 바투타	콜럼버스

658

20 밑줄 친 '변화'의 사례로 적절한 것을 〈보기〉에서 고른 것은?

> 신항로 개척은 유럽에 큰 <u>변화</u>를 가져왔다.

〈 보기 〉
ㄱ. 이탈리아의 도시 국가들이 성장하였다.
ㄴ. 많은 양의 금과 은이 유입되어 물가가 올랐다.
ㄷ. 무역의 중심지가 대서양에서 지중해로 바뀌었다.
ㄹ. 담배, 감자, 카카오, 옥수수 등 새로운 작물이 들어왔다.

① ㄱ, ㄴ　　　② ㄱ, ㄷ　　　③ ㄴ, ㄷ
④ ㄴ, ㄹ　　　⑤ ㄷ, ㄹ

659

21 (가), (나)를 주장한 인물에 대한 설명으로 옳은 것은?

> (가) 교황이 모든 벌을 면제한다고 선언한다면 그것은 진정한 의미에서의 모든 벌이 아니라, 단지 교황 자신이 내린 벌을 면제한다는 것뿐이다. …… 진실로 회개한 크리스트교도는 면벌부가 없어도 벌이나 죄에서 완전히 해방된다.
>
> (나) 인간의 구원은 신에 의해 미리 예정되어 있으며, 인간의 어떠한 행위로도 그것을 바꿀 수 없다.

① (가) – 예정설을 주장하였다.
② (가) – 『신학 대전』을 저술하였다.
③ (가) – 교황의 면벌부 판매를 비판하였다.
④ (나) – 영국 국교회를 세웠다.
⑤ (나) – 「95개조 반박문」을 발표하였다.

660

22 다음에서 설명하는 전쟁을 쓰시오.

> 로마 가톨릭교회(구교)와 신교의 대립이 심화되는 가운데 독일 지역에서 일어난 종교 전쟁이다. 여러 국가가 각자의 이해관계에 따라 참가하면서 국제전으로 확대되었다. 이 전쟁으로 독일 인구의 약 3분의 1이 감소하였다. 전쟁은 베스트팔렌 조약이 맺어지면서 끝이 났다.

(　　　　　　　)

661

23 재정·군사 국가와 그 특징을 <u>잘못</u> 연결한 것은?

① 영국 – 잉글랜드 은행을 세웠다.
② 영국 – 정부와 의회의 협력을 바탕으로 성장하였다.
③ 프랑스 – 왕권을 절대화하였다.
④ 프랑스 – 에스파냐의 무적함대를 물리쳤다.
⑤ 프랑스 – 재무 장관으로 콜베르를 등용하였다.

662

24 다음 문서가 작성된 배경으로 가장 적절한 것은?

> 제1조　국왕은 의회의 동의 없이 법의 효력을 정지하거나 법의 집행을 막을 수 없다.
> 제4조　국왕이 의회의 승인 없이 세금을 거두는 것은 위법이다.
> 제6조　의회의 동의 없이 왕국 내에서 군대를 모으거나 유지하는 것은 위법이다.

① 명예혁명이 일어났다.
② 유럽에서 흑사병이 유행하였다.
③ 영국과 프랑스가 백년 전쟁을 벌였다.
④ 사회 혼란으로 귀족들이 무사를 고용하였다.
⑤ 영주가 노동력이나 생산물 대신 화폐로 세금을 거두었다.

663

25 선생님의 질문에 대한 학생들의 답변으로 적절하지 <u>않은</u> 것은?

① 신앙과 이성의 조화를 강조하였습니다.
② 불합리한 제도와 전통을 개혁하자고 하였습니다.
③ 데카르트와 로크의 사상을 토대로 발전하였습니다.
④ 미국 혁명과 프랑스 혁명의 사상적 기반이 되었습니다.
⑤ 대표적인 사상가로 볼테르, 몽테스키외, 루소 등이 있습니다.

_____ 학년 _____ 반 _____ 번 이름: ___________________

664

1 조광윤(송 태조)의 활동으로 옳은 것은?

① 육유를 반포하였다.
② 군국제를 시행하였다.
③ 대운하를 건설하였다.
④ 중앙군을 황제 직속으로 두었다.
⑤ 선비족의 복장과 문화를 금지하였다.

665

2 빈칸에 들어갈 내용으로 가장 적절한 것은?

> 거란, 서하 등 북방에서 성장한 나라들이 송을 압박하였다. 송은 평화를 유지하는 대가로 이들에게 많은 양의 비단과 은을 주었고, 이 때문에 재정이 어려워졌다. 이에 ______________________

① 태조가 전시 제도를 시행하였다.
② 안녹산과 사사명이 반란을 일으켰다.
③ 시황제가 전국에 군현제를 실시하였다.
④ 효문제가 선비족의 복장과 언어를 금지하였다.
⑤ 왕안석이 민생 안정과 부국강병을 목표로 개혁을 시도하였다.

666

3 (가) 나라에 대해 학생들이 나눈 대화 내용으로 적절한 것은?

① 쿠빌라이 칸이 통치하였어.
② 주희가 성리학을 완성하였어.
③ 야율아보기가 부족을 통합하였어.
④ 이백과 두보 등의 시인이 활약하였어.
⑤ 윈강, 룽먼 등에 석굴 사원을 조성하였어.

667

4 ㉠, ㉡에 들어갈 내용을 각각 쓰시오.

> (㉠)은/는 원대에 사용된 지폐로, 동서 교류가 활발해지고 상업이 발전하는 과정에서 원이 동전 사용을 제한하자 널리 쓰였다. (㉠)에는 (㉡)이/가 쓰여 있는데, 이는 원이 다스리는 여러 민족의 언어를 표기하고자 만든 공용 문자였다.

(　　　　　　　　　　　　)

668

5 다음 자료를 활용한 탐구 활동 주제로 가장 적절한 것은?

① 공행의 역할
② 해금 정책의 의미
③ 역참제의 실시 목적
④ 활판 인쇄술 발명의 영향
⑤ 산킨코타이 제도의 시행 시기

669

6 다음은 원대를 배경으로 한 가상 일기이다. 밑줄 친 ㉠~㉤ 중 적절하지 않은 것은?

> 오늘은 ㉠ 수도인 카이펑을 방문하였다. 사람이 정말 많았다. ㉡ 유럽에서 온 사절단의 모습도 보았다. 사야 할 물건이 있어 시장에 갔는데 ㉢ 재정 담당 관리로 보이는 색목인이 상점을 돌아다니고 있었다. 물건을 사고 집으로 돌아가려는데 한쪽에 사람들이 모여 있는 게 보였다. ㉣ 잡극이 공연되고 있었다. 역경을 극복해 나가는 서민의 애환을 다루어 재미있었다. 대본을 누가 썼는지 옆 사람에게 물어보았더니 ㉤ 유교적 소양을 갖춘 사대부가 썼다고 했다.

① ㉠　　② ㉡　　③ ㉢　　④ ㉣　　⑤ ㉤

670

7 선생님의 질문에 대한 학생들의 답변으로 가장 적절한 것은?

① 황제의 권력을 강화하고자 하였습니다.
② 문벌 귀족의 관직 독점을 막고자 하였습니다.
③ 북방 민족의 고유 문화를 지키고자 하였습니다.
④ 거란, 서하 등과 평화를 유지하고자 하였습니다.
⑤ 강남 지방과 화북 지방을 연결하고자 하였습니다.

671

8 다음에서 설명하는 인물을 쓰시오.

몽골, 신장, 티베트 등을 포함한 청의 최대 영토를 차지한 황제로, 이때의 영토는 오늘날 중국의 영토와 비슷하다. 또한 중국 문화를 집대성한 『사고전서』를 편찬하였다.

(   )

672

9 다음 사실을 통해 알 수 있는 청의 정책에 대한 설명으로 가장 적절한 것은?

청은 과거 시험을 실시하여 중요한 관직에 만주족과 한족을 함께 등용하였다.

① 해금 정책을 실시하였다.
② 은으로 세금을 징수하였다.
③ 9품중정제로 관리를 선발하였다.
④ 한족에 대한 회유책을 실시하였다.
⑤ 성인 남자에게 일정한 면적의 토지를 나누어 주었다.

673

10 명과 청을 비교한 내용으로 옳지 <u>않은</u> 것은?

구분	명	청
㉠ 수립	주원장	누르하치
㉡ 지배 민족	만주족	한족
㉢ 학문	양명학	고증학
㉣ 소설	『서유기』	『홍루몽』
㉤ 대외 교류	해금 정책 실시 → 제한적 민간 무역 허용	18세기 중반 이후 공행 무역만 허용

① ㉠   ② ㉡   ③ ㉢   ④ ㉣   ⑤ ㉤

674

11 ㉠에 들어갈 계층에 대한 설명으로 옳은 것은?

(㉠   )은/는 학생, 과거 합격자, 관직 경험자 등 유교적 소양을 갖춘 지식인을 말한다. 이들은 명·청대에 지배층으로 성장하였다.

① 9품중정제를 통해 중앙 정부에 진출하였다.
② 부병제에 따라 농한기에 군사 훈련을 받았다.
③ 평상시에 훈련이자 모의 전투로 마상 시합을 하였다.
④ 서아시아, 중앙아시아 등지에서 온 외국인으로 구성되었다.
⑤ 지방관을 도와 향촌의 질서를 유지하고 새로운 학풍을 만들었다.

675

12 (가) 시기에 일본에서 있었던 일로 옳은 것은?

① 원의 침략을 받았다.
② 도다이지가 건립되었다.
③ 풍속화인 우키요에가 유행하였다.
④ 도요토미 히데요시가 일본을 통일하였다.
⑤ 미나모토노 요리토모가 막부를 수립하였다.

13 밑줄 친 '이 학문'에 대한 설명으로 옳은 것은?

> 에도 막부는 나가사키 앞바다에 인공 섬인 데지마를 조성하였다. 에도 시대에는 데지마를 통해 다른 나라와 교류하면서 이 학문이 발전하였다.

① 이론과 형식보다 실천을 강조하였다.
② 일본 고유의 정신을 밝히려는 학문이다.
③ 유교 경전을 실증적으로 연구하는 학문이다.
④ 주희가 완성하여 동아시아 각국의 통치 이념이 되었다.
⑤ 네덜란드 상인으로부터 받아들인 서양의 학문을 이른다.

| 서술형 |

14 아크바르 황제와 아우랑제브 황제의 정책을 비교하여 서술하시오.

15 지도의 최대 영역을 차지한 나라에 대한 설명으로 옳은 것은?

① 페르시아 제국의 부활을 내세웠다.
② 십자군 전쟁의 충격으로 수도를 옮겼다.
③ 그리스 조각상의 영향을 받은 불상을 제작하였다.
④ 이슬람 세력이 북인도를 침입하여 세운 왕조이다.
⑤ 브라만교, 불교, 인도의 민간 신앙이 어우러진 종교가 발달하였다.

16 다음 대화에서 주제로 다룬 나라에 대한 설명으로 옳은 것은?

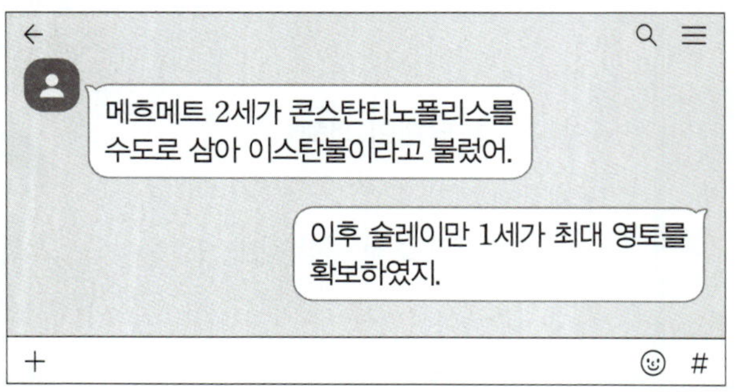

① 바부르가 건국하였다.
② 콜럼버스와 마젤란의 항해를 지원하였다.
③ 카스트제라는 엄격한 신분제를 시행하였다.
④ 제국을 여러 개의 울루스로 나누어 통치하였다.
⑤ 술탄이 칼리프의 지위를 이어받아 이슬람 세계의 최고 지배자가 되었다.

17 오스만 제국의 문화에 대한 설명으로 옳은 것을 〈보기〉에서 고른 것은?

> ── 보기 ──
> ㄱ. 바자르를 중심으로 커피 문화가 발달하였다.
> ㄴ. 비잔티움 양식을 도입한 모스크가 발달하였다.
> ㄷ. 페르시아의 세밀화와 인도 미술이 융합된 회화가 발달하였다.
> ㄹ. 뾰족한 탑과 색유리그림(스테인드글라스)을 특징으로 하는 건축 양식이 발달하였다.

① ㄱ, ㄴ   ② ㄱ, ㄷ   ③ ㄴ, ㄷ
④ ㄴ, ㄹ   ⑤ ㄷ, ㄹ

18 다음에서 설명하는 나라로 옳은 것은?

> • 아시아로 가는 동쪽 항로를 개척하였다.
> • 바르톨로메우 디아스와 바스쿠 다가마의 항해를 지원하였다.

① 독일   ② 영국   ③ 스위스
④ 에스파냐   ⑤ 포르투갈

682
19 신항로 개척 이후 아메리카에서 일어난 변화로 옳은 것을 〈보기〉에서 고른 것은?

――――〈 보기 〉――――
ㄱ. 가격 혁명과 상업 혁명이 일어났다.
ㄴ. 아스테카 문명과 잉카 문명이 발달하였다.
ㄷ. 대농장에서 사탕수수, 담배 등을 재배하였다.
ㄹ. 유럽에서 천연두, 홍역 등 전염병이 전파되었다.

① ㄱ, ㄴ   ② ㄱ, ㄷ   ③ ㄴ, ㄷ
④ ㄴ, ㄹ   ⑤ ㄷ, ㄹ

683
20 검색창에 들어갈 인물에 대한 설명으로 옳은 것은?

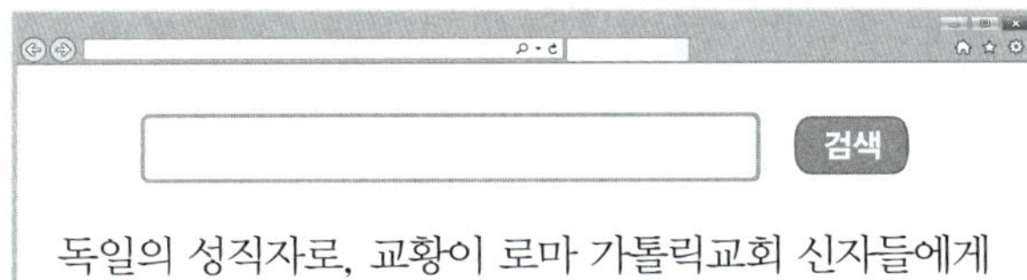

독일의 성직자로, 교황이 로마 가톨릭교회 신자들에게 면벌부를 판매하자 「95개조 반박문」을 발표하였다.

① 사회 계약설을 내세웠다.
② 상공업자들에게 큰 지지를 받았다.
③ 신과 분리된 인간의 이성을 강조하였다.
④ 인간의 구원은 미리 예정되어 있다고 보았다.
⑤ 신앙과 신의 은총으로만 구원을 받을 수 있다고 주장하였다.

[21~22] 다음을 읽고 물음에 답하시오.

폐하, 모든 무역에서 국내 산업에 도움이 되는 상품을 수입할 때는 세금을 면제해 주고, 외국에서 만들어진 상품을 들여올 때는 세금을 부과해야 합니다.
― 콜베르, 「1664년 국왕에게 바치는 의견서」

684
21 윗글에 나타난 경제 정책을 쓰시오.

(   )

685 | 서술형 |
22 재정·군사 국가가 윗글에 나타난 정책을 실시한 목적을 서술하시오.

686
23 다음에서 설명하는 인물의 활동으로 옳지 <u>않은</u> 것은?

프랑스를 재정·군사 국가로 만든 왕으로, 베르사유에 화려한 궁정을 짓고 귀족들을 불러 모아 자신의 권위를 과시하였다.

① 왕권신수설을 주장하였다.
② 관료제와 상비군을 정비하였다.
③ 스스로를 '태양왕'으로 칭하였다.
④ 에스파냐의 무적함대를 격파하였다.
⑤ 콜베르를 등용하여 중상주의 정책을 펼쳤다.

687
24 (가), (나)에 대한 설명으로 옳지 <u>않은</u> 것은?

(가) 권리 장전   (나) 권리 청원

① (가)는 메리 여왕과 윌리엄 3세가 승인하였다.
② (가)가 승인됨으로써 영국에서 입헌 군주제의 기초가 마련되었다.
③ (나)의 승인 이후 청교도 혁명이 일어났다.
④ (나)는 크롬웰의 독재 정치를 계기로 제출되었다.
⑤ (가), (나) 모두 의회의 동의 없이 과세할 수 없다는 내용을 담고 있다.

688
25 다음 과제를 수행하기 위한 활동으로 적절한 것을 〈보기〉에서 고른 것은?

수행 평가 과제
17~18세기 유럽의 문화에 대해 조사하여 발표한다.

――――〈 보기 〉――――
ㄱ. '과학 혁명'의 사례를 검색한다.
ㄴ. 『우신예찬』과 『유토피아』의 내용을 비교한다.
ㄷ. 로크가 주장한 사회계약설의 내용을 정리한다.
ㄹ. 구텐베르크의 활판 인쇄술이 세계에 미친 영향을 파악한다.

① ㄱ, ㄴ   ② ㄱ, ㄷ   ③ ㄴ, ㄷ
④ ㄴ, ㄹ   ⑤ ㄷ, ㄹ

MEMO

09 동아시아와 인도 지역 질서의 변화

72쪽 개념 확인 문제

366 육유
367 고증학
368 도요토미 히데요시
369 산킨코타이 (제도)
370 네덜란드
371 타지마할
372 영락제
373 홍타이지
374 신사
375 가마쿠라 막부
376 아크바르 황제
377 시크교

72쪽~77쪽 난이도별 필수 기출

378 ①　379 ⑤　380 ③　381 ④
382 한족　383 해설 참조　384 ③　385 ⑤
386 ⑤　387 ⑤　388 ㉠ 양명학, ㉡ 고증학
389 ②　390 ⑤　391 ①　392 ③
393 ①　394 ④　395 ⑤　396 ④
397 ③　398 해설 참조　399 ①　400 데지마
401 ④　402 ④　403 ②　404 ③
405 ④　406 ⑤　407 ③　408 ③
409 해설 참조　410 ②

| 서술형 | 예시 답안

383 청은 한족에게 변발과 호복 등 만주족의 풍습을 강요하였으며, 청 왕조를 비판하는 서적을 금지하였다.

398 산킨코타이 제도는 에도를 중심으로 한 상업과 교통의 발달을 촉진하고, 지방 문화의 발달을 자극하였다.

409 종교에서는 힌두교와 이슬람교를 절충한 시크교가 등장하였고, 언어로는 힌디어, 페르시아어, 아랍어가 혼합된 우르두어가 널리 사용되었다. 건축에서는 인도·이슬람 양식이 발전하였다. 미술에서는 페르시아의 세밀화와 인도 미술이 융합된 무굴 회화가 발달하였다.

10 서아시아와 유럽 사회의 변화

80쪽 개념 확인 문제

411 오스만 제국
412 술탄 아흐메트 사원
413 바스쿠 다가마
414 예정설
415 중상주의
416 크롬웰
417 술레이만 1세
418 포르투갈
419 영국 국교회
420 권리 장전
421 루이 14세
422 데카르트

80쪽~85쪽 난이도별 필수 기출

423 오스만 제국　424 ③　425 ⑤　426 ③
427 ①　428 ①　429 해설 참조　430 ④
431 ④　432 ②　433 ④　434 ⑤
435 ②　436 ③　437 ④　438 ③
439 ③　440 ③　441 해설 참조　442 ②
443 ④　444 ①　445 ①　446 ①
447 ④　448 ④　449 ④　450 권리 청원
451 ①　452 ⑤　453 ②　454 ④
455 해설 참조

| 서술형 | 예시 답안

429 오스만 제국은 정복지의 크리스트교도 소년들을 이슬람교로 개종시킨 후 훈련과 교육을 받게 하여 예니체리에 편성하였다.

441 삼각 무역의 전개로 아프리카 원주민이 아메리카에 노예로 동원되는 노예 무역이 늘어났다. 그 결과 아프리카에서는 인구가 줄고 성비가 불균형해졌으며, 부족 간의 갈등도 깊어졌다.

455 몽테스키외와 루소의 주장은 미국 혁명과 프랑스 혁명의 사상적 기반이 되었다.

86쪽~87쪽 최고 수준 도전 기출 | 08~10강 |

456 ⑤　457 ③　458 ④　459 ④　460 ③
461 ⑤　462 ②　463 ④

| 46쪽~51쪽 | 난이도별 **필수 기출**

235 ①	236 ⑤	237 ⑤	238 ①
239 ⑤	240 ④	241 ④	242 해설 참조
243 ⑤	244 ③	245 ①	246 ②
247 ①	248 ⑤	249 ②	250 칼리프
251 ⑤	252 ⑤	253 ②	254 ①
255 ③	256 ③	257 ⑤	258 ①
259 카롤루스 대제		260 해설 참조	261 ③
262 ①	263 ⑤	264 ①	265 ⑤
266 ①	267 ⑤		

| 서술형 | 예시 답안

242 굽타 양식은 간다라 양식과 인도 고유의 양식을 융합한 것이 특징이다. 인체의 윤곽을 강조하였으며, 인물의 생김새에도 인도 고유의 특색이 나타난다.

260 카롤루스 대제가 서로마 황제의 관을 받은 것은 게르만족이 세운 프랑크 왕국이 로마의 계승자이며, 비잔티움 제국의 황제는 더 이상 크리스트교 세계의 유일한 황제가 아니라는 것을 의미하였다.

07 서아시아와 유럽의 교류와 갈등

| 54쪽 | 개념 확인 문제

268 장원제	269 보름스 협약
270 로마네스크 양식	271 셀주크 튀르크
272 길드	273 장미 전쟁
274 지방 분권적	275 지중해
276 아비뇽	277 프랑스
278 이탈리아	279 토머스 모어

| 54쪽~59쪽 | 난이도별 **필수 기출**

280 ③	281 농노	282 ④	283 해설 참조
284 ⑤	285 ⑤	286 ④	287 ①
288 ①	289 ③	290 ②	291 ④
292 ⑤	293 ⑤	294 ③	295 해설 참조
296 ①	297 ②	298 ⑤	299 ④
300 ⑤	301 ⑤	302 ①	303 ④
304 ①	305 르네상스	306 ⑤	307 ④
308 ②	309 ③	310 ④	311 해설 참조
312 ⑤			

| 서술형 | 예시 답안

283 주군과 봉신은 주종 관계를 맺었다. 주군과 봉신의 관계는 서로 의무를 다하여야 하며, 어느 한쪽이 의무를 지키지 않으면 계약이 깨질 수 있는 쌍무적 계약 관계에 기반하였다.

295 십자군 전쟁으로 교황의 권위가 추락하고 제후와 기사들이 몰락한 반면, 국왕의 권한은 상대적으로 강화되었다. 한편, 전쟁 과정에서 동방과의 교역이 활발해져 지중해 무역이 발달하였다.

311 이탈리아에서는 인간의 개성과 능력을 중시하는 인문주의가 발달하였다. 한편, 알프스 이북의 르네상스는 현실 사회와 교회의 문제점을 비판하는 경향이 강하였다.

| 60쪽~61쪽 | 최고 수준 **도전 기출** | 05~07강 |

313 ①	314 ③	315 ②	316 ⑤	317 ②
318 ②	319 ①	320 ④		

Ⅳ. 지역 세계의 교류와 변화

08 유라시아 교역 및 문화 교류의 확대

| 64쪽 | 개념 확인 문제

321 조광윤(송 태조)	322 거란(요)	323 시박사
324 교초	325 울루스	326 역참
327 사대부	328 왕안석	329 금
330 쿠빌라이 칸	331 파스파 문자	332 마르코 폴로

| 64쪽~69쪽 | 난이도별 **필수 기출**

333 ④	334 ②	335 ③	336 ⑤
337 ③	338 ②	339 ③	340 ④
341 ③	342 ③	343 ②	344 ②
345 ④	346 해설 참조	347 ②	348 ①
349 ④	350 울루스	351 ②	352 ③
353 ②	354 ④	355 ③	356 ①
357 몽골 제일주의		358 ⑤	359 ①
360 역참	361 ③	362 ②	363 ①
364 해설 참조	365 ①		

| 서술형 | 예시 답안

346 송은 북방 민족이 강성하여 육로를 이용하기 어려워지자 바닷길을 거쳐 여러 나라와 교역하였다. 또한 나침반과 조선술, 항해술 등의 발달로 해상 무역이 촉진되면서 동아시아·인도양 교역권이 성장하였다.

364 몽골 제국이 도로망을 정비하고, 육로에 일정한 거리마다 역참을 두면서 사신과 상인들이 안전하게 교류할 수 있었다. 또한 내륙의 대운하를 정비하고, 남중국에서 인도양을 거쳐 아라비아해에 이르는 바닷길을 이용한 무역이 활발해지면서 유라시아·인도양 교역권이 형성되었다.

| 서술형 | 예시 답안

104 고대 그리스의 아테네에서는 성인 남성만 정치에 참여할 수 있었고, 여성과 노예, 외국인은 정치에 참여할 수 없었다.

111 헬레니즘 문화의 특징으로는 개인의 행복을 추구하는 개인주의와 하나의 제국 아래 모두가 같은 시민이라는 세계 시민주의가 있다.

122 유일신을 숭배하는 크리스트교는 황제 숭배를 우상 숭배라며 거부하였는데, 이 때문에 로마 제국으로부터 박해를 받았다.

04 고대 동아시아와 인도 세계의 형성

28쪽 개념 확인 문제

124 제자백가	**125** 만리장성	**126** 군현제
127 훈고학	**128** 불교	**129** 간다라 양식
130 법가 사상	**131** 한 무제	**132** 채륜
133 아소카왕	**134** 대승 불교	**135** 비단길

28쪽 ~ 33쪽 난이도별 필수 기출

136 춘추 전국 시대		**137** ④	**138** ⑤
139 ⑤	**140** ⑤	**141** ⑤	**142** 군현제
143 해설 참조	**144** ③	**145** ①	**146** 장건
147 ①	**148** ①	**149** ④	**150** 군국제
151 해설 참조	**152** ②	**153** ②	**154** ②
155 ①	**156** 아소카왕	**157** ②	**158** ④
159 ③	**160** ⑤	**161** 쿠샨 왕조	**162** ⑤
163 ㉠ 상좌부 불교, ㉡ 대승 불교		**164** 간다라 양식	
165 ⑤	**166** 초원길	**167** ①	**168** ②
169 ②			

| 서술형 | 예시 답안

143 진의 시황제가 여러 문자를 전서체로 통일함으로써 지방에서도 황제의 명령을 쉽게 이해할 수 있게 되었고, 국가의 법령도 효율적으로 전달될 수 있었다.

151 한 무제는 부족해진 재정 문제를 해결하고자 소금과 철 등의 생산과 판매를 국가가 독점하는 전매 제도를 실시하였다.

34쪽 ~ 35쪽 최고 수준 도전 기출 | 02~04강 |

170 ④	**171** ⑤	**172** ②	**173** ②	**174** ①
175 ①	**176** ⑤	**177** ②		

Ⅲ. 세계 종교의 확산과 지역 문화의 발전

05 동아시아 문화의 형성

38쪽 개념 확인 문제

178 위진 남북조 시대	**179** 북위	**180** 9품중정제
181 청담 사상	**182** 대운하	**183** 다이카 개신
184 도교	**185** 과거제	**186** 균전제
187 아바스 왕조	**188** 나라 시대	**189** 쯔놈 문자

38쪽 ~ 43쪽 난이도별 필수 기출

190 남조	**191** ③	**192** ⑤	**193** ②
194 ⑤	**195** ④	**196** ③	**197** ①
198 해설 참조	**199** ④	**200** ③	**201** ⑤
202 ②	**203** 조용조	**204** ④	**205** ④
206 ①	**207** 부병제	**208** 균전제	**209** ③
210 ⑤	**211** 해설 참조	**212** 당삼채	**213** ②
214 ③	**215** ③	**216** ①	
217 야마토 정권	**218** ③	**219** 해설 참조	**220** ④
221 ③	**222** ⑤		

| 서술형 | 예시 답안

198 효문제는 선비족의 복장과 언어를 금지하였고, 한족의 성씨를 사용하도록 하였다. 또한 선비족과 한족의 결혼을 장려하였다.

211 당은 균전제·조용조·부병제를 실시하여 농민의 생활을 안정시키고, 국가 재정과 군사력을 확보하고자 하였다.

219 헤이안 시대에는 가나 문자가 제작되었고, 관복과 주택 양식에 일본 고유의 특색이 반영되는 등 국풍 문화가 나타났다.

06 크리스트교와 이슬람교의 확산

46쪽 개념 확인 문제

223 아케메네스 왕조 페르시아	**224** 마누 법전
225 이슬람교	**226** 아바스 왕조
227 프랑크 왕국	**228** 유스티니아누스 황제
229 조로아스터교	**230** 찬드라굽타 2세
231 우마이야 왕조	**232** 카롤루스 대제
233 비잔티움 양식	**234** 슬라브족

실전 대비 BOOK

I. 역사 학습의 기초 ~
II. 문명의 발생과 고대 세계의 형성

90쪽~93쪽 실전 대비 1회

1 ⑤ 2 ② 3 ① 4 ② 5 ① 6 해설 참조
7 ① 8 ④ 9 함무라비왕 10 ① 11 ③
12 ⑤ 13 ⑤ 14 ④ 15 해설 참조 16 ①
17 크리스트교 18 ③ 19 ① 20 법가 21 ②
22 ④ 23 ② 24 ④ 25 ⑤

| 서술형 | 예시 답안

6 신석기 시대에는 밭을 갈아 농사를 짓는 농경 생활을 하거나 동물을 가두어 기르는 목축 생활을 시작하였다. 사람들은 한곳에 모여 정착 생활을 하였으며, 움집을 짓고 살았다. 또한 토기를 만들어 곡식을 저장하고 간석기를 사용하였다.

15 알렉산드로스의 동방 원정을 배경으로 그리스 문화와 동방 문화가 융합한 헬레니즘 문화가 발전하였다. 헬레니즘 문화의 특징으로는 개인의 행복을 추구하는 개인주의와 하나의 제국 아래 모두가 같은 시민이라는 세계 시민주의가 있다.

94쪽~97쪽 실전 대비 2회

1 ④ 2 ④ 3 ④ 4 ② 5 ④ 6 ③
7 ④ 8 메소포타미아 문명 9 ⑤ 10 해설 참조
11 ① 12 ① 13 ⑤ 14 조로아스터교 15 ①
16 ④ 17 ⑤ 18 ① 19 ④ 20 ④ 21 ④
22 아소카왕 23 해설 참조 24 ④ 25 ①

| 서술형 | 예시 답안

10 메소포타미아 지방의 수메르인은 현재의 안정된 삶을 중시하였고, 이집트인은 영혼 불멸과 사후 세계를 중시하였다.

23 알렉산드로스의 동방 원정 이후 쿠샨 왕조의 간다라 지방에서는 인도 문화와 헬레니즘 문화가 결합한 간다라 양식이 발달하였다. 이후 간다라 양식은 대승 불교와 함께 동아시아에 전해져 불상 제작에 영향을 주었다.

98쪽~101쪽 실전 대비 3회

1 ② 2 ③ 3 ③ 4 ④ 5 해설 참조
6 ⑤ 7 ⑤ 8 ④ 9 ④ 10 ③ 11 ⑤
12 상형 문자 13 해설 참조 14 ④ 15 ⑤
16 ③ 17 ③ 18 ③ 19 ④ 20 ③ 21 ⑤
22 해설 참조 23 ⑤ 24 ① 25 바닷길

| 서술형 | 예시 답안

5 인류는 진화 과정에서 동물과 달리 두 발로 서서 걷는 직립 보행을 하였고, 불과 언어를 사용하였으며, 도구를 제작하였다.

13 주의 봉건제는 수도 부근은 왕이 다스리고, 나머지 지역은 대체로 왕과 혈연관계로 맺어진 제후가 다스리는 방식으로 운영되었다.

22 춘추 전국 시대에는 철제 농기구와 우경이 발달하여 농업 생산력이 크게 늘어났다. 또한 철제 무기를 사용하여 전쟁의 규모가 확대되었다. 제후들이 부국강병을 추진하면서 여러 사상가와 학파(제자백가)가 출현하였다.

III. 세계 종교의 확산과 지역 문화의 발전

102쪽~105쪽 실전 대비 1회

1 ⑤ 2 9품중정제 3 ③ 4 ① 5 ①
6 ① 7 ③ 8 ② 9 ⑤ 10 ③ 11 해설 참조
12 ② 13 ② 14 해설 참조 15 ③ 16 ④
17 ④ 18 ③ 19 카노사의 굴욕 20 ④ 21 해설 참조
22 ⑤ 23 ③ 24 ⑤ 25 ④

| 서술형 | 예시 답안

11 시아파는 알리를 무함마드의 유일한 후계자로 보고 무함마드의 혈통만이 칼리프가 될 수 있다고 주장하였다. 반면, 수니파는 능력과 자질을 갖추면 누구나 칼리프가 될 수 있다고 주장하였다.

14 8세기 후반 카롤루스 대제는 프랑크 왕국의 영토를 넓히고 정복한 지역에 크리스트교를 전파하여 로마 교황으로부터 서로마 황제의 관을 받았다. 또한 카롤루스 대제는 곳곳에 학교를 세워 학문과 문화 발전을 이루는 등 서유럽 문화의 기틀을 마련하였다.

21 피사 대성당은 로마네스크 양식으로 지어진 대표적인 건축물로, 둥근 천장과 반원형의 아치가 특징이다.

106쪽~109쪽 실전 대비 2회

1 ③ 2 ④ 3 ④ 4 ② 5 ④ 6 ①
7 ① 8 ① 9 ⑤ 10 이슬람교 11 ④
12 ③ 13 해설 참조 14 ② 15 ① 16 ②
17 ⑤ 18 ④ 19 기사 20 ⑤ 21 ② 22 ⑤
23 ㉠ 길드, ㉡ 자치권 24 ⑤ 25 해설 참조

| 서술형 | 예시 답안

13 이슬람 제국은 교통의 요지에 있어 비단길과 바닷길을 이용한 교류가 활발하였다. 또한 이슬람 사회는 상업 활동을 긍정적으로 여겨 국가의 상업 활동을 지원하였다.

25 『우신예찬』은 알프스 이북의 르네상스를 대표하는 문학 작품이다. 알프스 이북의 르네상스는 교회와 현실 사회를 비판하는 경향이 강하였다.

1 ③	2 ③	3 ②	4 ③	5 ③	6 ⑤
7 ①	8 ②	9 ④	10 사산 왕조 페르시아		
11 ④	12 ④	13 ⑤	14 ⑤	15 해설 참조	
16 ②	17 ⑤	18 ④	19 셀주크 튀르크		
20 예루살렘		21 ④	22 ⑤	23 ②	24 ③
25 해설 참조					

| 서술형 | 예시 답안

15 기사들은 자기보다 강한 기사를 주군으로 섬기고 충성과 봉사를 맹세하였으며, 주군은 그 기사에게 땅(봉토)을 주고 신하(봉신)로 삼았다. 주군과 봉신은 서로 의무를 다하자는 계약을 바탕으로 한 주종 관계를 맺었다.

25 이탈리아에는 로마의 문화유산이 많이 남아 있었고, 비잔티움 제국의 학자들이 이주하여 고전 문화에 대한 연구가 활발히 이루어졌다. 또한 지중해 무역으로 부유해진 상인들이 많은 예술가를 후원하였다.

Ⅳ. 지역 세계의 교류와 변화

1 ②	2 ③	3 ②	4 ②	5 해설 참조
6 ①	7 ④	8 ④	9 ⑤	10 해설 참조
11 ④	12 ③	13 ⑤	14 ⑤	15 조닌
16 ⑤	17 ③	18 ②	19 ②	20 ④ 21 에스파냐
22 ②	23 ③	24 ①	25 ⑤	

| 서술형 | 예시 답안

5 몽골 제국의 병사들은 기마술에 뛰어났고, 활이나 투석기 등 우수한 무기를 사용하였다. 또한 몽골 제국은 정복한 지역의 주민들로 병력을 보충하였으며, 이슬람 상인의 교역을 보장해 주는 대가로 지리 및 군사 정보를 얻을 수 있었다.

10 「곤여만국전도」는 중국이 세계의 중심이라고 믿었던 당시 동아시아 여러 나라의 세계관이 변화하는 데 큰 영향을 주었다.

1 ④	2 해설 참조	3 (가) 거란(요), (나) 여진(금)		
4 ⑤	5 ④	6 ②	7 ④	8 ② 9 ⑤
10 ④	11 ④	12 ⑤	13 ⑤	14 아크바르 황제
15 ②	16 ②	17 ③	18 해설 참조	19 ①
20 ④	21 ③	22 30년 전쟁	23 ④	24 ①
25 ①				

| 서술형 | 예시 답안

2 문치주의 정책으로 송의 군사력이 약화되자, 거란과 서하 등 북방에서 성장한 나라들이 송을 압박하였다. 송은 평화를 유지하는 대가로 이들에게 많은 양의 비단과 은을 제공하였다. 그 결과로 국가 재정이 악화되자 왕안석이 민생 안정과 부국강병을 목표로 개혁을 추진하였다.

18 오스만 제국은 정복지 주민이 지즈야를 내면 독자적인 종교 공동체 안에서 그들의 종교를 유지하며 생활할 수 있게 하는 밀레트 제도를 시행하였다. 또한 크리스트교도 청년들을 술탄의 친위 부대인 예니체리로 양성하여 특별한 대우를 보장하였다.

1 ④	2 ⑤	3 ②	4 ㉠ 교초, ㉡ 파스파 문자	
5 ③	6 ①	7 ①	8 건륭제	9 ④
10 ②	11 ⑤	12 ④	13 ⑤	14 해설 참조
15 ④	16 ⑤	17 ①	18 ⑤	19 ⑤ 20 ⑤
21 중상주의	22 해설 참조		23 ④	24 ④
25 ②				

| 서술형 | 예시 답안

14 아크바르 황제는 지즈야를 폐지하고 힌두교도에게도 관직을 주는 등 종교의 다양성을 존중하는 정책을 펼쳤다. 반면, 아우랑제브 황제는 지즈야를 부활시키고 힌두교 사원을 파괴하는 등 비이슬람교도를 탄압하였다.

22 재정·군사 국가는 가능한 많은 양의 금과 은을 보유하여 국가의 부를 늘리려 하였다. 그러나 금과 은의 양은 한정적이었기 때문에 수입은 제한하고 수출은 늘려 금과 은을 확보하는 중상주의 정책을 펼쳤다.

Ⅰ. 역사 학습의 기초

01　역사 학습의 목적과 역사 탐구의 방법

6쪽　개념 확인 문제

001 역사　　　002 사관　　　003 세기
004 사료 비판　　005 역사 지도　　006 답사
007 객관적　　008 문자 자료　　009 연호
010 유물　　　011 도표
012 탐구 결과를 정리하고 발표

6쪽~8쪽　난이도별 필수 기출

013 ②　　014 ⑤　　015 ②　　016 ③　　017 ⑤
018 기원전 1세기　　019 ⑤　　020 ①　　021 ④
022 해설 참조　　　023 사료　　024 해설 참조
025 ⑤　　026 ㉠ 도표, ㉡ 연표　　027 ②
028 (나) → (가) → (라) → (다)　　029 ④

| 서술형 | 예시 답안

022 유물은 인류가 만들고 사용한 물건으로, 도자기·그림 등 옮길 수 있는 것을 말한다. 유적은 인류가 남긴 자취로, 궁궐·집터·고분 등 쉽게 옮길 수 없는 공간을 의미한다.

024 사료 비판은 역사가가 사료에 나오는 내용을 철저하게 검증하는 과정을 말한다. 사료가 과거의 사실을 모두 정확히 말해 주는 것은 아니므로, 역사를 연구할 때에는 사료 비판의 과정이 필요하다.

9쪽　최고 수준 도전 기출 | 01강 |

030 ③　　031 ④　　032 ①　　033 ④

Ⅱ. 문명의 발생과 고대 세계의 형성

02　선사 문화와 문명의 특징

12쪽　개념 확인 문제

034 오스트랄로피테쿠스 아파렌시스　　035 뗀석기
036 움집　　037 계급　　038 문자
039 아리아인　　040 호모 사피엔스　　041 신석기 시대
042 이집트인　　043 상형 문자　　044 주
045 이집트 문명

12쪽~17쪽　난이도별 필수 기출

046 ③　　047 ④　　048 ①　　049 ⑤
050 ④　　051 해설 참조　　052 ①　　053 ⑤
054 ①　　055 신석기 혁명　　056 해설 참조
057 ①　　058 ⑤　　059 계급　　060 ④
061 ⑤　　062 ③　　063 함무라비 법전
064 ②　　065 해설 참조　　066 ④　　067 ①
068 아리아인　　069 ①　　070 ④　　071 브라만교
072 ④　　073 ④　　074 ①　　075 ②
076 ①　　077 봉건제　　078 ⑤

| 서술형 | 예시 답안

051 구석기 시대 사람들은 열매 등을 채집하였고 동물을 사냥하는 수렵 생활을 하였다. 또한 무리 지어 이동하는 생활을 하였으며, 동굴이나 바위 그늘, 강가의 막집 등에서 거주하였다.

056 타실리나제르 벽화를 통해 신석기 시대에 밭을 갈아 농사를 짓는 농경과 동물을 가두어 기르는 목축을 하였음을 알 수 있다.

065 고대 문명은 모두 큰 강 유역에서 발생하였다. 또한 도시 국가가 출현하였고, 청동기와 문자를 사용하였으며, 계급이 발생하였다는 공통점이 있다.

03　고대 서아시아와 지중해 세계의 형성

20쪽　개념 확인 문제

079 아시리아　　　080 조로아스터교
081 폴리스　　　082 솔론
083 알렉산드로스　　084 옥타비아누스
085 다리우스 1세　　086 스파르타
087 클레이스테네스　　088 소크라테스
089 콘스탄티노폴리스　　090 콘스탄티누스 (대제)

20쪽~25쪽　난이도별 필수 기출

091 ④　　092 ①　　093 ④
094 아케메네스 왕조 페르시아　　095 ⑤　　096 ①
097 ⑤　　098 ②　　099 ④　　100 ②
101 ④　　102 ①　　103 도편 추방제
104 해설 참조　　105 ③　　106 ④　　107 ⑤
108 알렉산드로스　　109 ⑤　　110 ②
111 해설 참조　　112 ①　　113 ④
114 옥타비아누스　　115 ②　　116 ④
117 ②　　118 ②　　119 ②
120 밀라노 칙령　　121 ④　　122 해설 참조　　123 ⑤

2022 개정 교육과정

완자

기출 PICK

정답과 해설

중학 역사

1 · 1

책 속의 가접 별책 (특허 제 0557442호)

'정답과 해설'은 본책에서 쉽게 분리할 수 있도록 제작되었으므로
유통 과정에서 분리될 수 있으나 파본이 아닌 정상제품입니다.

visang

ABOVE IMAGINATION

우리는 남다른 상상과 혁신으로
교육 문화의 새로운 전형을 만들어
모든 이의 행복한 경험과 성장에 기여한다

정답과 해설

중학 역사

1·1

688제

역사 학습의 목적과 역사 탐구의 방법

013 역사는 인류가 어떻게 살아왔는가에 대한 이야기이며, 과거에 실제로 일어났던 일을 말한다. 역사의 의미는 '사실로서의 역사'와 '기록으로서의 역사'로 나눌 수 있다. '사실로서의 역사'는 과거에 일어난 사실 그 자체이므로 객관적이며, '기록으로서의 역사'는 기록한 사람의 관점과 해석이 담겨 있기 때문에 주관적인 성격을 지닌다.

바로 알기 | ② '기록으로서의 역사'는 기록자(역사가)의 관점에 따라 다르게 기록될 수 있으므로 주관적인 성격을 지닌다.

014 '기록으로서의 역사'에 해당하는 역사 서술에는 역사 기록자의 주관적인 관점과 해석이 담겨 있다. '고려청자는 우리 문화의 우수성을 보여 준다.', '훈민정음은 독창적이고 과학적으로 창제되었다.'라는 표현은 고려청자와 훈민정음에 대한 기록자의 주관적인 평가에 해당한다.

바로 알기 | ㄱ, ㄴ은 '사실로서의 역사'에 해당하는 역사 서술이다.

015 제시된 자료는 역사가 랑케의 주장으로, '사실로서의 역사'를 강조한다. 이러한 입장이 반영된 역사 서술은 '구석기 시대의 사람들은 이동 생활을 하였다.'이다.

바로 알기 | ①, ③, ④, ⑤는 모두 사실에 대한 기록자의 관점과 해석이 드러난 '기록으로서의 역사'에 해당하는 역사 서술이다.

016 (가)는 영국의 역사가 카, (나)는 독일의 역사가 랑케의 주장이다. 카는 역사가의 관점이 반영된 주관적 의미의 역사인 '기록으로서의 역사'를, 랑케는 과거에 일어난 사실 그 자체를 뜻하는 객관적 의미의 역사인 '사실로서의 역사'를 강조하였다.

바로 알기 | ①, ②는 (나)에 대한 설명이고, ④, ⑤는 (가)에 대한 설명이다.

017 제시된 자료에서 플루타르코스는 알렉산드로스를 '위대한 정복자'로, 네루는 '난폭한 침략자'의 관점에서 평가하고 있다. 알렉산드로스에 대한 플루타르코스와 네루의 평가가 다른 것으로 보아 역사를 기록하는 사람의 관점(사관)에 따라 동일 인물에 대한 평가가 달라질 수 있음을 알 수 있다.

018 (가)는 기원전 1년부터 기원전 100년까지의 기간으로 기원전 1세기에 해당한다. 연대를 셀 때는 100년을 한 묶음으로 하여 '세기'라는 단위를 사용하며, 대체로 예수가 태어난 해를 기준으로 탄생 이전을 기원전(B.C.), 탄생 이후를 기원후(A.D.)로 나누어 연대를 표현한다. 최근에는 연대 표기에서 종교적 성격을 없앤 BCE(Before the Common Era, 공통 시대 이전), CE(Common Era, 공통 시대)를 사용하기도 한다.

019 우리는 역사를 배움으로써 사건의 인과 관계와 그 역사적 의미를 파악하고 이를 바탕으로 역사적 판단을 내리게 되는데, 이 과정에서 역사적 사고력과 비판력, 판단력을 기를 수 있다. 또한 과거부터 오늘날까지 수많은 사람의 다양한 경험이 담겨 있는 역사를 학습함으로써 삶의 지혜와 교훈을 습득할 수 있다. 인류는 오랜 발전 속에서 형성된 유산이나 전통을 물려받으며 자신의 정체성을 확인하기도 하는데, 이를 통해 현재의 우리에 대해 올바르게 이해할 수 있다.

바로 알기 | ⑤ 우리는 역사를 학습함으로써 우리 문화의 우월함을 과시하는 태도가 아닌 문화의 다양성을 이해하는 태도를 기를 수 있다.

020 오늘날 세계는 지구촌이라고 불릴 만큼 서로 많은 영향을 주고받고 있으므로 우리는 역사 학습을 통해 문화의 다양성을 이해하는 태도를 기를 수 있다. 문화의 다양성을 이해하고 서로의 문화를 존중하는 마음가짐은 인류가 갈등을 극복하고 함께 평화롭게 살아가는 바탕이 된다.

021 연표는 역사적 사건을 일어난 순서대로 나타낸 역사 자료이다. 연표로 사건의 상호 관계를 파악하고 동일한 시기에 서로 다른 장소에서 일어난 사건을 비교할 수 있어 역사를 공부하는 데 유용하다.

바로 알기 | ① 그림은 역사를 시각적으로 보여 주는 역사 자료로, 역사를 생생하게 이해하는 데 도움이 된다. ② 도표는 통계 등 숫자로 된 정보를 정리한 역사 자료이다. ③ 문헌은 글자로 기록한 문서나 기록물로, 역사 자료에 해당한다. ⑤ 역사 지도는 영토나 영역, 이동 경로 등 역사 정보를 시각적으로 나타낸 역사 자료이다.

022 <u>예시 답안</u> 유물은 인류가 만들고 사용한 물건으로, 도자기·그림 등 옮길 수 있는 것을 말한다. 유적은 인류가 남긴 자취로, 궁궐·집터·고분 등 쉽게 옮길 수 없는 공간을 의미한다.

023 ㉠은 사료이다. 사료는 옛사람들이 남긴 흔적으로, 역사를 탐구하거나 역사책을 쓰는 데 이용되는 역사 자료이다. 사료가 과거의 사실을 모두 정확히 말해 주는 것은 아니다. 사료에는 과장되거나 잘못된 내용이 들어갈 수 있고, 누락되거나 조작된 내용도 있을 수 있다. 따라서 역사가는 사료에 나오는 내용을 철저하게 검증해야 한다.

024 <u>예시 답안</u> 사료 비판은 역사가가 사료에 나오는 내용을 철저하게 검증하는 과정을 말한다. 사료가 과거의 사실을 모두 정확히 말해 주는 것은 아니므로, 역사를 연구할 때에는 사료 비판의 과정이 필요하다.

025 유적은 인류가 남긴 자취로, 궁궐·집터·고분 등 쉽게 옮길 수 없는 공간을 말한다. 이러한 유적에 해당하는 것은 페루의 마추픽추와 이탈리아의 포로 로마노이다.

바로 알기 | ㄱ, ㄴ은 옛사람이 사용한 물건으로, 비교적 쉽게 옮길 수 있는 유물이다.

026 ㉠은 도표, ㉡은 연표이다. 도표는 통계 등 숫자 정보를 정리한 역사 자료를 말하고, 연표는 역사 사건을 일어난 순서대로 나타낸 자료이다. 연표는 동일한 시기의 다른 장소에서 일어난 사건을 비교하는 데 유용한 역사 자료이다.

027 (가), (나)는 모두 문자 자료로, 사료에 해당한다. 문자로 남긴 자료에는 로제타석처럼 돌이나 금속 등에 글자를 새긴 비문이나 금석문이 있으며, 『조선왕조실록』처럼 종이에 쓴 책, 문서, 일기 등도 있다.
바로 알기 | ㄴ. (나)는 문자 자료이다. ㄹ. (가), (나)는 모두 사료의 범주에 포함된다.

028 역사 탐구의 절차는 (나) 탐구 주제의 선정 → (가) 탐구 자료의 수집 → (라) 탐구 자료의 분석과 해석 → (다) 탐구 결과의 정리와 발표 순으로 진행한다. 탐구 결과는 보고서, 카드 뉴스, 동영상 등 다양한 자료로 정리할 수 있으며, 탐구 결과를 발표하는 단계로 역사 탐구는 마무리된다.

029 인터넷 검색, 도서관 방문, 답사 등은 탐구 주제와 관련된 자료를 수집하는 단계이다. 박물관이나 연구소 등에서 운영하는 디지털 아카이브에서도 그림, 유물 사진, 영상 등의 자료를 찾아볼 수 있다.

030 학생의 형성 평가지에서 1, 2, 5는 맞고, 3, 4는 틀렸다. 역사에서 '역'은 '세월이나 세대, 왕조가 흘러간 것'을 의미하고, '사'는 '기록하는 일이나 사람'을 의미한다. '사실로서의 역사'는 객관적인 역사를 의미하며, '기록으로서의 역사'는 주관적인 역사를 의미한다. 역사가의 사관에 따라 동일한 사건에 대한 역사 서술이 다를 수 있다.
바로 알기 | 3. '기록으로서의 역사'는 기록자의 관점과 해석이 담긴 역사 서술이다. 4. '알렉산드로스는 마케도니아의 왕이었다.'라는 문장은 '사실로서의 역사'에 해당하는 역사 서술이다.

031 사료는 쉽게 들어 옮길 수 있는지의 유무에 따라 유물이나 유적으로 나뉘며, 유물은 문자 기록의 유무에 따라 문자 자료와 비문자 자료로 나뉠 수 있다. 유물은 쉽게 들어 옮길 수 있는 물건이고, 유적은 건축물이나 집터처럼 쉽게 옮길 수 없는 공간을 말한다. A에는 유물 중 문자로 기록되어 있는 책, 문서 등이 속하며, C에는 궁궐, 집터, 고분 등이 포함된다. B는 유물 중에서도 문자로 기록되어 있지 않은 비문자 자료로, 주로 문자를 사용하지 않았던 선사 시대의 연구에 활용된다.
바로 알기 | ㄱ. A는 유물 중에서도 문자로 기록된 문자 자료, B는 유물 중에서 비문자 자료, C는 유적에 해당한다. ㅁ. 이탈리아의 포로 로마노는 유적(C)에 해당한다.

032 (가), (나)를 통해 '영락'이 광개토 대왕의 재위 기간을 나타내는 연호임을 알 수 있다. (가)에서 영락 1년은 391년이라고 하였으므로, (나)의 영락 9년은 399년임을 알 수 있다.
바로 알기 | ㄴ. 연호는 보통 국왕이 즉위한 해에 붙인 연대 이름이다. 100년을 한 단위로 연대를 구분하는 것은 세기이다. ㄹ. 연호로 사건이 일어난 시기를 파악할 수 있다. ㅁ. 백제가 맹세를 어기고 왜와 화통한 일은 399년에 일어났으므로, 4세기 말에 해당한다.

033 (가)는 역사 탐구의 방법 중 탐구 자료의 분석과 해석 단계이다. 이 단계에서는 수집한 자료들의 출처를 확인하고 자료들을 서로 비교하여 모순되는 내용이 없는지 따져 보며 오류가 있는 자료를 찾아낸다. 또한 문제 해결에 도움이 되는 증거를 분류하고, 인과 관계와 중요성 등을 생각하며 내용을 분석한다.
바로 알기 | ①, ③은 탐구 결과를 정리하는 단계이며, ②, ⑤는 탐구 주제와 관련된 자료를 수집하는 단계이다.

개념 확인 문제
12쪽

난이도별 필수 기출
12쪽~17쪽

046 오스트랄로피테쿠스 아파렌시스는 약 390만 년 전 아프리카에서 출현한 최초의 인류이다. 두 발로 서서 걷는 직립 보행을 하였고 손으로 간단한 도구를 사용하였다.
바로 알기 | ㄱ. 오스트랄로피테쿠스 아파렌시스는 최초의 인류이다. 현생 인류는 약 20만 년 전에 출현한 호모 사피엔스이다. ㄹ은 호모 에렉투스 등의 특징이다.

047 ㉠은 호모 에렉투스이다. 호모 에렉투스는 불과 간단한 언어를 사용하였다.
바로 알기 | ①, ②는 호모 사피엔스, ③은 오스트랄로피테쿠스 아파렌시스, ⑤는 호모 네안데르탈렌시스에 대한 설명이다.

048 인류는 진화하면서 동물과 다르게 두 발로 서서 걷게 되었으며, 불과 언어를 사용할 수 있게 되었다. 또한 도구를 만들어 사용하고, 사후 세계에 관심을 갖고 시체를 매장하는 등의 풍습을 지니기도 하였다.
바로 알기 | ① 인류처럼 무리 지어 사냥하는 동물도 있다.

049 구석기 시대에는 수렵과 채집 생활을 하였고 먹을 것을 찾아 자주 이동하였다. 또한 돌을 깨뜨리거나 떼어 내어 만든 주먹도끼나 찍개 등 뗀석기를 이용하여 사냥하였다. 구석기 시대 사람들은 사냥의 성공을 기원하며 동굴에 벽화를 남기기도 하였다.
바로 알기 | ⑤ 토기를 만들어 곡식을 저장하는 데 이용하기 시작한 것은 신석기 시대이다.

050 빌렌도르프의 비너스는 여성을 풍만하게 표현한 구석기 시대의 유물로, 이를 통해 구석기 시대 사람들이 다산과 풍요를 기원하였음을 짐작해 볼 수 있다.

051 [예시 답안] 구석기 시대 사람들은 열매 등을 채집하였고 동물을 사냥하는 수렵 생활을 하였다. 또한 무리 지어 이동하는 생활을 하였으며, 동굴이나 바위 그늘, 강가의 막집 등에서 거주하였다.

052 구석기 시대에는 사냥과 채집을 하였으며, 도구로는 주먹도끼나 찍개 등을 사용하였다. 한국의 주요 구석기 유적으로는 충남 공주 석장리 유적이 있다. 신석기 시대에는 농경과 목축이 시작되는 신석기 혁명이 일어났다. 도구로는 갈돌과 갈판과 같은 돌을 갈아서 만든 간석기를 이용하였다. 한국의 주요 신석기 유적으로는 서울 암사동 유적이 있다. 구석기 시대와 신석기 시대는 모두 계급이 없는 평등한 사회였다.
바로 알기 | ① 구석기 시대에는 이동 생활을 하였고, 신석기 시대에는 농경과 목축을 하면서 정착 생활을 하였다.

053 가상 일기는 구석기 시대의 생활 모습을 나타낸 것이다. 구석기 시대에는 동물을 잡는 수렵 생활을 하였으며, 열매를 채집하며 생활하였다. 구석기 시대 사람들은 먹을 것이 있는 곳으로 이동하며 살았고, 주로 동굴이나 바위 그늘에서 지내거나 강가 등에 막집을 짓고 살았다.
바로 알기 | ⑤ 가락바퀴로 실을 뽑기 시작한 것은 신석기 시대부터 볼 수 있는 모습이다.

054 가상 일기는 구석기 시대의 생활 모습을 나타낸 것으로, 구석기 시대에는 찍개와 같은 돌을 떼어 내어 만든 뗀석기가 사용되었다.
바로 알기 | ②는 이음낚시, ③은 갈돌과 갈판, ④는 빗살무늬 토기, ⑤는 조개껍데기 가면으로, 모두 신석기 시대부터 사용된 것이다.

055 신석기 혁명은 신석기 시대에 농경과 목축을 시작하면서 나타난 인류 생활의 큰 변화를 의미한다.

056 [예시 답안] 타실리나제르 벽화를 통해 신석기 시대에 밭을 갈아 농사를 짓는 농경과 동물을 가두어 기르는 목축을 하였음을 알 수 있다.

057 ㉠은 신석기 시대이다. 신석기 시대에는 가락바퀴와 뼈바늘을 이용하여 옷을 만들어 입기 시작하였다.
바로 알기 | ②, ⑤는 구석기 시대, ③, ④는 청동기 시대를 알아보기 위한 탐구 활동이다.

058 주먹도끼로 보아 (가)는 구석기 시대, 가락바퀴로 보아 (나)는 신석기 시대이다. 구석기 시대에는 열매 등을 채집하고 주먹도끼 등으로 사냥을 하였다. 구석기 시대 사람들은 동굴이나 막집 등에서 살았으며, 다산과 풍요를 기원하는 조각상을 만들기도 하였다. 신석기 시대 사람들은 농경과 목축을 하였고, 토기를 만들어 곡식을 저장하거나 요리하였다.
바로 알기 | ⑤ (가) 구석기 시대와 (나) 신석기 시대는 모두 계급이 나뉘지 않은 평등한 사회였다.

059 ㉠은 계급이다. 농업 생산력이 늘어나면서 잉여 생산물이 생겼고, 잉여 생산물을 더 가진 사람과 그렇지 않은 사람 사이에 빈부 격차가 생겼다. 빈부 격차가 커지면서 점차 계급이 생겨났다.

060 문명이 발생한 지역은 보통 큰 강을 끼고 있어 관개 시설이 발달하였다. 관개 시설을 만들기 위해서는 많은 사람의 노동력이 필요하였기 때문에 여러 부족이 통합을 이루었고, 그 과정에서 도시가 생겨났다. 또한 잉여 생산물이 생기면서 빈부 격차가 커졌고 계급이 발생하였다.
바로 알기 | ④ 문명이 발생한 지역에서는 주로 청동으로 만든 무기가 사용되었다.

061 지도에 표시된 지역들은 모두 문명 발상지이다. 문명은 공통적으로 기후가 온화한 큰 강 유역에서 발달하였다. 또한 인구가 모여들면서 도시가 형성되었고, 교역 등을 기록하기 위한 문자를 만들어 사용하였다는 공통점이 있다.
바로 알기 | ⑤ 문명은 청동기 문화를 기반으로 발전하였다.

062 제시된 유적은 지구라트이다. 지구라트는 수메르인이 도시 중앙에 세운 신전으로, 메소포타미아 문명의 대표적인 유적이다. 메소포타미아 지방에서는 점토판에 쐐기 문자를 이용하여 교역이나 통치에 관한 일을 새겼다.
바로 알기 | ①, ②, ④, ⑤는 이집트 문명에 대한 설명이다.

063 제시된 자료는 바빌로니아 왕국의 함무라비왕이 만든 함무라비 법전의 내용이다. 이 법전을 통해 바빌로니아 왕국에서는 은을 화폐로 사용하였고 신분제가 있었음을 알 수 있다.

064 함무라비 법전은 바빌로니아 왕국의 함무라비왕이 만든 법전이다. '은 1미나'를 통해 은을 화폐로 사용하였다는 점을 알 수 있으며, '귀족'이나 '평민', '노예'라는 단어로 보아 계급 사회였음을 알 수 있다.
바로 알기 | ㄴ. 바빌로니아 왕국에서는 복수가 법적으로 허용되었다. ㄹ. 같은 범죄라도 신분에 따라서 처벌 내용이 달랐다.

065 예시 답안 고대 문명은 모두 큰 강 유역에서 발생하였다. 또한 도시 국가가 출현하였고, 청동기와 문자를 사용하였으며, 계급이 발생하였다는 공통점이 있다.

066 ㉠은 이집트 문명으로, 피라미드와 스핑크스는 이집트 문명을 대표하는 유적이다.

067 제시된 자료는 이집트 문명에 관한 것으로, 밑줄 친 '이 문명'은 이집트 문명이다. 고대 이집트 사람들은 사후 세계와 영혼 불멸을 믿어 사람이 죽으면 시체와 함께 「사자의 서」 등을 묻었다. 이집트 문명에서는 왕인 파라오가 신권 정치를 하였다.
바로 알기 | ㄷ은 메소포타미아 문명, ㄹ은 중국 문명에 대한 설명이다.

068 지도와 같이 이동한 민족은 아리아인이다. 아리아인은 중앙아시아에서 유목 생활을 하던 민족으로 기원전 1500년경 인더스강 유역으로 이동하였다. 이후 이들은 점차 동쪽으로 이동하여 기원전 1000년경에는 갠지스강 유역까지 나아갔다.

069 인도 북서부의 인더스강 주변에서는 기름진 토양 덕분에 일찍부터 농경이 발달하였다. 이를 바탕으로 기원전 2500년경 주택·도로·목욕장 등을 갖춘 하라파, 모헨조다로와 같은 계획도시가 나타났다. 이 지역 사람들은 청동기와 그림 문자를 사용하였다.
바로 알기 | ㄷ은 중국 문명, ㄹ은 메소포타미아 문명에 대한 설명이다.

070 제시된 유적은 모헨조다로로, 인더스강 유역의 인도 문명 지역에서 발달한 대표적인 계획도시였다.

071 브라만교는 아리아인이 물, 불 등 자연 현상을 다스리는 여러 신들을 제사 지내고, 신을 찬양하는 「베다」라는 경전을 만드는 과정에서 형성되었다.

072 도표는 카스트제에 따른 여러 신분을 나타낸 것이다. 카스트제는 인더스강과 갠지스강 유역으로 이동하여 정착한 아리아인이 원주민을 다스리고자 만든 신분제이다. 카스트제는 브라만, 크샤트리아, 바이샤, 수드라의 네 신분으로 구성되었다. 브라만은 주로 제사 의식을 담당하는 제사장 계급이었으며, 크샤트리아는 정치와 군사를 담당하는 계급으로, 주로 왕족과 귀족이 여기에 해당하였다. 아리아인은 대체로 브라만과 크샤트리아에 속하였다.
바로 알기 | ④ 바이샤는 주로 농업 등 생산 활동을 담당하는 평민이었다.

073 메소포타미아 지방의 수메르인은 쐐기 문자와 태음력, 60진법을 사용하였다. 또한 현실 세계를 중시하는 세계관을 지녔으며 도시 중앙에 지구라트라는 신전을 지었다. 한편, 고대 이집트인은 상형 문자와 태양력, 10진법을 사용하였다. 또한 사후 세계를 중시하여 사람이 죽으면 시체를 미라로 만들었다. 이집트 문명의 대표적인 유적으로는 피라미드와 스핑크스 등이 있다.
바로 알기 | ④ 메소포타미아 지방의 수메르인은 사후 세계보다는 현실 세계의 안정된 삶을 중시하였고, 고대 이집트인은 죽은 뒤의 세계인 사후 세계와 영혼 불멸을 믿었다.

074 ㉠은 상, ㉡은 갑골문이다. 중국 상에서는 나라의 중대사가 있을 때 점을 쳐 그 내용을 갑골에 새겼다.
바로 알기 | 상형 문자는 이집트 문명 지역에서, 쐐기 문자는 메소포타미아 문명 지역에서 사용되었다.

075 제시된 자료에서 상의 청동 솥이 왕권의 정당성을 보여준다고 설명하였다. 이를 통해 당시 중국에서 계급이 발생하여 지배자와 피지배자가 나뉘어 있었음을 알 수 있다.
바로 알기 | ①, ④는 메소포타미아 문명, ③은 중국의 주 등, ⑤는 주의 봉건제에 대한 설명이다.

076 밑줄 친 '국가'는 중국의 주이다. 주는 상의 서쪽에서 출현하였고, 기원전 11세기경 창장강 유역까지 영토를 넓혔으며, 천명 사상으로 건국을 정당화하였다.

077 도표는 중국 주의 봉건제를 나타낸 것이다. 주는 영토를 효율적으로 다스리고자 수도 부근은 왕이 직접 다스리고, 나머지 지역은 왕족이나 공신을 제후로 삼아 다스리게 하는 봉건제를 실시하였다.

078 중국의 주는 기원전 11세기경 창장강 유역까지 영토를 확장하였는데, 넓어진 영토를 효율적으로 통치하고자 혈연관계를 중심으로 한 봉건제를 실시하였다.

개념 확인 문제 20쪽

079 아시리아 080 조로아스터교 081 폴리스
082 솔론 083 알렉산드로스
084 옥타비아누스 085 다리우스 1세 086 스파르타
087 클레이스테네스 088 소크라테스
089 콘스탄티노폴리스 090 콘스탄티누스 (대제)

난이도별 필수 기출 20쪽~25쪽

091 ④ 092 ① 093 ④
094 아케메네스 왕조 페르시아 095 ⑤ 096 ①
097 ⑤ 098 ② 099 ④ 100 ② 101 ④
102 ① 103 도편 추방제 104 해설 참조
105 ③ 106 ④ 107 ⑤ 108 알렉산드로스
109 ⑤ 110 ② 111 해설 참조 112 ①
113 ④ 114 옥타비아누스 115 ② 116 ④
117 ② 118 ② 119 ④ 120 밀라노 칙령
121 ④ 122 해설 참조 123 ⑤

091 아시리아는 기원전 7세기 무렵 우수한 철제 무기와 전술로 서아시아를 최초로 통일한 나라이다. 그러나 아시리아는 정복한 민족을 가혹하게 통치하여 통일한 지 60여 년 만에 피지배 민족의 반란으로 멸망하였다.

092 제시된 자료는 아케메네스 왕조 페르시아의 왕인 키루스 2세의 원통과 여기에 새겨진 내용이다. 원통에는 피정복민에게 세금을 걷는 대신 그들의 풍습을 존중하겠다는 키루스 2세의 관용 정책이 드러나 있다.

093 아케메네스 왕조 페르시아의 다리우스 1세는 넓어진 영토를 효율적으로 다스리고자 전국을 20여 개의 주로 나누고 총독을 보냈으며, '왕의 눈', '왕의 귀'라고 불리는 감찰관을 보내 총독을 감시하였다. 또한 '왕의 길'이라는 도로를 건설하였다.
바로 알기 | ㄱ은 알렉산드로스, ㄷ은 키루스 2세에 대한 설명이다.

094 아케메네스 왕조 페르시아는 키루스 2세 때 서아시아를 다시 통일하였고, 다리우스 1세 때 지중해 연안에서 인더스강에 이르는 제국으로 성장하며 전성기를 맞았다. 기원전 5세기경 지중해 세계의 주도권을 잡고자 그리스와 세 차례 전쟁을 벌였으나, 그리스에 패하였다. 이후 총독들의 반란으로 세력이 약해졌고, 결국 알렉산드로스에게 멸망하였다. 아케메네스 왕조 페르시아에서는 아후라 마즈다를 최고신으로 여기는 조로아스터교를 널리 믿었다.

095 아케메네스 왕조 페르시아의 다리우스 1세는 전국을 20여 개의 주로 나누고 각 주에 총독을 파견하였으며, '왕의 눈', '왕의 귀'라고 불리는 감찰관을 보냈다. 또한 화폐와 도량형을 통일하고 '왕의 길'이라는 도로를 만들었다.
바로 알기 | ⑤는 중국 주의 봉건제에 대한 설명이다.

096 '왕의 길' 등으로 보아, 지도의 최대 영역을 차지한 왕조는 아케메네스 왕조 페르시아이다. 아케메네스 왕조 페르시아에서는 정복 지역의 문화를 포용하는 국제적인 문화가 발달하였는데, 특히 수도 페르세폴리스 궁전에는 다양한 나라의 건축 양식이 혼합된 건축물이 있었다. 또한 동물 모양의 뿔잔 등 금속 공예품과 유리 공예품이 유명하여 동아시아에까지 전파되기도 하였다.
바로 알기 | ①은 인도의 마우리아 왕조 등에 대한 설명이다.

097 제시된 글에서 설명하는 종교는 조로아스터교이다. 조로아스터교는 페르시아인이 널리 믿은 종교로 세상을 선과 악의 대결이 벌어지는 곳으로 보았고, 불을 신성한 것으로 여겨 숭배하였다.

098 밑줄 친 '종교'는 조로아스터교이다. 조로아스터가 창시한 것으로 알려진 조로아스터교는 페르시아인이 널리 믿었으며, 선과 빛의 신 아후라 마즈다를 최고신으로 여겼다.
바로 알기 | ②는 브라만교에 대한 설명이다.

099 아케메네스 왕조 페르시아의 궁전 건축물에는 그리스, 이집트 등 다양한 나라의 건축 양식이 드러나 있다. 이를 통해 아케메네스 왕조 페르시아가 국제적인 문화를 발전시켰다는 것을 알 수 있다.

100 **바로 알기 |** ② 고대 그리스의 폴리스들은 서로 같은 언어를 사용하고 같은 신을 믿었다.

101 고대 그리스는 (나) 그리스·페르시아 전쟁에서 그리스의 승리 – (다) 아테네의 무역 독점과 주변 폴리스 압박 – (가) 펠로폰네소스 전쟁에서 스파르타의 승리 순으로 발전하였다.

102 아테네 민주 정치의 전성기를 이끈 인물은 페리클레스로, 페리클레스가 통치하던 시기에는 민회가 입법권을 행사하고 관직과 배심원은 대부분 추첨으로 뽑았다.
바로 알기 | ② 여성은 정치에 참여할 수 없었다. ③ 도편 추방제는 클레이스테네스가 도입한 제도이다. ④ 페리클레스 시기에는 귀족뿐만 아니라 일반 시민도 정치에 참여할 수 있었다. ⑤는 솔론이 권력을 잡았던 시기에 해당하는 설명이다.

103 도편 추방제는 아테네의 클레이스테네스가 도입한 제도로, 도자기 파편에 독재자가 될 가능성이 높은 사람의 이름을 써 가장 많은 표를 얻은 사람을 약 10년간 나라 밖으로 추방하던 정치 제도였다.

104 **예시 답안** 고대 그리스의 아테네에서는 성인 남성만 정치에 참여할 수 있었고, 여성과 노예, 외국인은 정치에 참여할 수 없었다.

105 고대 그리스의 폴리스들은 정치적으로 독립된 작은 도시 국가였다. 대표적인 폴리스로는 아테네와 스파르타가 있었는데, 모두 민회에서 나라의 중요한 일을 결정하였다. 아테네에는 방어 목적 등으로 만든 아크로폴리스가 있었고, 아고라에서는 시민들의 정치, 경제, 문화 활동이 이루어졌다. 아테네에서는 무역과 상공업으로 부유해진 평민들이 전쟁에 참여하면서 지위가 높아졌고, 높아진 지위로 정치 참여를 요구하면서 민주정이 발달하게 되었다. 정복 국가로 출발한 스파르타는 강력한 군사 통치를 실시하였다.
바로 알기 | ③ 스파르타는 소수의 시민이 다수의 피지배층을 다스려야 했기 때문에 강력한 군사 통치를 실시하였다.

106 고대 그리스에서는 인간 중심적이면서 합리적인 문화가 발전하였다. 호메로스는 작품에서 그리스의 신들을 인간의 모습과 감정을 지닌 것으로 묘사하였다. 또한 「오이디푸스왕」, 「안티고네」와 같은 인간관계나 사회 문제를 다루는 연극이 유행하였고, 조화와 균형을 강조한 건축 양식이 발달하였다. 역사에서는 헤로도토스와 투키디데스가, 의학에서는 히포크라테스가, 수학에서는 피타고라스가 업적을 남겼다.
바로 알기 | ④ 철학에서는 소크라테스가 진리의 절대성을 주장하였다. 소피스트는 진리의 상대성을 주장하였다.

107 제시된 글은 고대 그리스에 대한 설명으로, 고대 그리스의 문화유산으로는 파르테논 신전, 「원반 던지는 사람」 등이 있다.
바로 알기 | ㄱ은 로마 제국, ㄴ은 알렉산드로스 제국의 대표적인 문화유산이다.

108 밑줄 친 ㉠은 알렉산드로스이다. 알렉산드로스는 마케도니아의 왕이었는데, 그리스를 정복한 후 동방 원정에 나서 제국을 이룩하였다.

109 알렉산드로스는 동방 원정에 나서 제국을 건설하고 각지에 알렉산드리아라는 도시를 세워 그리스인을 이주시켰다.

110 지도의 최대 영역을 차지한 나라는 알렉산드로스 제국이다. 알렉산드로스는 동방 원정 과정에서 정복지 곳곳에 알렉산드리아를 세우고 그리스 문화를 여러 지역에 전파하였다.

111 예시 답안 헬레니즘 문화의 특징으로는 개인의 행복을 추구하는 개인주의와 하나의 제국 아래 모두가 같은 시민이라는 세계 시민주의가 있다.

112 ㉠은 원로원, ㉡은 집정관, ㉢은 호민관이다. 로마 공화정 초기에는 귀족들이 주요 관직을 독차지하였으나, 이후 평민이 정치에 참여하게 되면서 원로원이나 집정관의 결정에 거부권을 행사할 수 있는 호민관을 뽑게 되었다.

113 로마-카르타고 전쟁 이후 로마 귀족들은 노예를 이용한 라티푼디움(대농장) 경영을 확대하였고, 그 결과 로마의 자영 농민층이 몰락하였다.
바로 알기 | ㄱ, ㄷ은 옥타비아누스 집권 이후 시기의 일로, 로마-카르타고 전쟁의 영향으로 보기 어렵다.

114 제시된 글에서 설명하는 인물은 옥타비아누스이다. 옥타비아누스는 사실상 로마의 제정을 시작하였고 원로원으로부터 '아우구스투스(존엄한 자)'라는 칭호를 받았다. 그의 통치 이후 로마는 약 200년간 '로마의 평화'라고 불리는 번영을 누렸다.

115 ㉠은 로마의 호민관이었던 티베리우스 그라쿠스로, 자영 농민을 보호하기 위한 개혁을 추진하였던 인물이다.
바로 알기 | ①은 아테네의 클레이스테네스, ③은 아테네의 솔론, ④는 아케메네스 왕조 페르시아의 다리우스 1세, ⑤는 아케메네스 왕조 페르시아의 키루스 2세에 대한 설명이다.

116 지도의 최대 영역을 차지한 나라는 로마 제국이다. 로마 제국은 옥타비아누스 시기 이후 약 200년 동안 '로마의 평화'라고 불리는 번영을 누렸다. 이후 4세기 말 로마는 동서로 분리되었다.
바로 알기 | ㄱ은 고대 그리스의 아테네, ㄷ은 스파르타에 대한 설명이다.

117 제시된 글에서 로마의 발전과 쇠퇴는 (가) 로마-카르타고 전쟁에서 로마 승리 - (라) 그라쿠스 형제의 개혁 시도와 실패 - (나) 군인 정치가들의 다툼으로 혼란 - (다) 옥타비아누스의 집권과 '로마의 평화' - (마) 콘스탄티누스 대제의 천도 순으로 전개되었다.

118 콘스탄티누스 대제는 밀라노 칙령으로 크리스트교를 공인하였고, 콘스탄티노폴리스(비잔티움)로 수도를 옮기고 로마의 중흥을 꾀하였다.
바로 알기 | ㄴ은 옥타비아누스, ㄹ은 그라쿠스 형제 등에 대한 설명이다.

119 로마의 법률은 제국의 확장과 함께 (가) 관습법 - (다) 시민법 - (나) 만민법 순으로 발달하였다.

120 제시된 글은 밀라노 칙령에 대한 설명이다. 콘스탄티누스 대제는 로마 제국 내에서 크리스트교가 확산되자 크리스트교를 공인하겠다는 명령인 밀라노 칙령을 내렸다.

121 크리스트교는 사랑과 믿음만 있으면 누구나 구원을 받을 수 있다는 예수의 가르침을 전파하면서 성립되었다. 크리스트교는 유일신을 숭배하고 황제 숭배를 거부하여 로마 제국으로부터 박해를 받았으나 크리스트교도들은 꾸준히 늘었다. 이에 콘스탄티누스 대제는 제국의 안정을 위해 크리스트교를 공인하였고, 4세기 말에는 크리스트교가 로마 제국의 국교가 되었다.
바로 알기 | ④는 조로아스터교에 대한 설명이다. 조로아스터교는 세상을 선과 악의 대결이 벌어지는 곳으로 보았으며, 불을 신성하게 여겼고, 선과 빛의 신 아후라 마즈다를 최고신으로 섬겼다.

122 예시 답안 유일신을 숭배하는 크리스트교는 황제 숭배를 우상 숭배라며 거부하였는데, 이 때문에 로마 제국으로부터 박해를 받았다.

123 제시된 문화유산은 콜로세움과 수도교로, 로마 제국의 실용적인 문화를 보여 주는 대표적인 건축물이다.
바로 알기 | ①, ②, ③, ④는 헬레니즘 문화에 대한 설명이다.

개념 확인 문제   28쪽

난이도별 필수 기출   28쪽~33쪽

136 중국의 주가 낙읍(뤄양)으로 수도를 옮긴 이후부터 진(秦)이 중국을 통일할 때까지의 기간을 춘추 전국 시대라고 한다. 이 시기는 정치적으로 혼란스러웠으나 각국이 경쟁하면서 경제와 사회가 크게 발전하였다. 또한 철제 농기구와 우경이 발달하면서 농업 생산량이 크게 늘어났다. 상업과 수공업도 발달하여 도시와 시장이 성장하였고, 다양한 화폐가 사용되었다.

137 지도에 나타난 시대는 춘추 전국 시대이다. 이 시기에는 제후들이 부국강병을 위해 인재를 등용하였고, 제자백가로 불린 여러 사상가와 학파가 등장하였다. 또한 철제 농기구와 우경(소를 이용한 농경)이 발달하였고, 철제 무기가 사용되면서 전쟁의 규모가 커졌다.
바로 알기 | ④는 전국 시대를 통일한 진 시황제의 정책으로 나타난 변화이다.

138 춘추 전국 시대에 등장한 제자백가의 학파 중에는 '인'과 '예'를 강조하고 '효'를 중시하며 도덕 정치를 강조한 유가, 법과 제도의 엄격한 적용을 통한 사회 질서 유지를 주장한 법가, 자연의 순리에 따르는 삶을 주장한 도가, 차별 없는 사랑(겸애)을 강조한 묵가가 대표적이다.
바로 알기 | ㄱ. 도가는 자연의 순리에 따르는 삶을 주장하였다. ㄴ. 묵가는 차별 없는 사랑(겸애)을 강조하였다.

139 ㉠은 한비자이다. 법가의 사상가인 한비자는 법과 제도의 엄격한 적용을 통해 사회 질서를 바로잡아야 한다고 주장하였다. 중국을 통일한 진(秦)은 한비자의 법가 사상을 받아들였다.

140 검색창에 들어갈 나라는 진(秦)이다. 진은 법가 사상을 바탕으로 주변 나라들을 정복하여 기원전 221년 최초로 중국을 통일하였다.

141 밑줄 친 '이 인물'은 최초로 중국을 통일한 진의 시황제이다. 그는 도로망을 정비하고 군현제를 시행하였으며, 지역마다 달랐던 도량형을 통일하였다. 또한 문자는 전서체로, 화폐는 반량전으로 통일하였고, 흉노의 침입을 막고자 만리장성을 축조하였다.
바로 알기 | ⑤는 한 무제의 활동이다.

142 제시된 글에서 설명하는 제도는 군현제이다. 진의 시황제는 지방을 군과 현으로 나누고 중앙에서 파견된 관리에게 일정 기간 군과 현을 다스리게 하는 군현제를 실시하였다.

143 **예시 답안** 진의 시황제가 여러 문자를 전서체로 통일함으로써 지방에서도 황제의 명령을 쉽게 이해할 수 있게 되었고, 국가의 법령도 효율적으로 전달될 수 있었다.

144 진(秦)은 대규모 토목 공사에 백성을 자주 동원하고 법가 사상을 바탕으로 가혹하게 통치하면서 백성의 불만을 샀다. 이후 진은 전국 각지에서 농민 봉기가 일어나 멸망하였다.
바로 알기 | ㄱ, ㄹ은 후한이 멸망한 이유이다.

145 제시된 글은 한 고조(유방)에 대한 설명이다. 한 고조는 한을 세우고 기원전 202년 중국을 다시 통일한 인물로, 그는 장안을 수도로 삼고 군국제를 시행하였으며, 세금을 낮추어 농민들의 생활을 안정시켰다.
바로 알기 | ②는 진의 시황제와 한 무제가 한 일이다. ③은 진의 시황제, ④, ⑤는 한 무제가 한 일이다.

146 지도의 '서역 행로'를 개척한 인물은 장건이다. 장건은 한 무제 시기에 대월지와 동맹을 맺고자 서역에 파견되었는데, 이 과정에서 비단 등을 교역하는 '비단길'이 개척되었다.

147 지도의 최대 영역을 차지한 나라는 한이다. 한 무제 시기에는 수도 장안에 태학을 설치하였으며, 동중서의 건의로 유교를 나라의 통치 이념으로 삼았다. 또한 소금과 철에 대한 전매 제도를 실시하였고, 흉노를 여러 차례 정벌하여 북쪽으로 몰아냈다.
바로 알기 | ①은 진(秦)에 대한 설명이다.

148 한 무제는 군현제를 전국으로 확대하여 중앙 집권 체제를 강화하였다. 밖으로는 정복 활동을 벌여 남비엣(남월)을 정복하고, 고조선을 멸망시켰으며, 흉노를 정벌하고자 장건을 서역에 파견하였다. 또한 동중서의 건의로 유교를 통치 이념으로 삼았다.
바로 알기 | ㄷ은 진의 시황제, ㄹ은 한 고조(유방)가 한 활동이다.

149 왕망이 한을 멸망시키고 신을 세웠으나, 신은 곧 멸망하였고 유수(광무제)가 다시 한을 세웠다(후한). 후한 시기에는 외척의 횡포로 사회가 혼란하였는데, 결국 후한은 황건적의 난을 비롯한 농민 봉기와 지배층이었던 호족의 봉기로 멸망하였다.
바로 알기 | ①, ②, ③, ⑤는 후한이 성립하기 전에 일어난 일이다.

150 ㉠은 군국제이다. 한 고조(유방)는 군현에 관리를 파견하여 다스리는 군현제와 제후에게 지방을 다스리게 하는 봉건제를 절충한 제도인 군국제를 시행하였다.

151 **예시 답안** 한 무제는 부족해진 재정 문제를 해결하고자 소금과 철 등의 생산과 판매를 국가가 독점하는 전매 제도를 실시하였다.

152 한대에는 중국 문화의 기틀이 마련되었다. 한 무제 시기에는 유교를 통치 이념으로 삼았고, 유교 경전의 옛글자를 해석하는 훈고학이 발달하였다. 또한 사마천의 『사기』 등이 편찬되고, 해시계와 지진계 등이 발명되었다. 채륜은 종이 만드는 기술을 개량하여 학문과 사상의 확산에 기여하였다.
바로 알기 | ② 간다라 양식은 인도의 쿠샨 왕조에서 발전하였다.

153 밑줄 친 '이 종교'는 불교이다. 기원전 6세기 무렵 고타마 싯다르타(석가모니)가 불교를 창시하였다. 그는 신분 차별에 반대하고 평등과 자비를 강조하였다. 카스트 사회에 불만을 품고 있던 크샤트리아와 바이샤 세력은 불교를 지원하였다.

154 인도에서는 도시 국가 간의 정복 전쟁이 활발해지고 농업과 상업이 발달하는 과정에서 크샤트리아와 바이샤 세력이 성장하였다. 브라만 중심의 카스트 사회에 불만을 품고 있던 크샤트리아와 바이샤 세력은 신분 차별에 반대하는 교리를 내세운 불교의 가르침을 환영하였다. 이후 이들의 지원을 받은 불교는 인도의 여러 지역으로 퍼졌다.

155 제시된 자료에서 소개하는 인물은 마우리아 왕조의 전성기를 이끈 아소카왕이다. 아소카왕은 남부 일부를 제외한 인도 대부분의 지역을 통일하였다.
바로 알기 | ②는 쿠샨 왕조의 전성기를 이끈 왕이고, ③, ④는 아케메네스 왕조 페르시아의 왕이다. ⑤는 마우리아 왕조를 수립한 왕이다.

156 밑줄 친 ㉠은 아소카왕이다. 아소카왕은 마우리아 왕조의 전성기를 이끌었는데, 칼링가 왕국을 정복하는 과정에서 전쟁의 처참한 모습을 보았다. 이후 그는 정복 전쟁을 그만두고 자신의 통치 방침과 불교의 가르침을 새긴 돌기둥을 나라 곳곳에 세우는 등 불교의 가르침에 따라 나라를 다스렸다.

157 밑줄 친 ㉡ '진리에 맞는 법'은 마우리아 왕조 시기 아소카왕이 장려한 불교(상좌부 불교)를 지칭한다. 아소카왕은 불교의 가르침에 따라 나라를 다스렸다. 이 시기에는 개인의 해탈을 강조하는 불교인 상좌부 불교가 발달하였다.
바로 알기 | ①은 브라만교, ③, ⑤는 조로아스터교, ④는 크리스트교에 대한 설명이다.

158 '돌기둥'으로 보아, 지도의 최대 영역을 차지한 나라는 마우리아 왕조(아소카왕 시기)이다. 마우리아 왕조에서는 개인의 해탈을 강조한 상좌부 불교가 발전하였다.
바로 알기 | ①은 한, ②는 진, ③은 아케메네스 왕조 페르시아, ⑤는 쿠샨 왕조에 대한 탐구 활동이다.

159 대화창의 역사 인물은 마우리아 왕조의 아소카왕이다. 아소카왕은 나라 곳곳에 자신의 통치 방침과 불교의 가르침을 새긴 돌기둥을 세우고 불교를 장려하였다.
바로 알기 | ①은 한 무제, ②는 다리우스 1세, ④는 키루스 2세, ⑤는 카니슈카왕 등이 할 수 있는 답변이다.

160 지도의 최대 영역을 차지한 왕은 쿠샨 왕조의 카니슈카왕이다. 카니슈카왕은 쿠샨 왕조의 전성기를 이끌었고 사원과 탑을 세워 불교(대승 불교)를 널리 전파하는 데 힘썼다.
바로 알기 | ①, ②는 진의 시황제 등, ③, ④는 한 무제 등에 대한 설명이다.

161 제시된 글에서 설명하는 왕조는 쿠샨 왕조이다. 쿠샨 왕조는 인도 서북부를 다스렸으며, 카니슈카왕이 통치하던 전성기에는 북인도에서 중앙아시아에 이르는 넓은 영토를 다스렸다. 또한 중국과 인도, 서아시아를 연결하는 중계 무역으로 번영을 누렸다.

162 쿠샨 왕조는 중앙아시아에서 온 유목 민족이 세운 나라로, 인도 서북부를 통치하고 중국과 인도, 서아시아를 잇는 중계 무역으로 번영하였다. 쿠샨 왕조의 카니슈카왕은 활발한 정복 활동을 펼치며 쿠샨 왕조의 전성기를 이끌었다.
바로 알기 | ⑤ 쿠샨 왕조 시기에는 많은 사람의 구제를 강조하는 대승 불교가 크게 발전하였다.

163 ㉠은 상좌부 불교, ㉡은 대승 불교이다. 개인의 해탈을 강조하는 상좌부 불교는 마우리아 왕조 시기에 발전하여 동남아시아 지역으로 퍼졌고, 많은 사람의 구제를 강조하는 대승 불교는 쿠샨 왕조 시기에 발전하여 동아시아 지역으로 전파되었다.

164 ㉠은 간다라 양식이다. 간다라 양식은 쿠샨 왕조의 간다라 지방에서 발달한 문화 양식으로, 인도 문화와 헬레니즘 문화가 결합하여 형성되었다. 알렉산드로스의 동방 원정 이후 인도인들은 부처를 그리스 조각상처럼 인간의 모습을 한 불상으로 표현하기 시작하였다.

165 (가)는 알렉산드로스의 동방 원정이다. 간다라 양식은 알렉산드로스의 동방 원정을 배경으로 쿠샨 왕조의 간다라 지방에서 헬레니즘 문화와 인도 문화가 결합하면서 발달하였다. 알렉산드로스의 동방 원정 이후 인도인들은 그리스 조각상의 영향을 받아 부처를 인간의 모습으로 표현한 불상을 만들기 시작하였다.

166 초원길은 기원전 7세기에서 기원전 2세기경 중앙아시아 지역의 유목 민족인 스키타이가 개척한 교역로이다. 스키타이는 초원길을 개척한 후 유목 민족의 문화를 동아시아에 전하였다.

167 흉노는 기원전 4세기경 등장한 유목 민족으로, 스키타이의 청동기 문화를 더욱 발전시켰으며, 중국을 비롯하여 한반도와 일본에도 영향을 주었다. 흉노는 여러 차례에 걸쳐 진, 한과 세력을 다투었고, 한 무제 시기에는 북쪽으로 밀려났다.
바로 알기 | ① 초원길을 처음 개척한 민족은 스키타이이다.

168 한 무제가 대월지와 동맹을 맺고자 장건을 서역에 파견하는 과정에서 서역으로 가는 길이 개척되었다. 이후 이 길은 주로 비단을 교역하는 데 이용되어 '비단길'로 불렸으며, 중국의 낙양과 장안을 거쳐 로마와 이집트로 이어졌다. 비단길이 개척된 이후 상인들의 왕래가 많아져 동서 교역이 활발해졌다.

169 제시된 문화유산은 장건이 대월지와 동맹을 맺고자 서역으로 떠나기 전에 한 무제에게 인사하는 모습을 그린 것이다. 장건의 서역 파견을 계기로 중국의 낙양과 장안, 로마, 이집트를 연결하는 비단길이 개척되었다.

170 ④	**171** ⑤	**172** ②	**173** ②	**174** ①
175 ①	**176** ⑤	**177** ②		

170 ㉠, ㉢, ㉤은 ✕이고, ㉡, ㉣은 ○이다. 구석기 시대에는 동굴이나 막집에서 살았으며 수렵과 채집 생활을 하였다. 신석기 시대에는 농경과 목축 생활을 하였으며, 토기를 사용하였고 가락바퀴와 뼈바늘로 옷을 지었다.

바로 알기 | ㉠ 토기를 사용하기 시작한 것은 신석기 시대부터이다. ㉢ 농경과 목축 생활을 시작한 것은 신석기 시대부터이다. ㉤ 구석기 시대와 신석기 시대 모두 평등한 사회였다.

171 (가)에는 춘추 전국 시대와 진(秦)이 통치하던 시기의 일이 들어가야 한다. 이 시기에는 철제 농기구의 사용으로 농업 생산력이 크게 향상되었다. (나)에는 한대에 있었던 일이 들어가야 한다. 중국을 다시 통일한 한 고조(유방)는 수도를 장안으로 삼고 군국제를 시행하였다. 또한 한 무제 시기에는 수도에 태학을 세우고 유학 교육을 장려하였으며, 동중서의 건의로 유교를 나라의 통치 이념으로 삼았다. 이 시기 대월지와 동맹을 맺고자 장건이 서역에 파견되었다.

바로 알기 | ㄱ은 한 무제 시기, ㄹ은 한 고조 시기의 일로 (나)에 들어갈 내용이다.

172 제시된 자료는 메소포타미아 문명의 세계관을 보여 주는 작품인 「길가메시 서사시」이다. 메소포타미아 문명은 유프라테스강과 티그리스강 유역에서 발생하였고, 현재의 안정된 삶을 중시하였다.

바로 알기 | ㄱ, ㅁ은 이집트 문명, ㄹ은 인도 문명에 대한 설명이다.

173 학생의 형성 평가지에서 1, 4는 맞고, 2, 3, 5는 틀렸다. 고대 그리스에서는 「원반 던지는 사람」과 같은 균형미가 강조된 조각상이 만들어졌다. 한편, 로마에서는 법률이 발전하고 도로나 수로 등이 건설되는 등 실용적인 문화가 발달하였다.

바로 알기 | 2. 고대 그리스에서는 인간 중심적이고 합리적인 문화가 발달하였다. 3. 헬레니즘 문화는 그리스 문화와 동방 문화가 융합된 문화이다. 5. 「밀로의 비너스」, 「라오콘 군상」은 헬레니즘 문화를 대표하는 미술품이다.

174 '왕의 길' 등으로 보아, 지도의 최대 영역을 차지한 나라는 아케메네스 왕조 페르시아이다. 아케메네스 왕조 페르시아의 전성기를 이끈 다리우스 1세는 '왕의 눈', '왕의 귀'라는 감찰관을 각 주에 파견하였고, '왕의 길'이라고 하는 도로를 건설하였다. 이후 번영하던 아케메네스 왕조 페르시아는 마케도니아의 왕 알렉산드로스의 침입으로 멸망하였다.

바로 알기 | ㄴ. 아케메네스 왕조 페르시아에서는 조로아스터교를 널리 믿었다. ㄹ은 알렉산드로스 제국, ㅁ은 아시리아에 대한 설명이다.

175 (가) 옥타비아누스가 '아우구스투스'라는 칭호를 받은 것은 기원전 27년의 일이며, (나) 동서 로마의 분리는 4세기 말에 있었던 일이다. (가), (나) 사이 시기에는 로마 제국을 4분할하여 통치하던 일과 콘스탄티누스 대제가 로마의 중흥을 꾀하면서 수도를 콘스탄티노폴리스로 옮긴 일이 일어났다.

바로 알기 | ㄴ, ㄹ, ㅁ은 모두 (가) 이전에 일어난 일이다.

176 ㉠은 마우리아 왕조, ㉡은 쿠샨 왕조이다. 마우리아 왕조는 찬드라굽타 마우리아가 세웠으며, 아소카왕 시기에는 남부 일부를 제외한 인도 대부분 지역을 통일하는 등 전성기를 누렸다. 아소카왕은 불교의 가르침과 자신의 통치 방침을 새긴 돌기둥을 나라 곳곳에 세웠다. 한편, 쿠샨 왕조는 중앙아시아에서 온 쿠샨족이 세웠는데, 카니슈카왕 때 북인도에서 중앙아시아까지 영토를 넓히는 등 전성기를 누렸다. 이 시기에는 인도 문화와 헬레니즘 문화가 결합한 간다라 양식이 발달하였다.

바로 알기 | ⑤ 쿠샨 왕조에서는 개인의 해탈보다 많은 사람의 구제를 강조하는 대승 불교가 발달하였다.

177 A는 초원길, B는 비단길, C는 바닷길이다. 비단길은 한 무제 시기 장건의 서역 파견을 계기로 개척되었고, 바닷길은 기원전 10세기에 이집트인들이 교역한 이후 동서를 잇는 교역로로 이용되었다.

바로 알기 | ㄱ. 초원길(A)은 유목 민족인 스키타이가 개척하였다. ㄹ. B는 비단길이다. ㅁ. 바닷길(C)은 초원길(A)과 비단길(B)이 쇠퇴한 이후에 동서 교류의 중요한 통로가 되었다.

05 동아시아 문화의 형성

개념 확인 문제
38쪽

178 위진 남북조 시대	**179** 북위	**180** 9품중정제
181 청담 사상	**182** 대운하	**183** 다이카 개신
184 도교	**185** 과거제	**186** 균전제
187 아바스 왕조	**188** 나라 시대	**189** 쯔놈 문자

난이도별 필수 기출
38쪽~43쪽

190 남조	**191** ③	**192** ⑤	**193** ②	**194** ⑤
195 ④	**196** ③	**197** ①	**198** 해설 참조	
199 ④	**200** ③	**201** ⑤	**202** ②	**203** 조용조
204 ④	**205** ④	**206** ①	**207** 부병제	**208** 균전제
209 ③	**210** ⑤	**211** 해설 참조		**212** 당삼채
213 ②	**214** ③	**215** ③	**216** ①	
217 야마토 정권		**218** ③		**219** 해설 참조
220 ④	**221** ①	**222** ⑤		

190 남조는 동진이 멸망한 이후 강남 지방에 들어선 여러 한족 왕조(송, 제, 양, 진)를 일컫는다.

191 (가)는 선비족이 세운 북위이다. 북위의 효문제는 한족의 제도와 문물을 받아들이는 한화 정책을 실시하였다.
바로 알기 | ①, ⑤는 수, ②는 수와 당, ④는 당에 대한 설명이다.

192 위진 남북조 시대에는 지방 관리의 추천으로 중앙의 관리를 뽑는 9품중정제가 실시되었다. 이 제도로 지방 호족이 중앙 정부의 관리로 나아갔다. 이후 이들은 대대로 관직을 독차지하면서 문벌 귀족으로 성장하였다.
바로 알기 | ㄱ은 수 문제 이후, ㄴ은 춘추 전국 시대의 사회에 대한 설명이다.

193 제시된 문화유산은 북위의 윈강 석굴로, 남북조 시대의 대표적인 문화유산이다. 북조에서는 국가 주도로 불경이 번역되고, 윈강, 룽먼 등에 거대한 석굴 사원이 세워졌으며, 민간의 전통 신앙과 도가 사상이 결합한 도교가 발전하였다. 남조에서는 청담 사상이 유행하였고, 화려하고 우아한 귀족 문화도 발달하였는데, 고개지의 그림, 도연명의 시, 왕희지의 서예 등이 유행하였다.
바로 알기 | ②는 한대에 있었던 일이다.

194 9품중정제는 위진 남북조 시대에 지방에 파견된 관리가 지역의 인물을 9개의 등급으로 나누어 중앙에 추천하는 제도였다. 이 제도의 실시로 지방 호족이 중앙 정부의 관리가 될 수 있었고, 이들이 대대로 관직을 독차지하면서 문벌 귀족으로 성장하였다.

195 도연명의 시 「귀거래사」는 동진과 남조의 귀족 문화를 보여 주는 대표적인 시이다. 동진과 남조에서는 세속에서 벗어나 개인의 자유로운 삶을 추구하는 청담 사상이 유행하였다.
바로 알기 | ①, ③은 당대, ②는 수대, ⑤는 한대에 볼 수 있는 모습이다.

196 위진 남북조 시대는 (나) 중국의 위·촉·오 분열 – (가) 진(晉)의 삼국 통일 – (다) 한족의 동진 건국 – (라) 북위의 화북 통일 순으로 전개되었다.

197 (가)는 북위이다. 북위는 선비족이 건국한 나라로, '황제는 곧 부처'라고 하며 불교를 바탕으로 황제의 권위를 높이려고 하였다. 이에 따라 국가 주도로 불경을 번역하고, 윈강이나 룽먼 등에 거대한 석굴 사원을 세웠다.
바로 알기 | ㄷ은 진(秦) 등, ㄹ은 한(한 고조 시기)에 대한 설명이다.

198 **예시 답안** 효문제는 선비족의 복장과 언어를 금지하였고, 한족의 성씨를 사용하도록 하였다. 또한 선비족과 한족의 결혼을 장려하였다.

199 밑줄 친 '나라'는 중국의 수이다. 수 문제는 오랫동안 남북으로 나뉘어 있던 중국을 다시 통일하였고, 수 양제는 화북 지방과 강남 지방을 연결하는 대운하를 완성하였다.
바로 알기 | ①은 위진 남북조 시대, ②, ⑤는 당대, ③은 한대에 일어난 일이다.

200 중국을 통일한 수 문제는 문벌 귀족이 관직을 독차지하는 것을 막고 왕권을 강화하고자 과거제를 실시하였다.
바로 알기 | ①은 북위의 효문제, ②는 한 무제, ④, ⑤는 진의 시황제의 활동이다.

201 (가)에는 수가 쇠퇴한 원인이 들어가야 한다. 수는 여러 차례에 걸친 고구려 원정에서 실패하였으며 대규모 토목 공사에 많은 노동력을 동원하여 백성의 불만을 산 것이 원인이 되어 쇠퇴하였다.
바로 알기 | ①은 후한 대, ②, ③은 당대, ④는 진대에 있었던 일이다.

202 수의 대운하 건설로 중국의 화북 지방과 강남 지방 간 교역과 교류가 활발해지는 등 남북의 정치와 문화가 어우러지는 토대가 마련되었다. 수대에 완성된 대운하는 오늘날 중국의 주요 운송로로 이용된다. 한편, 수 양제가 대규모 토목 공사를 자주 벌이고 많은 노동력을 동원하면서 백성의 불만이 커졌다.
바로 알기 | ② 각 지방의 절도사 세력이 강해진 것은 당 말기의 일로, 수의 대운하 건설이 미친 영향과 관련이 없다.

203 조용조는 토지를 받은 농민에게 조(토지세), 용(노동력), 조(직물)를 거두었던 정책으로, 농민의 생활을 안정시키고 국가 재정을 확보하기 위해 실시되었다.

204 도표는 당의 중앙 행정 조직인 3성 6부를 나타낸다. 당의 3성 6부는 수대의 통치 제도를 이어받아 만들어졌다. 당은 중서성(정책 수립), 문하성(정책 심의), 상서성(정책 집행)을 운영하여 권력이 어느 한곳에 치우치는 것을 막았다.
바로 알기 | ㄱ. 3성 6부는 수, 당대에 확립된 중앙 행정 조직이다. ㄷ. 당대에 시행된 균전제 등에 대한 설명이다.

205 당 고종은 서돌궐을 정복하고, 신라와 연합하여 백제와 고구려를 멸망시켰다.

206 지도의 최대 영역을 차지한 나라는 중국의 당으로, 당 태종은 수대의 제도를 이어받아 율령 체제를 체계적으로 정비하였다.
바로 알기 | ②는 중국의 상, ③은 한, ④, ⑤는 수에 대한 설명이다.

207 제시된 글은 부병제에 대한 설명이다. 부병제는 농민이 농한기에 군사 훈련을 받고 일정 기간 변경을 방어하거나 전쟁이 나면 병사로 복무하게 하던 제도였다.

208 ㉠은 균전제이다. 균전제는 성인 남자에게 일정한 면적의 토지를 지급한 제도로, 이전 시기의 제도를 발전시켜 당대에도 시행되었다. 균전제는 농민의 생활을 안정시키고, 국가 재정을 확보하기 위해 시행되었다.

209 (가)는 당의 부병제, (나)는 조용조이다. 부병제에 따라 농민은 농한기에 군사 훈련을 받고, 전쟁이 나면 병사로 복무하였다. 조용조에서 '조'는 토지세, '용'은 노동력, '조'는 직물을 의미한다. 당은 부병제와 조용조를 통해 국가의 재정과 군사력을 확보하고자 하였다.
바로 알기 | ③ 농민은 국가에 직물을 바치는 '조'라는 세금을 내야 했다.

210 당에서는 ③ 당 고조가 장안을 수도로 정함(당 건국) − ② 당 태종의 동돌궐 정복 − ⑤ 당 고종이 신라와 연합하여 백제와 고구려 정복 − ④ 안사의 난 − ① 황소의 난 순으로 일어났다. 세 번째로 일어난 일은 ⑤이다.

211 　예시 답안　 당은 균전제·조용조·부병제를 실시하여 농민의 생활을 안정시키고, 국가 재정과 군사력을 확보하고자 하였다.

212 ㉠은 당삼채이다. 당삼채는 당대에 만들어진 대표적인 도자기로, 주로 흰색, 갈색, 녹색 세 가지 색채의 유약을 발라 구워 만들었다.

213 당대에는 이슬람교, 경교, 조로아스터교 등 외래 종교가 전해졌고, 현장 등의 승려가 불경을 들여오면서 불교가 발전하였다. 또한 도교가 왕실의 지원을 받아 발달하였으며, 유학에서는 훈고학을 집대성하여 유교 경전의 해석을 통일한 『오경정의』가 편찬되었다. 당대에는 이백과 두보 등의 시인과 구양순 등의 서예가가 유명하였고, 왕유의 수묵 산수화도 큰 인기를 끄는 등 귀족적인 문화가 발달하였다.
바로 알기 | ㄴ, ㄹ은 위진 남북조 시대의 문화 사례이다.

214 제시된 도시 구조는 당의 수도 장안을 나타낸 것이다. 장안은 계획도시이자 세계 각국이 교류하는 국제 도시였는데, 당대 장안에는 여러 나라의 사신과 유학생, 승려가 모여들었다.
바로 알기 | ①은 한, ②는 북조(북위), ④는 진(秦) 등, ⑤는 위진 남북조 시대의 여러 나라에서 볼 수 있는 모습이다.

215 ㉠은 신라, ㉡은 발해이다. 7세기 고구려·백제와의 세력 다툼에서 승리한 신라가 당을 몰아내고 삼국을 통일하였다. 이후 한반도의 북쪽에서 발해가 건국되면서 남북국 시대가 전개되었다.

216 만주와 한반도의 고대 국가는 (가) 한의 공격으로 고조선 멸망 − (다) 삼국의 율령 반포 − (라) 나당 연합과 고구려 멸망 − (나) 발해 건국 순으로 발전하였다.

217 제시된 글은 야마토 정권에 대한 설명이다. 야마토 정권은 4세기경 주변의 소국을 통합하였으며, 중국과 한반도로부터 불교와 같은 선진 문물을 받아들여 아스카 문화를 발전시켰다.

218 대화에서 설명하는 개혁은 다이카 개신이다. 다이카 개신은 야마토 정권 시기에 일어난 일로, 왕족과 당 유학생 출신이 중심이 되어 당의 율령 체제를 받아들이고 이를 기반으로 정치 제도를 정비한 일이다.
바로 알기 | ①, ⑤는 일본의 나라 시대, ②는 헤이안 시대에 있었던 일이다. ④는 중국 주의 봉건제에 대한 설명이다.

219 　예시 답안　 헤이안 시대에는 가나 문자가 제작되었고, 관복과 주택 양식에 일본 고유의 특색이 반영되는 등 국풍 문화가 나타났다.

220 (가)는 야마토 정권 시기(아스카 시대)이다. 일본은 야마토 정권 시기에 다이카 개신으로 당의 율령을 받아들여 통치 체제를 정비하였고, 7세기 말에는 '일본'이라는 국호를 사용하고 왕을 '천황'이라고 부르기 시작하였다.
바로 알기 | ①은 헤이안 시대, ②, ⑤는 나라 시대로 710년 이후의 일이다. ③은 다이카 개신(645년) 이전의 일이다.

221 제시된 문화유산은 도다이지 대불전으로, 도다이지는 일본의 나라 시대에 세워진 사찰이다. 나라 시대는 8세기 초 당의 장안성을 본떠 헤이조쿄(나라)를 세우고 이곳을 수도로 삼은 시기부터 8세기 말 헤이안쿄(교토)로 수도를 옮기기 전까지의 시기를 말한다. 이 시기에는 당과 신라에서 불교문화가 들어와 도다이지를 비롯한 대규모 사찰이 세워졌고, 역사서인 『일본서기』가 편찬되었다.
바로 알기 | ㄱ은 기원전 3세기경 성립한 야요이 문화 시대, ㄹ은 헤이안 시대에 대한 설명이다.

222 동아시아 국가의 사신, 유학생, 승려 등이 교류하는 과정에서 한자, 유교, 율령, 불교 등의 문화 요소를 공유하는 동아시아 문화권이 형성되었다.
바로 알기 | ① 베트남도 동아시아 문화권에 포함된다. ② 동아시아 문화권은 당대의 활발한 국제 교류로 형성되었다. ③ 동아시아 각국은 당의 제도를 각국의 전통과 특성에 맞게 독자적으로 발전시켰다. ④ 경교는 외래 종교로, 동아시아 문화권의 공통 요소로 보기 어렵다.

개념 확인 문제
46쪽

난이도별 **필수 기출**
46쪽~51쪽

235 (가)는 사산 왕조 페르시아이다. 사산 왕조 페르시아는 지방에 총독을 파견하여 중앙 집권적인 통치 체제를 확립하고 제국의 안정을 꾀하고자 하였다.
바로 알기 | ②는 아케메네스 왕조 페르시아, ③은 그리스, ④는 아시리아, ⑤는 알렉산드로스 제국에 대한 설명이다.

236 제시된 글은 조로아스터교에 대한 설명이다. 아케메네스 왕조 페르시아에서 발달한 조로아스터교는 이후 사산 왕조 페르시아의 국교가 되었다.

237 제시된 글을 통해 사산 왕조 페르시아에서 다양한 공예 기술이 발달하였음을 알 수 있다. 또한 사산 왕조 페르시아의 문물이 중국을 거쳐 한반도에도 전해지는 등 동아시아와의 문물 교류도 이루어졌음을 알 수 있다.

238 **바로 알기** | ① 찬드라굽타 1세가 쿠샨 왕조의 쇠퇴 이후 분열해 있던 인도를 통일하고 굽타 왕조를 세웠다. 찬드라굽타 2세는 최대 영토를 확보하여 굽타 왕조를 전성기로 이끌었다.

239 ㉠은 힌두교이다. 굽타 왕조 시대에 성립한 힌두교는 브라만교를 바탕으로 불교와 인도의 민간 신앙을 융합한 종교이다. 힌두교는 브라만교의 복잡한 제사 절차를 단순화하였으며, 굽타 왕조에서 왕의 권위를 높이는 데 이용되었다.
바로 알기 | ㄱ. 『쿠란』은 이슬람교의 경전이다. ㄴ. 힌두교는 다신교로, 인도 사람들이 믿던 여러 신들을 힌두교의 신으로 흡수함으로써 빠르게 확산되었다.

240 굽타 왕조 시기에 정비된 『마누 법전』에는 카스트에 따른 의무와 규범이 담겨 있다. 『마누 법전』은 오늘날까지 힌두교도의 일상생활에 큰 영향을 주고 있다.

241 『마하바라타』는 신의 뜻에 따라 의무를 다해야 한다는 내용의 서사시로, 산스크리트어로 정리되었다. 굽타 왕조에서는 『마하바라타』와 『라마야나』 등 인도의 전설과 설화를 담은 산스크리트 문학이 발달하였다.

242 **예시 답안** 굽타 양식은 간다라 양식과 인도 고유의 양식을 융합한 것이 특징이다. 인체의 윤곽을 강조하였으며, 인물의 생김새에도 인도 고유의 특색이 나타난다.

243 굽타 왕조 시기에는 과학이 크게 발전하였다. 당시 인도인들은 10진법을 사용하였고 숫자 '0(영)'을 최초로 만들었다. 또한 원주율을 이용하여 지구의 둘레를 계산하고, 지구가 자전한다는 사실을 밝혀내기도 하였다. 이러한 수학과 천문학 지식은 이슬람 세계에 전해져 자연 과학의 발달에 기여하였다.
바로 알기 | ⑤ 인도 숫자는 이슬람 세계에 전해져 오늘날 사용하는 아라비아 숫자가 만들어지는 데 영향을 주었다.

244 밑줄 친 '이 종교'는 이슬람교이다. 당시 아라비아반도에서는 상업의 발달로 소수의 귀족이 부를 독점하면서 빈부의 격차가 심해졌고, 여러 부족이 교역로를 차지하려고 전쟁을 자주 벌였다.
바로 알기 | ㄱ은 인도에서 불교가 등장하게 된 배경이다. ㄹ은 중국의 위진 남북조 시대에 남조에서 유행하였던 청담 사상 등에 대한 설명이다.

245 ㉠은 알라이다. 이슬람교를 정립한 무함마드는 유일신 알라에게 절대복종할 것과 모든 인간은 신 앞에 평등함을 주장하였다.

246 이슬람 제국은 (나) 무함마드의 메카 정복 – (가) 정통 칼리프 시대의 시리아, 이집트 정복 – (다) 우마이야 왕조 수립 – (라) 아바스 왕조의 탈라스 전투 승리 순으로 발전하였다.

247 제시된 글은 무함마드와 신도들이 귀족들의 탄압을 피해 메디나로 거처를 옮긴 '헤지라'에 대한 설명이다. 메디나에서 세력을 키워 이슬람 공동체를 만든 무함마드는 메카를 정복한 뒤 그 주변 지역을 통일하였다.

248 정통 칼리프 시대에 이슬람 세력은 정복지의 주민들에게 이슬람교를 강요하지는 않았으나 이슬람교로 개종하는 사람에게는 세금 혜택을 주었다. 이는 이슬람교가 빠르게 확산되는 계기가 되었다.

249 우마이야 왕조는 아랍인을 우대하는 정책을 실시하였다. 그 결과 아랍인이 아닌 이슬람교도의 불만이 커졌고, 내부 분열이 일어나면서 우마이야 왕조의 세력이 약화되었다.
바로 알기 | ①은 정통 칼리프 시대 이전에 일어난 일이다. ③은 정통 칼리프 시대, ④, ⑤는 아바스 왕조 시기에 있었던 일이다.

250 ㉠은 칼리프이다. 칼리프는 무함마드의 계승자라는 뜻으로, 이슬람 공동체의 최고 권력자이자 종교 지도자를 말한다.

251 우마이야 왕조의 성립을 계기로 이슬람교도가 시아파와 수니파로 나뉘어 대립하였다. 시아파는 알리를 무함마드의 유일한 후계자로 보고 무함마드의 혈통만이 칼리프가 될 수 있다고 주장하였고, 수니파는 능력과 자질을 갖추면 누구나 칼리프가 될 수 있다고 주장하였다.

252 이슬람 제국은 아바스 왕조 시기에 탈라스 전투에서 당에 승리한 것을 계기로 주요 교역로를 장악하였으며, 아바스 왕조의 수도 바그다드는 국제 도시로 번성하였다.
바로 알기 | 헤지라는 무함마드와 신도들이 귀족들의 탄압을 피해 메카에서 메디나로 이주한 사건을 말한다.

253 제시된 핵심 단어는 이슬람 제국의 아바스 왕조와 관련이 있다. 탈라스 전투에서 당에 승리한 아바스 왕조는 동서 교역로를 차지하였으며, 수도인 바그다드는 국제 도시로 성장하였다. 한편, 아바스 왕조는 아랍인 우대 정책을 폐지하였다.

254 이슬람 사회에서는 상업 활동으로 이익을 얻는 것을 긍정적으로 여겼다. 이에 따라 이슬람 제국은 국가적으로 상업 활동을 지원하고 도로망을 정비하였다. 이슬람 제국의 지리적 이점도 경제 성장의 주요 배경이었다.
바로 알기 | ①은 중국의 한에 대한 설명이다. 한대 장건의 서역 파견을 계기로 비단길이 개척되었다.

255 이슬람 세계에서는 수학, 지리학, 화학, 천문학, 의학 등의 분야에서 큰 발전이 있었다.
바로 알기 | ③ 유클리드는 헬레니즘 문화를 대표하는 학자이다.

256 제시된 자료는 이슬람교도의 다섯 가지 의무이다. 이슬람 문화권에서는 아랍어를 공용어로 사용하였으며, 경전인 『쿠란』을 일상생활의 기본 규범으로 삼았다. 또한 모스크, 자연 과학 등이 발달하였다.
바로 알기 | ③은 굽타 왕조 시기에 발달한 굽타 양식 등에 대한 설명이다. 굽타 양식은 간다라 양식과 인도 고유의 양식이 어우러진 것이 특징이다.

257 4세기 말에 중앙아시아의 훈족이 동유럽으로 진출하자 유럽 북부에 살던 게르만족은 그 압박을 받아 로마 제국 영토 내로 대규모 이동을 하였다. 서유럽으로 이동한 게르만족은 서로마 제국 곳곳에 나라를 세웠다.

258 훈족의 압박을 피해 이동한 게르만족은 로마 영토 안에 여러 국가를 건설하였다. 이 과정에서 쇠약해진 서로마 제국은 게르만족 출신 용병 대장에게 멸망하였다.

259 ㉠은 카롤루스 대제이다. 카롤루스 대제는 프랑크 왕국의 전성기를 이끌었으며, 영토를 확장하고 정복한 지역에 크리스트교를 전파한 공로를 인정받아 로마 교황 레오 3세에게서 서로마 황제의 관을 받았다.

260 예시 답안 카롤루스 대제가 서로마 황제의 관을 받은 것은 게르만족이 세운 프랑크 왕국이 로마의 계승자이며, 비잔티움 제국의 황제는 더 이상 크리스트교 세계의 유일한 황제가 아니라는 것을 의미하였다.

261 지도는 카롤루스 대제가 죽은 뒤 내부 분열을 겪던 프랑크 왕국이 베르됭 조약과 메르센 조약으로 서프랑크, 중프랑크, 동프랑크로 분열된 상황을 나타낸다. 세 왕국은 오늘날의 프랑스, 이탈리아, 독일의 기원이 되었다.

262 카롤루스 대제는 서로마 영토의 대부분을 차지하여 정복지에 크리스트교를 전파하였으며, 궁정과 수도원에 학교를 세워 학문과 문예 부흥에 기여하였다.

263 그림은 산 비탈레 성당에 그려진 벽화로, 비잔티움 제국의 유스티니아누스 황제를 나타낸 그림이다. 가운데에 황제가 그려져 있고 황제의 왼쪽에는 군인과 관료, 오른쪽에는 성직자가 서 있는데, 이는 황제가 정치적·군사적 통치권과 종교적 권한을 모두 가졌음을 의미한다.

264 제시된 건축물은 성 소피아 대성당이다. 비잔티움 양식을 대표하는 성 소피아 대성당은 벽 위에 거대한 돔을 올려 지었으며, 내부는 모자이크 벽화로 장식하였다.
바로 알기 | ㄷ. 12표법은 동·서 로마가 분리되기 이전에 로마 제국에서 만들어졌다. ㄹ. 이탈리아 르네상스는 비잔티움 제국이 멸망한 이후에 일어났다.

265 지도의 영역을 차지한 나라는 비잔티움 제국이다. 비잔티움 제국의 문화는 유럽 동북부의 슬라브족에게 역사적·문화적으로 많은 영향을 주었다.
바로 알기 | ① 비잔티움 제국의 수도는 콘스탄티노폴리스이다. ②는 기원전 3세기경 로마 제국, ③은 페르시아, ④는 아바스 왕조 등에 대한 설명이다.

266 비잔티움 제국은 그리스 정교를 중심으로 여러 문화를 융합하여 독자적인 문화를 발전시켰으며, 그리스어를 공용어로 사용하였다. 또한 그리스의 고전을 연구·보존하여 이탈리아에서 르네상스가 일어나는 데 기여하였다.
바로 알기 | ㄷ, ㄹ은 중세 서유럽의 문화에 대한 설명이다.

267 로마 가톨릭교회는 게르만족에게 쉽게 크리스트교를 전파하고자 성상을 사용하였는데, 비잔티움 황제가 성상 숭배를 금지하면서 크리스트교 세력 내 갈등이 심화되었다. 결국 이후에 크리스트교 세력은 로마 가톨릭교회와 그리스 정교로 나뉘었다.

개념 확인 문제

54쪽

268 장원제 **269** 보름스 협약 **270** 로마네스크 양식
271 셀주크 튀르크 **272** 길드 **273** 장미 전쟁
274 지방 분권적 **275** 지중해 **276** 아비뇽
277 프랑스 **278** 이탈리아 **279** 토머스 모어

난이도별 **필수 기출**

54쪽~59쪽

280 ③ **281** 농노 **282** ④ **283** 해설 참조
284 ⑤ **285** ⑤ **286** ④ **287** ① **288** ①
289 ③ **290** ② **291** ④ **292** ⑤ **293** ⑤
294 ③ **295** 해설 참조 **296** ① **297** ②
298 ⑤ **299** ④ **300** ⑤ **301** ⑤ **302** ①
303 ④ **304** ① **305** 르네상스 **306** ⑤
307 ④ **308** ② **309** ③ **310** ④ **311** 해설 참조
312 ⑤

280 프랑크 왕국의 분열 이후 바이킹·이슬람 세력 등 이민족의 침입이 늘자 힘 있는 사람들은 기사가 되어 외적의 침입에 대비하였다. 기사들은 주군과 봉신의 관계를 맺고 주종 관계를 형성하였다. 이러한 주종 관계와 장원제를 바탕으로 서유럽 봉건 사회가 형성되었다.

281 (가)는 농노이다. 농노는 장원 인구의 대부분을 차지하였다. 이들은 장원 안에서 영주의 보호를 받는 대신 영주에게 세금을 내고 노동력을 제공하였다.

282 (가)는 농노이다. 농노는 노예와 달리 결혼하여 가정을 꾸릴 수 있었으나 영주의 허락 없이 장원을 떠날 수 없었다.
바로 알기 | ㄱ. 농노는 약간의 재산을 소유할 수 있었다. ㄷ은 영주에 대한 설명이다.

283 예시 답안 주군과 봉신은 주종 관계를 맺었다. 주군과 봉신의 관계는 서로 의무를 다하여야 하며, 어느 한쪽이 의무를 지키지 않으면 계약이 깨질 수 있는 쌍무적 계약 관계에 기반하였다.

284 밑줄 친 '인물'은 기사에 속한다. 기사들은 농민의 노동력으로 생활을 유지하는 대신 공동체를 지키는 일을 자신의 의무로 여겼다. 이들은 평상시에 훈련이자 모의 전투로 사냥과 마상 시합을 하였다.
바로 알기 | ①, ②는 농민, ③, ④는 성직자에 대한 설명이다.

285 기사에 나타난 사건은 카노사의 굴욕이다. 황제 하인리히 4세가 황제도 성직자를 임명할 수 있다고 하자 교황이 이에 반발하여 황제를 파문하였고, 결국 황제가 교황에게 용서를 빌었다.

286 제시된 자료는 신성 로마 제국의 황제와 교황이 맺은 보름스 협약의 내용이다. 1122년 교황과 황제가 보름스 협약을 맺으면서 교황만이 성직자 임명권을 가질 수 있게 되었고, 이로써 교황권이 절정에 이르렀다.

287 중세 서유럽의 문화는 크리스트교를 중심으로 발달하여 신학이 학문의 중심이 되었다. 이를 바탕으로 중세에는 신앙과 이성의 조화를 강조하는 스콜라 철학이 집대성되었다. 12세기에는 대학이 설립되어 학문과 문화의 발달에 기여하였다. 문학에서는 『아서왕 이야기』, 『롤랑의 노래』 등 기사들의 영웅담이나 사랑을 소재로 한 기사도 문학이 유행하였다.
바로 알기 | ① 간다라 양식은 인도의 쿠샨 왕조에서 발달한 미술 양식이다.

288 (가)는 로마네스크 양식을 갖춘 피사 대성당, (나)는 고딕 양식을 갖춘 샤르트르 대성당이다. 고대 로마의 영향을 받은 로마네스크 양식은 주로 11세기에 유행하였으며 둥근 천장과 반원형의 아치, 종교적인 내용을 담은 벽화를 특징으로 하였다. 12세기 이후에 유행한 고딕 양식은 뾰족한 탑과 교리와 관련된 내용을 담은 스테인드글라스를 특징으로 하였다.
바로 알기 | ① 내부를 아라베스크로 장식한 것은 이슬람 문화권의 건축물에서 나타나는 특징이다.

289 ㉠은 셀주크 튀르크이다. 11세기경 중앙아시아에서 성장한 셀주크 튀르크가 예루살렘을 점령하고 비잔티움 제국을 위협하는 과정에서 십자군 전쟁이 일어났다.

290 ㉠ 셀주크 튀르크는 바그다드를 정복하고 아바스 왕조의 칼리프로부터 술탄의 칭호를 획득하며 이슬람 세계를 이끌었다.
바로 알기 | ㄴ, ㄹ은 이슬람 제국의 아바스 왕조에 대한 설명이다.

291 셀주크 튀르크가 예루살렘을 점령하고 비잔티움 제국을 위협하자 교황 우르바누스 2세가 성지 예루살렘을 회복하자고 호소하면서 십자군 전쟁이 일어났다.

292 셀주크 튀르크는 아바스 왕조의 칼리프로부터 정치적 지배자를 뜻하는 술탄의 칭호를 얻으면서 이슬람 세계를 실질적으로 지배하게 되었다.

293 교황 우르바누스 2세는 클레르몽에서 종교 회의(클레르몽 공의회)를 열어 성지 예루살렘을 회복하자고 호소하였다. 이에 많은 사람이 호응하면서 십자군 전쟁이 시작되었다. 십자군은 한때 예루살렘을 되찾았으나 점차 전쟁에 참여한 세력들이 본래 목적보다 각자의 이해관계를 중시하는 모습을 보였다.

294 십자군 전쟁 이후 교황의 권위는 크게 떨어졌고, 상대적으로 왕권은 강화되었다. 셀주크 튀르크는 전쟁의 충격으로 수도를 옮겼다. 한편, 십자군 전쟁의 과정에서 베네치아, 제노바, 피사 등 지중해 연안의 도시가 번성하였고, 크리스트교 세계와 이슬람 세계의 교역이 더욱 활발해졌다.
바로 알기 | ③ 십자군 전쟁이 성지를 회복하지 못하고 실패로 끝이 나면서 전쟁에 참여하였던 제후와 기사들의 세력이 약해졌다.

295 예시 답안 십자군 전쟁으로 교황의 권위가 추락하고 제후와 기사들이 몰락한 반면, 국왕의 권한은 상대적으로 강화되었다. 한편, 전쟁 과정에서 동방과의 교역이 활발해져 지중해 무역이 발달하였다.

296 도시와 화폐 경제의 발달, 흑사병의 유행 등으로 농민의 지위가 높아졌고, 농노가 해방되기도 하였다. 이러한 변화 속에서 중세의 장원이 점차 해체되었고, 중세 봉건 사회가 동요하였다.
바로 알기 | ①은 중세 서유럽에서 봉건 사회가 형성된 배경에 해당한다.

297 밑줄 친 '이 질병'은 흑사병이다. 14세기 유럽에서는 흑사병이 유행하여 인구가 크게 감소하였다. 노동력이 부족해지자 영주들은 농노의 처우를 개선해 주었고, 농민의 지위는 높아졌다. 일부 지역에서는 영주가 오히려 농민을 억압하여 농민 봉기가 일어나기도 하였다.

298 | ⑤ 상업과 도시의 발달로 화폐 사용이 늘자 영주는 농노에게서 노동력이나 생산물 대신 화폐로 세금을 거두었고, 농노에게 돈을 받고 농노 신분에서 해방해 주기도 하였다.

299 제시된 내용은 중세 서유럽에서 봉건 사회가 해체된 배경에 해당한다. 도시의 발달과 흑사병의 유행은 장원의 해체를 가져왔고, 십자군 전쟁의 실패로 제후와 기사, 즉 영주의 세력이 약해지면서 중세 서유럽의 봉건 사회가 동요하였다.

300 (가)는 백년 전쟁, (나)는 장미 전쟁이다. 백년 전쟁은 프랑스의 왕 샤를 4세가 후계자 없이 죽자 왕위를 둘러싸고 영국과 프랑스가 대립한 전쟁이다. 장미 전쟁은 왕위 계승 문제로 영국 내 귀족 간에 일어난 전쟁이다. 전쟁에 참여한 봉건 영주들의 세력이 약화되면서 상대적으로 왕권이 강화되었다.
바로 알기 | ⑤ 백년 전쟁과 장미 전쟁은 각각 프랑스와 영국이 중앙 집권 국가로 성장하는 데 영향을 주었다.

301 제시된 글은 십자군 전쟁 이후 변화된 중세 서유럽의 모습에 대한 설명이다. 지중해 무역의 활성화로 베네치아, 제노바, 피사 등의 도시가 번성하였고, 도시에서는 동업 조합인 길드가 형성되었다. 부를 쌓은 도시민들은 영주에게 돈을 내거나 무력으로 저항하여 자치권을 획득하기도 하였다.
바로 알기 | ⑤ 흑사병의 유행으로 인구가 감소하자 농민의 지위가 높아졌고, 중세의 장원은 점차 해체되었다.

302 제시된 글은 아비뇽 유수와 교회의 대분열에 대한 설명이다. 아비뇽 유수 이후 교황청이 다시 로마로 돌아갔으나 로마와 아비뇽에서 각각 교황을 선출하면서 교회의 대분열 시대가 약 40년 동안 이어졌다. 로마 교황과 아비뇽 교황이 서로 대립하는 과정에서 교황의 권위는 크게 하락하였다.
바로 알기 | ②, ③, ④, ⑤는 아비뇽 유수 이전에 일어난 일이다.

303 중세 크리스트교 세계의 주요 역사적 사건은 (라) 카노사의 굴욕 – (나) 보름스 협약 – (가) 아비뇽 유수 – (다) 교회의 대분열 순으로 전개되었다.

304 밑줄 친 '전쟁'은 백년 전쟁(1337~1453)이다. 프랑스는 전쟁 초반에 영국에 밀려 수도인 파리까지 함락되었으나, 잔 다르크의 활약으로 전세가 역전되어 결국 전쟁에서 승리하였다.
바로 알기 | ②, ③, ④, ⑤는 십자군 전쟁에 대한 설명이다.

305 제시된 글은 르네상스에 대한 설명이다. 고대 로마의 문화 유산을 많이 간직한 이탈리아에서 르네상스가 시작되었다.

306 이탈리아에는 고대 로마 문화가 잘 보존되어 있었고, 비잔티움 제국의 학자들이 많이 이주하여 고전 문화에 대한 연구가 활발히 이루어졌다. 또한 이탈리아는 지중해 무역의 중심지였기 때문에 경제적으로 번영한 도시가 많았으며, 부유한 상인들이 예술가를 지원하면서 이탈리아를 중심으로 예술이 발달하였다.

307 ㄴ은 레오나르도 다빈치의 「모나리자」, ㄹ은 보티첼리의 「봄」 일부이다. 르네상스 시기 이탈리아에서는 레오나르도 다빈치, 미켈란젤로, 라파엘로 등이 인체의 아름다움을 생생하게 나타내는 작품을 남겼다.
바로 알기 | ㄱ은 중국 당의 당삼채, ㄷ은 헬레니즘 문화를 대표하는 「라오콘 군상」이다.

308 『우신예찬』은 알프스 이북의 르네상스를 대표하는 문학 작품이다. 알프스 이북의 르네상스는 교회와 현실 사회를 비판하는 경향이 강하였다.
바로 알기 | ①, ③, ④, ⑤는 이탈리아 르네상스에 대한 설명이다.

309 세르반테스는 『돈키호테』에서 몰락하는 중세 기사를 풍자하였고, 토머스 모어는 『유토피아』에서 영국 사회를 비판하였다.
바로 알기 | ㄱ은 이탈리아의 르네상스를 대표하는 책이다. ㄹ은 르네상스 이전 중세 서유럽에서 발달한 스콜라 철학을 집대성한 책이다.

310 성 베드로 대성당은 이탈리아 르네상스를 대표하는 건축물이다. 이탈리아에서는 르네상스 양식이 유행하였는데, 르네상스 양식은 대칭과 비례를 중시하는 것이 특징이다.
바로 알기 | ④는 알프스 이북의 르네상스에 대한 설명이다.

311 이탈리아에서는 인간의 개성과 능력을 중시하는 인문주의가 발달하였다. 한편, 알프스 이북의 르네상스는 현실 사회와 교회의 문제점을 비판하는 경향이 강하였다.

312 르네상스 시기에는 코페르니쿠스와 갈릴레이가 지동설을 주장하였고, 구텐베르크가 활판 인쇄술을 발명하여 새로운 지식의 보급에 기여하였다.
바로 알기 | ㄱ. 르네상스 시기에는 신 중심의 우주관에서 벗어나고자 하였다. ㄴ은 이슬람 세계의 자연 과학의 발달에 대한 설명이다.

313 ㉠, ㉡, ㉣은 ○이고, ㉢, ㉤은 ×이다. ㉢ 고구려 원정의 실패로 국력이 약해진 것은 수이다. ㉤ 동진과 남조를 중심으로 귀족 문화가 발달하였다. 동진과 남조에서는 도연명의 시(「귀거래사」), 고개지의 그림(「여사잠도」), 왕희지의 서예 등이 유행하였다.

314 (가) 시기에는 수 양제가 대운하를 건설하였다. 수는 대규모 토목 공사로 백성의 불만을 샀고, 고구려 원정에 실패하면서 결국 멸망하였다. 수 멸망 이후 혼란을 수습한 이연(당 고조)이 당을 건국하였다.
바로 알기 | ㄱ, ㄷ은 당 태종 이후부터 당이 멸망하기 전에 대한 설명이다. ㄴ은 한대에 일어난 일이다.

315 제시된 글은 굽타 왕조에 대해 정리한 것이다. 굽타 왕조는 카스트에 따른 신분 차별을 인정하였으며, 이 시기에는 카스트에 따른 의무와 규범을 강조한 『마누 법전』이 정비되었다. 『마누 법전』은 힌두교도들의 일상생활에 큰 영향을 주었다.
바로 알기 | ① 힌두교는 브라만교의 복잡한 제사 절차를 단순하게 만들어 빠르게 확산되었다. ③ 대표적인 산스크리트 문학으로는 『마하바라타』, 『라마야나』 등이 있다. 『아라비안나이트』는 이슬람 제국의 대표적인 문학 작품이다. ④ 굽타 양식은 인체의 윤곽을 드러내는 것이 특징이다. 신의 모습을 보리수, 수레바퀴 등으로 표현한 것은 초기 불교 미술의 특징이다. ⑤ 굽타 왕조 시기에 인도인들이 숫자 '0(영)'을 만들었으며, 인도 숫자는 이후 이슬람에 전해져 아라비아 숫자가 만들어지는 데 영향을 주었다.

316 ㉠은 우마이야 왕조, ㉡은 아바스 왕조이다. 알리가 암살된 후 우마이야 가문이 칼리프 지위를 세습하였고, 8세기 중엽에 등장한 아바스 왕조는 비아랍인에 대한 차별을 폐지하였다.
바로 알기 | ㄱ. 우마이야 왕조는 아바스 왕조가 멸망시켰다. 몽골의 침입으로 멸망한 것은 아바스 왕조이다. ㄴ은 정통 칼리프 시대에 대한 설명이다. 우마이야 왕조는 중앙아시아에서 북부 아프리카, 유럽의 이베리아반도까지 영토를 넓혔다.

317 ㉠은 프랑크 왕국의 카롤루스 대제가 로마 교황에게서 서로마 황제의 관을 받은 사건을 나타낸다. 베르됭 조약은 카롤루스 대제의 사후에 맺어졌으므로 ㉠은 (가) 시기에 해당한다. ㉡은 교황이 성지 예루살렘의 회복을 위해 십자군을 일으키자고 주장한 클레르몽 공의회를 나타낸다. 클레르몽 공의회 이후 십자군 전쟁이 일어났으므로 ㉡은 (다) 시기에 해당한다.

318 A는 농노, B는 기사, C는 성직자이다. 중세 서유럽에서는 『아서왕 이야기』, 『롤랑의 노래』 등 기사를 소재로 한 기사도 문학이 유행하였다. 성직자는 매년 농사가 시작될 때면 마을을 돌며 풍년을 기원하였으며, 삶의 전 과정을 신과 연결하는 중재자 역할을 하였다.
바로 알기 | ㄱ. 농노(A)는 약간의 재산을 소유할 수 있었다. ㄹ은 주군과 봉신의 관계에 대한 설명이다. 주군과 봉신은 어느 한쪽이 의무를 지키지 않으면 계약을 깰 수 있었다. ㅁ. 기사(B)와 성직자(C)는 영주가 될 수 있었으나 농노(A)는 영주에게 예속된 존재였다.

319 ㉠은 비잔티움 제국이다. 비잔티움 제국은 로마법을 집대성하여 법전을 편찬하였다. 또한 황제가 정치적·군사적 지배자이자 교회의 우두머리 역할을 하였다.
바로 알기 | ㄴ은 이슬람 제국의 우마이야 왕조 등에 대한 설명이다. ㄹ은 프랑크 왕국에 대한 설명이다. ㅁ. 비잔티움 제국은 그리스 정교를 바탕으로 독자적인 문화를 발전시켰다.

320 학생의 형성 평가지에서 1, 2, 3, 5는 맞고, 4는 틀렸다. 갈릴레이는 지동설을 주장하여 중세 교회가 주장한 천동설을 믿었던 당시 사람들의 우주관에 큰 변화를 주었다. 르네상스는 고대 로마의 중심지였던 이탈리아를 중심으로 시작되었으며, 이탈리아에서는 인문주의가 발달하였다. 미술에서는 레오나르도 다빈치, 미켈란젤로, 라파엘로 등의 예술가들이 부유한 상인의 지원을 받아 많은 작품을 남겼다.
바로 알기 | 4. 샤르트르 대성당은 대표적인 고딕 양식의 건축물이다. 르네상스 양식을 대표하는 건축물로는 성 베드로 대성당 등이 있다.

개념 확인 문제 64쪽

321 조광윤(송 태조)	**322** 거란(요)	**323** 시박사
324 교초	**325** 울루스	**326** 역참
327 사대부	**328** 왕안석	**329** 금
330 쿠빌라이 칸	**331** 파스파 문자	**332** 마르코 폴로

난이도별 필수 기출 64쪽~69쪽

333 ④	**334** ②	**335** ③	**336** ⑤	**337** ③
338 ②	**339** ③	**340** ④	**341** ③	**342** ③
343 ②	**344** ②	**345** ④	**346** 해설 참조	
347 ②	**348** ①	**349** ④	**350** 울루스	**351** ②
352 ③	**353** ②	**354** ④	**355** ③	**356** ①
357 몽골 제일주의		**358** ⑤	**359** ①	**360** 역참
361 ③	**362** ②	**363** ①	**364** 해설 참조	
365 ①				

333 당 멸망 이후 중국에 들어선 여러 나라를 5대 10국이라고 한다. 조광윤(송 태조)은 5대 10국의 혼란을 수습하고 송을 세웠다.
바로 알기 | ①, ⑤는 당대, ②는 위진 남북조 시대, ③은 수대에 있었던 일로, 모두 당 멸망 이전에 일어났다.

334 절도사 출신인 송 태조는 황제권을 강화하기 위해 문치주의 정책을 실시하였다. 문치주의의 실시로 송대에는 사대부 계층이 형성되었으나 한편으로는 군사력이 약화되었다.

335 전시에 합격한 사람은 자신을 뽑아 준 황제와 스승과 제자의 관계를 맺었다. 이를 바탕으로 황제는 자신에 대한 관료의 충성심을 높일 수 있었다.

336 밑줄 친 '이 인물'은 왕안석이다. 문치주의 정책으로 국방력이 약해진 송은 거란, 서하 등 북방에서 성장한 나라의 압박을 받았다. 송은 평화를 유지하는 대가로 이들에게 많은 양의 비단과 은을 주었고, 그 결과 송의 재정이 악화되었다. 이에 왕안석이 민생 안정과 부국강병을 목표로 개혁을 실시하였으나 보수파 관료의 반대로 실패하였다.

337 송의 성립과 변화 과정은 (나) 조광윤(송 태조)의 송 건국 – (라) 황제권 강화를 위한 개혁 – (가) 왕안석의 개혁 – (다) 남송 성립 순으로 전개되었다.

338 (가)는 거란(요)이다. 야율아보기가 부족을 통합하여 건국한 거란은 발해를 멸망시키고 나라 이름을 요로 고쳤다. 또한 고려를 공격하고 송과 대립하였다.
바로 알기 | ①, ⑤는 서하, ③은 여진, ④는 당에 대한 설명이다.

339 만주 지역에서 성장한 여진이 세운 금은 송과 연합하여 요를 무너뜨린 뒤 송을 공격하여 남쪽으로 몰아냈다.
바로 알기 | ㄱ은 거란(요), ㄹ은 서하 등에 대한 설명이다.

340 제시된 글에서 설명하는 나라는 거란(요)이다. 거란은 자신의 부족은 고유의 부족제로 다스리고 한족은 중국식 통치 방식인 주현제로 다스리는 이원적인 통치 방식을 사용하였다.
바로 알기 | ①은 송, ②는 원, ③은 북위, ⑤는 진에 대한 설명이다.

341 송대에는 과학 기술이 크게 발전하여 화약 무기, 나침반, 활판 인쇄술 등이 실생활에서 사용되었다. 송의 과학 기술은 이슬람 제국을 거쳐 세계 여러 지역에 전파되었다.

342 송대에는 모내기법 등 새로운 농법과 새로운 품종의 벼를 도입함으로써 농업 생산력이 증가하였다. 또한 도자기·비단 등을 만드는 수공업과 상업이 발달하여 도시가 발달하고 지폐와 동전이 널리 사용되었다.
바로 알기 | ㄱ은 진, ㄹ은 원의 경제에 대한 설명이다.

343 ㉠은 성리학이다. 남송의 주희가 완성한 성리학은 중국뿐만 아니라 동아시아 여러 나라에 전파되어 각국의 통치 이념이 되었다.
바로 알기 | ①은 스콜라 철학, ③은 도교, ④는 조로아스터교, ⑤는 불교에 대한 설명이다.

344 (가)는 서하, (나)는 여진(금)이다. 탕구트가 세운 서하와 여진의 아구다가 세운 금은 자신들만의 고유한 문자를 만들어 사용하였다. 한편, 금은 송과 연합하여 요를 멸망시킨 뒤, 송을 공격하여 남쪽으로 몰아냈다.
바로 알기 | ② 발해를 멸망시킨 것은 거란(요)이다.

345 송대에는 나침반과 항해술의 발달로 해상 무역이 활발하게 이루어졌다. 이에 송과 한반도, 일본, 동남아시아, 인도, 아라비아를 잇는 동아시아·인도양 교역권이 성장하였다. 송은 주로 차, 비단, 도자기 등을 수출하였으며, 항구에 세금과 무역을 담당하는 시박사를 설치하였다.
바로 알기 | ④ 송대에는 북방 민족이 강성하여 육로를 이용하기 어려웠기 때문에 주로 바닷길을 통한 무역이 활발하였다.

346 **예시 답안** 송은 북방 민족이 강성하여 육로를 이용하기 어려워지자 바닷길을 거쳐 여러 나라와 교역하였다. 또한 나침반과 조선술, 항해술 등의 발달로 해상 무역이 촉진되면서 동아시아·인도양 교역권이 성장하였다.

347 송대에는 모내기법이 도입되어 농업 생산력이 크게 증가하였으며, 서민들의 생활 수준이 높아지면서 서민 문화가 성장하였다.
바로 알기 | ㄴ. 송대에 발명되고 실용화된 중국의 3대 발명품은 화약, 나침반, 활판 인쇄술이다. ㄹ. 성리학은 송대의 지배층인 사대부를 중심으로 발전하였다.

348 밑줄 친 '이 나라'는 송이다. 「청명상하도」에는 송의 수도 카이펑의 번화한 모습이 나타나 있다. 송대에는 서민들의 생활 수준이 높아져 서민 문화가 성장하였고, 도시에 서민들이 즐기는 오락 시설과 전문 공연장이 세워졌다.
바로 알기 | ① 잡극은 원대에 발달한 문화이다.

349 지도의 최대 영역을 차지한 나라는 몽골 제국이다. 유라시아를 아우르는 대제국이 된 몽골 제국은 여러 개의 울루스로 나뉘었다. 각 울루스는 독자적인 영토를 인정받았으며, 몽골 제국은 여러 울루스의 느슨한 연합으로 유지되었다.
바로 알기 | ①, ②, ⑤는 당, ③은 한에 대한 설명이다.

350 제시된 글은 울루스에 대한 설명이다. 칭기즈 칸 사후 몽골 제국은 여러 개의 울루스로 나뉘었다. 각각의 울루스는 독자적인 영토를 인정받았으며, 몽골 제국은 울루스들의 느슨한 연합으로 유지되었다.

351 제시된 자료에서 설명하는 인물은 테무친(칭기즈 칸)이다. 칭기즈 칸은 서하와 금을 공격하고, 중앙아시아를 정복하였다. 그리고 정복한 지역은 형제와 자손들에게 나누어 주었다.
바로 알기 | ㄴ은 몽골 제국의 쿠빌라이 칸, ㄹ은 송 태조(조광윤)의 활동이다.

352 몽골 제국은 뛰어난 기마병을 보유하였고, 활·투석기 등 우수한 무기를 사용하여 넓은 영토를 얻을 수 있었다. 또한 정복한 지역의 주민들로 병력을 보충하고, 이슬람 상인의 교역로를 보장해 주는 대가로 군사 및 지리 정보를 얻었다.
바로 알기 | ①은 사산 왕조 페르시아, ④, ⑤는 송에 대한 설명이다. ② 원은 관료제와 주현제 등 중국의 전통적인 제도를 받아들였다.

353 몽골 제국은 (가) 테무친이 칭기즈 칸으로 추대됨 – (다) 칭기즈 칸 사후 여러 울루스로 분할 – (나) 쿠빌라이 칸이 국호를 원으로 변경 순으로 발전하였다.

354 몽골 제국의 병사들은 어릴 때부터 기마술을 익혔으며, 단단하고 사정거리가 긴 활, 강한 파괴력을 갖춘 투석기 등 우수한 무기를 사용하였다. 또한 몽골 제국은 정복지 주민으로 병력을 보충하였으며, 이슬람 상인의 교역로를 보장해 주는 대가로 지리 및 군사 정보를 얻었다.
바로 알기 | ④는 수, 당에서 농민 생활 안정과 국가 재정 및 군사력 확보를 위해 실시한 정책이다.

355 칭기즈 칸의 손자인 쿠빌라이 칸은 수도를 대도(베이징)로 옮긴 후 남송을 멸망시키고 중국을 통일하였다.
바로 알기 | 카이펑은 송의 수도였으며, 송이 금의 공격을 받아 남쪽으로 쫓겨나면서 임안(항저우)으로 수도를 옮겼다.

356 원은 다스리는 여러 민족의 언어를 표기하고자 공용 문자인 파스파 문자를 만들어 공식 문서에 사용하였다.
바로 알기 | ②는 송, ③은 북위, ④는 수·당, ⑤는 진에 대한 설명이다.

357 ㉠은 몽골 제일주의이다. 원에서는 몽골 제일주의에 따라 몽골인이 주요 관직을 독차지하였으며, 색목인도 우대를 받았다. 반면, 한인과 남인은 사회적으로 차별을 받았다.

358 (가)는 색목인, (나)는 한인, (다)는 남인이다. 색목인은 서아시아, 중앙아시아, 유럽 등지에서 온 외국인을 말한다. 남인은 몽골의 침입 때 마지막까지 저항하여 가장 큰 차별을 받았다.
바로 알기 | ⑤ (나) 한인과 (다) 남인은 사회적으로 차별을 받았고 관직에 오르는 데에도 한계가 있었다.

359 원은 14세기에 왕위 계승을 둘러싼 다툼을 겪었고, 화폐를 지나치게 많이 발행하여 물가가 크게 오르면서 쇠퇴하였다.
바로 알기 | ㄷ은 수, ㄹ은 후한에 대한 설명이다.

360 ㉠은 역참이다. 몽골 제국에서는 통행증인 패자를 소지하고 있으면 역참에서 숙식과 말, 수레 등을 이용할 수 있었다.

361 몽골 제국은 중앙과 각 지방을 연결하는 교통로에 역참을 세우고, 통행하는 사람들에게 숙식과 말을 제공하였다. 역참제의 실시로 사신과 상인들이 안전하게 원을 여행할 수 있게 되면서 동서의 문화 교류가 활발해졌다.
바로 알기 | ③ 장건의 서역 파견과 비단길 개척은 한대에 일어난 일이다.

362 지도에 나타난 교역권은 원대에 발달한 유라시아·인도양 교역권이다. 원대에는 역참제를 실시하고 내륙의 대운하를 정비하면서 인적·물적 교류가 활발하게 이루어졌으며, 해양 무역도 활발하게 전개되었다. 이에 따라 초원길, 비단길, 바닷길을 연결하는 유라시아·인도양 교역권이 형성되었다.
바로 알기 | ②는 송대에 발달한 동아시아·인도양 교역권에 대한 설명이다. 송대에는 육로를 통한 교류가 어려워지면서 바닷길을 통한 교류가 활발하였다.

363 제시된 글은 송대와 원대에 발달한 서민 문화에 대한 설명이다. 송대와 원대에는 수공업과 상업의 발달로 도시가 성장하였으며, 서민들의 생활 수준이 높아졌다. 그 결과 도시를 중심으로 서민 문화가 발달하였다.

364 예시 답안 몽골 제국이 도로망을 정비하고, 육로에 일정한 거리마다 역참을 두면서 사신과 상인들이 안전하게 교류할 수 있었다. 또한 내륙의 대운하를 정비하고, 남중국에서 인도양을 거쳐 아라비아해에 이르는 바닷길을 이용한 무역이 활발해지면서 유라시아·인도양 교역권이 형성되었다.

365 원대에는 인적·물적 교류가 활발하게 일어났으며, 원은 이슬람교, 크리스트교, 티베트 불교 등 다양한 종교에 관용적인 태도를 보였다.
바로 알기 | ①은 당대에 있었던 일이다. 당과 아바스 왕조가 치른 탈라스 전투를 계기로 중국의 종이 만드는 기술이 유럽에 전해졌다.

개념 확인 문제 72쪽

366 육유 **367** 고증학 **368** 도요토미 히데요시
369 산킨코타이 (제도) **370** 네덜란드 **371** 타지마할
372 영락제 **373** 홍타이지 **374** 신사
375 가마쿠라 막부 **376** 아크바르 황제 **377** 시크교

난이도별 필수 기출 72쪽~77쪽

378 ① **379** ⑤ **380** ③ **381** ④ **382** 한족
383 해설 참조 **384** ③ **385** ⑤ **386** ⑤
387 ⑤ **388** ㉠ 양명학, ㉡ 고증학 **389** ② **390** ⑤
391 ① **392** ③ **393** ① **394** ④ **395** ⑤
396 ④ **397** ⑤ **398** 해설 참조 **399** ①
400 데지마 **401** ④ **402** ④ **403** ② **404** ③
405 ④ **406** ⑤ **407** ③ **408** ③
409 해설 참조 **410** ②

378 명을 건국한 홍무제는 한족의 전통을 회복하고자 유교 윤리를 바탕으로 하는 여섯 가지 가르침인 육유를 반포하였으며, 과거제와 학교 교육을 정비하였다.
바로 알기 | ㄷ은 홍무제가 황제권을 강화하고자 실시한 정책이다. ㄹ은 영락제의 정책이다.

379 명의 전성기를 이끈 영락제는 자금성을 건설하여 자신의 근거지인 베이징으로 수도를 옮겼다. 밖으로는 대월(베트남)을 정복하였으며, 여러 차례에 걸쳐 직접 군대를 이끌고 몽골을 공격하였다. 또한 정화의 함대를 파견하여 여러 나라와 조공·책봉 관계를 맺었다.
바로 알기 | ⑤는 송 태조가 펼친 활동이다.

380 명은 임진왜란 때 조선에 지원군을 보내면서 국가 재정이 어려워졌다. 이를 메꾸려고 세금을 무리하게 징수하자 곳곳에서 농민 반란이 일어났다. 결국 명은 이자성이 이끄는 농민군에게 멸망하였다.
바로 알기 | ㄱ은 송, ㄹ은 당과 관련이 있다.

381 지도에 나타난 항해는 명의 영락제가 추진한 정화의 항해이다. 정화의 항해로 명은 많은 항해 지식을 얻었으며, 30여 개의 나라와 조공·책봉 관계를 맺었다.
바로 알기 | ㄱ은 수대 대운하 건설의 영향에 대한 설명이다. ㄷ은 일본의 에도 막부가 데지마에서 네덜란드 상인과 교류한 결과에 대한 설명이다.

382 ㉠은 한족이다. 청은 소수의 만주족으로 다수의 한족을 효율적으로 다스리고자 회유책과 강압책을 함께 실시하였다.

383 **예시 답안** 청은 한족에게 변발과 호복 등 만주족의 풍습을 강요하였으며, 청 왕조를 비판하는 서적을 금지하였다.

384 팔기군을 이끌고 베이징을 점령한 청은 소수의 만주족으로 다수의 한족을 다스리고자 한족에 대한 회유책과 강압책을 실시하였으며, 새로운 화이사상을 제시하였다. 한편, 청은 네르친스크 조약을 체결하여 러시아와의 국경을 확정하였다.
바로 알기 | ③은 명에 대한 설명이다. 명은 임진왜란 때 조선에 군대를 파견하여 재정이 악화되었다.

385 제시된 글은 청이 실시한 회유책과 강압책이다. 청은 소수의 만주족으로 다수의 한족을 효율적으로 다스리고자 회유책과 강압책을 함께 시행하였다.

386 지도는 명대에 이탈리아의 선교사 마테오 리치가 만든 「곤여만국전도」이다. 이 지도는 중국이 세계의 중심이라고 믿었던 많은 중국인들과 주변 여러 나라의 세계관이 변화하는 데 큰 영향을 주었다.

387 지도의 최대 영역을 차지한 나라는 청이다. 청대에는 다량의 은이 유입되어 은을 화폐로 사용하였고, 농업 생산력이 높아지면서 상품 작물이 재배되었다. 또한 신사층이 새로운 학풍을 만들었으며, 서민 문화가 성장하여 노래와 춤, 연기가 어우러진 경극이 유행하였다.
바로 알기 | ⑤는 명대에 있었던 일이다. 청대에는 『홍루몽』 등의 소설이 유행하였다.

388 ㉠은 양명학, ㉡은 고증학이다. 명·청대에는 유교적 교양을 갖춘 지식인 계층인 신사층을 중심으로 새로운 학풍이 만들어졌다.

389 (가)는 명, (나)는 청이다. 명·청대에는 신사층이 사회를 주도하였으며, 유럽과 일본의 상인들이 중국의 차, 비단, 도자기 등을 사고 은을 지불하면서 많은 양의 은이 유입되어 화폐로 쓰였다.
바로 알기 | ㄴ. 명·청대에는 서민 중심의 문화가 발달하였다. ㄹ은 요, 금 등 정복 왕조에 대한 설명이다.

390 명은 초기에 조공 관계를 통해서만 무역을 하고 사무역을 통제하다가 점차 민간 무역을 허용하였다. 청은 일부 국가와 조공 관계를 유지하였으며, 초기에는 해상 무역을 통제하였다가 잠시 몇몇 항구를 열었다.
바로 알기 | ⑤ 18세기 중반 이후 청은 서양 상인에게 광저우를 유일하게 개방하고 공행을 통한 무역만을 인정하였다.

391 ㉠은 광저우, ㉡은 공행이다. 청은 18세기 중반 이후 광저우 한 곳을 개방하고 공행을 통한 무역을 허용하였다. 공행은 청 정부의 특허를 받아 서양과 교역할 수 있었던 상인 조합을 말한다.

392 명·청대에는 유럽과 일본의 상인들이 중국의 차, 비단, 도자기 등을 사고 은을 지불하였다. 그 결과 많은 양의 은이 중국에 들어왔다. 이에 따라 은이 화폐로 널리 쓰였으며, 중국 정부는 세금을 은으로 걷었다.

393 밑줄 친 '이 막부'는 가마쿠라 막부이다. 일본 최초의 무사 정권인 가마쿠라 막부는 원의 침입을 계기로 쇠퇴하였다.
바로 알기 | ②, ③, ④는 에도 막부 시기에 있었던 일이다. ⑤ 도요토미 히데요시는 무로마치 막부가 쇠퇴한 이후 100여 년간 이어진 전국 시대를 통일한 인물이다.

394 일본의 무사 정권 시기에 있었던 일은 ⑤ 가마쿠라 막부 성립 – ① 무로마치 막부 성립 – ④ 전국 시대 전개 – ③ 임진왜란 발발 – ② 에도 막부의 데지마 조성 순으로 일어났다. 세 번째로 일어난 일은 ④ 전국 시대의 전개이다.

395 도표는 일본의 봉건제를 나타낸다. 일본 특유의 봉건제가 성립한 가마쿠라 막부 때부터 쇼군(장군)이 실질적인 지배권을 가졌다.
바로 알기 | ①은 중국(주) 봉건제의 특징이다. ② 쇼군은 직할지만 직접 다스렸다. ③ 가마쿠라 막부 때부터 일본 특유의 봉건제가 시행되었다. ④ 다이묘(영주)가 쇼군에게 충성을 맹세하였으며, 쇼군은 다이묘를 보호하고 토지를 나누어 주었다.

396 (가) 시기는 가마쿠라 막부 쇠퇴 이후부터 에도 막부 수립 이전에 해당한다. 이 시기에는 무로마치 막부가 들어섰으며, 막부의 통제력이 약해져 전국 시대가 이어졌다. 이후 도요토미 히데요시가 100여 년 동안 지속되었던 전국 시대를 통일하였고, 임진왜란을 일으켰으나 실패하였다.
바로 알기 | ①은 헤이안 시대, ②는 아스카 시대, ③은 가마쿠라 막부 초기, ⑤는 에도 막부 성립 이후에 있었던 일이다.

397 ㉠은 에도 막부이다. 에도 막부는 다이묘에 대한 통제를 강화하고자 산킨코타이 제도를 실시하였다. 에도 시대에는 도시 상공업자인 조닌을 중심으로 가부키, 우키요에와 같은 조닌 문화가 발달하였다.
바로 알기 | ①은 일본의 나라 시대, ②는 중국의 청, ④는 일본의 가마쿠라 막부에 대한 설명이다. ⑤는 전국 시대를 통일한 도요토미 히데요시에 대한 설명이다.

398 **예시 답안** 산킨코타이 제도는 에도를 중심으로 한 상업과 교통의 발달을 촉진하고, 지방 문화의 발달을 자극하였다.

399 그림은 산킨코타이 제도에 따라 에도로 가는 다이묘의 행렬을 나타낸 것이다. 에도 막부는 다이묘를 통제하고 중앙 집권 체제를 강화하고자 산킨코타이 제도를 실시하였다.

400 ㉠은 데지마이다. 에도 막부는 나가사키에 데지마라는 인공 섬을 조성하고, 그곳에서 중국·네덜란드 상인과 교역하였다.

401 가부키와 우키요에는 조닌 문화의 대표적인 사례이다. 에도 시대에는 상업과 도시가 발전하자 '조닌'이라 불리는 도시 상공업자들이 성장하였고, 이들을 중심으로 조닌 문화가 발달하였다.

402 에도 시대에는 네덜란드로부터 받아들인 서양 학문인 난학이 발달하였으며, 가부키와 우키요에 등 조닌 문화가 발전하였다.
바로 알기 | ㄱ, ㄷ은 무사 정권이 수립되기 이전 시기인 헤이안 시대의 문화에 대한 설명이다.

403 제시된 글은 무굴 제국에 대한 설명이다. 무굴 제국은 16세기 초 바부르가 델리를 정복하고 세운 나라이다. 무굴 제국에서는 인도·이슬람 문화가 발전하였다.

404 16세기 초 바부르가 인도에 침입하여 델리를 정복하고 이슬람 왕조인 무굴 제국을 세웠다.
바로 알기 | ①은 쿠샨 왕조, ②, ④는 굽타 왕조, ⑤는 마우리아 왕조 등에 대한 설명이다.

405 그림에 나타난 황제는 무굴 제국의 아크바르 황제이다. 아크바르 황제는 비이슬람교도에게 거두던 지즈야를 폐지하고, 힌두교도에게도 관직을 수여하는 등 종교의 다양성을 존중하는 관용 정책을 실시하였다.
바로 알기 | ①은 바부르, ②는 샤자한, ③은 몽골 제국의 쿠빌라이 칸 등, ⑤는 아우랑제브 황제에 대한 설명이다.

406 지도의 최대 영역을 차지한 인물은 무굴 제국의 아우랑제브 황제이다. 아우랑제브 황제는 인도 남부를 정복하여 무굴 제국의 최대 영토를 차지하였다.

407 아우랑제브 황제는 지즈야를 부활시키고 힌두교 사원을 파괴하는 등 비이슬람교도를 탄압하여 백성의 불만을 샀다.
바로 알기 | ①, ④는 아크바르 황제, ②는 바부르, ⑤는 샤자한에 대한 설명이다.

408 제시된 문화유산은 타지마할이다. 무굴 제국의 황제 샤자한이 황후 뭄타즈 마할을 기리기 위해 타지마할을 건축하였다. 타지마할은 인도 양식과 이슬람 양식이 융합된 무굴 양식을 대표하는 건축물이다.

409 **예시 답안** 종교에서는 힌두교와 이슬람교를 절충한 시크교가 등장하였고, 언어로는 힌디어, 페르시아어, 아랍어가 혼합된 우르두어가 널리 사용되었다. 건축에서는 인도·이슬람 양식이 발전하였다. 미술에서는 페르시아의 세밀화와 인도 미술이 융합된 무굴 회화가 발달하였다.

410 **바로 알기** | ② 아잔타 석굴 사원은 인도의 굽타 왕조 시기에 만들어진 석굴 사원으로, 굽타 양식을 대표하는 건축물이다.

개념 확인 문제   80쪽

411 오스만 제국   412 술탄 아흐메트 사원
413 바스쿠 다가마   414 예정설   415 중상주의
416 크롬웰   417 술레이만 1세   418 포르투갈
419 영국 국교회   420 권리 장전   421 루이 14세
422 데카르트

난이도별 필수 기출   80쪽~85쪽

423 오스만 제국	424 ③	425 ⑤	426 ③
427 ①	428 ①	429 해설 참조	430 ④
431 ④	432 ②	433 ④	434 ⑤	435 ②
436 ③	437 ④	438 ③	439 ③	440 ③
441 해설 참조	442 ②	443 ④	444 ①
445 ①	446 ①	447 ④	448 ①	449 ①
450 권리 청원	451 ①	452 ⑤	453 ②
454 ④	455 해설 참조

423 (가)는 오스만 제국이다. 오늘날의 튀르키예 지역에 세워진 오스만 제국은 일찍부터 유럽으로 세력을 넓혔다. 16세기 이후에는 서아시아와 북아프리카 지역으로 영토를 넓혔으며, 술레이만 1세 때는 아시아, 유럽, 아프리카 세 대륙에 걸친 최대 영토를 확보하였다.

424 오스만 제국은 1299년 오스만이 튀르크 부족을 모아 건국한 나라이다.
바로 알기 | ①은 아바스 왕조, ②는 포르투갈과 에스파냐, ④, ⑤는 무굴 제국에 대한 설명이다.

425 ㉠은 술레이만 1세, ㉡은 메흐메트 2세이다. 메흐메트 2세는 비잔티움 제국을 정복하고, 콘스탄티노폴리스를 수도로 삼았다. 술레이만 1세는 오스만 제국의 전성기를 이끌었다.
바로 알기 | 셀림 1세는 이집트를 정복하는 과정에서 아바스 왕조로부터 칼리프의 지위를 이어받았다.

426 오스만 제국의 전성기를 이끈 인물은 술레이만 1세이다. 술레이만 1세는 헝가리를 정복하고 오스트리아의 수도 빈을 공격하는 등 영토를 적극적으로 확장하였다. 또한 유럽의 연합 함대를 무찔러 지중해를 장악하였다.
바로 알기 | ①은 프로이센의 프리드리히 2세, ②는 청의 강희제, ④는 비잔티움 제국의 유스티니아누스 황제, ⑤는 송의 조광윤(태조)에 대한 설명이다.

427 오스만 제국은 (가) 비잔티움 제국 정복(메흐메트 2세) – (나) 술탄 칼리프 제도 확립(셀림 1세) – (다) 유럽의 연합 함대 격파(술레이만 1세) 순으로 발전하였다.

428 제시된 글은 오스만 제국에서 시행한 밀레트 제도에 대한 설명이다. 밀레트 제도는 이슬람교도가 아니어도 지즈야(인두세)만 내면 자치 공동체를 이루어 생활할 수 있게 한 제도였다.

429 **예시 답안** 오스만 제국은 정복지의 크리스트교도 소년들을 이슬람교로 개종시킨 후 훈련과 교육을 받게 하여 예니체리에 편성하였다.

430 오스만 제국은 종교 공동체인 밀레트의 자치를 인정하였으며, 능력에 따라 인재를 등용하였다.
바로 알기 | ㄱ. 오스만 제국은 출신이나 신분에 차별을 두지 않는 관용 정책을 실시하였기 때문에 오스만 제국에는 다양한 민족과 종교가 공존하였다. ㄷ. 오스만 제국은 인두세인 지즈야를 내면 자치 공동체를 이룰 수 있도록 하였다.

431 밑줄 친 '이 국가'는 오스만 제국이다. 오스만 제국은 유럽과 아시아의 교차점에 위치하여 국제 무역으로 번성하였고 수도 이스탄불은 국제 도시로 성장하였다. 또한 바자르를 중심으로 담배, 커피 등 여러 나라의 산물이 거래되었다.
바로 알기 | ④는 신항로 개척 이후 네덜란드, 영국, 프랑스 등의 유럽 국가들에 대한 설명이다.

432 오스만 제국에서는 튀르크 전통문화와 이슬람, 비잔티움, 페르시아 문화를 융합한 다채로운 문화가 발달하였다.
바로 알기 | ②는 무굴 제국에 대한 설명이다. 무굴 제국에서는 힌디어, 페르시아어, 아랍어가 혼합된 우르두어가 일상에서 널리 쓰였다.

433 마르코 폴로의 『동방견문록』과 같은 여행기가 유행하면서 유럽인의 동방에 대한 호기심이 증가하였고, 동방의 상품이 큰 인기를 끌면서 신항로의 개척이 촉진되었다. 천문학과 지리학, 항해 기술 및 선박 제조 기술의 발달도 신항로가 개척될 수 있었던 배경이었다.
바로 알기 | ④는 십자군 전쟁의 배경이다. 셀주크 튀르크가 예루살렘을 점령하고 비잔티움 제국을 위협하자 비잔티움 제국의 황제가 교황에게 도움을 요청하였고, 이후 성지를 회복하기 위한 십자군 전쟁이 시작되었다.

434 ㉠은 에스파냐, 포르투갈이다. 대서양 연안의 에스파냐, 포르투갈은 탐험가의 항해를 후원하며 신항로 개척을 주도하였다.

435 포르투갈은 바르톨로메우 디아스와 바스쿠 다가마를 후원하여 아시아로 가는 동쪽 항로를 개척하였다.
바로 알기 | ① 세계 일주에 성공한 것은 마젤란 일행이다. ③ 탐험가들의 활동 이후 대서양 무역이 발달하였다. ④ 희망봉을 돌아 인도의 캘리컷에 도착한 인물은 바스쿠 다가마이다. ⑤ 대서양을 횡단하여 서인도 제도에 도착한 인물은 콜럼버스이다.

436 **바로 알기** | ③ 신항로 개척 이후 무역의 중심지가 지중해에서 대서양으로 이동하여 지중해 주변의 이탈리아 도시 국가들과 오스만 제국 등이 쇠퇴하였다.

437 유럽인의 아메리카 진출 이후 아메리카 원주민은 상품 작물 재배에 동원되어 가혹한 노동에 시달렸으며, 천연두나 홍역 등 유럽에서 들어온 새로운 질병에 노출되었다.
바로 알기 | ㄱ은 게르만족이 이동하게 된 배경, ㄷ은 중세 봉건 사회의 해체 배경에 해당한다.

438 제시된 자료는 잉카 문명에 대한 설명이다. 아메리카 대륙의 안데스고원에서 번영한 잉카 문명은 에스파냐의 피사로와 그의 병사들에게 정복되었다.

439 지도에 나타난 (가) 무역 형태는 삼각 무역이다. 신항로 개척 이후 발달한 삼각 무역은 대서양을 중심으로 이루어졌다.
바로 알기 | ㄱ. 삼각 무역은 신항로를 개척한 포르투갈, 에스파냐의 주도로 전개되었다. ㄹ. 삼각 무역의 결과 아메리카에서 채굴한 금·은이 유럽에 대량으로 들어오면서 '가격 혁명'이라 불릴 정도로 물가가 크게 상승하였다.

440 (가) 삼각 무역이 활발해지면서 아메리카에는 상품 작물을 재배하기 위한 대농장이 들어섰다. 많은 원주민이 대농장과 광산에 끌려와 가혹한 노동에 시달렸고, 유럽에서 들어온 천연두, 홍역 등의 질병에 노출되어 목숨을 잃기도 하였다.
바로 알기 | ③ 에스파냐의 아메리카 진출과 삼각 무역의 발달로 아메리카의 독자적인 고대 문명인 아스테카 문명과 잉카 문명이 파괴되었다.

441 **예시 답안** 삼각 무역의 전개로 아프리카 원주민이 아메리카에 노예로 동원되는 노예 무역이 늘어났다. 그 결과 아프리카에서는 인구가 줄고 성비가 불균형해졌으며, 부족 간의 갈등도 깊어졌다.

442 제시된 자료는 로마 교황의 면벌부 판매를 비판하고자 게시한 「95개조 반박문」으로, 루터가 발표하였다. 루터의 주장은 제후와 농민들에게 큰 지지를 받았다.
바로 알기 | ①은 토마스 아퀴나스, ③은 헨리 8세, ④, ⑤는 칼뱅에 대한 설명이다.

443 칼뱅은 인간의 구원은 신이 이미 정해 놓았다는 예정설을 주장하였고, 근면과 절약으로 부를 축적할 것을 강조하였다. 칼뱅의 주장은 상공업자들의 환영을 받았고, 프랑스, 영국, 네덜란드 등으로 전파되었다.
바로 알기 | ㄱ은 코페르니쿠스와 갈릴레이 등, ㄷ은 루터 등이 한 주장이다.

444 로마 가톨릭교회(구교)와 신교 간의 대립이 심화되면서 독일 지역에서 30년 전쟁이 일어났다. 이 전쟁은 여러 유럽 국가들이 개입하면서 국제전으로 확대되었고, 베스트팔렌 조약을 통해 종결되었다. 이 조약에 따라 칼뱅파가 공식적으로 인정받았다.

445 재정·군사 국가의 군대는 화약 무기로 무장하였으며, 대포의 공격을 견디기 위한 별 모양 요새를 구축하였다. 군대의 규모는 이전에 비해 커졌다. 이러한 군사력을 유지하는 데에는 많은 비용이 들었기 때문에 재정·군사 국가들은 더 많은 세금을 효율적으로 거두기 위해 행정 기구와 관료제를 확대하였다.
바로 알기 | ① 재정·군사 국가의 군대는 중무장한 기사 중심에서 언제든지 전쟁에 투입할 수 있는 상비군 중심으로 변화하였다.

446 **바로 알기** | ① 재정·군사 국가는 수출은 확대하고 수입은 제한하는 중상주의 정책을 실시함으로써 가능한 많은 금과 은을 확보하고자 하였다.

447 재정·군사 국가는 화약 무기로 무장한 상비군을 중심으로 하는 대규모 군대를 편성하여 군사력을 키웠으며, 행정 기구와 관료제를 확대하여 중앙 집권적 통치 체제를 강화하였다.
바로 알기 | ㄱ. 영국 국왕이 로마 가톨릭교회의 영향력에서 벗어나고자 영국 국교회의 수립을 선포하였다. ㄷ은 중세 서유럽 봉건 사회의 특징이다.

448 제시된 핵심 단어는 영국과 관련이 있다. 영국은 강한 해군력을 보유하였으며, 의회 및 상공업자와 힘을 합하여 재정·군사 국가로 성장하였다. 또한 동인도 회사를 세워 아시아로 진출하며 해외 시장을 적극적으로 개척하였다.
바로 알기 | ④는 프랑스에 대한 설명이다. 루이 14세가 콜베르를 등용하여 중상주의 정책을 실시하였다.

449 제시된 자료는 프랑스의 재무 장관 콜베르가 국왕 루이 14세에게 쓴 편지이다. 루이 14세는 왕의 권리는 신이 부여한 것이라는 왕권신수설을 내세우며 자신을 태양신에 비유하였다. 또한 베르사유에 화려한 궁정을 지어 자신의 권위를 과시하고 귀족을 통제하였다. 그는 신분제 의회를 소집하지 않고 막대한 세금을 징수하여 전쟁에 필요한 재정을 충당하였는데, 이는 훗날 프랑스 혁명이 일어나는 계기가 되었다.
바로 알기 | ④는 영국의 엘리자베스 1세가 한 일이다. 엘리자베스 1세는 해군을 육성하여 해외 시장을 적극적으로 개척하였다.

450 ⊙은 권리 청원이다. 찰스 1세가 의회를 무시하고 청교도를 탄압하자 의회가 권리 청원을 제출하였다.

451 왕당파와의 내전에서 승리한 의회파는 찰스 1세를 처형하고 공화정을 수립하였다. 이후 크롬웰이 의회를 해산하고 독재 정치를 펼쳤다.
바로 알기 | ㄷ. 권리 장전의 승인은 명예혁명의 결과이다. ㄹ은 청교도 혁명 이전에 일어난 일이다.

452 제시된 문서는 영국에서 승인된 권리 장전이다. 의회는 제임스 2세를 폐위한 후 제임스 2세의 딸 메리와 그의 남편인 윌리엄을 왕으로 세웠고, 1689년에 권리 장전을 승인받았다.

453 **바로 알기** | ②는 이슬람 제국의 과학에 대한 설명이다. 이슬람 제국의 지리학자 이드리시는 아라비아를 중심으로 한 세계 지도를 제작하였다.

454 제시된 인물들은 계몽사상가이다. 루소, 볼테르, 몽테스키외와 같은 계몽사상가들은 불합리한 제도와 전통을 개혁해야 한다고 주장하였다.
바로 알기 | ① 제시된 인물들은 18세기에 활동하였다. ②는 고대 그리스의 소피스트에 대한 설명이다. ③ 계몽사상은 신항로 개척 이후에 등장하였다. ⑤ 계몽사상가들은 인간의 이성이 사회를 진보하게 한다고 믿었다.

455 **예시 답안** 몽테스키외와 루소의 주장은 미국 혁명과 프랑스 혁명의 사상적 기반이 되었다.

| 456 ⑤ | 457 ③ | 458 ④ | 459 ④ | 460 ③ |
| 461 ⑤ | 462 ② | 463 ④ | | |

456 송 태조는 황제권을 강화하고자 중앙군을 황제 직속으로 두었다. 한편 송대에는 북방에서 거란, 서하, 여진 등의 북방 민족이 성장하였다. 북방 민족의 공격으로 송의 재정과 국방이 약화되자 왕안석이 개혁을 시도하였으나 보수파의 반대로 실패하였다. 송대에는 수공업과 상업이 활성화되어 지폐와 동전이 활발하게 사용되었다.

바로 알기 | ⑤는 청에 대한 설명이다. 청대에는 농업 생산력이 높아지고 수공업이 발달하면서 경제가 크게 성장하였고, 이에 힘입어 서민 문화도 성장하였다. 특히 노래와 춤, 연기가 어우러진 경극은 청대 서민들의 환영을 받았다.

457 (가)는 몽골인, (나)는 색목인, (다)는 한인, (라)는 남인이다. 원은 몽골 제일주의에 따라 여러 민족을 나누어 다스렸다. 몽골인이 최고 관직을 독차지하였고, 색목인도 우대를 받았다. 반면, 한인과 남인은 사회적으로 차별을 받았고, 관직에 오르는 데에도 한계가 있었다.

바로 알기 | ③ 서아시아와 중앙아시아, 유럽 등지에서 온 외국인인 색목인은 (나)에 해당한다.

458 학생의 형성 평가지에서 1, 2, 3, 5는 맞고, 4는 틀렸다. 명의 전성기를 이끌었던 영락제는 정화의 함대를 해외에 파견하여 30여 개의 나라와 조공·책봉 관계를 맺었다. 이후 명은 이자성이 이끄는 농민군에게 멸망하였다. 명대에는 『삼국지연의』, 『서유기』 등의 소설이 유행하였으며, 청대에는 『홍루몽』 등의 소설이 유행하였다. 한편, 명·청대에는 유럽과 아메리카, 일본으로부터 많은 양의 은이 중국에 들어왔다. 그 결과 이 시기에는 은을 화폐로 널리 사용하였으며, 정부가 세금을 은으로 걷었다.

바로 알기 | 4. 청대에는 유교 경전을 실증적으로 해석하는 고증학이 발전하였다. 양명학은 명대에 유행하였다.

459 (가) 시기는 일본 최초의 무사 정권인 가마쿠라 막부가 수립된 이후부터 도쿠가와 이에야스가 에도 막부를 수립하기 전까지의 시기를 나타낸다. 이 시기에는 무로마치 막부가 성립하였고, 15세기 후반에 막부의 통제력이 약해지면서 다이묘(영주)들이 세력을 다투는 전국 시대가 전개되었다. 100여 년의 전국 시대를 통일한 도요토미 히데요시는 명을 정복한다는 구실로 임진왜란을 일으켰다.

바로 알기 | ㄹ은 아스카 시대, ㅁ은 에도 막부 수립 이후에 있었던 일이다.

460 무굴 제국의 아우랑제브 황제와 오스만 제국의 술레이만 1세는 각 제국의 최대 영토를 확보하였다는 공통점이 있다.

바로 알기 | ①은 영국과 프랑스 등 유럽의 재정·군사 국가, ②는 사산 왕조 페르시아에 대한 설명이다. ④는 무굴 제국에만 해당하는 설명이다. ⑤ 아우랑제브 황제는 아크바르 황제가 폐지하였던 지즈야를 부활시키고, 힌두교 사원을 파괴하는 등 비이슬람교도를 탄압하였다.

461 ㉠, ㉢, ㉤은 ×이고, ㉡, ㉣은 ○이다. 오스만 제국은 메흐메트 2세 때 비잔티움 제국을 정복하고 콘스탄티노폴리스(이스탄불)를 수도로 삼았다. 오스만 제국에서는 시장인 바자르가 발달하였는데, 바자르를 중심으로 커피 문화가 유행하였다.

바로 알기 | ㉠ 오스만 제국에서는 지즈야를 내면 자신의 종교를 유지할 수 있었다. ㉢은 무굴 제국에 대한 설명이다. 우르두어는 힌디어, 페르시아어, 아랍어 등이 합쳐진 언어로, 무굴 제국에서는 일상에서 우르두어를 널리 사용하였다. ㉤ '블루 모스크'라고 불리는 건축물은 술탄 아흐메트 사원이다. 술탄 아흐메트 사원은 내부가 2만여 개의 푸른색 타일로 장식되어 있다.

462 A는 에스파냐, B는 영국, C는 프랑스이다. 영국은 자본가들에게 특허를 주어 잉글랜드 은행을 세우는 등 상공업자와 협력하며 재정·군사 국가로 성장하였다. 프랑스의 루이 14세는 왕권신수설을 주장하고 자신을 태양신인 아폴론에 비유하며 왕권을 신성시하는 등 절대적인 왕권을 내세우는 방식으로 재정을 마련하고 군사력을 키웠다.

바로 알기 | ㄱ. 루터는 독일의 성직자이다. ㄹ. 신항로 개척을 주도한 나라는 포르투갈과 에스파냐(A)이다.

463 제시된 글은 청교도 혁명의 배경이다. 청교도 혁명 당시 찰스 1세의 의회 해산으로 의회파와 왕당파 사이에 내전이 일어났다. 이후 의회파가 전쟁에서 승리하고 공화정을 수립하였다. 그러나 의회파를 이끌었던 크롬웰은 혁명 이후 의회를 해산하고 독재 정치를 펼쳤다.

바로 알기 | ㄱ, ㅁ은 명예혁명과 관련이 있다. 제임스 2세가 의회를 무시하자 의회가 제임스 2세를 왕위에서 몰아내고, 제임스 2세의 딸 메리와 그의 남편 윌리엄을 공동 왕으로 세웠다(명예혁명). 이후 의회는 권리 장전을 제출하였고, 메리 여왕과 윌리엄 3세가 이를 승인하였다.

실전 대비 정답과 해설

Ⅰ. 역사 학습의 기초 ~ Ⅱ. 문명의 발생과 고대 세계의 형성

1 ⑤	2 ②	3 ①	4 ②	5 ①
6 해설 참조	7 ①	8 ④	9 함무라비왕	
10 ①	11 ③	12 ⑤	13 ⑤	14 ④
15 해설 참조	16 ①	17 크리스트교		18 ③
19 ①	20 법가	21 ②	22 ④	23 ②	24 ④
25 ⑤				

1 (가)는 과거에 일어난 사실 그 자체로, 객관적 역사이다. (나)는 역사가가 선택한 과거의 사실로, 기록자의 관점과 해석이 담긴 주관적 역사이다.

2 그림은 역사를 시각적으로 보여 주는 자료이며, 연표는 역사적 사건을 일어난 순서대로 나타낸 자료이다.
바로 알기 | ㄴ은 역사 지도, ㄹ은 도표의 사례이다. 역사 지도는 영토나 영역, 이동 경로, 수도 및 주요 도시 등 역사 정보를 시각적으로 나타낸 자료이다. 도표는 숫자로 역사 정보를 나타낸 자료이다.

3 역사 탐구는 (가) 탐구 주제 선정 – (나) 답사나 인터뷰 등을 통한 자료 수집 – (라) 자료의 분석과 해석 – (다) 탐구 결과의 정리와 발표 순으로 진행한다.

4 제시된 글에서 설명하는 인류는 최초의 인류인 오스트랄로피테쿠스 아파렌시스로, 처음으로 직립 보행을 하였다.
바로 알기 | ①은 호모 사피엔스, ③, ④는 호모 에렉투스, ⑤는 호모 네안데르탈렌시스의 특징이다.

5 제시된 문화유산은 각각 '빌렌도르프의 비너스'와 '라스코 동굴 벽화'로, 구석기 시대 사람들이 남긴 것이다. 구석기 시대 사람들은 주로 동굴이나 바위 그늘, 막집에 살았다.
바로 알기 | ②, ③, ④, ⑤는 신석기 시대 이후의 생활 모습이다.

6 **예시 답안** 신석기 시대에는 밭을 갈아 농사를 짓는 농경 생활을 하거나 동물을 가두어 기르는 목축 생활을 시작하였다. 사람들은 한곳에 모여 정착 생활을 하였으며, 움집을 짓고 살았다. 또한 토기를 만들어 곡식을 저장하고 간석기를 사용하였다.

7 (가)에는 문명 발상지의 공통점이 들어가야 한다. 문명은 주로 큰 강 유역에서 발달하였고, 계급이 있는 계급 사회였다. 또한 도시 국가가 등장하였고 문자를 사용하여 교역 내용 등을 기록하였다.
바로 알기 | ① 문명이 발생한 지역에서는 공통적으로 청동기를 사용하였다.

8 (가)는 이집트 문명, (나)는 메소포타미아 문명, (다)는 인도 문명, (라)는 중국 문명이다. 메소포타미아 지방에서는 도시 중앙에 신전인 지구라트를 세웠으며, 중국 문명을 이룬 상에서는 중요한 일을 결정할 때 점을 쳐 그 내용을 갑골에 새겼다.

바로 알기 | ㄱ. 쐐기 문자는 (나) 메소포타미아 문명에서 사용된 문자이다. ㄷ. 피라미드와 스핑크스는 (가) 이집트 문명 지역의 대표적인 유적이다.

9 함무라비왕은 바빌로니아 왕국의 왕으로, 기원전 1800년경 메소포타미아 지방을 통일하였으며 통치 체제를 정비하였다.

10 밑줄 친 '이 민족'은 아리아인이다. 아리아인은 중앙아시아에서 유목 생활을 하다가 기원전 1500년경 인도의 인더스강 유역으로 이동하였다. 이들은 철제 무기로 정복 활동을 벌였으며, 원주민을 지배하고자 카스트제(바르나)라는 신분제를 만들었다.

11 ㉠은 아케메네스 왕조 페르시아의 다리우스 1세이다. 다리우스 1세는 지중해 연안에서 인더스강까지 영토를 넓혔으며, 20여 개의 주에 행정을 총괄하는 총독을 파견하였다. 또한 총독을 감찰하는 감찰관인 '왕의 눈', '왕의 귀'를 파견하고, '왕의 길'이라는 도로를 만들었다. 아케메네스 왕조 페르시아에서는 조로아스터교를 널리 믿었다.
바로 알기 | ③은 마우리아 왕조의 아소카왕 재위 시기에 볼 수 있는 모습이다.

12 도편 추방제는 투표로 독재자가 될 가능성이 높은 사람을 뽑아 일정 기간 추방하는 제도로, 아테네의 클레이스테네스가 처음 시행하였다.

13 대화는 그리스·페르시아 전쟁에 대한 내용이다. 그리스·페르시아 전쟁 이후 그리스의 폴리스들은 아테네를 중심으로 델로스 동맹을 맺어 페르시아의 침입에 대비하였다.

14 (가)는 그리스 문화의 특징이 잘 드러나는 대표적인 조각상인 「원반 던지는 사람」이다. (나)는 고통받는 인간의 모습을 사실적으로 표현한 「라오콘 군상」으로, 헬레니즘 문화의 특징을 잘 보여 준다. 그리스에서는 조화와 균형을 강조하는 조각이나 건축물 등이 발달하였고, 헬레니즘 문화는 그리스와 동방 문화의 영향을 많이 받았다.
바로 알기 | ④는 간다라 양식에 대한 설명이다.

15 **예시 답안** 알렉산드로스의 동방 원정을 배경으로 그리스 문화와 동방 문화가 융합한 헬레니즘 문화가 발전하였다. 헬레니즘 문화의 특징으로는 개인의 행복을 추구하는 개인주의와 하나의 제국 아래 모두가 같은 시민이라는 세계 시민주의가 있다.

16 로마의 발전과 쇠퇴 과정은 (가) 로마–카르타고 전쟁에서 로마 승리 – (나) 그라쿠스 형제의 개혁 시도와 실패 – (라) 옥타비아누스가 '아우구스투스'라는 칭호를 받음 – (다) 콘스탄티누스 대제의 천도 순으로 전개되었다.

17 크리스트교는 신분과 민족에 상관없이 모두 평등하며, 누구나 사랑과 믿음으로 구원받을 수 있다는 예수의 가르침을 따른다.

18 지도의 최대 영역을 차지한 나라는 로마 제국이다. 로마 제국은 4세기 말 동서로 분리되었다.
바로 알기 | ①, ②는 그리스의 아테네, ④는 그리스의 스파르타, ⑤는 알렉산드로스 제국에 대한 설명이다.

19 춘추 전국 시대에는 여러 사상가와 학파가 등장하였는데, 이를 일컬어 '제자백가'라고 한다. 대표적인 사상으로는 '인'과 '예', '덕'을 강조한 유가, 법과 제도의 엄격한 적용을 주장한 법가, 자연의 순리에 따르는 삶을 주장한 도가, 차별 없는 사랑을 강조한 묵가가 있다.

20 ㉠은 법가이다. 법가는 법과 제도의 엄격한 적용을 주장한 사상으로, 춘추 전국 시대의 제후국 중 하나인 진(秦)은 법가를 국가의 통치 이념으로 삼았다.

21 진의 시황제는 화폐를 반량전으로, 문자를 전서체로 통일하였고, 도량형도 하나로 통일하였다. 또한 지방을 군과 현으로 나누고 관리를 파견하는 군현제를 실시하였으며, 흉노를 몰아내고자 전국 시대의 장성을 이어 만리장성을 쌓았다.
바로 알기 | ②는 한 무제가 한 일이다.

22 한 무제는 군현제를 전국으로 확대하고 남비엣(남월)과 고조선을 정복하였다. 또한 동중서의 건의를 받아들여 유교를 통치 이념으로 삼았다.
바로 알기 | ①은 한 고조(유방), ②는 진의 시황제, ③은 아케메네스 왕조 페르시아의 다리우스 1세, ⑤는 아케메네스 왕조 페르시아의 키루스 2세에 대한 설명이다.

23 '돌기둥'으로 보아, 지도의 최대 영역을 차지한 왕은 마우리아 왕조의 아소카왕이다. 마우리아 왕조는 아소카왕 때 남부 일부를 제외한 인도 대부분 지역을 통일하며 전성기를 맞았으며, 나라 곳곳에 자신의 통치 방침과 불교의 가르침을 새긴 돌기둥이 건립되었다.

24 인도의 쿠샨 왕조 시기에는 많은 사람의 구제를 강조하는 대승 불교가 발전하였다.
바로 알기 | ①은 로마에서 확산한 크리스트교, ②는 상좌부 불교, ③은 브라만교, ⑤는 조로아스터교에 대한 설명이다.

25 바닷길은 기원전 10세기부터 이집트 상인들이 이용하였으며, 로마 상인들도 바닷길을 오가며 무역에 나섰다. 바닷길은 비단길과 초원길이 쇠퇴하면서 동서 교류의 중요한 통로가 되었다.
바로 알기 | ① 스키타이가 개척한 것은 (다) 초원길이다. ②, ④는 (나) 비단길, ③은 (가) 바닷길에 대한 설명이다.

1 ④	**2** ④	**3** ④	**4** ②	**5** ④	**6** ③
7 ④	**8** 메소포타미아 문명	**9** ⑤	**10** 해설 참조		
11 ①	**12** ①	**13** ⑤	**14** 조로아스터교	**15** ①	
16 ④	**17** ⑤	**18** ①	**19** ③	**20** ④	**21** ④
22 아소카왕		**23** 해설 참조		**24** ④	**25** ①

1 역사는 '사실로서의 역사'와 '기록으로서의 역사'로 나눌 수 있다. '사실로서의 역사'는 과거에 일어난 사실 그 자체이므로 역사의 객관성을 강조한다. 역사가 랑케는 '역사가는 자신을 숨기고 과거가 본래 어떠하였는가를 밝혀야 한다.'라는 주장으로 '사실로서의 역사'를 강조하였다. '기록으로서의 역사'란 기록한 사람의 관점과 해석이 담겨 있기 때문에 역사는 주관적이라는 입장이다. 따라서 동일한 역사적 인물도 기록자에 따라 다르게 평가될 수 있다고 강조한다.
바로 알기 | ④ '신라가 삼국을 통일하였다.'라는 문장은 '사실로서의 역사'에 해당하는 역사 서술이다.

2 역사를 배움으로써 삶의 지혜와 교훈을 얻을 수 있고 역사적 사고력과 비판력, 판단력을 기를 수 있다. 또한 자신이 누구인지 정체성을 확인할 수 있으며, 과거를 반성함으로써 더 나은 미래를 만들 수 있다.
바로 알기 | ④ 역사를 배움으로써 문화의 우월성을 과시하는 것이 아닌 문화의 다양성을 확인할 수 있다.

3 역사적 사건을 일어난 순서대로 나타낸 역사 자료는 연표이다. 연표는 사건의 상호 관계를 파악하고 서로 다른 지역에서 일어난 사건을 비교하는 데 유용하다.

4 제시된 글은 인터뷰에 대한 설명이다. 인터뷰는 사람들을 만나 구술 자료를 얻는 자료 수집 방법이다.

5 ㉠은 호모 에렉투스이다. 호모 에렉투스는 불과 간단한 언어를 처음 사용하였다.
바로 알기 | ㄱ은 오스트랄로피테쿠스 아파렌시스, ㄷ은 호모 네안데르탈렌시스에 대한 설명이다.

6 제시된 도구는 주먹도끼로, 주먹도끼는 구석기 시대에 처음으로 사용하였다. 구석기 시대 사람들은 주먹도끼와 같이 돌을 깨뜨리거나 떼어 내어 만든 도구를 사용하였고, 동굴이나 바위 그늘 또는 막집에 살며 먹이를 찾아 이동 생활을 하였다. 구석기 시대 사람들은 사냥의 성공을 빌며 동굴 등에 벽화를 남겼다.
바로 알기 | ③은 신석기 시대 이후에 볼 수 있는 생활 모습이다.

7 '신석기 혁명'은 신석기 시대에 농경과 목축을 시작하면서 나타난 인류 생활의 큰 변화를 의미한다.

8 제시된 자료에서 설명하는 문명은 메소포타미아 문명이다. 기원전 3500년경 수메르인이 유프라테스강과 티그리스강 사이 메소포타미아 지방에 여러 도시 국가를 세우면서 메소포타미아 문명이 일어났다. 수메르인은 우르 등 여러 도시 국가를 세우고 도시 중앙에는 지구라트라는 신전을 만들었다. 또한 점성술과 태음력을 발전시켰고, 이를 바탕으로 60진법을 만들었다.

9 인도 문명, 중국 문명, 이집트 문명, 메소포타미아 문명은 모두 농경에 유리한 큰 강 유역에서 출현하였으며 도시 국가와 정치 조직을 형성하였다.
바로 알기 | ㄱ. 문명 발상지에서는 청동기를 사용하였다. ㄴ. 빈부 격차가 커지면서 계급이 발생하였다.

10 [예시 답안] 메소포타미아 지방의 수메르인은 현재의 안정된 삶을 중시하였고, 이집트인은 영혼 불멸과 사후 세계를 중시하였다.

11 도표는 카스트제를 나타낸다. 카스트제는 중앙아시아에서 인더스강과 갠지스강 유역으로 이동한 아리아인이 원주민을 지배하기 위해 만든 신분제이다.
바로 알기 | ② 카스트제는 인도 문명 지역에서 형성되었다. ③ 아리아인은 주로 브라만과 크샤트리아에 속하였다. ④ 브라만은 제사장으로서 제사 의식을 담당하였다. ⑤ 크샤트리아는 주로 정치와 군사를 담당하였다.

12 ㉠은 갑골문이다. 갑골문은 중국 상에서 국가의 중요한 일을 점쳐서 그 내용을 거북의 배딱지나 동물의 뼈에 새긴 문자로, 이후 한자의 기원이 되었다.

13 제시된 문화유산은 아케메네스 왕조 페르시아의 키루스 2세가 남긴 원통이다. 이 원통에는 피정복민에게 세금을 거두는 대신 그들의 종교와 풍습을 존중하겠다는 내용이 적혀 있어 키루스 2세의 관용 정책을 잘 보여 준다.
바로 알기 | ①, ④는 아케메네스 왕조 페르시아의 다리우스 1세, ②는 알렉산드로스, ③은 로마의 옥타비아누스에 대한 설명이다.

14 조로아스터교는 세상을 선과 악의 대결이 벌어지는 곳으로 보았다. 또한 선과 빛의 신 아후라 마즈다를 최고신으로 섬기고 불을 신성하게 여겼다. 조로아스터교는 주로 서아시아 지역의 페르시아인들이 믿었다.

15 고대 그리스 세계의 폴리스들은 서로 같은 신을 믿고 동일한 언어를 사용하였다. 대표적인 폴리스인 아테네에서는 왕정과 귀족정을 거쳐 민주정이 발달하였고, 정복 국가인 스파르타에서는 소수의 시민이 다수의 정복민을 다스려야 했기 때문에 강력한 군사 통치를 하였다.
바로 알기 | ① 고대 그리스 세계는 정치적으로 독립된 폴리스들로 구성되었다.

16 「라오콘 군상」은 그리스 문화와 동방 문화가 융합된 헬레니즘 문화를 보여 주는 대표적인 예술품이다.
바로 알기 | ①, ②, ③, ⑤는 모두 고대 그리스 문화의 대표적인 사례이다.

17 영역 곳곳에 세워진 '알렉산드리아'로 보아, 지도의 최대 영역을 차지한 나라는 알렉산드로스 제국이다. 마케도니아의 왕 알렉산드로스는 동방 원정에 나서 제국을 형성하였고, 곳곳에 자신의 이름을 딴 도시 '알렉산드리아'를 건설하였다. 또한 그리스인과 페르시아인의 결혼을 장려하였고 정복지 출신의 사람을 관리로 뽑는 등 동서 융합을 꾀하였다.
바로 알기 | ①은 그리스의 아테네, ②, ③은 로마, ④는 그리스 세계에 대한 설명이다.

18 제시된 문화유산은 콜로세움과 수도교로, 로마의 문화유산이다. 로마에서는 그라쿠스 형제가 로마-카르타고 전쟁 이후 몰락한 자영 농민을 위한 개혁을 시도하였으나 실패하였다. 로마는 옥타비아누스 집권 시기에 사실상 제정이 시작되었고, 이후 약 200년간 평화가 지속되었다. 이후 로마는 콘스탄티누스 대제가 중흥을 이끌었는데, 그는 크리스트교가 확산하자 밀라노 칙령으로 크리스트교를 공인하였다. 한편, 로마는 법률을 제정하고 수도교와 같은 실용적인 건물을 세웠다.
바로 알기 | ①은 펠로폰네소스 동맹을 이끌었던 그리스의 스파르타에 대한 설명이다.

19 지도는 중국의 춘추 전국 시대를 나타낸 것이다. 춘추 전국 시대에는 철제 농기구를 이용한 농경이 발달하여 농업 생산력이 커졌다. 또한 여러 나라들이 부국강병을 추구하면서 인재를 등용하였는데, 이 과정에서 제자백가로 불린 여러 사상가와 학파가 등장하였다.
바로 알기 | ㄱ은 중국의 진대, ㄹ은 한대에 볼 수 있는 모습이다.

20 지도의 (가)는 중국을 최초로 통일한 진(秦)이다. 진은 전국 시대를 통일하였고, 법가를 나라의 통치 이념으로 삼았다. 통일 이후 진에서는 군현제가 실시되었으며, 흉노를 견제하기 위해 전국 시대의 장성을 이어 만리장성을 쌓았다.
바로 알기 | ④는 중국의 한(한 무제 시기)에 대한 설명이다.

21 한 고조(유방)는 군현제와 봉건제를 절충한 군국제를 시행하였으며, 세금을 낮추어 농민들의 생활을 안정시켰다.
바로 알기 | ①, ②, ③, ⑤는 한 무제가 한 일이다.

22 아소카왕은 마우리아 왕조의 전성기를 이끈 왕으로, 남부 일부를 제외한 인도 대부분의 지역을 통일하였다. 또한 자신의 통치 방침과 불교의 가르침을 새긴 돌기둥을 나라 곳곳에 세웠다.

23 [예시 답안] 알렉산드로스의 동방 원정 이후 쿠샨 왕조의 간다라 지방에서는 인도 문화와 헬레니즘 문화가 결합한 간다라 양식이 발달하였다. 이후 간다라 양식은 대승 불교와 함께 동아시아에 전해져 불상 제작에 영향을 주었다.

24 쿠샨 왕조는 중앙아시아에서 온 유목 민족인 쿠샨족이 1세기경에 세운 나라로, 인도 서북부와 중앙아시아 일대를 통치하였다. 카니슈카왕 때 최대 영토를 차지하였고, 중국과 인도, 서아시아를 잇는 중계 무역으로 크게 번영하였다. 쿠샨 왕조 시기에는 간다라 지방에서 인도 문화와 헬레니즘 문화가 결합한 간다라 양식이 발달하였다. 이에 따라 부처를 인간의 모습으로 표현한 불상을 만들기 시작하였다.
바로 알기 | ④ 쿠샨 왕조 시기에는 개인의 해탈보다는 많은 사람의 구제를 강조하는 대승 불교가 발전하여 동아시아에 전파되었다.

25 제시된 글은 비단길에 대한 설명이다. 비단길은 한 무제 시기 장건의 서역 파견을 계기로 개척되었다.
바로 알기 | ②, ⑤는 초원길, ③, ④는 바닷길에 대한 설명이다.

98쪽~101쪽

1 ②	2 ③	3 ③	4 ④	5 해설 참조	
6 ⑤	7 ⑤	8 ④	9 ④	10 ③	11 ⑤
12 상형 문자		13 해설 참조		14 ④	15 ⑤
16 ③	17 ③	18 ③	19 ④	20 ③	21 ⑤
22 해설 참조		23 ⑤	24 ①	25 바닷길	

1 (가)는 영국의 역사가 카의 주장으로, 주관적인 의미의 역사를 강조한다. (나)는 독일의 역사가 랑케의 주장으로, 객관적인 의미의 역사를 강조한다.
바로 알기 | ①, ③은 (나), ④, ⑤는 (가)에 대한 설명이다.

2 역사 자료(사료)는 옛사람들이 남긴 흔적을 말한다. 옛사람들이 사용하였으며 비교적 쉽게 옮길 수 있는 사료를 유물이라고 하며, 건축물이나 집터처럼 쉽게 옮길 수 없는 공간을 유적이라고 부른다. 사료는 문자 기록 여부에 따라 문자 자료와 비문자 자료로도 구분되는데, 선사 시대를 연구할 때에는 비문자 자료가 주로 활용된다.
바로 알기 | ③ 역사 자료(사료)에는 거짓이나 과장이 있을 수 있으므로 역사가는 사료에 나오는 내용을 철저하게 검증하는 사료 비판의 과정을 거칠 필요가 있다.

3 (가) 단계는 역사 탐구의 절차 중 자료를 수집하는 단계이다. 유적을 방문하는 답사나 인터뷰, 인터넷 검색 등의 방법으로 자료를 수집할 수 있다.
바로 알기 | ①, ②는 자료의 분석과 해석 단계, ④, ⑤는 탐구 결과의 정리 및 발표 단계에서 할 수 있는 일이다.

4 인류는 (라) 오스트랄로피테쿠스 아파렌시스 – (나) 호모 에렉투스 – (다) 호모 네안데르탈렌시스 – (가) 호모 사피엔스 순으로 출현하였다.

5 **예시 답안** 인류는 진화 과정에서 동물과 달리 두 발로 서서 걷는 직립 보행을 하였고, 불과 언어를 사용하였으며, 도구를 제작하였다.

6 (가)는 주먹도끼로 구석기 시대의 도구이고, (나)는 갈돌과 갈판으로 신석기 시대의 도구이다.
바로 알기 | ⑤ (가) 주먹도끼는 인류가 농경을 시작하기 이전인 구석기 시대에 사용되었다.

7 인도 문명, 중국 문명, 이집트 문명, 메소포타미아 문명은 대체로 기후가 온화한 지역의 큰 강 유역에서 발생하였으며, 도시 국가를 형성하였다. 또한 청동기를 사용하고 문자를 만들어 기록하였다.
바로 알기 | ⑤ 4대 문명 발상지에서는 모두 계급이 발생하였다는 공통점이 있다.

8 제시된 자료는 바빌로니아 왕국의 함무라비왕이 만든 함무라비 법전이다. 이 법전의 내용으로 보아 당시 신분에 따라 처벌 내용이 달랐음을 알 수 있다.
바로 알기 | ㄱ. 함무라비 법전의 내용은 돌기둥에 쐐기 문자로 새겨져 있다. ㄷ. 함무라비 법전을 통해 아무르인이 세운 바빌로니아 왕국의 사회 모습을 알 수 있다.

9 메소포타미아 문명에서는 쐐기 문자를 이용하여 교역이나 통치에 관한 내용을 기록하였다.
바로 알기 | ①, ②, ⑤는 이집트 문명, ③은 인도 문명에 대한 설명이다.

10 제시된 문화유산은 「사자의 서」로, 죽은 사람이 사후 세계에서 어떻게 행동해야 할지를 알려 주는 안내서이다. 이 문화유산은 고대 이집트인이 영혼 불멸과 사후 세계를 믿었음을 보여 준다.
바로 알기 | ①, ②는 메소포타미아 문명, ④는 인도 문명, ⑤는 중국 문명에 대한 설명이다.

11 지도와 같이 이동한 민족은 아리아인이다. 아리아인은 기원전 1500년경 인더스강 유역으로 이동하였고 기원전 1000년경에는 갠지스강 유역까지 나아갔다. 아리아인은 원주민을 지배하고자 카스트제(바르나)라는 신분제를 만들었다.
바로 알기 | ⑤는 고대 이집트인에 대한 설명이다. 고대 이집트인은 사후 세계를 믿어 육체가 죽어도 영혼은 죽지 않는다고 생각하였다. 이에 시체를 썩지 않는 미라로 만들어 무덤에 보존하였다.

12 상형 문자는 기원전 3000년경 나일강 유역의 이집트인들이 사용한 문자이다. 이집트인들은 사물의 모양을 본뜬 상형 문자를 사용하여 파피루스에 교역이나 통치에 관한 일을 기록하였다.

13 **예시 답안** 주의 봉건제는 수도 부근은 왕이 다스리고, 나머지 지역은 대체로 왕과 혈연관계로 맺어진 제후가 다스리는 방식으로 운영되었다.

14 도표는 봉건제를 나타내는데, 이러한 봉건제를 시행한 나라는 중국의 주이다. 주는 기원전 8세기경 서북쪽의 유목 민족이 침입해 오자 수도를 호경에서 낙읍(뤄양)으로 옮겼다.
바로 알기 | ①은 아케메네스 왕조 페르시아, ②는 중국의 진(秦), ③은 바빌로니아 왕국, ⑤는 중국의 상에 대한 설명이다.

15 (가)에는 다리우스 1세 시기의 사회 모습이 들어가야 한다. 아케메네스 왕조 페르시아의 다리우스 1세는 20여 개 주에 총독을 파견하여 주의 행정을 관리·감독하게 하였다. 또한 '왕의 길'이라는 도로를 만들었다. 이 시기 페르세폴리스 궁전에는 각국의 사신들이 드나들었다. 또한 페르시아인들은 아후라 마즈다를 최고신으로 섬기는 조로아스터교를 널리 믿었다.
바로 알기 | ⑤는 그리스의 아테네에서 볼 수 있는 모습이다.

16 아테네의 민주정은 (나) 재산 정도에 따른 참정권 차등 분배(솔론 시기) – (가) 정치 참여 자격에 재산 기준 폐지(클레이스테네스 시기) – (다) 관직과 배심원의 추첨 선출(페리클레스 시기) 순으로 발전하였다.

17 제시된 문화유산은 파르테논 신전으로, 고대 그리스에서 만들었다. 고대 그리스에서는 역사 분야에서 헤로도토스와 투키디데스가, 의학 분야에서 히포크라테스가, 수학 분야에서 피타고라스가, 문학 분야에서 호메로스가 업적을 남겼다. 철학에서는 소피스트가 진리의 상대성을 주장하였고 소크라테스가 진리의 절대성을 주장하며 소피스트를 비판하였다.
바로 알기 | ③ 「라오콘 군상」은 알렉산드로스 제국 시기의 조각상으로 헬레니즘 문화를 대표한다.

18 마케도니아의 왕이었던 알렉산드로스는 정복 전쟁을 통해 제국을 이루고 정복지 곳곳에 자신의 이름은 딴 '알렉산드리아'라는 도시를 건설하였다.
바로 알기 | ①은 로마의 테오도시우스 1세, ②는 아테네의 클레이스테네스, ④는 로마의 콘스탄티누스 대제, ⑤는 마우리아 왕조의 아소카왕이 한 일이다.

19 제시된 글은 티베리우스 그라쿠스의 연설이다. 호민관으로 뽑힌 그라쿠스 형제는 자영 농민을 보호하기 위한 개혁을 추진하였으나 귀족들의 반대로 실패하였다.
바로 알기 | ①은 아테네의 클레이스테네스, ②는 아케메네스 왕조 페르시아의 다리우스 1세, ③은 아테네의 솔론, ⑤는 아케메네스 왕조 페르시아의 키루스 2세에 대한 설명이다.

20 진의 시황제는 전국 시대의 여러 화폐를 반량전으로 통일하고 흉노를 막고자 전국 시대의 장성을 이어 만리장성을 쌓았다.
바로 알기 | ㄱ, ㄹ은 중국 한 무제 등이 한 활동이다.

21 '서역 행로' 등으로 보아, 지도의 최대 영역을 차지한 나라는 중국의 한이다. 한은 한 무제 때 고조선을 정복하였으며, 흉노를 견제하기 위한 동맹을 맺고자 장건을 서역에 파견하였다. 또한 군현제를 전국으로 확대하였고, 수도에 태학을 설립하여 유학을 가르쳤다.
바로 알기 | ⑤는 중국의 진(秦)에 대한 설명이다.

22 예시 답안 춘추 전국 시대에는 철제 농기구와 우경이 발달하여 농업 생산력이 크게 늘어났다. 또한 철제 무기를 사용하여 전쟁의 규모가 확대되었다. 제후들이 부국강병을 추진하면서 여러 사상가와 학파(제자백가)가 출현하였다.

23 인도의 마우리아 왕조는 기원전 4세기 초 찬드라굽타 마우리아가 세운 나라로, 아소카왕 때 남부 일부를 제외한 인도 대부분 지역을 차지하며 전성기를 맞았다. 아소카왕은 자신의 통치 방침과 불교의 가르침을 새긴 돌기둥을 나라 곳곳에 세웠다.
바로 알기 | ⑤ 마우리아 왕조 시기에는 개인의 해탈을 강조하는 상좌부 불교가 발전하였다. 많은 사람의 구제를 강조하는 대승 불교는 쿠샨 왕조 시기에 발달하였다.

24 알렉산드로스의 동방 원정 이후 인도의 간다라 지방에서는 그리스 신상의 영향을 받아 부처를 인간의 모습으로 표현한 불상이 만들어지기 시작하였다. 이에 따라 인도 문화와 헬레니즘 문화가 결합된 간다라 양식이 발달하였다.

25 바닷길은 기원전 10세기부터 이집트 상인들이 인도양을 오가며 개척하였다. 바닷길은 로마에서 인도를 거쳐 동남아시아까지 이르렀으며 오랫동안 동서 교류의 중요한 통로가 되었다.

Ⅲ. 세계 종교의 확산과 지역 문화의 발전

실전 대비 1회
102쪽~105쪽

1 ⑤	**2** 9품중정제	**3** ③	**4** ①	**5** ①
6 ①	**7** ①	**8** ②	**9** ⑤	**10** ③
11 해설 참조	**12** ②	**13** ②	**14** 해설 참조	
15 ③	**16** ④	**17** ④	**18** ③	**19** 카노사의 굴욕
20 ④	**21** 해설 참조	**22** ⑤	**23** ③	**24** ⑤
25 ④				

1 (가) 시기는 남북조 시대로, 창장강 이남에는 한족이 세운 왕조가 들어서고, 화북 지역에는 선비족 등이 세운 북조가 들어선 시대였다. 이 시기에는 지방 관리의 추천으로 중앙 관리를 뽑는 9품중정제가 시행되었다.
바로 알기 | ①은 한대(한 고조 시기), ②는 진대, ③은 당대, ④는 진, 한대 등의 시기에 있었던 일이다.

2 9품중정제는 위진 남북조 시대에 지방 관리의 추천으로 중앙 관리를 뽑은 제도이다. 이 제도가 실시되면서 호족 세력이 중앙 정부로 진출하였고, 호족 세력이 가문 대대로 관직을 독차지하면서 문벌 귀족으로 성장하였다.

3 (가)는 북위이다. 북위의 효문제는 선비족의 복장과 언어를 금지하고 선비족과 한족의 결혼을 장려하는 등 한족의 제도와 문물을 수용하는 한화 정책을 추진하였다.
바로 알기 | ①은 한, ②는 진(秦) 등, ④는 주, ⑤는 당에 대한 설명이다.

4 밑줄 친 '이 국가'는 수이다. 수는 위진 남북조 시대 이후 오랫동안 남북으로 나뉘어 있던 중국을 다시 통일한 국가로, 과거제를 처음으로 시행하였으며 대운하를 건설하였다.
바로 알기 | ②는 주, ③은 상, ④는 진, ⑤는 당에 대한 설명이다.

5 일본 고대 국가의 발전 과정은 (가) 야요이 문화 성립 – (나) 야마토 정권의 소국 통합 – (라) 나라 시대 도다이지 건립 등 불교 융성 – (다) 헤이안 시대의 가나 문자 제작 순으로 전개되었다.

6 당대 한반도, 일본, 베트남 등 주변 지역과 당의 사신, 유학생, 승려 등이 활발하게 교류하면서 동아시아 문화권이 형성되었다. 동아시아 문화권의 공통 요소로는 불교, 유교, 율령, 한자 등이 있다.
바로 알기 | ①은 당대에 들어온 외래 종교로, 동아시아 문화권의 공통 요소로 보기 어렵다.

7 3세기 초 서아시아에서 아케메네스 왕조 페르시아의 부흥을 내세우며 사산 왕조 페르시아가 성립하였다. 사산 왕조 페르시아는 조로아스터교를 국교로 삼았고 페르시아어를 공용어로 사용하였다. 한편, 사산 왕조 페르시아는 로마 제국과 경쟁하였으며, 동서를 잇는 중계 무역으로 번영하였다. 그러나 비잔티움 제국과의 잦은 전쟁으로 쇠퇴하다가 이슬람 세력에게 멸망하였다.
바로 알기 | ㄷ은 아시리아, ㄹ은 알렉산드로스 제국에 대한 보고서를 작성할 때 들어갈 내용이다.

8 밑줄 친 '이 왕조'는 굽타 왕조이다. 굽타 왕조는 4세기 초에 찬드라굽타 1세가 세웠으며 찬드라굽타 2세 때 벵골만에서 아라비아해까지 영토를 넓히며 전성기를 맞았다.
바로 알기 | ①은 마우리아 왕조, ③, ④는 쿠샨 왕조, ⑤는 사산 왕조 페르시아 등에 대한 설명이다.

9 ㉠은 굽타 왕조 시기에 형성된 힌두교이다. 힌두교는 카스트제에 따른 신분 차별을 인정하였다.
바로 알기 | ① 힌두교는 여러 신을 믿는 다신교이다. ②는 불교, ③은 이슬람교, ④는 조로아스터교에 대한 설명이다.

10 (가)는 우마이야 왕조이다. 우마이야 왕조는 아랍인 우대 정책을 실시하여 비아랍인 이슬람교도들의 불만을 샀다.
바로 알기 | ①, ⑤는 인도의 굽타 왕조, ②, ④는 이슬람 제국의 아바스 왕조에 대한 설명이다.

11 예시 답안 시아파는 알리를 무함마드의 유일한 후계자로 보고 무함마드의 혈통만이 칼리프가 될 수 있다고 주장하였다. 반면, 수니파는 능력과 자질을 갖추면 누구나 칼리프가 될 수 있다고 주장하였다.

12 이슬람 문화권에서는 돔과 뾰족한 탑을 특징으로 한 모스크가 발달하였다. 또한 아라베스크 장식이 유행하고 『아라비안나이트』와 같은 설화 문학이 널리 퍼졌다. 인도에서 숫자 '0(영)'의 개념을 받아들여 아라비아 숫자도 완성하였다.
바로 알기 | ②는 굽타 왕조 시기의 문화에 대한 내용이다. 굽타 왕조 시기에는 산스크리트어로 쓴 『마하바라타』, 『라마야나』와 같은 서사시가 발달하였다.

13 제시된 핵심 단어는 유럽 북부에 살던 게르만족과 관련이 있다. 게르만족은 4세기 말 훈족의 압박을 받아 대규모로 이동하며 서로마 제국 곳곳에 나라를 세웠는데, 이 과정에서 서로마 제국이 게르만족 출신 용병 대장에게 멸망하였다.

14 예시 답안 8세기 후반 카롤루스 대제는 프랑크 왕국의 영토를 넓히고 정복한 지역에 크리스트교를 전파하여 로마 교황으로부터 서로마 황제의 관을 받았다. 또한 카롤루스 대제는 곳곳에 학교를 세워 학문과 문화 발전을 이루는 등 서유럽 문화의 기틀을 마련하였다.

15 밑줄 친 '이 제국'은 비잔티움 제국이다. 비잔티움 제국에서는 황제가 정치적·군사적·종교적 권한을 지녔으며, 그리스어를 공용어로 사용하였다.
바로 알기 | ㄱ은 사산 왕조 페르시아, ㄹ은 프랑크 왕국에 대한 설명이다.

16 제시된 자료는 성 소피아 대성당과 대성당 내부의 모자이크 벽화이다. 성 소피아 대성당은 비잔티움 양식을 대표하는 건축물로, 벽 위에 거대한 돔을 올리고 모자이크 벽화로 내부를 장식하였다.

17 중세 서유럽에서는 프랑크 왕국이 분열하고 바이킹, 이슬람 세력 등 이민족이 침입하는 혼란한 상황에서 봉건 질서가 형성되었다. 기사들은 자기보다 강한 기사를 주군으로 섬겼고, 주군은 기사를 신하(봉신)로 삼고 토지(봉토)를 주었다.
바로 알기 | ④ 중세 서유럽의 봉건 질서는 주군과 봉신이 맺은 쌍무적 계약 관계를 바탕으로 하였다. 쌍무적 계약 관계는 어느 한쪽이 의무를 지키지 않으면 깨질 수 있었다.

18 (가)는 농노이다. 농노는 영주의 허락 없이 장원을 떠날 수 없었다. 그러나 노예와 달리 결혼하여 가정을 꾸릴 수 있었고, 약간의 재산을 가질 수 있었다.
바로 알기 | ①, ④는 기사, ②, ⑤는 성직자에 대한 설명이다.

19 제시된 글에서 설명하는 사건은 카노사의 굴욕이다. 교황 그레고리우스 7세는 세속 군주가 아닌 교회가 성직자 임명권을 가져야 한다고 주장하였는데, 신성 로마 제국의 황제 하인리히 4세가 이에 반발하였다. 결국 교황이 황제를 파문하자, 황제가 카노사에서 교황에게 용서를 빌었다.

20 제시된 문화유산은 샤르트르 대성당으로, 12세기에 유행한 고딕 양식을 대표하는 건축물이다. 고딕 양식은 높고 뾰족한 첨탑과 스테인드글라스(색유리그림)가 특징이다.
바로 알기 | ④ 둥근 천장과 반원형의 아치는 11세기에 유행한 로마네스크 양식의 특징이다.

21 예시 답안 피사 대성당은 로마네스크 양식으로 지어진 대표적인 건축물로, 둥근 천장과 반원형의 아치가 특징이다.

22 십자군 전쟁은 셀주크 튀르크의 예루살렘 점령 등을 배경으로 일어났으며, 교황의 호소에 기사, 농민 등이 호응하면서 시작되었다. 결국 성지 예루살렘 회복에 실패하면서 이후 교황과 기사의 권위는 하락하였다.
바로 알기 | ⑤는 로마-카르타고 전쟁의 결과이다.

23 14세기에 유행한 흑사병으로 인구가 크게 줄어 노동력이 부족해지자 영주들이 농노의 처우를 개선해 주기도 하고 농노를 억압하기도 하였다. 한편, 상업과 도시가 성장하면서 화폐 사용이 늘자 영주는 농노에게 생산물이나 노동력 대신 화폐로 세금을 거두었고 돈을 받고 신분을 해방하여 주기도 하였다. 이러한 변화를 배경으로 중세의 장원은 점차 해체되었고, 봉건 사회가 동요하였다.
바로 알기 | ㄱ은 게르만족의 이동 배경, ㄹ은 중세 서유럽 봉건 질서의 형성 배경이다.

24 (가)는 백년 전쟁, (나)는 장미 전쟁이다. (가) 백년 전쟁과 (나) 장미 전쟁은 프랑스와 영국이 각각 중앙 집권 국가로 나아가는 데 영향을 미쳤다.

25 제시된 문화유산은 「모나리자」와 성 베드로 대성당으로, 이탈리아의 르네상스를 대표하는 문화유산이다. 14~16세기 이탈리아에서는 인간의 개성과 능력을 중시하는 인문주의가 발달하였는데, 보카치오는 『데카메론』에서 인간의 욕망을 사실적으로 묘사하였다.
바로 알기 | ①, ②, ③, ⑤는 모두 알프스 이북에서 일어난 르네상스에 대한 설명이다.

1 ③	**2** ④	**3** ④	**4** ②	**5** ④	**6** ①
7 ①	**8** ①	**9** ⑤	**10** 이슬람교		**11** ④
12 ③	**13** 해설 참조		**14** ②	**15** ①	**16** ②
17 ⑤	**18** ④	**19** 기사	**20** ⑤	**21** ②	**22** ⑤
23 ⑦ 길드, ⓒ 자치권		**24** ⑤		**25** 해설 참조	

1 밑줄 친 '왕조'는 동진과 남조이다. 창장강 남쪽 지역으로 밀려난 한족은 선진 농업 기술(벼농사)을 바탕으로 강남 지방을 개발하여 경제 발전을 이루었다.
바로 알기 | ①은 진, ②, ④는 수, ⑤는 북위에 대한 설명이다.

2 제시된 문화유산은 윈강 석굴로, 남북조 시대에 북위에서 만들었다. 북위에서는 불교가 왕실의 지원을 받으며 발전하였고, 룽먼 석굴이나 윈강 석굴과 같은 거대한 불교 사원이 세워졌다.
바로 알기 | ①, ⑤는 당의 문화, ②, ③은 한의 문화에 대한 설명이다.

3 수는 위진 남북조 시대 이후 오랫동안 남북으로 나뉘어 있던 중국을 다시 통일한 국가이다. 수 양제 시기 여러 차례에 걸친 고구려 원정의 실패와 대규모 토목 공사에 동원된 백성의 불만 등으로 수는 점차 쇠퇴하였다.
바로 알기 | ①, ②는 북위, ③은 당, ⑤는 한에 대한 설명이다.

4 (가)는 당의 부병제, (나)는 조용조이다. 부병제는 농민이 농한기에 군사 훈련을 받고 전쟁 시 병사로 복무하게 한 제도이고, 조용조는 토지를 받은 농민에게 조(토지세), 용(노동력), 조(직물)를 납부하게 한 제도이다.
바로 알기 | ① 농민은 (나) 조용조 제도에 따라 국가에 직물(조)을 내야 했다. ③ (나) 조용조 제도는 수와 당을 거쳐 정비되었다. ④ 농민은 토지세와 노동력, 직물을 세금으로 부담하였다. ⑤ (가) 부병제와 (나) 조용조는 군사력 확보와 재정 확보를 위해 시행되었다.

5 (가)에는 당대를 살았던 등장인물이 들어가야 한다. 당대에는 수도 장안에 외국 사신들이 드나들었고 중앙에 3성 6부의 행정 조직을 두어 중서성에서는 정책 수립을, 문하성에서는 정책 심의를, 상서성에서는 하위에 6부를 두고 정책을 집행하였다. 또한 당은 부병제를 시행하여 농민이 농한기에 군사 훈련을 받고 전쟁이 일어나면 병사로 복무하게 하였다. 당대에는 훈고학을 집대성하여 유교 경전의 해석을 통일한 『오경정의』가 편찬되었다.
바로 알기 | ④는 위진 남북조 시대에 볼 수 있는 등장인물이다.

6 일본은 당의 장안성을 본뜬 헤이조쿄(나라)로 수도를 옮겼는데, 이 시기부터 헤이안쿄(교토)로 수도를 옮기기 전까지의 시기를 나라 시대라고 부른다. 나라 시대에는 도다이지 등 대규모 사찰이 세워졌고 『일본서기』와 같은 역사서가 편찬되었다.
바로 알기 | ①은 헤이안 시대에 있었던 일이다.

7 (가)는 사산 왕조 페르시아이다. 사산 왕조 페르시아는 지방에 총독을 파견하여 중앙 집권적 통치 체제를 갖추었고, 조로아스터교를 국교로 삼았다.
바로 알기 | ㄷ은 아케메네스 왕조 페르시아, ㄹ은 아시리아에 대한 설명이다.

8 굽타 왕조는 4세기 초 찬드라굽타 1세가 세운 나라이다. 굽타 왕조는 찬드라굽타 2세 시기에 벵골만에서 아라비아해까지 영토를 넓히는 등 최대 영토를 차지하며 전성기를 누렸다.

9 제시된 자료는 『마누 법전』으로, 굽타 왕조 시기에 정비된 법전이다. 이 법전은 힌두교를 뒷받침하였으며, 카스트제에 따른 의무와 규범을 강조하였다.

10 ⑦은 이슬람교이다. 이슬람교는 메카의 상인이었던 무함마드가 천사 가브리엘의 계시를 받았다고 주장하며 정립한 종교이다. 무함마드는 유일신 알라에게 절대복종해야 한다고 가르쳤고 모든 인간은 신 앞에 평등하다고 주장하였다.

11 이슬람 제국은 (다) 무함마드의 메카 정복 – (가) 정통 칼리프 시대의 전개 – (라) 우마이야 왕조 수립 이후 수니파와 시아파의 분열과 대립 – (나) 아바스 왕조의 탈라스 전투 승리 순으로 발전하였다.

12 검색창에 들어갈 왕조는 아바스 왕조이다. 아바스 왕조는 비아랍인에게만 부과하던 세금인 지즈야를 면제하고, 비아랍인도 관리나 군인으로 임명하는 등 비아랍인을 차별하고 아랍인을 우대하던 정책을 폐지하였다.
바로 알기 | ①, ④는 정통 칼리프 시대, ②는 무함마드 시대, ⑤는 우마이야 왕조 시기에 있었던 일이다.

13 **예시 답안** 이슬람 제국은 교통의 요지에 있어 비단길과 바닷길을 이용한 교류가 활발하였다. 또한 이슬람 사회는 상업 활동을 긍정적으로 여겨 국가의 상업 활동을 지원하였다.

14 프랑크 왕국의 카롤루스 대제는 왕국의 영토를 넓히고 정복한 지역에 크리스트교를 전파하여 로마 교황으로부터 서로마 황제의 관을 받았다.

15 지도의 최대 영역을 차지한 나라는 비잔티움 제국이다. 비잔티움 제국은 서로마 제국이 멸망한 뒤에도 약 천 년 동안 더 지속되었다. 6세기 유스티니아누스 황제 때에는 옛 로마 제국 영토의 상당 부분을 회복하였다. 한편, 수도 콘스탄티노폴리스는 유럽과 아시아를 잇는 교역로에 있어 당시 세계 최대의 도시로 성장하였다. 비잔티움 제국에서는 그리스어를 공용어로 사용하였고, 로마의 법률을 집대성하였다.
바로 알기 | ①은 사산 왕조 페르시아에 대한 설명이다.

16 비잔티움 제국에서는 건축 예술이 발달하였다. 특히 이 시기에는 건물 벽 위로 둥근 돔 지붕을 세우고 건물 내부는 모자이크 벽화로 장식하는 비잔티움 양식이 발달하였다. 이러한 건축 양식은 유럽 동북부에 살던 슬라브인의 문화와 역사에도 많은 영향을 미쳤다.
바로 알기 | ①, ④는 고딕 양식, ③, ⑤는 간다라 양식에 대한 설명이다.

17 제시된 글은 성상 숭배를 둘러싼 비잔티움 제국의 황제와 로마 교황의 갈등을 보여 준다. 성상 숭배 금지령이 발표된 이후 크리스트교 세력은 대립과 갈등을 지속하였고, 이후 교황을 중심으로 하는 로마 가톨릭교회와 비잔티움 제국의 황제를 중심으로 하는 그리스 정교로 분리되었다.

18 중세 서유럽에서는 장원의 경작지를 춘경지, 추경지, 휴경지로 구분하였다. 장원의 농민은 대부분 농노였는데, 농노는 방앗간과 같은 영주의 시설물을 사용하는 대신 사용료를 내야 했다. 농노는 노예와 다르게 결혼을 하여 가정을 꾸릴 수 있었고 약간의 재산을 소유할 수 있었다.
바로 알기 | ④ 중세 농노는 영주의 허락 없이 거주 이전을 할 수 없었다.

19 ㉠은 기사이다. 중세의 기사는 자기보다 강한 기사를 주군으로 섬기고 충성과 봉사를 맹세하였다. 주군은 기사에게 땅(봉토)을 주고 신하(봉신)로 삼았다. 기사는 농민의 노동으로 생활을 유지하는 대신 공동체를 안전하게 지키는 역할을 하였다.

20 제시된 글에 나타난 상황은 13세기 후반에 있었던 일로 프랑스 국왕과 로마 교황 간의 대립을 보여 주는 사건이다. 이 사건은 보름스 협약 체결(1122) 이후 시기이자 교황청이 프랑스 아비뇽으로 옮겨지는 아비뇽 유수(1309~1377)가 일어나기 이전인 (마) 시기에 일어났다.

21 (가) 피사 대성당은 11세기에 발달한 로마네스크 양식으로 지어진 건축물이다. 로마네스크 양식은 둥근 천장과 반원형의 아치가 특징이다. (나) 샤르트르 대성당은 12세기에 발달한 고딕 양식으로 지어진 건축물이다. 고딕 양식은 뾰족한 탑과 화려한 스테인드글라스(색유리그림)가 특징이다. 높이 솟은 뾰족한 탑은 신과 가까워지고자 하는 중세 사람들의 소망과 신앙심을 나타낸다.
바로 알기 | ㄴ. (나) 샤르트르 대성당의 높고 뾰족한 첨탑이 중세 사람들의 신앙심을 잘 보여 준다. ㄹ. (가) 피사 대성당은 로마네스크 양식, (나) 샤르트르 대성당은 고딕 양식의 건축물이다.

22 셀주크 튀르크의 예루살렘 점령을 배경으로 십자군 전쟁이 일어났다. 십자군 전쟁으로 지중해 무역권이 성장하고 동서 문화 교류가 확대되었으며, 지중해 연안 도시들이 발달하게 되었다.
바로 알기 | ① 왕권은 상대적으로 강화되었다. ② 교황의 권위는 약화되었다. ③은 로마-카르타고 전쟁의 영향이다. ④ 전쟁에 참여하였던 기사의 권위와 세력이 약화되었다.

23 ㉠은 길드, ㉡은 자치권이다. 길드는 중세 도시의 상인과 수공업자들이 공동의 이익과 안전을 지키고자 만든 조직이다. 상업과 수공업 등으로 부를 쌓은 도시민들은 영주에게 돈을 내거나 무력을 사용하여 자치권을 얻기도 하였다.

24 백년 전쟁은 프랑스의 왕위 계승 문제를 둘러싸고 영국과 프랑스가 약 100년간 벌인 전쟁이다. 초반에는 영국이 우세하였으나, 프랑스의 농민 출신 잔 다르크가 활약하면서 결국 전쟁에서 프랑스가 승리하였다.
바로 알기 | ⑤ 백년 전쟁은 프랑스가 중앙 집권 국가로 나아가는 데 영향을 미쳤다.

25 **예시 답안** 「우신예찬」은 알프스 이북의 르네상스를 대표하는 문학 작품이다. 알프스 이북의 르네상스는 교회와 현실 사회를 비판하는 경향이 강하였다.

1 ③	**2** ③	**3** ②	**4** ③	**5** ③	**6** ⑤
7 ①	**8** ②	**9** ④	**10** 사산 왕조 페르시아		**11** ④
12 ④	**13** ⑤	**14** ⑤	**15** 해설 참조		**16** ②
17 ⑤	**18** ④	**19** 셀주크 튀르크		**20** 예루살렘	
21 ④	**22** ⑤	**23** ②	**24** ③		**25** 해설 참조

1 (가)는 북위이다. 선비족이 세운 북위는 효문제 때 선비족의 복장과 언어를 금지하고 선비족과 한족의 결혼을 권장하는 등 한족의 제도와 문물을 수용하는 한화 정책을 추진하였다.
바로 알기 | ①, ②는 남조, ④는 수, ⑤는 당에 대한 설명이다.

2 도연명의 시 「귀거래사」는 위진 남북조 시대 동진과 남조의 귀족 문화를 보여 주는 대표적인 시이다. 9품중정제는 위진 남북조 시대에 지방에 파견된 관리의 추천으로 중앙의 관리를 뽑던 제도였다. 이 제도의 실시로 호족이 중앙 정부로 나아갔고, 대대로 관직을 독차지하면서 문벌 귀족으로 성장하였다. 이 시기 민간 신앙과 도가 사상이 결합한 도교가 발전하였다. 한편, 룽먼과 윈강 석굴은 북조에서 건립된 대규모 석굴 사원이다.
바로 알기 | ③은 당대의 일이다.

3 수 문제는 오랫동안 남북으로 나뉘어 있던 중국을 다시 통일하였다. 또한 과거제를 처음 시행하여 문벌 귀족이 관직을 독차지하는 것을 막고 왕권을 강화하고자 노력하였다.
바로 알기 | ①, ④는 진의 시황제, ③, ⑤는 한 무제의 활동이다.

4 ㉠은 균전제, ㉡은 부병제이다. 균전제는 성인 남자에게 일정한 면적의 토지(균전)를 지급하는 제도이고, 부병제는 농민이 농한기에 군사 훈련을 받고 변방을 지키거나 전쟁이 나면 병사로 복무하게 하는 제도이다.

5 당은 수의 통치 제도를 이어받아 중앙 행정 조직인 3성 6부를 운영하였다. 3성의 역할을 나누어 중서성에서는 정책 수립을, 문하성에서는 정책 심의를, 상서성에서는 하위에 6부를 두고 정책을 집행하였다. 당은 이러한 제도를 통해 권력이 한곳에 치우치는 것을 막았다.
바로 알기 | ① 당의 중앙 행정 조직이다. ②는 과거제, ④는 균전제, ⑤는 주의 봉건제에 대한 설명이다.

6 제시된 문화유산은 당삼채로, 당대 만들어진 대표적인 도자기이다. 주로 흰색, 녹색, 갈색의 유약을 사용하여 만들어졌다. 당대에는 국제적인 문화가 발전하였고, 조로아스터교, 경교, 이슬람교 등 다양한 외래 종교가 전해졌다.
바로 알기 | ①은 수대, ②는 진·한대, ③, ④는 위진 남북조 시대에 볼 수 있는 모습이다.

7 (가)는 일본의 나라 시대로, 이 시기에는 당과 신라에서 불교 문화가 들어와 도다이지와 같은 대규모 사찰이 건립되고 역사서인 『일본서기』가 편찬되었다.
바로 알기 | ㄷ은 헤이안쿄(교토)로 천도한 이후 시대인 헤이안 시대, ㄹ은 헤이조쿄(나라)로 천도하기 이전인 야마토 정권 시기에 있었던 일이다.

8 당대에 활발한 국제 교류를 바탕으로 한반도, 일본, 베트남 등 동아시아 국가의 사신, 유학생, 승려 등이 교류하는 과정에서 한자, 유교, 율령, 불교 등의 문화 요소를 공유하는 동아시아 문화권이 형성되었다. 특히 한자는 신라의 이두, 일본의 가나 문자, 베트남의 쯔놈 문자가 만들어지는 데 큰 영향을 주었다.
바로 알기 | ② 이슬람교는 당대에 들어온 외래 종교이나 동아시아 문화권의 공통 요소로 보기 어렵다.

9 (가)는 조로아스터교, (나)는 힌두교이다. 조로아스터교는 사산 왕조 페르시아의 국교였으며, 힌두교는 굽타 왕조 시기에 형성되었다. 힌두교의 주요 신으로는 시바, 비슈누 등이 있다. 힌두교는 카스트제에 따른 신분 차별을 인정하였다.

10 제시된 글에서 설명하는 나라는 사산 왕조 페르시아이다. 사산 왕조 페르시아는 3세기 초 서아시아에서 아케메네스 왕조 페르시아의 부흥을 내세우며 성립하였다. 또한 로마 제국과 경쟁하였으며, 동서를 잇는 중계 무역으로 번영하였다. 이후 사산 왕조 페르시아는 비잔티움 제국과 잦은 전쟁을 치르면서 약해졌고, 7세기 무렵 이슬람 세력의 공격으로 멸망하였다.

11 밑줄 친 '이 종교'는 이슬람교이다. 이슬람교는 유일신 알라에게 절대복종해야 한다고 가르쳤으며 모든 인간은 신 앞에 평등하다고 주장하여 귀족들의 탄압을 받았다.
바로 알기 | ①은 조로아스터교, ②는 크리스트교, ③은 대승 불교, ⑤는 힌두교에 대한 설명이다.

12 제시된 글은 시아파와 수니파의 분열과 대립으로, (라) 시기에 시작되었다. 제4대 칼리프인 알리가 피살되자 우마이야 가문이 권력을 잡고 칼리프 자리를 세습하면서 시아파와 수니파의 분열과 대립이 일어났다.

13 지도는 훈족의 압박을 피해 이동한 게르만족이 로마 영토 안에 여러 국가를 세운 것을 보여 준다. 게르만족의 이동 결과 서로마 제국 곳곳에는 게르만족 국가가 세워졌고 서로마 제국은 점차 쇠약해졌다. 결국 서로마 제국은 게르만족 출신 용병 대장에게 멸망하였다.
바로 알기 | ㄱ은 9~10세기에 일어난 일이다. ㄴ은 게르만족이 이동하게 된 원인이다.

14 제시된 문화유산은 산 비탈레 성당의 모자이크 벽화로, (가) 인물은 비잔티움 제국의 유스티니아누스 황제이다. 6세기 비잔티움 제국을 전성기로 이끈 유스티니아누스 황제는 옛 로마 영토의 상당 부분을 회복하였으며 『유스티니아누스 법전』을 편찬하였다. 한편, 비잔티움 제국의 황제는 정치적·군사적·종교적 권한을 모두 지닌 존재였다.
바로 알기 | ⑤는 프랑크 왕국의 카롤루스 대제에 대한 설명이다.

15 **예시 답안** 기사들은 자기보다 강한 기사를 주군으로 섬기고 충성과 봉사를 맹세하였으며, 주군은 그 기사에게 땅(봉토)을 주고 신하(봉신)로 삼았다. 주군과 봉신은 서로 의무를 다하자는 계약을 바탕으로 한 주종 관계를 맺었다.

16 중세 영주는 장원을 다스렸으며 재판권과 세금 징수권을 행사하였다. 농노는 영주의 허락 없이 장원을 떠날 수 없었으나 결혼하여 가정을 꾸릴 수 있었다.
바로 알기 | ② 중세의 농노는 약간의 재산을 소유할 수 있었다.

17 제시된 자료는 1122년에 체결된 보름스 협약이다. 교황과 황제가 보름스 협약을 맺으면서 교황만이 성직자 임명권을 가지게 되었고, 이로써 교황권이 절정에 이르렀다.

18 중세 서유럽의 문화는 크리스트교 중심으로 발달하였다. 신학이 학문의 중심이었으며 스콜라 철학이 유행하였는데 토마스 아퀴나스가 『신학 대전』에서 이를 집대성하였다. 학문이 발달하면서 12세기 이후에는 유럽에 대학이 설립되었다. 한편, 교회와 수도원을 중심으로 건축이 발달하였는데, 11세기에는 로마네스크 양식이, 12세기 이후에는 고딕 양식이 발달하였다. 문학에서는 기사들의 영웅담이나 사랑을 소재로 한 기사도 문학이 인기를 끌었다.
바로 알기 | ④ 중세 서유럽의 문화는 이슬람교가 아닌 크리스트교 중심의 문화였다.

19 ㉠은 셀주크 튀르크이다. 11세기경 중앙아시아에서 성장한 셀주크 튀르크는 아바스 왕조의 칼리프로부터 술탄의 칭호를 얻으며 이슬람 세계를 이끌었다. 이후 영토를 넓히는 과정에서 예루살렘을 점령하는 등 크리스트교 세계와 충돌하였다.

20 지도는 십자군 전쟁을 보여 준다. 십자군 전쟁에서 로마 가톨릭 세력권과 그리스 정교 세력권은 셀주크 튀르크에 빼앗긴 성지 예루살렘을 회복하고자 하였다.

21 지도에 나타난 전쟁은 십자군 전쟁이다. 십자군 전쟁은 셀주크 튀르크의 성지 예루살렘 점령을 배경으로 일어났으며, 전쟁 과정에서 이탈리아의 여러 도시를 비롯하여 지중해 연안의 도시들이 번영하였다.
바로 알기 | ㄱ은 로마-카르타고 전쟁, ㄷ은 백년 전쟁에 대한 설명이다.

22 중세 크리스트교 세계의 주요 역사적 사건은 (라) 카노사의 굴욕 - (나) 보름스 협약 체결 - (마) 필리프 4세의 성직자 과세 시도 - (가) 아비뇽 유수 - (다) 교회의 대분열 순으로 전개되었다. 따라서 세 번째로 일어난 일은 (마)이다.

23 중세 도시가 성장하면서 도시의 상인과 수공업자들은 동업 조합인 길드를 만들고, 영주에게 돈을 내고 자치권을 얻기도 하였다.
바로 알기 | ㄴ은 중세 기사, ㄹ은 성직자에 대한 설명이다.

24 (가)는 알프스 이북의 르네상스, (나)는 이탈리아의 르네상스를 보여 주는 작품이다. 알프스 이북의 르네상스는 현실 사회와 교회를 비판하는 경향이 강하였다. 르네상스가 처음 일어난 이탈리아에서는 인문주의가 발달하여 인체의 아름다움을 표현하거나 인간의 개성이 드러난 작품이 많았다.
바로 알기 | ③은 알프스 이북에서 일어난 르네상스의 특징이다.

25 **예시 답안** 이탈리아에는 로마의 문화유산이 많이 남아 있었고, 비잔티움 제국의 학자들이 이주하여 고전 문화에 대한 연구가 활발히 이루어졌다. 또한 지중해 무역으로 부유해진 상인들이 많은 예술가를 후원하였다.

실전 대비 1회

114쪽~117쪽

1 ②	2 ③	3 ②	4 ②	5 해설 참조
6 ①	7 ④	8 ④	9 ⑤	10 해설 참조
11 ④	12 ③	13 ⑤	14 ⑤	15 조닌
16 ⑤	17 ③	18 ②	19 ②	20 ④
21 에스파냐		22 ②	23 ③	24 ① 25 ⑤

1 ㉠은 문치주의이다. 송 태조가 문치주의 정책을 실시한 결과 사대부 계층이 성장하였으나 한편으로는 국방력이 약해졌다. 그러자 거란, 서하 등 북방에서 성장한 나라들이 송을 압박하였고, 송이 평화를 유지하고자 북방 민족에게 많은 비단과 은을 제공하면서 재정이 악화되었다.

2 만주 지역에서 성장한 여진(금)은 송과 연합하여 요를 멸망시켰다. 이후 금은 송을 공격하여 남쪽으로 몰아냈다.
바로 알기 | ①, ②는 거란(요), ④는 몽골 제국, ⑤는 서하 등에 대한 설명이다.

3 송대에는 모내기법 등 새로운 농법이 보편화되고 신품종의 벼가 보급되면서 농업 생산력이 크게 증가하였다. 또한 바닷길을 따라 교역이 활발해지면서 주요 항구에 세금과 무역을 담당하는 시박사가 설치되었다.
바로 알기 | ㄴ은 원, ㄹ은 18세기 중반 이후 청의 경제에 대한 설명이다.

4 선생님이 설명하는 인물은 칭기즈 칸이다. 테무친은 몽골 부족을 통일한 후 칭기즈 칸으로 추대되어 몽골 제국을 세웠다(1206). 그는 서하와 금을 공격하였으며 중앙아시아를 정복하였다. 정복한 지역은 형제와 자손들에게 나누어 주었다.
바로 알기 | ①, ③, ④는 쿠빌라이 칸, ⑤는 한 무제의 활동에 대한 설명이다.

5 **예시 답안** 몽골 제국의 병사들은 기마술에 뛰어났고, 활이나 투석기 등 우수한 무기를 사용하였다. 또한 몽골 제국은 정복한 지역의 주민들로 병력을 보충하였으며, 이슬람 상인의 교역을 보장해 주는 대가로 지리 및 군사 정보를 얻을 수 있었다.

6 지도의 최대 영역을 차지한 나라는 몽골 제국이다. 이 시기에는 이븐 바투타, 마르코 폴로 등이 중국을 여행하였으며, 이슬람 세계의 천문학과 역법이 중국에 전해져 곽수경이 수시력을 만들기도 하였다.
바로 알기 | ㄷ은 당, ㄹ은 명·청대의 대외 교류에 대한 설명이다.

7 제시된 자료는 여섯 가지 유교의 가르침인 '육유'이다. 명의 홍무제는 한족의 전통인 유교적 통치 질서를 회복하고자 육유를 반포하였다. 이 밖에도 몽골 풍습을 금지하고, 과거제와 학교 교육을 정비함으로써 한족의 전통을 회복하려고 하였다.

8 17세기경 중국에서 있었던 사건은 (나) 누르하치의 후금 건국 – (라) 홍타이지가 국호를 '청'으로 변경 – (다) 명 멸망 – (가) 청의 베이징 점령 순으로 전개되었다.

9 소수의 만주족이 세운 국가인 청은 다수의 한족을 효율적으로 다스리기 위하여 중요한 관직에 만주족과 한족을 골고루 등용하는 만한 병용제를 실시하고 유학 교육을 장려하는 등 회유책을 펼쳤다. 그러나 동시에 변발과 호복을 강요하고 청 왕조를 비판하는 서적을 금지하는 등 강압책도 실시하였다.

10 **예시 답안** 「곤여만국전도」는 중국이 세계의 중심이라고 믿었던 당시 동아시아 여러 나라의 세계관이 변화하는 데 큰 영향을 주었다.

11 ㉠은 성리학, ㉡은 양명학, ㉢은 고증학이다. 남송의 주희가 완성한 성리학은 우주의 원리와 인간의 본성을 탐구하는 학문으로, 중국을 비롯한 동아시아 여러 나라의 통치 이념이 되었다. 명대에 유행하였던 양명학은 이론과 형식보다 실천을 강조하였으며, 청대에 발전한 고증학은 유교 경전을 실증적으로 연구하는 학문이었다.
바로 알기 | ④ 청대에는 고증학이 발달하였다. 훈고학은 유교 경전의 옛글자를 해석하는 학문으로 한대와 당대에 발달하였는데, 특히 당대에는 유교 경전의 해석을 통일하고 이를 집대성한 『오경정의』가 편찬되었다.

12 명·청대에는 유럽과 아메리카, 일본의 상인이 중국의 차, 비단, 도자기 등을 구입하고 대금을 은으로 지불하였다. 그 결과 중국에 다량의 은이 유입되면서 은이 화폐로 사용되었고, 중국 정부는 세금을 은으로 걷었다.
바로 알기 | ㄱ은 원대에 있었던 일이다. 원이 동전 사용을 제한하면서 지폐인 교초가 주요 화폐로 쓰였다. ㄹ은 로마–카르타고 전쟁의 영향에 해당한다. 전쟁 동안 많은 토지를 차지한 로마 귀족들은 노예를 이용한 대농장(라티푼디움)을 경영하였다.

13 무로마치 막부 후반에는 막부의 통제력이 약해져 다이묘(영주)들이 세력을 다투는 전국 시대가 전개되었다. 도요토미 히데요시는 100여 년간 이어진 전국 시대를 통일하였다. 그는 명을 정복한다는 구실로 조선을 침략(임진왜란)하였으나 실패하였다. 이후 도쿠가와 이에야스가 에도 막부를 수립하였다(1603).
바로 알기 | ①, ②, ④는 무사 정권이 수립되기 이전, ③은 에도 막부가 수립된 이후에 일어난 일이다.

14 에도 막부가 산킨코타이 제도를 시행한 결과 막부는 지방의 다이묘를 통제하고 중앙 집권 체제를 강화할 수 있었다. 특히 에도를 오가는 행렬을 꾸리는 데 비용이 많이 들었기 때문에 다이묘를 경제적으로 통제할 수 있었다. 한편, 산킨코타이 제도로 다이묘들이 에도를 오가는 과정에서 지방과 에도를 잇는 교통로가 발달하고 지방 문화가 발전하였다.
바로 알기 | ㄱ은 무굴 제국, 오스만 제국 등에서 실시한 관용 정책의 결과이다. ㄴ. 신사는 학생, 과거 합격자, 관직 경험자 등 유교적 교양을 갖춘 지식인으로, 향촌의 질서를 유지하는 역할을 하였다. 신사층은 중국의 명·청대에 사회를 주도하며 새로운 학풍을 조성하였다.

15 ㉠은 조닌이다. 에도 시대에는 농업 생산력이 증가하고 상품 작물의 재배가 활발하였다. 또한 수공업과 광업이 발달하였고 도로망도 정비되어 도시가 성장하였다. 이를 배경으로 조닌이라 불리는 도시 상공업자 계층이 성장하였는데, 이들을 중심으로 우키요에와 가부키 등의 조닌 문화가 발달하였다.

16 무굴 제국은 16세기 초 바부르가 델리 술탄 왕조를 무너뜨리고 건국한 이슬람 왕조이다. 무굴 제국은 아우랑제브 황제 때 최대 영토를 확보하여 전성기를 맞이하였다. 그러나 아우랑제브 황제는 이슬람교가 아닌 다른 종교를 탄압하여 백성의 불만을 샀고, 무굴 제국은 결국 각지에서 일어난 반란과 서양 세력의 침입으로 쇠퇴하였다.

바로 알기 | ㄱ, ㄴ은 오스만 제국에 대한 설명이다. ㄱ은 오스만 제국의 메흐메트 2세, ㄴ은 술레이만 1세가 한 일이다.

17 제시된 내용은 무굴 제국의 인도·이슬람 문화의 사례에 해당한다. 무굴 제국에서는 힌두교와 이슬람교를 절충한 시크교가 발전하였다. 또한 무굴 제국의 사람들은 우르두어를 일상에서 널리 사용하였다. 건축에서는 타지마할로 대표되는 인도·이슬람 양식이 유행하였고, 미술에서는 페르시아의 세밀화와 인도 미술이 융합된 무굴 회화가 발달하였다.

18 (가)는 오스만 제국의 수도인 이스탄불(콘스탄티노폴리스)이다. 오스만 제국의 메흐메트 2세는 비잔티움 제국을 정복하고 콘스탄티노폴리스를 수도로 삼았다. 이후 콘스탄티노폴리스는 이스탄불로 불리게 되었다. 이스탄불은 유럽과 아시아의 교차점에 위치하여 세계 각지의 문물이 교류되는 국제 도시로 성장하였다.

바로 알기 | ①은 베이징, ③은 아비뇽, ④는 메디나, ⑤는 예루살렘 등에 대한 설명이다.

19 제시된 핵심 단어는 오스만 제국과 관련이 있다. 이슬람 제국인 오스만 제국의 술탄은 아바스 왕조로부터 칼리프의 지위를 이어받았다. 오스만 제국은 술레이만 1세 때 헝가리를 정복하는 등 전성기를 맞이하였다. 오스만 제국에서는 시장인 바자르를 중심으로 교류가 활발하였고, 커피 문화가 발달하기도 하였다. 문화에서는 비잔티움 양식을 도입한 모스크가 발달하였는데, 술탄 아흐메트 사원이 대표적이다. 한편, 오스만 제국에서는 크리스트교도 청년들을 이슬람교로 개종하게 하여 술탄의 정예군인 예니체리로 양성하고, 세금을 면제해 주었다.

바로 알기 | ② 오스만 제국은 다양한 종교와 민족에 대한 관용 정책을 펼쳐 제국을 안정적이고 효율적으로 다스리고자 하였다.

20 신항로 개척은 유럽인들의 동방에 대한 호기심 증가 및 십자군 전쟁 이후 동방과의 직접적인 무역에 대한 욕구 확대, 지리학과 천문학의 발전, 선박 제작 기술과 항해술과 같은 기술 발달 등을 배경으로 이루어졌다.

바로 알기 | ④는 신항로 개척으로 나타난 변화이다. 대서양 연안에 위치한 포르투갈과 에스파냐가 신항로를 개척하여 동방과의 교역에 앞장섰고, 네덜란드, 영국, 프랑스 등도 동인도 회사를 설립하여 아시아로 진출하였다.

21 제시된 글에서 설명하는 나라는 에스파냐이다. 에스파냐는 콜럼버스와 마젤란 일행을 후원하여 대서양으로 돌아가는 서쪽 항로를 개척하였다. 콜럼버스는 대서양을 건너 서인도 제도에 도착하였고, 마젤란의 함대는 태평양을 가로질러 최초로 세계 일주에 성공하였다.

22 지도에 나타난 무역은 유럽, 아메리카, 아프리카를 잇는 삼각 무역이다. 삼각 무역으로 노예 무역이 활발해지면서 아프리카의 인구가 줄었고 성비가 불균형해졌다.

바로 알기 | ① 인구가 감소하였다. ③ 독자적인 문화가 파괴되었다. ④ 부족 간의 갈등이 깊어졌다. ⑤는 유럽에서 나타난 변화이다. 아메리카로부터 옥수수, 감자, 카카오, 사탕수수 등 새로운 작물이 소개되면서 유럽인의 생활은 풍요로워졌다.

23 독일의 성직자 루터는 로마 교황이 로마 가톨릭교회 신자들에게 면벌부를 판매하자 이를 비판하며 「95개조 반박문」을 발표하였다. 그의 주장은 제후와 농민들에게 큰 지지를 받았다.

바로 알기 | ㄱ은 칼뱅에 대한 설명이다. 칼뱅은 인간의 구원은 미리 예정되어 있다는 예정설을 주장하였으며, 열심히 일하고 절약하여 부자가 되는 것은 신의 은혜라고 주장하여 상공업자들의 지지를 받았다. ㄹ은 영국의 국왕 헨리 8세에 대한 설명이다. 그는 로마 가톨릭교회의 영향력에서 벗어나고자 국왕이 영국 교회의 수장임을 선포하고 영국 국교회를 수립하였다.

24 제시된 문서는 명예혁명 이듬해 영국에서 발표된 권리 장전이다. 권리 장전에는 의회에서 제정한 법이 국왕의 권력보다 앞선다는 내용이 담겨 있었다. 메리 여왕과 윌리엄 3세가 권리 장전을 승인함으로써 영국에서 입헌 군주제의 기초가 마련되었다.

바로 알기 | ① 베르사유 궁전은 프랑스의 루이 14세가 지었다. 루이 14세는 베르사유 궁전에 귀족들을 불러 모아 자신의 권위를 과시하고 귀족을 통제하였다.

25 재정·군사 국가는 관료제와 상비군을 유지하는 데 많은 비용이 들자 비용을 충당하기 위해 가능한 많은 양의 금과 은을 보유하려고 하였다. 이에 수입은 제한하고 수출은 확대하는 중상주의 정책을 실시하였고 해외 식민지 건설에도 적극적으로 나섰다.

바로 알기 | ㄱ. 지즈야는 무굴 제국, 오스만 제국 등 이슬람 국가들이 비이슬람교도에게 걷었던 인두세이다. ㄴ은 중세 봉건 사회의 주군에 대한 설명이다.

1 ④	**2** 해설 참조		**3** (가) 거란(요), (나) 여진(금)	
4 ⑤	**5** ④	**6** ②	**7** ④	**8** ②	**9** ⑤
10 ④	**11** ④	**12** ⑤	**13** ⑤	**14** 아크바르 황제
15 ②	**16** ②	**17** ③	**18** 해설 참조	**19** ①
20 ④	**21** ③	**22** 30년 전쟁	**23** ④	**24** ①
25 ①				

1 밑줄 친 '이 계층'은 사대부이다. 송대에는 절도사의 세력을 약화하고 문인을 우대하는 문치주의 정책으로 사대부 계층이 형성되었다. 사대부는 과거를 거쳐 문인 관료가 되면서 송대의 사회 지배층으로 성장하였다.

2 예시 답안 문치주의 정책으로 송의 군사력이 약화되자, 거란과 서하 등 북방에서 성장한 나라들이 송을 압박하였다. 송은 평화를 유지하는 대가로 이들에게 많은 양의 비단과 은을 제공하였다. 그 결과로 국가 재정이 악화되자 왕안석이 민생 안정과 부국강병을 목표로 개혁을 추진하였다.

3 (가)는 거란(요), (나)는 여진(금)이다. 야율아보기가 건국한 거란은 발해를 멸망시키고 나라 이름을 요로 고쳤다. 정복 왕조로 발전한 요는 고려를 공격하고 화북 지방에서는 송과 대립하였다. 한편, 아구다가 건국한 여진은 송과 연합하여 요를 무너뜨린 뒤, 송을 공격하여 남쪽으로 몰아냈다. 송은 여진의 공격을 받아 임안(항저우)으로 수도를 옮겼는데, 이때부터를 남송이라고 한다.

4 거란(요), 여진(금) 등의 정복 왕조는 고유의 문화를 지키고자 각각 자신들만의 문자를 만들어 사용하였다. 또한 자신의 부족은 고유의 부족제로 다스리고, 한족은 중국식 통치 방식인 주현제로 다스리는 이원적인 통치 방식을 사용함으로써 한족을 효율적으로 다스리고자 하였다.

바로 알기 | ㄱ. 요, 금은 각각 거란족과 여진족이 세운 나라이다. 한족이 세운 나라로는 송, 명 등이 있다. ㄴ은 송 태조가 실시한 정책이다.

5 원은 14세기에 왕위 계승을 둘러싼 다툼이 지속되면서 세력이 약해졌다. 한편으로는 지폐를 지나치게 많이 발행하여 물가가 크게 올랐다. 이러한 상황에서 원의 중국 지배에 불만이 쌓인 한족들이 반란을 일으켰고, 결국 원은 북쪽으로 쫓겨났다.

바로 알기 | ①, ⑤는 송, ②는 명·청, ③은 당에 대한 탐구 활동이다.

6 원대에는 목화 생산이 늘어 면직물 산업이 발달하였다. 교통로의 발달로 동서 교류가 활발해지면서 상업도 성장하였다. 산업과 상업이 발전하면서 도시를 중심으로 서민 문화가 크게 발달하였다. 구어체로 쓴 소설과 희곡이 유행하였으며, 음악과 연극이 어우러진 잡극도 큰 인기를 끌었다.

바로 알기 | ㄴ은 송, ㄹ은 당의 사회에 대한 설명이다.

7 원대에는 도로망 정비, 역참제 실시 등으로 동서 교역망이 통합되어 문화 교류가 활발하게 이루어졌다. 교황과 유럽의 군주들이 원에 사절단을 파견하였고, 마르코 폴로, 이븐 바투타 등도 중국에 방문하였다. 유라시아 대륙을 오가는 사신과 상인들을 통해 다양한 종교와 사상, 기술이 원에 전해졌고, 동시에 중국의 과학 기술도 서양에 전해졌다.

바로 알기 | ④는 명대에 일어난 일이다.

8 지도에 나타난 항해는 정화의 항해이다. 정화의 함대를 해외로 파견한 황제는 명의 영락제이다. 일곱 차례에 걸친 항해로 명은 많은 항해 지식을 얻었으며, 동남아시아와 인도, 아프리카까지 진출하여 30여 개의 나라와 조공·책봉 관계를 맺었다. 한편, 영락제는 자금성을 건설하여 자신의 근거지인 베이징으로 수도를 옮겼다. 대외적으로는 대월(베트남)을 정복하였으며, 직접 군대를 이끌고 여러 차례 몽골을 공격하였다.

바로 알기 | ②는 명의 홍무제가 한 활동이다. 홍무제는 황제권을 강화하고자 재상제를 폐지하였고, 행정을 담당하는 6부를 왕이 직접 관할하였다.

9 ㉠은 청이다. 만주족이 세운 청은 다수의 한족을 효율적으로 다스리고자 회유책과 강압책을 함께 펼쳤다. 청은 만한 병용제를 실시하고 유학 교육을 장려하는 등 회유책을 실시하는 동시에, 변발을 하고 호복을 입도록 하는 등 만주족의 풍습을 강요하고 왕조를 비판하는 서적을 금지하였다. 청은 해상 무역을 통제하여 광저우 한 곳을 개방하고 특허를 받은 상인 조합인 공행을 통한 무역만 허용하였다.

바로 알기 | ①은 송, ②는 금, ③은 명, ④는 원에 대한 설명이다.

10 명대에 중국에 방문한 이탈리아 선교사인 마테오 리치는 명에 머무르며 세계 지도인 「곤여만국전도」를 제작하였다. 이 지도는 중국이 세계의 중심이라고 믿었던 동아시아 여러 나라의 세계관이 변화하는 데 큰 영향을 주었다.

바로 알기 | ① 난학은 일본의 에도 막부가 네덜란드를 통해 받아들인 서양의 학문을 말한다. 에도 막부는 네덜란드 상인에게 나가사키를 개항하여 무역을 허용하였는데, 그 과정에서 천문학, 의학, 조선술, 포술 등 서양의 학문과 기술이 일본에 들어왔다. ②, ③, ⑤는 원대에 일어난 일이다. 원대에는 유럽의 여러 나라 및 이슬람 세계와의 인적·물적 교류가 활발하게 일어났다.

11 제시된 글은 일본의 무사 정권 시기에 시행된 봉건제에 대한 설명이다. 미나모토노 요리토모가 수립한 가마쿠라 막부 때부터 천황의 권위가 약해지고 쇼군(장군)이 실질적으로 나라를 다스리는 일본 특유의 봉건제가 시행되었다. '막부'는 전쟁터에서 지휘관이 사용하던 천막을 가리키는 용어로, 점차 무사 정권 자체를 이르는 말이 되었다.

12 에도 막부는 임진왜란 이후 도쿠가와 이에야스가 수립하였다. 에도 막부는 산킨코타이 제도를 시행하여 중앙 집권 체제를 강화하였다. 에도 시대에는 상품 작물의 재배가 활발하였고, 수공업과 광업도 발달하였다. 그 결과 '조닌'이라 불리는 도시 상공업자가 성장하였고, 이들을 중심으로 가부키와 우키요에 등의 조닌 문화가 유행하였다. 에도 막부는 17세기에 사무역을 통제하는 해금 정책을 실시하였다.

바로 알기 | ⑤는 송 등에 대한 설명이다. 시박사는 당대부터 청대까지 중국의 주요 항구에서 세금과 무역을 담당하던 관청으로, 송대에 크게 발전하였다.

13 제시된 글은 산킨코타이 제도에 대한 설명이다. 에도 막부의 쇼군은 다이묘를 통제하고 중앙 집권적인 정치 체제를 강화하려는 목적으로 산킨코타이 제도를 시행하였다. 다이묘가 이동하는 데에는 많은 비용이 들었기 때문에 다이묘의 경제력도 통제할 수 있었다.

14 검색창에 들어갈 인물은 무굴 제국의 아크바르 황제이다. 무굴 제국을 건국한 바부르의 손자인 아크바르 황제는 활발한 정복 활동을 벌여 인도 북부의 대부분을 차지하였다. 또한 종교 및 사상을 주제로 토론을 벌이는 등 여러 종교에 관용적인 태도를 보였으며, 힌두교도에게도 관직을 주고 지즈야를 폐지하는 등 종교의 다양성을 존중하였다.

15 지도의 최대 영역을 차지한 황제는 무굴 제국의 아우랑제브 황제이다. 그는 지즈야를 다시 거두고 힌두교 사원을 파괴하는 등 힌두교도와 시크교도를 비롯한 비이슬람교도를 탄압하여 백성의 불만을 샀다.
바로 알기 | ㄴ. 타지마할은 샤자한이 황후 뭄타즈 마할을 기리기 위해 세운 건축물이다. ㄹ은 마우리아 왕조의 아소카왕에 대한 설명이다.

16 무굴 제국에서는 인도 고유의 문화와 이슬람 문화가 어우러진 인도·이슬람 문화가 발달하였다. 종교에서는 힌두교와 이슬람교를 절충한 시크교가 발전하였고, 건축에서도 타지마할 등 인도와 이슬람 양식이 조화를 이룬 건축 양식이 유행하였다. 미술에서는 페르시아의 세밀화와 인도 미술이 융합된 무굴 회화가 발달하였다. 한편, 무굴 제국은 공용어로 페르시아어를 사용하였으나 일상에서는 힌디어, 페르시아어, 아랍어 등을 합친 우르두어를 널리 사용하였다.
바로 알기 | ②는 굽타 왕조의 문화에 대한 설명이다. 굽타 왕조 시기에는 인도 고유의 언어인 산스크리트어로 쓰인 서사시가 유행하였다.

17 제시된 건축물은 술탄 아흐메트 사원으로 오스만 제국이 세웠다. 오스만 제국의 술탄은 아바스 왕조로부터 칼리프의 칭호를 이어받았다. 오스만 제국은 홍해와 지중해를 거쳐 아라비아 및 유럽과 교류하였다. 수도 이스탄불은 아시아와 유럽의 교차점에 위치하여 세계 각지의 상인들과 산물이 모여드는 국제 도시로 성장하였다. 한편, 오스만 제국의 전성기를 이끌었던 술레이만 1세는 헝가리를 정복하고 오스트리아 빈을 공격하였다.
바로 알기 | ③은 비잔티움 제국에 대한 설명이다. 비잔티움 제국은 오스만 제국의 메흐메트 2세에게 정복당하였다.

18 예시 답안 오스만 제국은 정복지 주민이 지즈야를 내면 독자적인 종교 공동체 안에서 그들의 종교를 유지하며 생활할 수 있게 하는 밀레트 제도를 시행하였다. 또한 크리스트교도 청년들을 술탄의 친위 부대인 예니체리로 양성하여 특별한 대우를 보장하였다.

19 (가)는 콜럼버스, (나)는 마젤란 일행의 항로이다. 콜럼버스와 마젤란은 에스파냐의 지원을 받아 새로운 항로를 개척하였다. 콜럼버스는 대서양을 건너 서인도 제도에 도착하였으며, 마젤란의 함대는 태평양을 가로질러 최초로 세계 일주에 성공하였다.

20 신항로 개척 이후 유럽인들은 아메리카 원주민을 동원하여 금과 은을 채굴하고 상품 작물을 재배하였다. 이에 따라 유럽에 많은 양의 금과 은이 들어오면서 물가가 크게 올랐으며, 아메리카로부터 옥수수, 감자, 카카오, 사탕수수 등 새로운 작물이 들어왔다.
바로 알기 | ㄱ. 신항로 개척으로 지중해 연안의 이탈리아 도시 국가들이 쇠퇴하였다. ㄷ. 무역의 중심지가 지중해에서 대서양으로 바뀌었다.

21 (가)를 주장한 인물은 루터, (나)를 주장한 인물은 칼뱅이다. 루터는 로마 가톨릭교회의 교황이 돈을 받고 면벌부를 판매하자 「95개조 반박문」을 발표하여 부패한 교회와 성직자를 비판하였다. 칼뱅은 인간의 구원은 미리 예정되어 있다는 예정설을 주장하며 근면과 절약을 강조하였다.
바로 알기 | ①은 칼뱅, ②는 토마스 아퀴나스, ④는 헨리 8세, ⑤는 루터에 대한 설명이다.

22 제시된 글은 30년 전쟁에 대한 설명이다. 로마 가톨릭교회(구교)와 신교의 대립 심화로 유럽 곳곳에서 종교 전쟁이 일어났다. 그중 오늘날의 독일 지역에서 일어난 30년 전쟁은 국제전으로 확대되었으며, 결국 베스트팔렌 조약의 체결로 끝이 났다.

23 영국은 정부와 의회의 협력을 바탕으로 강력한 재정·군사 국가로 성장하였다. 자본가들에게 특허를 주고 잉글랜드 은행을 세우는 등 상공업자와도 협력하였다. 한편, 프랑스는 절대적인 왕권을 내세우며 군사력을 키우고 재정을 확보하려고 하였다. 프랑스의 루이 14세는 왕권신수설을 내세우고 자신을 태양신에 비유하였고, 재무 장관 콜베르를 등용하여 적극적인 중상주의 정책을 실시하였다.
바로 알기 | ④는 영국에 대한 설명이다. 영국의 엘리자베스 1세는 해군력을 키워 에스파냐의 무적함대를 물리쳤다.

24 제시된 문서는 명예혁명 이듬해 영국 의회가 제출한 권리 장전이다. 권리 장전에는 의회에서 제정한 법이 국왕의 권력보다 앞선다는 내용이 담겨 있다. 메리 여왕과 윌리엄 3세가 권리 장전을 승인함으로써 영국에서는 의회를 중심으로 한 입헌 군주제의 기반이 다져졌다.
바로 알기 | ②, ⑤는 중세 서유럽의 봉건 사회가 해체된 배경, ③은 영국과 프랑스가 중앙 집권 국가로 성장한 배경, ④는 일본에서 무사 정권이 수립된 배경에 대한 설명이다.

25 계몽사상가들은 불합리한 제도와 전통을 개혁하자고 주장하였으며 이들의 주장은 미국 혁명과 프랑스 혁명의 사상적 기반이 되었다.
바로 알기 | ①은 중세 서유럽에서 발달하였던 스콜라 철학에 대한 설명이다.

1 ④	**2** ⑤	**3** ②	**4** ③ 교초, ⓒ 파스파 문자		
5 ③	**6** ①	**7** ①	**8** 건륭제	**9** ④	**10** ②
11 ⑤	**12** ④	**13** ⑤	**14** 해설 참조		**15** ④
16 ⑤	**17** ①	**18** ⑤	**19** ⑤	**20** ⑤	
21 중상주의		**22** 해설 참조		**23** ④	**24** ④
25 ②					

1 조광윤(송 태조)은 황제의 군사권을 강화하고 절도사의 권한을 약화하고자 중앙군을 황제 직속으로 두었다. 또한 문인 관료를 우대하는 문치주의를 내세우고, 황제가 직접 과거 시험을 주관하는 전시 제도를 도입하였다.

바로 알기 | ①은 명의 홍무제, ②는 한 고조, ③은 수 양제, ⑤는 북위의 효문제가 한 활동이다.

2 송은 지나친 문치주의 정책으로 국방력이 약화되었다. 이러한 상황에서 거란, 서하 등 북방 민족이 송을 압박하였고, 송은 평화 유지의 대가로 많은 비용을 지출하였다. 이에 왕안석이 민생 안정과 부국강병을 목표로 개혁을 추진하였으나 보수파 관료의 반대로 실패하였다.

바로 알기 | ①은 송 태조가 황제권 강화를 위해 한 일이다. ②는 당대에 일어난 안사의 난에 대한 설명이다. ③은 진대, ④는 위진 남북조 시대에 북위에서 있었던 일이다.

3 (가)는 남송이다. 남송 시기에는 주희가 성리학을 완성하였다. 성리학은 우주의 원리와 인간의 본성을 탐구하는 학문으로, 동아시아 각국의 통치 이념이 되었다.

바로 알기 | ①은 원, ③은 거란(요), ④는 당, ⑤는 북위에 대한 설명이다.

4 ③은 교초, ⓒ은 파스파 문자이다. 원대에는 교통로의 발달로 상업이 발전하였는데, 원이 동전 사용을 제한하면서 지폐인 교초가 널리 쓰였다. 교초에는 원의 공용 문자인 파스파 문자가 쓰여 있었다. 원은 다스리는 여러 민족의 언어를 표기하고자 파스파 문자를 제작하여 공식 문서에 사용하였다.

5 제시된 자료는 패자이다. 패자는 역참을 이용할 때 사용한 통행증으로, 패자를 소지한 사람은 역참에 있는 말과 수레 등을 이용할 수 있었다. 몽골 제국은 중앙과 각 지방을 연결하는 교통로에 일정한 거리마다 역참을 설치하고 몽골 제국을 오가는 관리나 사신, 상인 등이 안전하게 여행할 수 있도록 하였다.

6 원대에는 동서의 교류가 활발하게 일어나 교황과 유럽의 군주들이 원에 사절단을 보내기도 하였다. 또한 서아시아, 중앙아시아, 유럽 등지에서 온 외국인인 색목인이 재정과 행정을 담당하는 관료로 일하였다. 한편, 원대에는 상업이 활발해지면서 서민 문화가 발달하였는데 특히 음악과 연극이 어우러진 잡극이 유행하였다. 잡극의 대본인 원곡은 주로 유교적 소양을 갖춘 사대부들이 썼다.

바로 알기 | ① 원대의 수도는 대도(베이징)였다. 쿠빌라이 칸이 즉위한 후 수도를 대도로 옮겼다. 카이펑은 송의 수도였다.

7 명의 홍무제는 황제권을 강화하고자 재상제를 폐지하고 행정을 담당하는 기관인 6부를 직접 관할하였다. 또한 이갑제를 실시하고 토지 대장과 호적 대장을 정비하였다.

8 제시된 글은 청의 건륭제에 대한 설명이다. 청은 강희제, 옹정제, 건륭제에 이르는 130여 년 동안 통치 제도를 고치고 영토를 넓혔는데, 특히 건륭제 때 오늘날 중국 영토의 대부분을 확보하였다. 한편, 건륭제는 역대 서적을 모아 중국의 전통문화를 집대성한 『사고전서』를 편찬하였다.

9 제시된 글은 청의 만한 병용제에 대한 설명이다. 청은 한족에 대한 회유책으로 중요 관직에 한족과 만주족을 함께 등용하는 만한 병용제를 실시하였다.

10 주원장(태조, 홍무제)은 금릉(난징)을 수도로 삼아 명을 건국하였다. 누르하치는 만주에서 후금을 건국하였고, 홍타이지(태종)가 나라 이름을 청으로 바꾸었다. 명대에는 양명학이, 청대에는 고증학이 발달하였다. 명대에는 『서유기』 등의 소설이 유행하였고, 청대에는 『홍루몽』 등의 소설과 경극이 유행하였다. 명과 청은 초기에 해금 정책을 실시하다가 점차 제한적으로 무역을 허용하였다. 특히 청은 18세기 중반 이후 광저우 한 곳을 서양 상인에게 개방하고 공행을 통한 무역만 허용하였다. 명·청대에는 경제 발달에 힘입어 서민 문화가 발달하였다.

바로 알기 | ② 명은 한족이 세운 나라이고, 청은 만주족이 세운 나라이다.

11 ③은 신사이다. 신사층은 지방관을 도와 향촌의 질서를 유지하는 역할을 하였으며, 양명학·고증학 등 새로운 학풍을 조성하였다.

바로 알기 | ①은 위진 남북조 시대의 호족, ②는 당대의 농민, ③은 서유럽의 기사 등, ④는 원대의 색목인에 대한 설명이다.

12 무로마치 막부 후반에는 막부의 세력이 약화되면서 다이묘들이 세력을 다투는 전국 시대가 100여 년간 이어졌다. 도요토미 히데요시는 전국 시대를 통일하고 명을 정복한다는 구실로 조선을 침략하여 임진왜란을 일으켰다.

바로 알기 | ①, ⑤는 가마쿠라 막부, ②는 나라 시대, ③은 에도 막부 시기에 있었던 일이다.

13 밑줄 친 '이 학문'은 난학이다. 에도 막부는 데지마를 통해 네덜란드 상인과 교류하였고 천문학, 의학, 조선술, 포술 등 서양의 학문과 기술을 받아들였다.

바로 알기 | ①은 중국 명에서 발전한 양명학, ②는 일본의 헤이안 시대에 발전한 국학, ③은 중국 청에서 발전한 고증학, ④는 중국 남송 시기에 발전한 성리학에 대한 설명이다.

14 **예시 답안** 아크바르 황제는 지즈야를 폐지하고 힌두교도에게도 관직을 주는 등 종교의 다양성을 존중하는 정책을 펼쳤다. 반면, 아우랑제브 황제는 지즈야를 부활시키고 힌두교 사원을 파괴하는 등 비이슬람교도를 탄압하였다.

15 지도의 최대 영역을 차지한 나라는 무굴 제국이다. 무굴 제국은 16세기 초 바부르가 인도에 침입하여 델리를 정복하고 세운 이슬람 왕조이다. 무굴 제국은 아크바르 황제 때 인도 북부의 대부분을 차지하였고, 아우랑제브 황제 때 인도 남부까지 차지하여 최대 영토를 확보하였다. 그러나 아우랑제브 황제는 비이슬람교도를 탄압하여 백성의 불만을 샀고, 결국 무굴 제국은 각지에서 일어난 반란과 서양 세력의 침입으로 쇠퇴하였다.

바로 알기 | ①은 사산 왕조 페르시아, ②는 셀주크 튀르크, ③은 쿠산 왕조, ⑤는 굽타 왕조에 대한 설명이다.

16 대화에서 주제로 다룬 나라는 오스만 제국이다. 오스만 제국의 술탄 셀림 1세는 이집트를 정복하는 과정에서 아바스 왕조의 마지막 후손으로부터 칼리프의 칭호를 이어받았다. 그 결과 오스만 제국의 통치자는 이슬람 세계의 정치와 종교를 아울러 다스리는 최고 지배자가 되었다.
바로 알기 | ①은 무굴 제국, ②는 에스파냐, ③은 인도, ④는 원에 대한 설명이다.

17 오스만 제국에서는 시장인 바자르를 중심으로 커피 문화가 널리 퍼졌다. 건축에서는 비잔티움 양식을 도입한 이슬람 사원(모스크)이 발달하였다. 오스만 제국은 비잔티움 제국이 세운 성 소피아 대성당에 네 개의 첨탑을 세우고 이슬람 사원으로 사용하였다. 또한 술탄 아흐메트 사원을 건축하였는데, 이 사원은 내부를 2만여 개의 푸른색 타일로 장식하여 '블루 모스크'라고도 불린다.
바로 알기 | ㄷ은 무굴 제국에서 발달한 무굴 회화에 대한 설명이다. ㄹ은 중세 서유럽에서 발달한 고딕 양식에 대한 설명이다.

18 제시된 글은 포르투갈에 대한 설명이다. 포르투갈은 신항로 개척 당시 바르톨로메우 디아스와 바스쿠 다가마를 지원하여 아시아로 가는 동쪽 항로를 개척하였다. 바르톨로메우 디아스는 아프리카 남쪽 끝의 희망봉에 도착하였으며, 바스쿠 다가마는 희망봉을 돌아 인도의 캘리컷에 도착하였다.

19 신항로 개척 이후 유럽인들은 아메리카에 진출하여 대농장을 짓고 사탕수수, 담배 등의 상품 작물을 재배하였다. 아메리카 원주민들은 대농장과 광산에 동원되어 가혹한 노동에 시달렸다. 또한 유럽에서 들어온 천연두, 홍역 등의 새로운 질병으로 아메리카의 많은 원주민이 목숨을 잃었다.
바로 알기 | ㄱ은 신항로 개척 이후 유럽에서 일어난 변화이다. ㄴ. 유럽인이 아메리카에 진출하면서 아스테카 문명과 잉카 문명 등 아메리카의 독자적인 문명이 파괴되었다.

20 검색창에 들어갈 인물은 루터이다. 독일의 성직자인 루터는 신앙과 신의 은총으로만 구원을 받을 수 있다며 교황의 면벌부 판매를 비판하였다.
바로 알기 | ①은 로크, 루소 등에 대한 설명이다. ② 루터의 주장은 제후와 농민들에게 큰 지지를 받았다. ③은 데카르트 등, ④는 칼뱅에 대한 설명이다.

21 제시된 글에 나타난 경제 정책은 중상주의이다. 재정·군사 국가는 수입은 제한하고 수출은 늘리는 중상주의 정책을 실시하였다. 콜베르는 대표적인 중상주의자로, 프랑스의 루이 14세가 콜베르를 재무 장관으로 등용하여 적극적으로 중상주의 정책을 추진하였다.

22 예시 답안 재정·군사 국가는 가능한 많은 양의 금과 은을 보유하여 국가의 부를 늘리려 하였다. 그러나 금과 은의 양은 한정적이었기 때문에 수입은 제한하고 수출은 늘려 금과 은을 확보하는 중상주의 정책을 펼쳤다.

23 제시된 글에서 설명하는 인물은 루이 14세이다. 프랑스의 루이 14세는 왕권신수설을 내세우며 자신을 '태양왕'으로 칭하였다. 루이 14세는 관료제와 상비군을 정비하고 중상주의자인 콜베르를 재무 장관으로 등용하는 등 군사력을 키우고 재정을 확보하려고 하였다.
바로 알기 | ④는 영국의 엘리자베스 1세에 대한 설명이다.

24 (가) 권리 장전은 명예혁명, (나) 권리 청원은 청교도 혁명과 관련된 문서이다. 권리 장전은 제임스 2세의 딸 메리와 그의 남편 윌리엄이 공동 왕으로 추대된 이후 승인되었고, 왕과 의회의 협력을 바탕으로 하는 입헌 군주제의 토대가 마련되는 데 영향을 주었다. 권리 청원은 찰스 1세의 집권 시기에 의회가 제출한 문서이다. 찰스 1세는 권리 청원을 승인하였으나 곧 의회를 해산시켰고, 이후 의회파와 왕당파 간 내전이 일어났다(청교도 혁명).
바로 알기 | ④ 크롬웰의 독재 정치는 권리 청원이 승인된 이후에 일어난 일이다. 의회파와 왕당파의 내전은 의회파의 승리로 끝났으나 이후 의회파를 이끌었던 크롬웰이 독재 정치를 펼쳤다.

25 17~18세기에는 '과학 혁명'이라 불릴 만큼 근대 과학이 빠르게 발전하였다. 이 시기에는 갈릴레이의 지동설, 뉴턴의 만유인력의 법칙 등이 등장하였다. 이러한 과학적 사고방식의 발달로 데카르트, 로크 등은 근대 철학의 기초를 다졌다. 로크는 정부가 사회계약으로 세워졌으며, 정부가 인간의 자연권을 지켜 주지 못하면 국민이 정부에 저항할 권리가 있다고 주장하였다.
바로 알기 | ㄴ, ㄹ은 르네상스 시기의 문화를 알아보기 위한 활동이다. ㄴ. 에라스뮈스는 『우신예찬』에서 부패한 교황과 성직자를 비판하였고, 토머스 모어는 『유토피아』에서 영국 사회를 비판하였다. ㄹ. 구텐베르크가 발명한 활판 인쇄술은 많은 책을 짧은 시간에 찍어 낼 수 있게 하여 새로운 지식과 사상이 보급되는 데 크게 기여하였다.

visang
ON1Y
META

900만*의 압도적 선택
10명 중 8명 내신 최상위권*
비상교육 온리원 중등

특목고 합격생
2년 만에 167% 달성*

성적 장학생
1년 만에 2배 증가*

독점강의
오투, 한끝,
개념+유형
강의 독점 제공

7일간 최신 강의
0원 무제한 학습

* 2000년 이후 수박씨닷컴, 와이즈캠프, 온리원 키즈/초등/중등 누적 회원가입 수 기준
* 2023년 2학기 기말고사 기준 전체 성적장학생 중 모범, 으뜸, 우수상 수상자(평균 93점 이상) 비율 81.23%
* 온리원 정회원 대상 특목고 합격생 수 22학년도 대비 24학년도 167.4%
* 온리원 정회원 수 비교
  22-1학기: 21년도 1학기 중간~22년도 1학기 중간 누적
  23-1학기: 21년도 1학기 중간~23년도 1학기 중간 누적

문의 1588-6563 | www.only1.co.kr

완자가 pick한 내신 기출의 모든 것, 내신 필수템!

대표전화 1544-0554
주소 경기도 과천시 과천대로2길 54(갈현동, 그라운드브이)
협의 없는 무단 복제는 법으로 금지되어 있습니다.